高等院校应用型系列教材

互联网+新形态一体化教材

商品学实务项目化教程

（第二版）

主　编　张世海
副主编　陈瑞清　朱　江　殷善文　季昭然

微信扫码
申请课件等相关资源

南京大学出版社

内容简介

全书分三大情境共二十个项目总计八十三个任务：情境一商品认识部分主要包括认识商品体及其功效本质、感受把握商品质量、探寻商品质量变化原因与规律、识别选择商品包装、认识商品学学科；情境二商品一般管理部分主要包括认识运用商品分类方法、推行商品标准化、实施商品检验活动、执行库存业务流程、管理仓库温湿度、使用专门养护技术；情境三商品种类识别与保管部分主要包括识别保管食品、日用品、纺织品、家用电器、信息技术商品、医药商品、化工商品、农业生产资料、交通运输工具。每个项目都以任务为教学驱动力，以任务执行为教学实施主线，包括学习目标树立、情境任务引导、知识技能知会、学习成效检测、技能应用训练、知行拓展提升等环节。

本书突出实用性、操作性、通用性、共享性。可作为普通本科学校和高职高专院校市场营销、电子商务、物流管理、连锁经营等专业的专业课程教材或商务专业群共享教材，也可作为其他专业的选修教材，还可作为相关在职员工的业务培训、自修提高教材，及广大消费者的生活参考书籍。

图书在版编目(CIP)数据

商品学实务项目化教程／张世海主编．—2版．—南京：南京大学出版社，2019.8(2022.8重印)
ISBN 978-7-305-22555-0

Ⅰ.①商… Ⅱ.①张… Ⅲ.①商品学—高等职业教育—教材 Ⅳ.①F76

中国版本图书馆 CIP 数据核字(2019)第 158726 号

出版发行	南京大学出版社		
社　　址	南京市汉口路22号	邮　编	210093
出 版 人	金鑫荣		

书　　名	**商品学实务项目化教程**（第二版）
主　　编	张世海
责任编辑	代伟兵　武　坦　　编辑热线　025-83592315
照　　排	南京开卷文化传媒有限公司
印　　刷	常州市武进第三印刷有限公司
开　　本	787×1092　1/16　印张 18.25　字数 479 千
版　　次	2022 年 8 月第 2 版第 2 次印刷
ISBN	978-7-305-22555-0
定　　价	46.00 元

网　　址：http://www.njupco.com
官方微博：http://weibo.com/njupco
微信服务号：njuyuexue
销售咨询热线：(025)83594756

* 版权所有，侵权必究
* 凡购买南大版图书，如有印装质量问题，请与所购图书销售部门联系调换

前　言

本教材取名为《商品学实务项目化教程》，主要立意就是要突出商品学课程的实用性，以任务为教学切入点，以任务执行为教学实施主线和核心活动过程，把商品学课程的传统知识性、学科性、基础性转变为操作性、职业性、专业性，使商品学实务真正成为一门有利于市场营销、电子商务、物流管理、连锁经营等专业建设的重要专业课程或商务类专业通用的共享课程，同时有利于学生走向社会适应商品经营管理诸多岗位的实用能力课程。

本教材以教育部《关于全面提高高等职业教育教学质量的若干意见》（教高〔2006〕16号）文件精神和《国家中长期教育改革和发展规划纲要（2010—2020）》《国务院关于加快发展现代职业教育的决定》（国发〔2014〕19号）、《关于高等学校加快"双一流"建设的指导意见》（教研〔2018〕5号）、《国家职业教育改革实施方案》（国发〔2019〕4号）有关文件规划要求为指导，吸收了多所高等教育学校一线专业教师在商品学课程教学中的实践经验和研究成果，以社会商品经营管理诸多岗位职业要求为基础，以学生增强就业适应性为导向，以实用化、操作化、通用化为原则，按照从具体到一般，再从一般到具体的认识规律，以任务执行为核心驱动力，系统地构建《商品学实务项目化教程》教材体系。

本教材具有四个特点：一是双层次模块化结构教材体系，大层次模块体系由商品认识、商品一般管理、商品种类识别与保管三块构成；小层次模块体系是在每个项目中由学习目标树立、情境任务引导、知识技能知会、学习成效检测、技能应用训练、知行拓展提升六个部分任务构成。二是突出任务导向和工作过程，在每一个项目中专门设置了任务执行模块，在这一模块中教师可按照资讯、决策、计划、执行、检查、评估的六步工作法组织学生独立开展专项任务活动，从而大大增强商品学课程的操作性与实用性，使课程教学与职业要求紧密结合。三是商品种类丰富，在商品种类上突破了传统商品学只停留在商业行业的局限性，把商品种类扩展到信息技术、医药、化工、农业生产资料、交通运输工具等行业，为学生未来的就业领域打开了空间。同时也为不同类型学校根据自己培养定位选择合适的教学内容提供了方便。四是写作风格特别，本教材的写作语言通俗、内容简练、层次清晰。整个教材以商品经营管理岗位职业操作常规要求为依据，突出重点和关键的知识点，突出操作的程序和方法，突出与相关行业联系的结合点，去除纯理论性的论述，强化应用性的介绍，从而教师更容易把握教学的角度与重点，学生更容易接受与理解。

本教材适用于普通本科学校和高职高专院校市场营销、电子商务、物流管理、连锁经营等专业的专业教材或商务专业群共享教材,也可作为其他专业的选修教材,还可作为相关在职员工的培训、自修教材,及普通消费者的生活参考书籍。

本教材由张世海担任主编,陈瑞清、朱江、殷善文、季昭然担任副主编。张世海编写第1、2、3、4、5、6、17项目,殷善文编写第7、8、18项目,季昭然编写第9、10项目,陈瑞清编写第11、14、16、19、20项目,朱江编写第12、13、15项目。全书由张世海主审定稿。

在本教材的编写过程中,编者阅读和参考了有关教材、书籍、杂志、网站等,谨对这些资料的作者表示衷心的感谢!同时本教材的成稿也得到了南京大学出版社、湖南汽车工程职业学院、闽南理工学院、郑州工程技术学院、平顶山工业职业技术学院、山东省济宁市第一中学领导与相关专业老师的大力支持与帮助,在此也致以衷心的感谢!

本教材编写的理想是力图内容体系创新,突出技能培养,促进专业建设,方便教学应用,但由于编著者的学术水平有限、实践经验不足,疏漏和不当之处在所难免,恳请业内专家学者、有关专业教师、广大读者批评指正。

编　者

2019年7月

目 录

情境一　商品认识

项目一　认识商品体及其功效本质 ································· （1）

　　任务一　观察商品外观形态 ································· （1）
　　任务二　了解商品内部结构 ································· （3）
　　任务三　明确商品基本性质 ································· （6）
　　任务四　区分商品基本功效 ································· （11）
　　任务五　理解商品适用含义 ································· （14）
　　任务六　归结商品本质 ····································· （15）

项目二　感受把握商品质量 ··· （19）

　　任务一　探索商品质量的形成 ······························· （20）
　　任务二　分析商品质量特性的构成 ··························· （20）
　　任务三　区分商品质量表示形式 ····························· （23）
　　任务四　提出商品质量基本要求 ····························· （23）
　　任务五　归结商品质量本质 ································· （28）

项目三　探寻商品质量变化原因与规律 ······························· （31）

　　任务一　分析影响商品质量的因素 ··························· （31）
　　任务二　探索商品质量变化规律 ····························· （35）

项目四　识别选择商品包装 ··· （41）

　　任务一　理解商品包装的含义与功能 ························· （42）
　　任务二　识别商品包装类型与标志 ··························· （43）
　　任务三　选择商品包装材料 ································· （46）
　　任务四　选择商品包装方法 ································· （48）

项目五　认识商品学学科 ··· （52）

　　任务一　了解商品学的产生和发展 ··························· （52）
　　任务二　弄清商品学的研究范畴 ····························· （54）

情境二　商品一般管理

项目六　认识运用商品分类方法 (58)
　　任务一　理解商品分类的概念 (58)
　　任务二　选择商品分类的方法 (59)
　　任务三　选择商品分类标志 (60)
　　任务四　编制商品目录代码 (61)

项目七　推行商品标准化 (69)
　　任务一　认识标准和商品标准 (70)
　　任务二　认识标准化和商品标准化 (72)
　　任务三　实施商品质量监督 (74)
　　任务四　开展商品质量认证活动 (76)

项目八　实施商品检验活动 (81)
　　任务一　明确商品检验的定义、类型、依据 (82)
　　任务二　熟悉商品检验的内容与程序 (83)
　　任务三　进行商品抽样 (84)
　　任务四　进行商品质量检验 (86)
　　任务五　确定商品的品级 (89)

项目九　执行库存业务流程 (92)
　　任务一　商品入库业务操作 (93)
　　任务二　商品在库业务操作 (94)
　　任务三　商品出库业务操作 (95)

项目十　管理仓库温湿度 (98)
　　任务一　认识温湿度变化规律及对商品的影响 (98)
　　任务二　控制与调节仓库温湿度 (100)

项目十一　使用专门养护技术 (103)
　　任务一　使用商品防霉腐技术 (103)
　　任务二　使用商品防老化技术 (105)
　　任务三　使用商品防锈蚀技术 (106)
　　任务四　使用商品防虫害技术 (107)
　　任务五　使用食品商品保鲜技术 (109)
　　任务六　使用危险品保管技术 (112)

情境三　商品种类识别与保管

项目十二　识别保管食品 ·· (115)

　　任务一　识别保管酒类食品 ·· (116)
　　任务二　识别保管茶叶食品 ·· (123)
　　任务三　识别保管水果类食品 ··· (129)
　　任务四　识别保管饮料、乳制品食品 ·· (132)

项目十三　识别保管日用品 ·· (139)

　　任务一　识别保管塑料制品 ·· (139)
　　任务二　识别保管玻璃器皿 ·· (143)
　　任务三　识别保管化妆品 ··· (147)
　　任务四　识别保管洗涤用品 ·· (152)

项目十四　识别保管纺织品 ·· (160)

　　任务一　识别棉布 ·· (160)
　　任务二　识别麻布 ·· (164)
　　任务三　识别呢绒 ·· (166)
　　任务四　识别绸缎 ·· (169)
　　任务五　识别化纤布 ··· (171)
　　任务六　纺织品储存保管 ··· (173)

项目十五　识别保管家用电器 ··· (175)

　　任务一　识别保管洗衣机 ··· (175)
　　任务二　识别保管电冰箱 ··· (179)
　　任务三　识别保管电视机 ··· (183)
　　任务四　识别保管空调器 ··· (188)
　　任务五　识别保管微波炉 ··· (191)

项目十六　识别保管信息技术商品 ··· (195)

　　任务一　识别保管计算机 ··· (196)
　　任务二　识别保管打印机 ··· (200)
　　任务三　识别保管复印机 ··· (203)
　　任务四　识别保管手机 ·· (205)

项目十七　识别保管医药商品 ··· (209)

　　任务一　区分医药商品类型 ·· (209)
　　任务二　识别药品的类型与品种 ··· (211)

  任务三 熟悉药品的特性、质量及标准 …………………………………… (223)
  任务四 识别药品的标签和说明书 ………………………………………… (226)
  任务五 医药商品的储存与保管 …………………………………………… (227)

项目十八 识别保管化工商品 ………………………………………………………… (231)
  任务一 识别化工商品的类别 ……………………………………………… (232)
  任务二 识别化工原材料商品 ……………………………………………… (233)
  任务三 识别危险化工商品 ………………………………………………… (243)
  任务四 化工商品的运输、储存与保管 …………………………………… (250)

项目十九 识别保管农业生产资料 ………………………………………………… (254)
  任务一 识别保管化学肥料 ………………………………………………… (255)
  任务二 识别保管化学农药 ………………………………………………… (260)
  任务三 识别保管农机具 …………………………………………………… (262)
  任务四 识别保管种子 ……………………………………………………… (265)

项目二十 识别保管交通运输工具 ………………………………………………… (269)
  任务一 整体认识汽车 ……………………………………………………… (270)
  任务二 识别保管轿车 ……………………………………………………… (275)
  任务三 识别保管货车 ……………………………………………………… (277)
  任务四 识别保管摩托车 …………………………………………………… (279)

参考文献 ……………………………………………………………………………………… (284)

情境一　商品认识

项目一　认识商品体及其功效本质

学习目标

知识目标　熟悉商品的基本形态、基本结构、基本材料、基本成分及性质,理解商品的功效、适用含义与本质。

能力目标　能区分不同商品的形态、结构、材料、成分与性质,并能对具体商品进行分析说明。

素质目标　形成乐于接受各种商品的心态,养成关注、辨别商品的习惯。认识不同的商品在企业经营管理中需要不同的经营管理条件与方法来与之相适应。认识商品不仅是劳动成果,而且是企业获得经济利益的根本载体。

情境导入

我们生活在五彩缤纷的商品世界里

一个人从一出生起就与商品结下了不解之缘,一辈子都离不开商品。当我们走进超市,会发现许多各式各样的商品,有吃的、用的、穿的、睡的、保健的、美容的、娱乐的等等;当我们走进工厂,会发现许多各种各样的机器设备和原材料;当我们外出旅行时,需要乘坐汽车、火车、轮船、飞机等交通工具;当我们从事学习,会用到各种图书、工具;当我们欣赏音乐艺术时,需要使用电视机、DVD、音响等;当我们远隔千里,需要通过手机、电话进行联络沟通。在现代社会里,我们几乎每时每刻、自始至终都在与商品为伴。据不完全统计,目前在市场上流通的商品起码有30万种以上。面对如此种类繁多、浩如烟海的商品,你有什么感受?你曾经思考过吗?

任务引导：1. 你在生活中经常接触到哪些商品?

2. 各种各样的商品在外观形状上有什么不同?

3. 各种各样的商品是由什么物质、什么方式构成的?

4. 各种各样的商品都具有什么样的功效和适用含义?

任务一　观察商品外观形态

进入我们视觉中的各种各样的商品都是物质性的,是一种客观存在。它们以不同的外观形状展现在人们面前。如果从物理层面来观察分析,商品的外观形态可以做如图1-1所

示的分类:

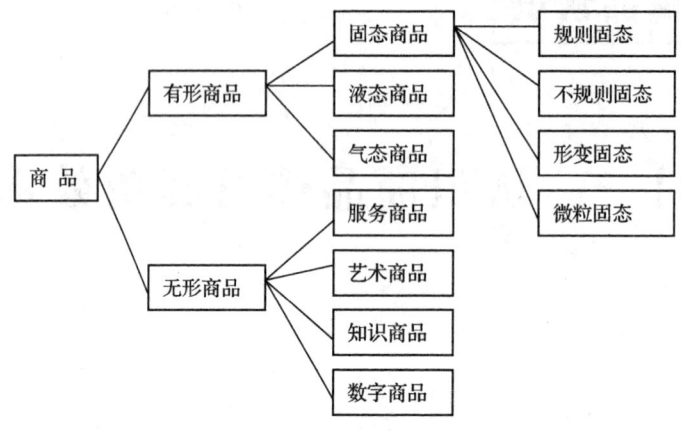

图1-1 商品形态分类

在这里,商品的有形与无形,是相对于商品物质性表现的直接性和稳定性来说的,对有形的商品我们比较容易通过视觉直接而长久地感觉得到,而无形的商品只能通过思维理解且只能在商品发生作用的时候才能感觉得到。所以有形商品的特点就是有形态、直观,无形商品的特点就是无形态、抽象。

一、固态商品

固态商品是指商品内部的微粒结构较紧密,具有稳定的体积和外观形状。在受到不太强烈的外力作用时,固态商品的体积和形状改变很小。根据商品中固态的表现特点,可以划分为以下四类。

(一)规则固态

规则固态是指商品体存在稳定的几何体,有稳定的长度、宽度、高度、重量,一般难以发生变形,如日常用品、家用电器、机械设备等。

(二)不规则固态

不规则固态是指商品体呈现不规则的外观形态,没有稳定的几何形状,长度、宽度、高度、重量等都不一致,成堆积状,容易松散开,大多呈现出颗粒状、粉末状、碎片状等形态,如稻谷、小麦、化肥、奶粉、白砂糖、茶叶等。

(三)形变固态

形变固态是指商品体的微粒结构不太紧密,其形状容易受到外力的作用而改变。大多形变固态商品是随包装形状而定的。如膏状商品,在化妆品中比较多见。

(四)微粒固态

微粒固态在商品中是比较少见的,最典型的就是"电"这种商品,它是以电子微粒的运动而形成的。

二、液态商品

液态商品是指商品内部分子间的结合力不够强,没有稳定的外观形状,可以流动,随时变形的商品。如酒类、食用油、酱油、食醋、洗发水等,动力用油如汽油、柴油、煤油等。

三、气态商品

气态商品是指商品内部的分子可自由运动,没有稳定的外观形状,可以在空气中流动,可以被压缩的商品。如煤气、天然气、石油液化气等。

四、服务商品

服务商品是指各种劳务服务。劳务服务是指由个人或组织向消费者或用户提供的一种劳动,为其完成某种活动任务或使其得到某种身心享受。如金融服务、商业服务、餐饮服务、医疗服务、旅游服务、咨询服务、代办服务、娱乐服务、保健服务等。

五、艺术商品

艺术商品是指按照艺术规律和艺术形式形成的商品,主要是满足人们的精神需要。如电影、舞蹈、音乐、电视剧等。

六、知识商品

知识商品是指独创性的或独占性的某种知识、技术或设计等,在现代市场中也成了重要的商品。如专有技术、专利技术、著作权、商标权等。

七、数字商品

数字商品是指以电子数字形式形成的商品,如电脑软件、电子图书、电子词典等。虽然这些商品都依赖一定的物质材料而存在,但其主体是无形的。

服务商品、艺术商品、知识商品和数字商品都属于无形商品。本书着重研究的是有形商品。

任务二 了解商品内部结构

从哲学意义上说,事物的不同类别或相同类别的不同层次按程度多少的顺序进行有机排列就是结构,或者说组成整体的各部分的搭配和安排即结构,显然商品的内部结构也是这个含义。为了便于理解与掌握,我们把商品内部结构按从宏观到微观的思路顺序进行剖析,将其分成三个层次:商品原材料、商品组织结构、商品基本成分。

一、商品原材料

所有的工业品商品(包括工农业生产资料商品和加工食品等)都需要利用一定的原材料才能生产出来。原材料是商品结构的一个比较直观的基本结构状态,这种状态影响商品的使用价值与质量。认识原材料对于认识商品的性质特点十分重要。用于商品生产的各种原材料可以根据其主要来源做如图1-2的分类:

```
商         ┌─ 矿物原材料──煤炭、石油、天然气、各种无机矿物等
品         ├─ 金属原材料──铁、钢、铜、铝、锌、金、银、钛、镍等
原         ├─ 非金属材料──塑料、橡胶、合成纤维、玻璃、陶瓷等
材         ├─ 生物原材料──植物性材料、动物性材料、微生物等
料         └─ 化学原材料──无机酸、碱、盐,有机醇、醛、苯、酚等
```

图1-2　商品原料的分类

由于在后续项目中都会涉及有关商品的原材料,故在此不对其进行详述了。很明显,原材料是商品的基本组成,是商品的一个重要的结构层次。弄清商品的原材料有利于认识商品的基本性质和用途。

二、商品组织结构

商品组织结构是商品各部分的排列顺序、空间位置、聚散状态、联系方式以及各要素之间相互关系的一种模式,是整个商品系统的"框架"。按照从宏观到微观的认识思路,可将商品的组织结构分成三类:物理结构、生物结构、化学结构。

(一) 物理结构

商品的物理结构是指商品的各部分通过物理方式结合组成的一种结构状态。这在机械性商品和日用品中最为多见。一个商品总是由许多部件组成的,各部件之间总是通过一定的方式联系着。例如,通过插入、镶嵌、粘连、紧固、螺旋等方式把各种零部件组合在一起,从而成为一个完整可用的商品。这种组织结构具有一定的空间范围,整个商品占据的空间位置较多。但这种组织结构很适合于维修,有利于维持和延续商品的使用价值。而纺织品则主要以交织排列为结构方式,服装鞋帽则以缝接、粘贴为主要结构方式。

(二) 生物结构

生物结构是指动物性商品和植物性商品的组织结构。这类商品是一种鲜活的生命体。它们的结构与机械设备商品和日用品商品是大不一样的。从动物性商品来说,其具有不同形态的细胞和细胞间质组成的多细胞动物的基本结构,分为上皮组织、结缔组织、肌肉组织、神经组织四种。它们以不同的比例互相联系、相互依存,形成动物的各种器官和系统,以完成各种生理活动。从动物商品具体状况看,分皮、筋肉、脂肪、骨骼、内脏等。动物组织是在胚胎期由原始的内、中、外三个胚胎层分化而来的。从植物性商品来说,因商品体所取的部位不同而有根、茎、叶、花、果等之分,这些植物不同的组织部位其结构也各有不同。以果实类植物性商品为例,如水稻、小麦、玉米、花生、柑橘、桃的果实,是由子房发育而成的,这类果实称为真果(true fruit)。真果的结构分果皮、种子两部分,而果皮又分外果皮、中果皮、内果皮。有些植物的果实,除子房以外,大部分是花托、花萼、花冠,甚至是整个花序参与发育而成的,如梨、苹果、瓜类、菠萝、香蕉等的果实,这类果实称为假果。

(三) 化学结构

化学结构是指商品的微观结构,即分子、原子等结构。由于商品体物质的不同,其微观结构也大不相同。一般可分三种:晶体和非晶体结构、有机高分子结构、化合结构。

1. 晶体结构和非晶体结构

晶体结构是指构成物质的原子、分子或离子等结构单元按一定规律呈周期性的空间排列

状态。根据键合力的大小不同,可把晶体分为离子晶体、原子晶体、分子晶体和金属晶体四种。在一般情况下,晶体粒子越小,排列越均匀,其稳定性、坚硬性、强度等就越好,如金属材料。非晶体结构,是指不具有明显晶体结构的状态,其粒子排列没有规律,没有固定的几何外形,没有明确的熔点,如玻璃、陶瓷等。

2. 有机高分子结构

有机高分子结构是指有机高分子化合物的分子结构。分子结构可从分子量、化学键、分子链形状等三个方面来考察。

之所以称为高分子,是因为其分子量很大。高分子的分子量从几千到几十万甚至几百万,所含原子数目一般在几万以上,而且这些原子是通过共价键连接起来的,成为一个很长的链状。高分子链的几何形状可分为线型、支链型、网型三种。线型高分子链的大分子链间没有任何化学键连结,自由状态下呈卷曲状,因而线型高聚物具有柔软、弹性好的特点,加热时可熔化、可抽丝、可成模、可热塑成各种形状,此类高聚物又称热塑性高聚物。支链形高分子物的主链上生出一些短支链,支链越少越有利于流动,而支链过多过长则影响流动性,降低弹性。网型高分子是线型或支链型高分子之间以化学键结合交联而成,这种结构的分子不能自由旋转,在性质上表现为不溶解、不熔融、硬度大、耐热性较好,强度较高,形态稳定,此类高聚物又称热固性高聚物。

3. 化合结构

化合结构是指商品的内部原子通过化学键相互结合的状态。按化学键的性质不同一般分为离子键化合结构和共价键化合结构。无机物商品(如酸、碱、盐、氧化物等)一般属于离子化合结构物,有机物商品中的石油、天然气、汽油、柴油、醇、酸、醛、酮、酚等一般属于共价化合结构物。

三、商品基本成分

任何一种商品体都要由一定的原材料构成,而原材料又是由化学成分构成的。商品千姿百态,种类繁多,其化学成分也是非常复杂的。不过,可从根本性质上来归类,把商品成分分成两类:一类是无机物成分,一类是有机物成分。

(一)无机物成分

1. 水分

水在众多的商品成分中占有重要地位。特别是农副产品,含水量有的可达95%以上。水分对商品的使用性能、保管养护等影响很大,特别是对鲜活食品和以有机物为主体材料的商品影响更大。水分含量是商品质量的主要指标之一。

2. 灰分

灰分又称矿物质,是以有机物为材料的商品经灼烧后余下的残渣。灰分含量的多少,直接影响商品质量。灰分含量对橡胶、皮革、塑料、毛、麻、棉、化学纤维、纸张等商品质量的影响更明显。

3. 金属单质及化合物

以铁、铝、铜、锌等金属为主要原料制造的商品,其主要成分主要是金属单质或化合物。金属及其化合物含量的多少,决定着商品的理化性质和实用价值。

4. 氧化物

氧化物是指以无机矿物原料制成的商品体中的含氧化合物。例如,玻璃、搪瓷、陶瓷、塑料、染料等产品中,都含有大量的氧化物。其中氧化物在很大程度上决定着商品的理化性质和使用性能。

5. 氯化物

氯是一种化学性质活泼的气态单质,其化合物很多。在商品体中的氯化物往往是以有害物质的形式存在,有的对人体有害。

6. 有害成分

它是指商品中含有的对人体健康有害的物质,如商品中的铅、锑、砷等重金属元素等。

7. 杂质成分

杂质成分即商品中的无效成分。它直接影响商品的纯度和质量,如纯铝制品与含铁杂质的铝制品在韧性和脆性上就有很大区别。

(二)有机物成分

有机物是指碳氢化合物及其衍生物。但它不包括碳的氧化物(如一氧化碳、二氧化碳)和碳酸盐。有机物成分按其分子量的大小分为低分子有机物成分和高分子有机物成分。

1. 低分子有机物成分

低分子有机物成分指分子量在 10 000 以下的有机物成分,如由低分子有机物成分制造的商品有肥皂、合成洗涤剂、农药、化肥、化工涂料等。

2. 高分子有机物成分

高分子有机物成分指分子量在 10 000 以上的有机物成分,如由高分子物成分制造的商品有化学纤维、皮革、纸张、塑料、橡胶等。

任务三 明确商品基本性质

商品的化学成分和结构决定着商品的各种性质。商品的性质又决定着商品的有用性和质量。商品的性质也是确定商品包装、运输、储存、使用条件的重要依据。要研究商品质量及其变化规律,必须以商品的成分、结构、性质为基础和依据。

有机化合物和无机化合物商品在性质上存在着明显的差别,一般有机物成分的商品都可燃,绝大部分无机物成分的商品都不能燃烧。大多数固体有机物成分商品的熔点在室温和 400 ℃之间,无机物成分商品不能熔化或难以熔化。有机物成分商品通常不易溶于水,无机物成分商品较易溶解。有机物成分化学反应较慢,无机物成分化学反应可在瞬间完成。有机物商品和无机物商品在性质、质量上的差异,主要是由于分子中化学键的性质不同。一般的有机物是以共价键结合起来的,而典型的无机物则是由离子键结合起来的。以下按本质的不同,分类介绍商品的性质。

一、商品的化学性质

商品体在外界因素的作用下,其成分发生化学变化所表现出来的性质叫商品的化学性质。例如,橡胶、塑料制品的老化,油脂酸败,金属锈蚀等。商品的主要化学性质体现在以下几个方面。

(一)耐水性

耐水性是指商品忍受水分溶解、侵蚀的能力。例如,保温瓶胆的耐水性就有一定的技术指标,要求瓶胆灌入沸稀酸24小时后其酸性消失,否则瓶胆的耐水性差,影响饮水卫生和使用寿命。

(二) 耐酸碱性

耐酸碱性是指商品忍受酸碱物质作用的能力。例如,在搪瓷制品中,使用钛白珐琅就是为了增加搪瓷制品的耐酸性和机械强度。洗涤用搪瓷器皿如耐酸性差,就会被洗涤剂碱性物质侵蚀而失去光泽、影响质量。

(三) 耐氧化和气候性

商品耐氧化和气候性,是指商品抵抗氧气作用和气候影响的能力。例如,空气中的氧与金属材料作用生成氧化物而生锈;油脂氧化而酸败;天气的冷、热、干、湿都会使一些商品发生诸如潮解、干裂、风化、颜色改变等变化。

(四) 酸碱度

商品的酸碱度是指商品的酸碱性大小强弱的程度,用pH值来表示。pH值小于7为酸性,大于7为碱性,等于7为中性。pH值越小酸性越强,越大碱性越强。有些商品本身对酸碱度有一定要求,否则其质量就不正常,如雪花膏、牙膏、合成洗涤剂、腌菜、酸菜等。

二、商品的物理性质

商品体在形态、结构及湿、热、光、电等作用下,发生物理变化所表现出来的性质称为商品的物理性质。商品主要的物理性质有以下几个方面。

(一) 重量、比重、容重

(1) 重量。地球对物体的吸引力称为重力。商品的重量是商品所受重力大小的量度。它是商品质量的一个重要内容。例如,纸张,纺织品中的毛巾、床单,羽绒服中的羽绒含量等。一般单位为g或kg。

(2) 比重。商品体单位体积的重量叫商品的比重。例如,铁制品比重为 7.9 g/cm³。通过测量比重可以鉴别商品中某种材料的纯度。

(3) 容重。那些松散、多孔性商品的单位体积重量叫作容重。由于同样重量的材料在多孔状态下所占的体积比在紧密状态下所占的体积要大,因此松散、多孔性材料的容重小于其比重。通过容重与比重的比较可以反映材料的松散和多孔性。

(二) 吸湿性

商品吸收和放出水分的性质称为吸湿性。具有吸湿性的商品在潮湿的环境中能吸收水分,在干燥的环境中能放出水分。商品吸湿性的大小除与环境湿度有关外,还与商品的成分和结构有关。商品的化学成分中含有氨基、羟基、酰胺基等亲水基团,就容易吸湿;单位体积内的总表面积大,吸湿性大。例如,纺织品、纸张、皮革制品等,既有亲水基团又有很大的表面积,其吸湿性都比较强。易吸湿性商品在含水量改变的情况下,商品的体积、外形、强度、重量等也会发生改变。商品的吸湿性对其质量有明显的影响。商品吸湿性用含水率和回潮率指标来表示。

(三) 透气性

透气性是指商品体能够被空气透过的性质,用单位面积商品所透过的空气量或透过一定空气量所需时间来表示。透气性对于服装鞋袜商品来说尤为重要,如果这些商品的透气差,那么必然使人体分泌的各种脏物质难以散发出去,既不卫生又不舒适。

(四) 透水性

透水性是指商品体能被液态水透过的性质,通常用一定时间内透过试样水的毫升数来表示。商品透水性的大小反映出商品防水性的强弱。透水性对于胶鞋、运动鞋、塑料薄膜、皮革制品、毛皮服装等有重要意义。

(五) 伸缩性

伸缩性又称伸缩率,指商品经过湿润和干燥后其尺寸发生改变,用尺寸增减量与试样原尺寸之比的百分率来表示。例如,印刷纸张、棉布服装等的伸缩率就是重要质量指标。

(六) 热学性质

(1) 导热性,是指商品体传递热能的性质。因商品的用途不同,其对导热性的要求也不相同。烹饪用锅具等商品要选用导热性很好的金属材料,否则热的利用率就会降低;冬季穿用的服装商品则要求选用导热性较差的纤维材料,从而增强保温性。商品导热性的表示方法因商品种类不同而异。例如,金属商品以比热表示,纺织品以传热系数表示,保温瓶以一定时间瓶中水温下降的度数来表示。

商品的导热系数,是表示商品导热性能高低的参数。它表示单位面积、单位厚度(长度)的商品,在温差为1 ℃时,单位时间内通过的热量。

(2) 热变形性,是指商品在温度变化时其长度、体积发生膨胀或收缩的性能。

商品的热膨胀系数是描述热变形性的参数,分线、面、体三种系数。线膨胀系数是指温度升高1 ℃时,单位长度上所伸长的长度。

(3) 耐热性。商品的耐热性又称为热稳定性,是商品耐温度变化而不致破坏或显著降低强度的性质。一般来说,导热性大,热膨胀系数小,各部分膨胀均匀的商品热稳定性好。对于经常接触较高温度环境的商品,如锅具、碗具、盆、杯子等商品非常重要。橡胶、塑料类商品的热稳定性一般是用某一温度下强度降低的百分率来表示。玻璃、陶瓷类商品的耐热性是用商品所能承受而不致破裂的温度差来表示。

(七) 电学性质

商品体的电学性质是指构成商品材料的导电性能。电流通过物体难易的程度称为导电性。电流容易通过的物体称为导体,难以通过的物体称为绝缘体,介于导体和绝缘体之间的称为半导体或半绝缘体。金属材料大多属于导体,一般非金属材料和一些共价化合物导电性能较差,属于绝缘性。

商品的用途不同,对其导电性的要求也不一样。例如,电线就要求有良好的导电性,家用电器商品的外壳就要求有良好的绝缘性。

(八) 光学性质

商品体对光线反射、吸收、透过的性质称为商品的光学性质。商品对光线的反射、吸收、透过的能力不同,使商品体呈现出不同的颜色。全部反射就呈现白色,全部吸收就呈现黑色,透明商品的颜色是它透过的色光的混合色,不透明商品的颜色是它反射的色光的混合色。我们所说商品的颜色,是指在日光下或人工白光照射下用眼睛直接看到的颜色。商品的光泽,是指商品表面反射出来的亮光。表面光滑的商品其光泽就好,反之就差。

商品体成分和结构发生变化,其颜色和光泽也会发生变化。这是我们利用商品的颜色和光泽判别商品质量,进行感官鉴定的依据。

商品的耐光性是指商品忍受日光照射的能力。一般陶瓷制品、金属制品都比较耐日光,而胶卷见光就发生反应,橡胶、塑料等高分子成分商品受日光照射易老化。

三、商品的机械性质

商品的机械性质是指商品体抵抗各种外力作用所表现出来的性质。它在很大程度上反映出商品的坚固耐用性。商品的机械性质主要体现在以下几个方面。

(一) 弹性和塑性

商品在外力作用下发生形变或尺寸变化的性质称弹性或塑性。商品体的形变分可复原和不可复原两类。可复原的形变叫弹性形变,指商品受到外力作用发生形变,当外力消失后商品能自动恢复原来的形态和体积的形变。这种形变是暂时的,这种能恢复原来形态的性质叫弹性,具有弹性的物体称为弹性体。不可复原的形变叫塑性形变。商品受外力作用发生形变,当外力消失后商品不能恢复原来的形态和体积。这种形变是永久性的。商品的这种不能恢复原来形态的性质称为塑性,具有塑性的商品称为塑性体。一般的情况是,商品在发生弹性形变时也发生塑性形变,在发生塑性形变时也必然有弹性表变。我们是把塑性形变较小的物体叫作弹性体,而把塑性形变较大的物体叫作塑性体。

商品受到外力作用是有一定限度的。在这个限度内商品能恢复原状,超过了这个限度,商品则不能恢复原状。这个限度称为弹性限度。

上述形变的性质,具体到某种商品情况就不同了。例如,玻璃、钢材、塑料等在常温下都是弹性体,而在一定的温度下又是较好的塑性体。可见,外力、温度、压力、时间的变化可能在不同程度上影响商品体的弹性或塑性的大小。

构成商品体的材料的弹性和可塑性与商品的使用性质有着密切关系。它关系到商品是否易于变形,是否坚固耐用。弹性和可塑性一般用伸长率来表示形变值。

$$伸长率 = \frac{物体受拉伸力时所伸长的长度}{物体原长度} \times 100\%$$

除去外力,伸长部分回缩的长度表示弹性,不回缩的伸长度表示可塑性。

$$弹性形变值(\%) = \frac{伸长的长度中所回缩的长度}{物体的原长度} \times 100\%$$

$$塑性形变值(\%) = \frac{伸长的长度中不回缩的长度}{物体的原长度} \times 100\%$$

商品体的最大弹性和可塑性用拉断时的形变值衡量。

(二) 强度

商品体抵抗外力作用而保持形态完整的能力称为商品强度。强度是表示商品坚固耐用的重要指标。商品在受到外力作用后,在内部产生内应力同时产生形变。随着外力的增大,形变和内应力也增大。当外力增大到一定值时,商品被破坏。根据施加于商品体的外力的作用方式不同来分,有拉伸、压缩、弯曲、扭转、剪切等。按作用的速度不同又有动态和静态之分。商品的强度在很大程度上取决于商品的成分、结构和外力的性质。成分不同的商品,强度不同;同一成分,结构不同的商品,强度也有差别;商品抵抗静态外力(缓慢、逐渐加于的外力)的能力要高于抵抗动态外力(迅速作用于的外力)的能力。商品强度的主要指标有如下几点:

(1) 抗张与抗压强度。商品抵抗拉伸或压缩作用力的能力叫抗张或抗压强度。商品体受到拉伸或压缩作用力时,发生长度增加或缩短而横截面积缩小或增大的形变,同时产生相应的拉伸或压缩的应力。

抗张与抗压强度,通常用该商品被拉断或压缩破碎时单位断面积上承受的荷重来表示,计量单位为千克/平方厘米。

(2) 抗弯强度。商品抵抗弯曲作用的能力称为抗弯强度,也称耐曲折度。一般来说,脆性商品的抗弯强度较低,柔性商品的抗弯强度较高。在各种商品中抗弯强度的表示方法各不相同。有的商品是检查反复弯曲直到断裂时所需的次数,有的商品是检查弯曲至一定角度时表面是否产生裂纹,有的是检查弯曲后是否出现各层分离的现象,等等。

(3) 抗摩强度。商品抵抗摩擦作用的能力称为抗摩强度,也称耐摩强度。两种材料相互摩擦时,较硬的材料不会受到明显的擦伤。商品的耐摩度大小一般与硬度成正比。商品抗摩强度表示方法分两类:一类是在一定条件下物体被摩耗的重量;另一类是一定条件下摩擦至破损时所需的次数。另外,不少固体商品是用硬度来表示抗摩强度的。

(4) 抗剪与抗扭强度。商品体抵抗剪切作用的能力称为抗剪强度,抵抗扭转作用的能力称为抗扭强度。例如,皮革、布匹、钢板等在裁剪时都要受到剪切力,汽车中与驾驶盘相连的轴、钻探机的钻杆与钻头在使用时就受到扭转力的作用。

(三) 硬度

商品体抵抗另一种更硬物体对其表面压入或穿透的能力称为商品硬度。它是商品的重要机械属性,是构成商品质量的一项重要指标。硬度的表示法主要有压入法、回跳法、划痕法等。压入法常用布氏硬度和洛氏硬度。布氏硬度的符号是 HB,洛氏硬度的符号是 HRC。

四、商品的生物学性质

有生命的有机体商品,例如鲜活的动植物性商品,在储存期间为维持其自身的生命活动,或受到外界因素的影响,商品体内会发生一系列的生理生化变化,这些变化所表现出来的性质,称为商品的生理学性质。商品生理学性质主要有以下几种。

(一) 生理性质

鲜活有机商品所具有的呼吸、后熟、萌发、抽苔和发育等性质称商品的生理性质。

(1) 呼吸作用,是一切有机体内最普遍的生理现象。我们所说的呼吸作用,主要指水果、蔬菜类鲜活商品为维持本身的生命活动,在酶的作用下所进行的一系列氧化还原作用的过程。呼吸作用分有氧呼吸和无氧呼吸。有氧呼吸是有机体商品中的葡萄糖在空气中氧的作用和酶的催化下,经过氧化还原,转化成二氧化碳和水,释放出热量;无氧呼吸是在无氧的条件下,有机体利用分子内的氧进行呼吸,在酶的催化下,分解成酒精、二氧化碳并释放出热量。呼吸作用消耗有机体商品的营养物质,从而降低商品质量,释放的热量和分解出来的水分又能加速商品霉变。

(2) 后熟、萌发、抽苔,是指粮食、蔬菜、水果类商品生理活动在储存中的继续。蔬菜瓜果类商品在后熟过程中其酶会促使一系列的生理生化变化。例如,淀粉水解为单糖产生甜味;叶绿素分解而消失;类胡萝卜素和花青素使有机体显红、黄、紫色;鞣质聚合使涩味降低;有机酸数量减少,芳香油增加了芳香;果胶质分解,降低了硬脆度等。后熟有利于商品的食用品质,但会降低其耐储性,应根据食用和储存的要求,控制商品的后熟过程。萌发和抽苔是粮食和蔬菜类商品最常见的生理变化现象,在一定的温湿度条件下,商品体萌发长苗,使体内营养物质大大降低,商品质量受到严重影响。

（3）胚胎发育,是指储存中的鲜蛋类商品,在环境条件适宜时其胚胎结构发生变化,成为血丝蛋、血环蛋的过程。这样大大降低了鲜蛋的质量。

（二）生化性质

动物肉类商品,在其体内酶的作用下,发生一系列生物化学变化的性质称为商品的生化性质。动物肉在生化变化中,肌肉纤维会变得收缩（即僵硬）、松弛（即软化）的现象。动物肉发生僵硬与肌肉中的肌糖元酵解产生乳酸、三磷酸腺苷、磷酸肌酸的分解密切相关。处于僵硬期的畜、禽肉,食用品质差,处于软化期的特别是软化早期的是最好食用的。肉的生化变化与动物的健康状况、外界温度及卫生条件有直接关系。但鱼与畜、禽肉不同,僵硬期新鲜度高,食用品质好。

（三）氧化性

食品中的糖类、油脂和维生素等,在酶和氧的作用下生成低分子化合物的性质叫作氧化性。例如,油脂的酸败,主要是油脂的脂肪酸(主要是不饱和的脂肪酸)发生氧化作用,生成醛、酸等,使其生产酸臭。

（四）水解性

蛋白质、糖类、脂肪等,在酸、碱、酶的作用下,水解生成分子量更小的新物质的性质称为水解性。蛋白质最终水解产物是氨基酸,糖类中的多糖和低聚糖最终水解产物是单糖,脂肪水解的产物是甘油和脂肪酸。

（五）发酵与霉腐性

发酵指糖类商品在酵母菌、乳酸菌及酶的作用下发酵分解。食品、皮革、纸张、纺织品等有机物商品,由于受霉腐微生物的感染而发霉和腐败的性质称霉腐性。

任务四 区分商品基本功效

商品的成分、结构、性质及形态综合构成商品体,而商品体作为一个物质的整体又有什么作用呢？这是研究商品体的一个重要问题。任何商品都是具有一定功效的,这种功效总是通过满足人们的需要而表现出来。由于不同商品体的物质特性是各不相同的,所以不同商品的功效也是不相同的。正是由于这种物质特性的丰富多彩,而决定了商品功效的千差万别。不过,我们可以将商品的功效按照其发挥的不同层面划分为物质功效、心理功效、社会功效三个方面。

一、物质功效

商品体的物质功效是指商品满足人们具体物质需要的具体有用性。这种具体有用性是由商品体独特的物质特性决定的,而且其功效发挥过程也是一个物质性的过程。考察商品体的物质功效的表现,可从以下方面进行。

（一）具有物质消耗

商品体满足人们需要时是以自身的消耗为代价的，没有自身的消耗，其功效是发挥不出来的。当然，由于商品物质特点的不同，其消耗的速度和过程也是不一样的。有些商品体在满足人们需要过程中是快速消耗，如食品类商品，被人们消化吸收的速度就很快；而机械设备、日常生活用品类商品在满足人们需要的过程中是慢速消耗，即有形的缓慢磨损，甚至延续到几十年以上。有些商品只有一次性消耗，如食品、照相胶卷、各种燃料等，消耗完以后商品体就没有了。而有些商品却可以反复多次消耗，如各种机械设备、日用品、纺织品、服装、鞋帽等，这些商品的每次消耗很难用肉眼观察得到，每次之间的消耗变化差距是相当小的，这正好是商品耐用性的表现。当商品体的物质性消耗达到一定程度以后，它的物质功效就会终止，即不能满足人们的需要了，这个商品体的自然寿命也就结束了。

（二）具有物质效果

商品体满足了人们的需要以后一定会出现一定的物质效果，这种物质效果是能够被测定的。可以通过人们的身体变化、生活环境、工作效率、活动空间、某种事物的改变等来体现商品的物质效果。例如，食品提供给人体营养物质，能保证人体的正常生长与健康。如果食品营养不高，结构不合理，则人体生长和健康状况受到影响；家用电器商品中的洗衣机能减轻人们的家务劳动，降低身体疲劳；家用电器中的空调器营造出了人最舒适的生活环境；家用电器中的电冰箱保持了食品长期质量完好；卷扬机提高了人们运送物品的效率；交通工具使人们所处的位置发生了很大改变；各种刀具能使物体分离成很小的部分等等。这些变化就是商品体物质效果的表现。对商品体的物质效果，如果从本质上区分一下，可以区分出生理效果、物理效果、化学效果、机械效果等。

（三）具有时间长度

商品体满足人们需要的过程总是需要经历一定的时间长度，即从满足开始到满足结束总是需要一个时间段。时间是客观的，且不能重复的。在这个时间段里，商品体发挥功效的时间与人们得到了某种需要的满足时间是相等的。这也是商品体功效的表现。

二、心理功效

心理是指生物对客观物质世界的主观反应。心理过程主要包括认识过程、情感过程、意志过程。商品的心理功效是指商品的各种特性及其物质功效直接作用于人们的心理活动后而使人们形成了某种认识态度、情感体验及意志特点，可以概括为认识功效、情感功效、意志功效三个方面。例如，一个物质功效好并且外形美观的商品，总能得到人们的认可和肯定，在其发挥功效的过程中让人们感到愉快满意，时间一久就使人们形成对商品的某种喜好和偏爱，并成为某种商品的忠实消费者。相反，商品体的物质功效不好且外形不美观，就使人们持否定态度，在商品体发挥功效的过程中让人们感到不愉快，进而反感从而选择其他的商品。

（一）认识功效

认识功效是指商品进入市场以后，其对人们（或消费者）了解、认识、接受商品的影响。人们通过认识商品的各种特性与预期功效，理解和想象商品能够给人们带来的消费利益，必然会对商品形成一种比较明确的看法与态度。如果是肯定的态度，则说明人们认可商品而从心理上能够接受商品。要测定商品对人们认识的影响,掌握商品的认识功效,可以通过直接调查人们对商品的认可度来进行,即对接触过商品体的人们进行调查,用持肯定态度的人数除以被调查的总人数再乘以100%而得。

（二）情感功效

情感功效是指商品进入消费以后,其能带给使用者愉快与否的感受及情感反应。一个各方面都比较好的商品,总是能够带给人们愉快的感受。例如,一件好的衣服穿久了就产生一种喜爱与依恋；一台好的电脑或家用电器商品用得方便和顺畅就会十分的珍爱；一种好的食品吃过了就会想念,等等。人们在消费商品的过程中会对不同的商品的使用状况产生不同的情绪、情感,对那些能够带给人们舒适愉快的商品感到喜悦而满意,对那些不能带给人们舒适愉快的商品则厌烦而不满意。要掌握商品对人们的情感的影响程度,或者说商品的情感功效高低,可以通过满意度调查而获得。

（三）意志功效

商品体的意志功效是指商品经人们（消费者）使用后让人产生一种稳定持久的心理。例如,人们使用了一种商品后,形成了对这种商品的稳定的喜爱与偏好,并且长期信任,从而对商品产生一种忠诚,在消费行为上表现为重复购买。考察商品的意志功效可以通过调查消费者对商品的忠诚度来反映。

三、社会功效

人类社会是一个很大而复杂的有机系统,其自然生态环境与人类行为活动必须有效协调,才能维持自身的健康、稳定与可持续发展。这已被今天的科学研究与社会实践所证实。在今天的现代市场经济条件下,人们已充分认识到了这一点。商品的生产流通、消费等一系列活动事实上已不只是涉及企业和消费者的活动,而是关系到整个人类社会的生存与发展的活动。因此,商品的功效也就必然包含社会功效的内涵。一般来说,对商品社会功效的认识,可以从以下几个方面进行。

（一）合法功效

合法功效是指商品与一定国家的政治、法律相符合的状态。商品体的形式表现及其功效的发挥都要符合一定国家的政治、政策、方针及各种法律、法规、制度规定的要求。也就是说,商品要适应一定国家的政治和法律环境,如果没有这种适应性,那么商品的功效是不完整的,进入市场交易时会受到制约或反对。

（二）文化功效

文化功效是指商品与一定国家的民族、宗教、信仰、习俗、道德等相符合的状态。文化是一个非常复杂的社会现象,不同的国家其表现的性质、特点、形式都不一样。从人类整体来看,社会文化有共同性的一面,更有差异性的一面。商品适应文化差异性的难度远远大于适应共同性。由此可见,商品的文化功效是商品社会功效较为突出的一个方面,商品适应了特定市场的文化特点与要求,则能够较快地被市场接受,显示出文化功效高；商品不能适应特定市场的文化特点与要求,则难以被市场接受甚至彻底被拒绝,显示文化功效低。

（三）生态功效

生态功效是指商品与生态环境保护要求相符合的状态。生态环境是一个系统的平衡环境,商品的生产与消费也是其中构成的一个部分,必然也要参与整个系统的相互联系与作用。商品的生产与消费不能浪费资源、破坏环境、污染环境。一个好的商品的生产与消费应该有利于环境的保护和生态平衡。商品的生态功效主要从资源节约、资源循环利用、污染物排放、废弃物的再利用、废弃物的环保处理等方面进行评价。例如,在食品商品领域,建立了绿色食品、无公害食品、有机食品管理评价机制,大大推动了商品生态功效的形成与完善。而在国际、国家标准中都把环境保护作为重要的商品标准内容来确定并实施。

任务五 理解商品适用含义

商品适用含义是指商品适合市场需要的基本内涵,又可称为市场商品概念或整体商品概念。一个面向市场的商品,从其适用的内涵上来看,主要有以下几个层次的含义。

一、商品的功效(功能或效用)

商品的功效是商品概念的核心,又称为核心商品。它体现商品的实质性,是带给消费者的最基本的效用和利益。例如,电冰箱的功效是冷藏食物。商品是通过它在使用或消费过程中所能提供的功效来满足消费者需要的。因此,从本质上说,消费者购买的是商品的功效。

二、商品体

商品体是商品功效的物质载体,又称为形式商品。商品体是利用一定的原材料、通过一定的组织结构、经过人的有目的的劳动而创造出来的产物。不同的商品体具有不同的功效。商品体功效的表现依赖于商品体的各种性能的综合作用,如化学性能、物理性能、机械性能、生理生化性能等。商品体具体具备哪种功效,是由商品体的成分组成(原材料或零部件的化学成分及含量等)和形态结构(原料或零部件的组织结构、成品形态、规格、内部单元的连接与配合、色彩装饰的组合以及其他结构特征)所决定的。因此,商品体是由多种不同层次要素构成的有机整体,是商品使用价值形成的物质基础。

三、有形附加物

有形附加物是指与商品体紧密联系的可见得到的商品包装、标志、说明证明物等,如商品的包装、包装标志、注册商标、专利标记、质量标志、安全与卫生标志、环境标志、检验合格证、使用说明书、维修卡、销货发票等。这些内容主要是为了满足商品流通(运输、装卸、储存、销售等)需要、消费(使用)需要以及市场监督管理需要和环境保护需要的。其中包装、商标本身也是一种商品。

四、无形附加物

无形附加物是指人们购买有形商品时所获得的各种附加服务和附加利益。如销售方提供信贷、送货上门、售后维修服务、免费安装调试服务、质量保证措施、折扣优惠、财产保险等内容。善于开发和利用合法的商品无形附加物,不仅有利于充分满足消费者的综合需要,为他们提供更多的实际利益,而且有利于企业在激烈的市场竞争中突出自己商品的附加服务和利益优势,增强其市场竞争力。商品适用含义模型,如图1-3所示。

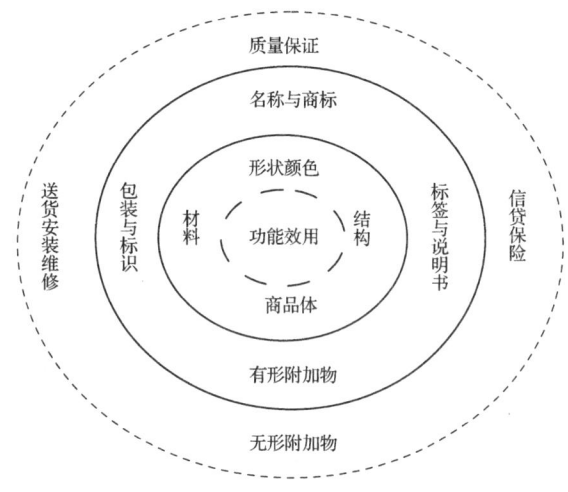

图1-3 商品适用含义模型

任务六　归结商品本质

一、商品的概念与特点

商品是人类社会生产力发展到一定历史阶段的产物。商品是用来交换,能满足人们某种需要的劳动产品。正确理解商品的概念要注意商品以下的几个特点。

(一)商品的劳动性

商品是具有使用价值的劳动产品。不是劳动产品,虽然其具有使用价值,但不属于商品。例如,自然界中的空气、阳光、雨水等。

(二)商品的他用性

商品是供别人消费的劳动产品,而不是为生产者或经营者自己消费的劳动产品。马克思强调,谁用自己的产品来满足自己的需要,他生产的就只是使用价值,而不是商品。要生产商品,他不仅要生产使用价值,而且要为别人生产使用价值,即生产社会的使用价值。

(三)商品的交换性

商品是必须经过交换才能实现的劳动产品。商品对于生产者或经营者来说只具有交换价值,而没有直接的使用价值,否则人们就不会把它拿到市场上去卖了。要交换就必须进入市场,并且受市场规律(如价值规律、供求规律、竞争规律等)支配。一种产品是否是商品,不是靠经济理论界认定后才进入市场,而往往是先进入市场交换,然后才被承认为商品。

(四)商品的多形态性

在现代社会中出现的商品具有多种形态,有物质形态商品,如传统的生产资料商品和生活资料商品;有知识形态商品,如专利技术、专有技术、著作权、商标权等;有劳务形态商品,如金融服务、运输服务、商业服务、旅游服务等等。

二、商品的基本属性

(一)商品的使用价值和价值

商品的两个基本属性是使用价值和价值。商品是使用价值和价值的统一体。

商品之所以能够满足人们的需要,是因为其具有使用价值。同种商品的使用价值具有相对的多样性,其主要使用价值的体现关键在于使用者的用途和使用条件。

商品的价值是指凝结在商品中的无差别的人类劳动。任何商品都具有价值,但商品的价值是不能自我表现出来的,必须通过交换,由另一种商品表现出来。

例如:1 把斧子=15 kg 大米。

一把斧子的价值是通过 15 kg 的大米表现出来的,15 kg 大米是一把斧子的交换价值。

交换价值是在商品交换中,表现另一种商品价值的商品。交换价值是价值的表现形式,价值是交换价值的基础。

(二)商品使用价值和价值的关系

(1)商品的使用价值和价值是对立的。其对立的表现在于两者的含义、属性和体现的关系不同;同时也表现在商品交换过程中,无论是商品生产者还是消费者都不能同时占有商品的价值和使用价值。

(2)商品使用价值和价值是统一的。使用价值是价值的物质承担者,作为商品必然具有使用价值和价值,这两个属性缺一不可,是联系统一的。

(3)商品的使用价值和价值是对立统一的。这一关系对我们的现实指导意义在于作为消费者,在购买商品时要从商品的使用价值和价值两个方面来考察,要追求"物美价廉";作为商品生产者或经营者,要想顺利地将商品销售出去,就必须增强质量意识,努力生产物美价廉的商品,以求得使用价值和价值的合理平衡,从而获得较好的经济效益。

三、商品的使用价值

(一)商品使用价值概念

商品首先是物,商品使用价值的概念来源于物的使用价值。商品使用价值是指商品对于使用者(包括社会)的意义、作用或效用。它反映了商品属性与人或社会需要之间的满足关系。然而,商品又不同于一般的物,它是通过交换满足他人或社会消费需要的劳动产品。对于生产者或经营者来说,商品没有直接的消费使用价值,只有间接的使用价值,称之为商品的交换使用价值。对于消费者或用户来说,商品具有消费使用价值。商品的交换使用价值反映了商品有关属性与人们交换之间的满足关系。商品消费使用价值反映了商品有关属性与人们消费需要之间的满足关系。广义的商品使用价值概念包括商品的交换使用价值和消费使用价值两个方面。而狭义的商品使用价值概念仅指商品的消费使用价值。

(二)商品使用价值的结构

(1)商品使用价值的静态结构。把商品使用价值作为静态系统来考察,可以发现,它是由不同种类、不同层次的使用价值构成的。从满足需要的根本性质来看,包括物质使用价值和精神使用价值;从消费角度的层次来看,有个人使用价值和社会使用价值;从消费的人数来看,有个体使用价值和群体使用价值;从满足需要的重要性来看,有主要使用价值和次要使用价值;

从实现的程度来看,有现实的使用价值和潜在的使用价值。

（2）商品使用价值的动态结构。商品使用价值的实现,要经历一个过程,即由潜在的使用价值向现实的使用价值转化的过程。商品使用价值的实现是分两个阶段完成的。第一阶段是在交换过程中实现商品的交换使用价值。第二阶段是在消费过程中最终实现商品的消费使用价值。如果商品的交换使用价值因故没有实现,那么商品的消费使用价值也无法实现。只有最终实现商品的消费使用价值,商品的使用价值才算真正实现。

学习检测

一、填空题
1. 有形商品的外观形态主要有（　　　　）、（　　　　）、（　　　　）等。
2. 无形商品的形态主要有（　　　　）、（　　　　）、（　　　　）、（　　　　）等。
3. 商品的结构层次主要有（　　　　）、（　　　　）、（　　　　）等。
4. 商品表现出来的性质主要有（　　　　）、（　　　　）、（　　　　）、（　　　　）等。
5. 商品的适用含义包括（　　　　）、（　　　　）、（　　　　）、（　　　　）四个层次。

二、判断题（判断对或错）
1. 有形商品是物质性的,无形商品是非物质性的。（　　）
2. 一个商品体生产所需原材料,有些是单一的,有些是多样的。（　　）
3. 农产品表现出来的性质只有生化性质,没有其他性质。（　　）
4. 有机物成分只在鲜活的农产品中含有。（　　）
5. 消费使用价值就是商品的使用价值。（　　）

三、选择题
1. 下列商品使用单一原材料生产的是（　　）。
   A. 螺钉　　　　B. 高压锅　　　　C. 保温瓶　　　　D. 方便面
2. 下列商品形态不稳定的是（　　）。
   A. 电视机　　　B. 酒　　　　　　C. 胶鞋　　　　　D. 手机
3. 一种商品让消费者在使用过程中感到非常愉快从而产生喜爱之情,这是商品的（　　）。
   A. 物质功效　　B. 文化功效　　　C. 心理功效　　　D. 社会功效
4. 下列商品没有呼吸性质的是（　　）。
   A. 稻谷　　　　B. 苹果　　　　　C. 橘子　　　　　D. 鲜蛋
5. 下列特点中不属于商品特点的是（　　）。
   A. 可用性　　　B. 劳动性　　　　C. 交换性　　　　D. 多形态性

四、思考题
1. 你如何理解商品的使用价值?
2. 有形商品的特征应从哪些方面去描述?
3. 无形商品的特征应从哪些方面去描述?

 技能训练

1. 任务设计

任务项目:商品体全面分析报告

执行要求:选定自己最熟悉的一个具体商品,加以分析研究。设计一份含有分析项目的表格式报告书,把分析结果填入报告书内,上交。

执行条件:以个人方式进行,网上或图书馆查阅资料,实地调查观测,独立分析研究。

2. 能力评价

评价内容:反映商品体特征的基本内容,报告书设计,填写的工整状态。

评价标准:反映商品体特征的基本内容较全面得50分,报告书设计简明合理得30分,填写工整得20分。

评价方法:先自我评价,然后教师集中评价修正。

 知行拓展

产品战略

项目二　感受把握商品质量

知识目标　熟悉商品质量形成过程,商品质量的构成特性及表示形式,掌握主要类别商品质量的基本要求,理解商品质量的本质。

能力目标　能分析某个具体商品的质量形成过程、质量构成特性、质量表达形式,并能概括性地提出其质量基本要求。

素质目标　重视商品质量,增强质量意识,养成质量思维习惯。

2018 年全国消协组织受理投诉情况

根据全国消协组织受理投诉情况统计,2018 年全国消协组织共受理消费者投诉 762 247 件,解决 556 440 件,投诉解决率 73%,为消费者挽回经济损失 98 090 万元。其中售后服务、产品质量和合同问题仍是引发投诉的主要原因,占投诉总量的七成以上。在所有投诉中,商品类投诉为 365 162 件,占总投诉量的 47.90%,与去年同期相比,比重上升 5.87 个百分点;服务类投诉为 368 274 件,占总投诉量的 48.31%,比重下降 4.36 个百分点,其他类投诉为 28 811 件,占总投诉数量的 3.78%。在商品类投诉中家用电子电器类、日用商品类、交通工具类、服装鞋帽和食品类投诉量居前五位。在服务类投诉中生活社会服务类、销售服务、互联网服务、电信服务和文化、娱乐、体育服务居于服务类投诉量前五位。

任务引导:1. 为什么会有这么多的商品存在质量问题?
　　　　　　2. 商品质量是怎样形成的,它有何特性与表现形式?
　　　　　　3. 商品质量应该达到什么程度才能符合要求呢?
　　　　　　4. 商品质量对于个人、国家及整个社会有何重要意义?

商品质量是当今社会普遍熟悉并非常关注的,可以说家喻户晓。但是,很多消费者或家庭,甚至在相关行业中的工作人员也并不理解其真正的内涵与意义。本项目从易于理解学习的角度出发,先介绍商品质量的形成、构成、形式、要求,最后概括商品质量的本质。

任务一　探索商品质量的形成

任何商品都应具备一定的质量,这种质量是通过一定的过程才能形成的,而不是凭空产生的。商品质量的形成过程是一个客观的物质的过程,并且具有多种形成途径。若按照商品质量形成所受外力的作用大小不同来划分,可分为人工生产形成和自然生长形成;若按照商品质量形成的变化程度大小来划分,可分为制造形成和加工形成;若按照商品质量形成所受作用力的性质不同来划分,可分为物理形成、化学形成、生理形成、生物形成等。

一、人工生产形成

人工生产形成是指主要依靠人的生产劳动来形成的商品质量,如各种工业上使用的设备,农业上使用的农药化肥、农机具,人们生活中的日用品、纺织品、家用电器等商品质量。对这些商品质量的形成,人工起关键作用。

二、自然生长形成

自然生长形成是指主要依靠生理机制自身生长形成的商品质量。如农业中的粮食、水果、蔬菜、牲畜、蛋类、水产类商品质量等。对这些商品质量的形成,自然生长起到关键作用。

三、制造形成

制造形成是指主要通过创造性的生产过程形成的商品质量,这种商品质量已不停留在原有原材料或部件商品质量的状态,而是以原有材料或部件质量为基础组合、变化、创新出全新的商品质量,如机械设备、生活日用品、化学品、家用电器等的商品质量。

四、加工形成

加工形成是指通过不太复杂的进一步的人工加工使原有原材料外观形状、颜色体积、尺码重量、滋味等发生一定的改变而形成的商品质量。如以农业产品加工而成的各种食品、各种原材料的半成品、各种矿物开采产品、植物采伐产品、动物屠宰产品等的商品质量。这些商品的质量仍以原有原材料质量为主体表现出来。

任务二　分析商品质量特性的构成

商品质量对于人们的消费是十分重要的,这已成为人们的共识。但从一般规律而言,商品质量包括哪些方面内容呢? 在此,我们可以通过商品质量特性的构成去认识商品质量。

一、商品质量消费需求特性构成

从商品满足消费需要的角度来看,不论是何种商品,也不论在什么时候,在现今市场经济条件下,商品质量特性的构成可以概括为商品的适用性、耐用性、安全性、卫生性、可靠性、信息性、美观性、经济性、服务性等要素。

（一）适用性

适用性是指商品为实现规定使用目的或用途所必须具备的各种性能或功能,如羽绒服的保暖性能,食品的营养功能等。

（二）耐用性

耐用性是指商品能在规定的使用期限内,保持规定功能而不出故障或寿命较长的能力。如 40 W 荧光灯管标准规定持续工作时间不低于 5 000 h。

（三）安全性

安全性是指商品在储存、流通、使用过程中保证人体和环境不受到危害的特性,如家用电器商品必须具备良好的电绝缘性。

（四）卫生性

卫生性是指商品不带有任何能引起人体疾病的各种细菌、微生物等致病物质的特性。这在食品、化妆品、服装等商品中显得尤为重要。

（五）可靠性

可靠性是指商品在消费中的功能发挥能够持续稳定,以及发生故障后可以维修并能迅速恢复其功能的特性。

（六）信息性

信息性是指依照商品有关质量法规,生产经营者有责任和义务通过其商品或商品包装上规定的标志以及包装内必备的有关文件,向消费者提供有用的质量信息。如商品名称、生产者的名称和地址、检验合格证、标准编号、生产日期、安全使用期、商品条码、警示标志、使用说明书等等。

（七）美观性

美观性是指商品能够满足人们审美共性和审美个性需要的特性,如商品的造型、装饰上表现出来的美观、新颖、和谐和流行性等。

（八）经济性

经济性是指商品的生产者、经营者和消费者都能以尽可能少的费用获得较高的商品质量,从而使企业获得最大经济效益,并使消费者得到实惠。

（九）服务性

服务性是指商品生产者或经营者为商品消费提供各种质量保证与方便的特性,如规定保质期、送货、安装、免费维修等。

二、商品质量体征特性构成

日本水野良相教授把商品质量特性分为六类,见表 2-1。

表 2-1 商品质量体征特性要素类型

内部	A类	性状	尺寸重量	尺寸、重量、容积、毛重	客观的	使用质量要素	广义市场质量要素
			原料成分	有效成分、含量、辅助成分、填料、杂质、水分			
			形态构造	品种、密度、结构、装饰、加工方法、镀层厚度			
			其他性质	色泽、比重、黏度、折光指数、透明度、凝固点、产地			
	B类	缺陷	各种外观缺陷、包装缺陷			
	C类	性能	强度、延伸率、硬度、弹性、耐久性、功率、传导率、营养率、吸湿性、透气性、色牢度、收缩率、耐水性、阻燃性、保存性、搬运性			
	D类	感官	色泽、手感、音色、新鲜度、外观		准客观的	
	E类	偏好	图案、图样设计、式样、色调、风味、风格、流行性		主观的	
外部	F类	市场适应性	包装、商标、标签、广告、产地、价格、保管、搬运费用		客观加主观		市场要素

（1）性状要素，指商品的静态特性和形态，是构成商品基本功能的物质基础。

（2）缺陷要素，指商品的外观缺陷。

（3）性能要素，指商品的动态特性，是在外力或者环境作用下表现的特性。

（4）感官要素，指用人的感觉器官评价的质量特性。

（5）偏好要素，指根据人们的爱好去评价的质量特性。

（6）市场适应性要素，指适应市场销售的质量特性。

三、商品质量社会市场特性构成

市场经济发展到今天，商品质量的含义也越来越丰富。从整个市场的社会角度来研究商品质量，它必然要与市场所处的社会各方面的环境因素相适应。这时可以把商品质量特性分为内在质量、外观质量、社会质量、经济质量等方面。

商品的内在质量是指商品在生产过程中形成的商品体本身固有的特性，包括商品的适用性、耐用性（寿命）、可靠性、安全性、卫生性等。它构成商品的实际物质效用，是最基本的质量要素。

商品的外观质量主要指商品的外表形态，包括外观构造、质地、色彩、气味、手感、表面疵点和包装等，它已成为人们选择商品的重要依据。

商品的社会质量是指商品满足全社会利益需要的程度，例如是否违反社会道德，是否对环境造成污染，是否浪费有限资源和能源等。一种商品不管其技术如何进步，只要有碍于社会利益，就难以生存与发展。

商品经济质量是指人们按其真实需要，希望以尽可能低的价格，获得尽可能优良性能的商品，并且在消费或使用过程中付出尽可能低的使用和维护成本，即物美价廉的统一程度。

任务三　区分商品质量表示形式

商品的质量特性是很丰富的,但对于商品一定的使用价值或效用来说,总有一些最为关键的质量特性最能反映出商品的质量状况。这些关键性的质量特性在实际中是通过专门的质量指标的方式表达出来的,以作为商品质量评价的直接依据。

商品质量形式按质量指标的可测量性来划分,可分为定性表达形式和定量表达形式两种。定性表达形式即定性指标,这种指标只要求对商品的某个质量特性做到定性把握,通常用一些概括性的语言词汇来描述说明,如服装的款式新颖、食品的风味独特等。定量表达形式即定量指标,这种指标要求对商品的某个质量特性做到定量确定,一般要用具体的数量来表示。如商品中的某种成分含量百分数、商品的重量数、商品的长度数等。一般工业制成品质量评价比较侧重于定量指标,而在食品商品质量评价中其定量与定性指标都比较重要。

若按反映商品质量特性的不同内容特点来划分,商品质量形式可以用以下几个方面的形式来表示:适用性指标(即使用性指标)、工艺性指标、结构合理性指标(包括商品的可修理性、零部件互换性及人体工程学方面的指标)、卫生安全性指标、可靠性指标、寿命指标、生态学指标、美观性指标、环保性指标、经济性指标等。这些方面的质量指标构成了现代商品质量表现的基本形式。

商品质量要通过质量指标来表达,而质量指标又要通过具体的数值来表达。在商品质量评价或检验过程中测得的质量指标数据,称为质量特性值。把可以连续测量得到的质量特性值称为计量值,如商品的尺寸、重量、容积、成分含量、抗拉强度等特性值。质量特性值最好为计量值,但有时没有必要或实际上难以用计量值表示,例如商品的品级、合格品数、外观疵点数等特性值是离散的,不连续的,只能取整数值或定性地划分为两个或两个以上的类,这样的质量特性值称为计数值。定性质量指标不能用数值来表达。

任务四　提出商品质量基本要求

商品的种类繁多,不同商品的质量特性各不相同,因此,对商品质量的要求也千差万别。

一、对有形商品质量的基本要求

(一)使用性能好

使用性能是指为满足一定的用途所必须具备的各种性能,它是构成商品使用价值的基本条件。例如,冰箱的制冷保温性能、钟表的准确计时性能、服装的遮体保暖功能、食品的营养功能等。使用性能好即商品的使用性能符合或满足某种具体的消费需要的一定程度或水平。目前商品的使用价值从单一化向多样化发展,这使得商品的使用性能日益多样化和复杂化。商品的多种使用性能科学有效地结合有利于扩大商品的适用范围,为消费者带来使用的方便。

(二)安全卫生

安全卫生是指商品在储存、运输、销售和使用过程中保证人身安全和健康不受伤害。例如,家用电器应有良好的绝缘性和防护装置,以免触电造成电击伤或死亡事故;食品必须符合卫生要求，其成分不得含有对人体健康有害的物质以及致病微生物不得超过规定限度；化妆品中的铅、砷、汞等重金属含量不得超过规定限量。

（三）寿命较长

商品的寿命通常指使用寿命，有时也指储存寿命。使用寿命是指工业品商品在规定的使用条件下，保持正常使用性能的工作总时间。储存寿命则是指商品在规定条件下使用性能不失效的储存总时间。一般而言，任何一个商品都有一个合适的寿命，并且寿命越长越能发挥出它的使用价值，也就越能获得消费者的欢迎。因为商品寿命本身就是商品质量的构成要素，而它的长短又关系到消费者在一定时期的消费支出水平。

（四）可信度高

可信度是指商品在使用过程中其使用性能能够持续稳定地发挥作用的程度。它受可靠性、可用性、耐用性、维修性等因素的影响。可靠性是指商品在规定条件下和规定时间内完成规定功能的能力。可用性是指商品在某一随机时刻能正常使用的一种程度。耐用性是指商品在规定的使用期限内保证规定功能正常发挥的寿命较长的能力。维修性是指商品在发生故障后能被迅速修好恢复其功能的能力。对于可信度，可用时间参数来表示。可信度等于可用时间除以可用时间与停工时间之和，这个比值越高越好。

（五）外形美观

所有有形商品总是以某种外观形状、色泽、质地、结构、气味等特征展现在消费者和用户面前。商品外形美观与否，直接关系到能否得到消费者和用户的喜爱。因为美观是商品质量的一个特性，而且现代社会，人们对商品质量的追求已从单纯地追求物质实用价值转向物质实用价值与精神审美价值的高度统一。商品的美观性在市场中能够形成一种竞争力。

（六）信息真实全面

任何合乎标准要求的商品体及其包装体都应包含有关商品的各种真实信息。这些信息主要包括：商品名称、用途、规格、型号、重量、容量、尺寸、原材料成分、生产厂名、生产日期、保质期或有效期、商标、质量检验标志、生产许可证、卫生许可证、运输、储存、安装、使用、维护的方法和注意事项、安全警示、附件情况、售后服务内容、生产经营者的承诺及可追溯性的标志（如批次、工号）等。在一些大件的商品中，常常配有用户使用说明书。

（七）经济性好

经济性好是指商品的生产者、经营者、消费者都能用尽可能少的费用获得较高的商品质量，从而使企业获得最大经济效益，消费者也可感到物美价廉。经济性反映了商品合理的寿命周期内费用及商品质量的最佳水平。它包括两方面的内容，一是在一定价格下的最适质量；二是商品价格与使用费用的最佳匹配。

（八）环境友好

环境友好是指商品的生产、流通、消费、废弃整个生命周期对环境或生态的破坏应尽可能地少。例如，减少生产、流通中的"三废"，降低消费过程对消费者健康和环境的危害，废弃的商品可循环使用、可拆卸、可降解等。随着世界环境状况的日益恶化，商品的环境友好越来越受到全世界的高度重视，并建立了解决这方面问题的有效机制与措施。

二、对主要类别商品质量的基本要求

(一) 对日用工业品质量的基本要求

日用工业品是满足人们日常生活和美化生活使用的工业产品。其包括的商品种类很多,如家用电器、文化用品、洗涤用品、塑料制品、玻璃制品、陶瓷制品、搪瓷制品、不锈钢制品、铝制器皿、化妆品、箱包、鞋帽、玩具、日用小商品等。日用工业品虽然用途非常广泛,但其使用特点主要表现在用上,并且经常与人体接触,时时能见。针对这些特点,日用工业品商品基本质量的要求可从五个方面提出。

1. 适用性

日用工业品的适用性是指日用工业品为满足其规定用途所必须具备的性能。每种日用工业品都要适应一定的用途,适用性是构成其使用价值的基本条件和要求。不同日用工业品的适用性是不相同的,如电冰箱必须制冷,保温瓶必须保温,洗涤剂必须去污,雨鞋必须防水。同一类日用工业品由于品种不同,用途就不同,对适用性的要求也不一样。如玻璃类商品中,茶杯要求耐温,镜子要求反映的影像逼真,化学仪器要求耐酸碱。多用途商品则要求具有更广泛的适用性,而且各种性能的工作状态良好。

2. 耐用性

日用工业品的耐用性是指日用工业品在使用过程中,能够抵抗各种外界因素对其破坏的性能。它反映出日用工业品的使用寿命。如钟表的抗震性能,鞋子的耐磨性能,服装的耐穿透与耐曲挠性能,灯管的发光耐久性能等。

3. 卫生安全性

日用工业品的卫生安全性是指日用工业品在流通、使用过程中,能够保障人体健康和人身财产安全的性能。如化妆品、沐浴液应对人体皮肤无刺激性,盛放食品的容器和儿童玩具应无毒,家用电器应不漏电、无辐射、无噪声污染等。2000年9月1日起施行的、新修订的《中华人民共和国产品质量法》规定:"禁止生产、销售不符合保障人体健康和人身、财产安全标准和要求的工业产品。"

4. 结构合理性

日用工业品的结构合理性是指日用工业品的形状、大小及部件组配的合理程度等性能。这种结构合理性主要表现在两方面,一是商品本身结构合理性,二是商品部件与使用者身体配合的合理性。例如,穿衣镜要有一定的长宽比例,以适合人们观察自己的衣着状态;厨房设备的握把要求合手、不滑、绝热等;器皿的把手要与手形的大小配合,保证手拿时舒适稳妥。

5. 外表美观性

日用工业品的外表美观性是指日用工业品的造型和装饰能够符合人们审美情趣的性能。随着社会生产力的不断发展,经济水平的不断提高,人们的文化修养也越来越高,人们对日用工业品不仅要求能用、好用,而且要求有欣赏价值,能够作为美化居室的摆设或装饰物。因此,这类商品应力求式样新颖、造型美观、装饰合时、色彩宜人,具有鲜明的时代风貌。

对于具体商品而言,以上五个方面的质量要求是各有侧重的。

（二）对针纺织品质量的基本要求

针纺织品包括纺织品和针织品两大类，它是满足人们身体穿着和睡眠等使用需要的生活用品。这类商品直接与人体接触，并伴随着人体的各种活动。因此，针纺织品基本质量要求主要有以下四个方面。

1. 良好的服用性

针纺织品的服用性是指针纺织品穿在人们身上时让人产生某种舒适感的性能。它主要由刺激性、柔软性、保温性、散热性、吸水性、透气性、散湿性等特性构成。良好的服用性是实现针纺织品使用价值的最基本的条件要求。服用性受到纺织原材料、织物组织结构、生产工艺等因素的影响。如涤纶织品的吸湿性很差，穿着极不舒适；而涤纶纤维与棉花纤维或粘胶纤维混纺的织品，其吸湿性有明显改善，穿着较为舒适；缎纹组织织品与斜纹组织织品的布身较厚实且表面平整，保温性与色泽都好于平纹织品；用精梳纱线纺织成的织品，其布面细腻、光泽好，显得精致。

2. 较好的机械性

针纺织品的机械性是指针纺织品在抵抗外力作用时所表现出来的性能，主要包括断裂强度、断裂伸长率、抗皱强度、折皱恢复率、耐撕裂强度、抗磨强度等，反映出针纺织品的耐穿用程度以及织品的风格。如果粘胶纤维的断裂强度和抗皱强度都比较差，就不耐穿用。

3. 组织结构的合理性

针纺织品的组织结构主要包括织物组织、单位面积的重量或厚度、经纬纱密度、歪斜度、幅宽、匹长等。纺织品的歪斜度过大会影响穿着感和外观；幅宽在裁剪中会造成较大浪费；夏季用纺织品与冬季用纺织品分别需要不同的组织结构来确保使用性能的实现。

4. 外观的艺术性

针纺织品的艺术性是指针纺织品的外观能引起人们视觉美感的性能。针纺织品的外观因其原料、色泽、款式、花纹图案、加工精度等不同而有所差异。美观性、艺术性具有一定的时代性，并因人们的文化修养、个性爱好、职业性质、居住环境、年龄等的不同呈现出较大的差异性。因此，要求针纺织品的品种、花色丰富多彩，以满足人们的不同需要。

（三）对食品质量的基本要求

食品商品种类很多，范围很广，如面包、饼干、糕点、糖果、熟肉、罐头、酱菜、鲜菜、干菜、鲜果、干果、茶叶、饮料、酒类、蛋品、水产品、畜产品、奶制品、调味品、食用油、大米、小麦、大豆、玉米等。食品是保证人体生长发育、维护身体健康和持续劳动能力的不可缺少的生活物质资料。这些食品使用的最明显的特点是进入到人体内部，并被人体消化吸收。因此，对食品质量的基本要求主要有以下三个方面。

1. 卫生、无毒、无害

这是食品首要和最基本的质量要求。食品卫生无毒无害是指食品中不应含有或超过限量的有害物质和微生物。这关系到人们的健康和生命安全，有的还影响子孙后代。带来食品毒害性的情况常常有以下五个方面：

第一，食品自身产生毒素。如河豚含有河豚毒素；土豆发芽产生龙葵碱毒素；死后的鳝鱼、鳖、河蟹体内生产组胺毒素等。这些毒素对人体的消化系统、神经系统、血液循环系统都有严重的危害。

第二,生物对食品的污染。微生物污染,主要是细菌、细菌毒素、霉菌、霉菌毒素及大肠杆菌等;寄生虫及虫卵污染,主要是旋毛虫、蛔虫、绦虫、蛲虫、姜片虫、肝吸虫等;昆虫污染,主要是粮食中的甲虫类、蛾类、螨类及鼠类活动所造成的污染。

第三,加工中混入的毒素。如方便面、罐头、小食品、饮料等,因配料不当或超范围使用防腐剂、色素、香精,放置时间久了引起铅、锌中毒;油炸、烧烤食品产生甘油醛,造成食品污染,影响人体健康。

第四,保管不善产生毒素。保管不善很容易引起食品腐败或霉烂变质,如鲜肉类商品因高温而腐败变质,产生硫化氢、尸碱等有毒物质;花生、小麦、玉米、大豆等发霉后产生的黄曲霉还会致癌。

第五,环境、化学品造成的污染。此类污染主要指工业上的"三废"不合理排放,化肥农药的普遍使用,生产中使用了不合国家卫生标准要求的添加剂、色素、香精等造成的污染;另外,食品在生产、储存、运输、销售时受到化学品、重金属等污染,也会使食品有毒有害。

2. 具有一定的营养价值

能给人体提供营养物质,是一切食品的基本特征。食品的营养价值是决定食品质量高低的重要依据,是维持人体生命活动劳动能量最基本的要素。

食品的营养价值高低可以通过营养成分、可消化率、发热量三项指标来反映。

(1) 营养成分。营养成分是指食品所含有的糖类(碳水化合物,包括膳食纤维)、蛋白质、脂肪、维生素、矿物质、水等。这些成分各自所起的作用不相同,不同的食品其含有的营养成分也不一样。如米、面、杂粮等粮食类食品主要含有糖类,而鱼、肉、蛋等食品富含蛋白质。因此,人们需要从不同的食物中获得各种营养成分。食品中营养成分的种类和数量主要决定着食品供给人体热量的水平,并有着促进机体生成和调节新陈代谢的作用。

(2) 可消化率。可消化率是指食品在食用后可能消化吸收的百分率。它反映了食品中营养成分被人体消化吸收的程度。食品中营养成分只有被人体消化吸收后才能发挥其作用。营养学专家经过多年研究、实践得出结论:动物性食品的营养价值高于植物性食品的营养价值。

(3) 发热量。发热量是指食品的营养成分经过人体消化吸收后在人体内产生的热量,它是评价食品营养价值最基本的综合性指标。

人体对食品的需要量通常是采用能产生热量的糖类、蛋白质、脂肪三种主要营养成分的发热量来表示。每一克糖类或蛋白质的发热量为 1.67×10^4 J(焦耳)(4.1 千卡),而脂肪每克的发热量为 3.72×10^4 J(9.3 千卡)。人们吃的主食,包括各种米、面等,是供给人体热量的主要来源。副食包括各种蔬菜、水果、鱼、肉、禽蛋、乳品及加工制品等,是热量的重要来源。一般来说,营养成分含量和可消化率越高,产生的热量就越多,营养价值就越高。

3. 具备相应的色、香、味、形

任何一种质量正常的食品都具备其相应的色泽、香气、滋味、外观形状。食品的色、香、味、形不仅能反映食品的新鲜度、成熟度、加工精度、品种风味及变质状况,还能够影响人们对食品营养成分的消化和吸收。许多食品的色、香、味、形还是重要的质量指标,如评价烟、酒、茶等商品的质量时,主要依据色泽、香气、滋味等方面进行。

知识链接

对无形商品(服务性商品)质量的基本要求

任务五　归结商品质量本质

一、质量的相关概念

随着科学技术和经济的不断发展,人们对质量的认识也不断提高,关于质量本质的概念也发生了变化,具有代表性的质量概念有如下三点。

(一)符合性质量

即认为质量只是符合标准的要求。这是长期以来人们对质量的理解,但是标准不先进,就算百分之百的符合,也不能认为是好的质量。于是质量概念又向"适用性质量"发展。

(二)适用性质量

它是以适合顾客需要的程度作为衡量依据,即从使用的角度来定义质量,认为质量是满足顾客使用需要的程度。这说明,人们在质量概念的认识上逐步把顾客的需要放在首位,但是满足顾客需要的质量还不一定使顾客满意,于是质量概念又向"顾客满意质量"演变。

(三)顾客满意质量

由于顾客(和相关方)满意的内容和要求是十分广泛和丰富的,商品质量的内涵也需要不断丰富和充实。如对汽车来说,除了其明显的适用性质量特性外,顾客还十分关心其隐含的质量特性,如美观舒适感、售后服务的方便性、发动机排放物是否合乎环保规定等。

由此可见,商品质量从"符合"到"适用"再到"顾客满意"是一个不断演进的过程和不断丰富与完善的过程。

二、商品质量的定义

(一)狭义的商品质量

狭义的商品质量是指商品与其标准规定技术条件的符合程度,它是以国家或国际有关法规、商品标准或订货合同中的有关规定作为最低技术条件,是商品质量的最低要求和合格的依据。

(二)广义的商品质量

广义的商品质量是指商品适合其用途所需的各种特性的综合及其满足消费者需求的程度,是市场商品质量的反映。它不仅是指商品的各种特性能够满足需要,而且包括价格实惠、交货准时、服务周到等内容。

(三)有关标准中的质量概念

我国标准 GB/T 19000—1994《质量管理和质量保证术语》对质量定义为:"商品质量是商品满足明确和隐含需要能力的特性总和。"理解商品质量含义可从以下四个方面进行。

(1)商品质量的主体是产品。产品进入流通领域后就称为商品。商品质量实际上就是指产品质量,产品可以是有形的,也可以是无形的,还可以是两者的结合。

(2)商品质量的内容或基础是商品特性的总和。特性是指不同商品特有的性质。由于商品的使用价值必须通过商品的各种特性体现,所以,商品特性的总和是商品质量的根本内容,它可以分解为若干要素。

（3）商品质量的基本要求是商品特性的总和能够满足需要。所谓"明确需要"是指国家或国际有关法规、质量标准或买卖双方的合同要求等对质量的人为规定；"隐含需要"可以理解为顾客或社会对商品的适用性（主要受到民族性、地域性、消费习惯、消费心理、经济性、时代性、流行性等因素影响）诸多方面的人为期望及人们公认的、不言而喻的、不必做出或难以做出规定的需要。

（4）质量可存在于各个领域或任何事物中。不仅仅是商品包含质量，一切可单独描述和研究的事物，如过程、活动、组织乃至它们的组合都存在质量。

知识链接

认识商品质量的意义

学习检测

一、填空题

1. 商品质量的形成按其所受外力作用大小划分有（　　　）、（　　　）两类途径。
2. 按质量指标的可测性来划分，商品质量的表示形式分（　　　）、（　　　）两种。
3. 商品质量构成可从（　　　）、（　　　）、（　　　）等角度进行分析。
4. 人体所需营养成分主要是（　　　）、（　　　）、（　　　）、（　　　）、（　　　）等。
5. 对食品质量的基本要求是（　　　）、（　　　）、（　　　）。

二、选择题

1. 下列商品质量是通过制造形成的是（　　）。
   A. 苹果　　　　B. 大米　　　　C. 白菜　　　　D. 电视机
2. 下列商品质量是通过加工形成的是（　　）。
   A. 饼干　　　　B. 白酒　　　　C. 白糖　　　　D. 汽车
3. 成分含量指标最适合反映下列（　　）商品的质量特性。
   A. 儿童玩具　　B. 食盐　　　　C. 纸张　　　　D. 保温瓶
4. 美观性指标最适合反映下列（　　）商品的质量特性。
   A. 服装　　　　B. 肥皂　　　　C. 钢丝钳　　　D. 化肥
5. 商品标准规定的质量是属于（　　）。
   A. 广义质量　　B. 市场质量　　C. 狭义质量　　D. 社会质量

三、思考题

1. 为什么不同类型的有形商品其基本质量要求会不相同？
2. 分别从企业和消费者角度来分析商品质量要求，会有哪些不同？

技能训练

1. 任务设计

任务项目：商品质量指标设计

执行要求：针对某个具体商品设计出能够反映其基本质量的各种指标，并提出各项指标应达到的具体要求和水平，用语言、数字等说明清楚。建议列表记载说明。

执行条件：分组进行，选择确定一种自己最熟悉的商品，查阅资料或实地调查或亲身体验，并进行小组讨论。

2. 能力评价

评价内容：指标的合理性，指标综合反映商品质量状况的程度，指标名称的准确性，分项指标的水平说明。

评价标准：指标设计合理得 30 分，指标反映质量程度高得 20 分，指标名称准确得 30 分，指标水平说明清楚得 20 分。

评价方法：小组自我评价，组间互评，教师集中评价修正。

知行拓展

中华人民共和国产品质量法

项目三　探寻商品质量变化原因与规律

知识目标　掌握影响商品质量及其变化的各种因素,熟悉不同种类商品在储存中的质量变化形式。

能力目标　能针对具体商品分析其可能发生的质量变化形式,并找出影响因素。

素质目标　认识商品质量的不稳定性,树立预防商品质量变化的意识,在工作中处处关注商品的质量状况。

孝心蛋糕变质了

不久前,刚参加工作的小刘拿到了第一个月的工资,想到在老家的母亲马上就要过生日了,他给母亲买了个生日蛋糕,到邮局按特快专递邮件寄回了老家。4天后,母亲打电话告诉他,生日蛋糕收到了,但已经变质了。于是,小刘气冲冲地找到邮局,要求给予赔偿。经过审查,此事由营业员承担了赔偿责任。有些新员工对此表示不理解,支局长对他们进行了指导,并从以下几个方面进行了分析:生日礼物为什么变质?蛋糕是保质期很短的食品,根本不适合邮寄。由于小刘根本不知道特快专递邮件的传递时限和运输过程,而营业员也没有执行有关规定,贸然将蛋糕收寄了,于是就发生了变质的情况。

任务引导：1. 商品发生质量变化的原因有哪些?

　　　　　　2. 商品发生质量变化有规律可循吗?

任务一　分析影响商品质量的因素

一、生产过程中的影响因素

商品一般按其使用价值或质量形成的根本方法分有两大类,一是工业品,二是农产品。工业品是指利用一定的设备工具经过工人的劳动对某种或某些原材料进行生产加工而成的产品。农产品是指主要依靠自然条件自然生长而成的产品。这两类商品在生产过程中其影响质量的因素是有明显不同的。

(一) 影响工业品商品质量的因素

1. 原材料

原材料是构成商品最原始的物质,在其他条件相同的情况下,原材料对商品的质量起着决定性的作用。因此,在分析商品质量时,必须对原材料进行分析。原材料是形成商品质量的物质基础,由于原材料的成分、结构、性质不同,决定着所形成的商品质量也不同。例如,硅砂中的铁离子含量过高会影响玻璃制品的色泽和透明度;生铝制成的锅易碎,熟铝制成的锅坚牢;不同纺织原料纺织成的织品其服用性大不一样。

2. 生产工艺

生产工艺是形成商品质量的关键,对商品质量起决定性作用。因为商品的各种有用性及外形结构,都是在生产工艺过程中形成和固定下来的。生产工艺主要是指产品在加工制造过程中的原料配方、操作规程、设备条件及技术水平等。生产工艺不同可以提高质量,也可以改变质量。在通常情况下,虽然原材料相同,但因采用的生产工艺技术不同其产品质量会有差异。另一方面,即使原材料发生了变化,如果能采取补救性生产工艺技术,就能减少原材料质量变化对产品质量的影响。例如,猪皮皮革毛孔较粗影响制品外观质量,生产时将其表面进行扎花处理,就能改善猪皮皮革的外观质量。

3. 设计结构

设计是商品生产的最前端,对商品质量的影响也起决定性作用。商品结构是商品内部或外部的各零部件或材料的组合联系状态,取决于商品设计。一个科学合理的商品设计会使商品结构呈现出一种较理想的状态,有利于商品使用价值的发挥,更加能方便消费,符合消费者的需要。

4. 生产包装

商品包装是在生产过程中的最后一个环节,其根本作用是保护商品的质量。商品自生产出来至到达消费者手中的整个流通过程期间,要经历多次位移和多种外界环境状况变化,各种作用力和外界环境因素都会对商品造成影响。采用适合商品特性的包装材料和包装方法,可以抵御各种外界作用力及环境因素对商品产生的不利影响,确保商品质量稳定。同时商品包装上的各种标志又能指示有关经营管理人员合理选择运输方式、操作方法、储存条件和养护方法,从而有利于商品质量的稳定。

(二) 影响农产品商品质量的因素

1. 种类、品种

农产品主要涉及动物和植物两大类商品,它们的质量首先取决于种类和品种因素。不同类别、不同品种的生物遗传基因不同,从而决定了产品的性质特点也不相同。例如,山羊肉与绵羊肉,鲤鱼与草鱼,杂交水稻与普通水稻,广西沙田柚与福建蜜柚,大叶种茶与小叶种茶,长绒棉与细绒棉,它们的品质就差异很大。

2. 产地自然条件(土壤、水分、阳光、温度)

植物性商品的生长形成对自然条件的依赖性很强,自然条件的改变就会使其质量发生巨大差异,如北方的苹果不能移栽到南方,南方的菠萝不能移栽到北方。

3. 栽培与饲养方法

栽培与饲养方法对于动植物性商品的生长形成具有重要的促进作用。如缺乏科学栽培与饲养方法,这些产品的生长受到影响,产品质量往往不好。

4. 收获时期与收获方法

收获时期与农产品的生理成熟度有关,早了品质尚未成熟,晚了品质又过熟了不好保管运输。收获方法与农产品的外形结构保持有关,方法不当会损坏农产品的外形结构,容易腐烂变质。例如,黄花菜要在正午或午后两三点钟花苞欲开而未开时采摘;苹果、梨子、橘子等采摘时不能损坏蒂部和外皮等。

二、流通过程中的影响因素

流通过程是商品离开生产领域但尚未进入消费领域的整个区间或阶段,在此期间商品要经历时间和空间上的转移,按流通工作的环节来分主要有运输、储存、销售等业务。每一个环节都存在影响商品质量变化的可能。例如,运输过程中的运程远近、运输时间长短、运输路线、运输方式、运输工具等因素;储存过程中的场所位置、时间长短、储存设施与技术、储存数量等;销售过程中的商品陈列、拆装包扎、搬运、装配、送货、安装、维修等;商品所处的环境条件,如空气中的氧、日光、空气温度、空气湿度、微生物、仓库害虫、卫生条件、有害气体等。这些因素对商品的影响告诉人们,在商品流通过程中,要不断加强经营管理工作,努力提高人员的操作水平,防止各种外力及环境因素影响到商品的质量。以下简要分析一下外界的环境影响因素。

(一) 空气中的氧气

空气中约含有 21% 左右的氧气。氧气的性质非常活跃,能与许多商品发生反应并对商品质量造成很大影响。例如,氧气能促使金属商品锈蚀;氧气促使微生物活动;氧气促使有机体商品霉腐;氧气是害虫的生存条件;氧气是助燃剂,能促使很多商品燃烧;油脂的酸败、化学性商品的氧化分解及塑料、橡胶、合成纤维制品的老化等都与氧气有关。因此,在商品养护中,关键要控制氧气与商品的接触。

(二) 日光

日光中含有紫外线、红外线等,能对商品起着正反两方面的作用。一方面,日光能使商品水分蒸发,杀死微生物和商品害虫,在一定程度上有利于商品的保护;而另一方面,日光的照射,能使商品体中的成分获得较多的活化能量,从而更容易参与反应,使商品质量发生变化。例如,在日光的照射下,酒类商品浑浊、油脂加速酸败、橡胶塑料制品迅速老化、纸张发黄变脆、药品变质、相机胶卷感光等。因此,在保管中要注意避免或减少阳光的照射。

(三) 空气的温度

气温是影响商品质量变化的重要因素。温度能直接影响物质微粒的运动速度。在常温下,一般商品都比较稳定;高温能促使商品挥发、膨胀变形、熔化等物理变化和各种化学变化;而低温又容易使商品冻结、沉淀等变化;温度适宜能使微生物及害虫的生长繁殖特别活跃。因此,控制与调节仓库温度是商品养护工作的重要内容。

(四) 空气湿度

空气的干湿程度称为空气湿度。空气湿度的改变,能引起商品含水量、化学成分、外形、体态结构等的变化。当湿度下降时,商品会散发水分而降低含水量,减轻重量。如水果、蔬菜、肥皂等会发生萎蔫或干缩变形,纸张、皮革等商品失水过多会发生干裂或脆损;当湿度增高时,商品含水量和重量增加,如食糖、食盐、化肥等易溶性商品会结块或进一步溶化,钢铁制品生锈,纺织品、竹木制品、卷烟等发生霉变。所以,在商品养护中,控制好库房湿度,保持与商品储存相适应的湿度条件是非常重要的。

(五) 微生物

微生物是商品霉腐变化的前提条件。微生物在生命活动过程中会分泌各种酶,利用它把商品中的蛋白质、糖类、脂肪、有机酸等物质分解为简单的物质再加以吸收利用,从而使商品受到破坏、变质,丧失其使用价值。同时微生物异化过程中,在细胞内分解氧化营养物质产生各种腐败性物质排出体外,使商品产生腐臭味和色斑霉点。常见危害商品的微生物主要是一些腐败性细菌、酵母菌和霉菌。特别是霉菌,它是引起绝大部分日用工业品、纺织品和食品霉变的主要根源,对纤维素、淀粉、蛋白质、脂肪等物质,具有较强的分解能力。

(六) 仓库害虫

影响商品质量的仓库害虫总共约200多种,经常危害商品的也有40多种。其危害商品的种类主要是动植物性商品和含有机成分的商品。害虫在危害商品时,直接破坏商品的组织结构,使商品发生破碎和孔洞,商品体严重受损,而且在生活过程中结茧、排泄各种代谢废物玷污商品,影响商品外观。一旦商品遭受害虫危害,其精神损失往往比物质损失更大。

(七) 卫生条件

卫生条件是指储存商品的空间的洁净状况。如果卫生条件不良,如灰尘、油垢、垃圾、腥臭味等会污染商品,造成某些外观疵点和异味感染,同时将更有利于微生物和仓库害虫的生长繁殖。对于一些精密仪器类的商品还会影响其精度。在储存商品过程中,要注意搞好环境卫生,并要注意保持商品包装的完好无损。

(八) 有害气体

空气中影响商品质量的气体主要来源于工业废气,如二氧化碳、二氧化硫、硫化氢、氯化氢和氮化物等,这种物质溶于水便形成酸性物质,能腐蚀有机性商品,也能腐蚀金属性商品。

三、消费过程中的影响因素

(一) 使用范围和条件

商品一般都有其适合的使用范围和条件,只有在正常的使用范围和条件下使用,商品的功能才能被发挥出来。例如,家用电器商品的电源有交流与直流之分,其电压电流值达不到要求就不能正常使用,甚至会损坏家用电器商品;碱性洗涤剂如在带酸性的溶液中洗涤衣物,则洗涤作用大减;普通柴油的适宜温度在零度以上,零度以下常常会冻结,致使发动机不能启动。

(二) 使用方法和维护保养

在消费过程中,商品有用性的发挥及寿命的延长也有赖于消费者的正确使用和维护保养。例如,熟铝锅经常碰撞就会变形;皮鞋长期不擦油其表面就会变得干燥粗糙甚至开裂;家用电器商品放置在有煤气产生的房间使用,其金属元件很容易被腐蚀。

任务二 探索商品质量变化规律

一、商品质量变化的自然规律

商品质量变化自然规律，是指从商品生产出发，经流通最后到达消费过程这整个时空阶段中的商品质量变化规律。这种变化是商品处于生产、流通、消费过程中受自身性质决定而在外界因素作用下自然发生的变化。从宏观的角度总结所有商品的质量变化，不外乎呈现两类变化规律。

（一）正常变化

正常变化是指一个商品生产出来后，进入流通、消费阶段，其使用价值得到正常发挥，而表现出来的质量变化。这种变化一般表现为四个阶段：质量形成、质量稳定、质量降减、质量丧失。质量形成是指商品生产完成后的质量形成。质量稳定是指商品处于流通过程中的质量稳定不变。质量降减是指商品处在消费过程中的使用消耗。质量丧失是指商品已经不能使用的状态。这种变化规律是我们所需要的。

（二）非常变化

非常变化是指一个商品生产出来后，进入流通、消费阶段，其使用价值不能得到正常发挥而表现出来的质量变化。这种变化一般表现为三个阶段：质量形成、质量劣变、质量损失。质量劣变是指商品质量变差变坏，这里有局部的劣变、轻微劣变、整体劣变、重度劣变等不同程度。质量损失是指质量劣变到已不能供消费使用了。质量非常变化规律在企业经营管理过程中必须引起高度重视，因为这种变化将直接影响企业的经营效益。

二、商品质量变化的市场规律

质量变化市场规律，是指商品在整个市场交易活动的不断延续和发展过程中其质量变化的普遍趋势。这种变化主要表现为四个阶段：质量形成、质量稳定、质量提高、质量更新。质量形成基本同前述含义。质量稳定是指商品在整个市场中保持一定时期的稳定不变。质量提高是指企业在原有基础上不断提高商品质量以更好地满足消费需求。质量更新是指企业在原有商品使用价值的基础上增加或完善或创新商品的使用价值，使商品效用水平提高。

三、商品质量变化的个体规律

商品质量变化的自然规律和市场规律都是站在宏观的角度去考察整个商品的普遍变化规律，是对商品质量变化规律的笼统认识。而在企业经营管理活动中，更需要掌握具体商品的变化规律，这样才能为商品管理提供依据。在不同的商品个体上发生的质量变化是不一样的，其变化千差万别。但归结其性质，可以将商品的个体质量变化分成五类变化：物理变化、机械变化、化学变化、生理生化变化、生物引起的变化等。

（一）物理变化

物理变化是只改变物质的外表形态，不改变其本质，没有新物质生成，并且有可能反复进行的质量变化现象。尽管如此，其对商品质量的影响还是很明显的，轻者降低，重者损失商品使用价值。商品常发生的物理变化主要有挥发、溶化、熔化、渗漏、串味、沉淀、玷污、干缩裂等形式。

1. 挥发

挥发是指低沸点的液体商品或经液化的气体商品，其分子经汽化散发到空气中去的现象。

挥发速度与气温的高低、空气流动速度的快慢、液体接触空气面积的大小成正比关系。液体商品的挥发不仅会降低商品的有效成分,增加商品损耗,降低商品质量,有些燃点很低的商品还可能引起燃烧或爆炸;有些商品挥发的蒸汽有毒或具有麻醉性,容易造成大气污染,对人体有害;有些商品受到气温升高的影响而体积膨胀而爆破包装。常见易挥发的商品有:酒精、白酒、香精、花露水、香水、化学试剂中的各种溶剂、医药中的各种水剂、液体农药、汽油等。

防止商品挥发的主要措施是加强包装的密封性。此外,要控制库房的温度,高温季节要采取降温措施,使商品储存在较低温度条件下。

2. 溶化

溶化是固体商品在保管过程中,吸收空气或环境中的水分达到一定程度时逐步溶化成液体的现象。常见易溶化的商品有食糖、糖果、食盐、明矾、硼酸、甘草硫浸膏、氯化钙、氯化镁、尿素、硝酸铵、硫酸铵、硝酸锌、硝酸锰等。商品溶化其本身的性质没有改变,但由于形态的改变,会给储存、运输及销售活动带来不便,同时对商品的消费也带来不便,甚至会造成商品之间的互相污染。商品溶化与空气温度、湿度、承受的压力等有密切关系。商品发生溶化要具备两个条件:一是商品的水溶性,二是商品的吸湿性。

防止商品溶化应保持仓库的干燥阴凉,不能接触有较多水分的商品,堆码时底层要隔垫。

3. 熔化

熔化是指低熔点的商品受热后发生软化甚至变为液体的现象。熔化除受气温高低影响外,与商品自身的熔点、所含杂质种类和含量高低有密切关系。熔点越低,越易熔化;杂质含量越高,越易熔化。常见易熔化的商品有:百货中的香脂、蛤蜊油、发蜡、蜡烛;文化用品中的复写纸、打字纸、圆珠笔芯;化工商品中的松香、石蜡、粗萘、硝酸锌;医药商品中的油膏、胶囊、糖衣片等。商品熔化会造成商品流失、粘连包装、玷污其他商品;有的会使体积膨胀而胀破包装;有的因商品软化而使货垛倒塌。

防止商品熔化,一般可采用密封和隔热措施,加强仓库温度管理,防止日光照射,尽量减少温度的影响。

4. 渗漏

渗漏主要是指液体商品发生跑、冒、滴、漏的现象。商品渗漏主要与包装材料、包装容器结构及包装技术优劣有关,还与温度变化有关。如包装密封不严、有砂眼、产生裂缝;包装受潮锈蚀,孔洞;液体商品因气温升高体积膨胀而胀破包装;液体商品因严寒结冰胀破包装。渗漏会使商品的数量减少,并能污染其他商品和储存场地。易燃性液体渗漏后易引起火灾。

在储存保管易渗漏商品的过程中,应加强入库验收,注意检查包装的完好性,同时还要注意加强在库检查及库房温度的调控。

5. 串味

串味是指具有吸附性的商品吸收其他气体、异味,从而改变本身气味的现象。易串味的商品,主要是因为它的成分中含有胶体物质及具有疏松多孔的组织结构。商品串味,与其表面状况、接触面的大小、接触时间长短及环境中异味的浓度有关。常见易串味的商品有大米、面粉、木耳、食糖、饼干、茶叶、卷烟等。常见易引起其他商品串味的商品是汽油、煤油、桐油、腌鱼、腌肉、樟脑、肥皂、化妆品以及农药等。要防止串味应尽量采用密封包装,专库存放,专门运输工具运输,并保持储存场地的环境卫生。

6. 沉淀

沉淀是指含有胶质或固体微粒的液体商品,在低温或高温下,其内容物凝固下沉到底部或浆液状、膏状商品发生分层的现象。易沉淀的商品有墨汁、墨水、啤酒、牙膏、雪花膏等。

预防商品沉淀，要防止阳光照射，做好冬季保温和夏季降温工作。

7. 玷污

玷污是指商品外表沾有其他脏物或染有其他污迹的现象。商品玷污主要是由于商品生产、储运中卫生条件差及包装不严所致。如各种纺织品、针织品、服装发生玷污会严重影响其外观，精密仪器、仪表发生玷污则会影响其精度。

8. 干缩裂

干缩裂是指商品失去正常水分后所发生的收缩、脆裂、变形等现象。常见易发生干缩裂的商品有糕点、卷烟、乐器、木制家具、皮革制品等。防止商品干缩裂要把商品储存在避免日晒、风吹的场所，并且控制好环境相对湿度，以使商品的含水量总是处在合理的范围内。

（二）机械变化

商品的机械变化是指商品在外力的作用下所发生的形体变化，又称机械损伤或机械破损。其主要形式有破碎、变形、脱落散开等。破碎一般是指商品在外力的作用下整个发生碎裂的情况，如玻璃器皿、陶瓷器皿等因包装不良储运过程中受到碰撞、挤压、抛掷、滑落等而碎裂。变形是指商品受到外力的作用而改变原来的形状。如搪瓷制品、熟铝制品、塑性较大的皮革、塑料、橡胶制品，由于受到强烈的外力撞击或长期的重压而变形。脱落散开是指商品在外力的作用下整体离散掉落的现象。如塑料玩具在外力作用下整个解体，颗粒状商品由于包装不牢在运输和装卸搬运过程中流落到地面。对这类商品的储存保管应注意妥善包装，轻拿轻放，堆垛高度应控制在商品承受的极限范围之内。

（三）化学变化

商品的化学变化，不仅是指改变物质的外表形态，也改变物质的本质，且生成新物质的变化现象。这类变化严重时会使商品完全丧失使用价值。常见的化学变化有氧化、分解、化合、老化、聚合等形式。

1. 氧化（含锈蚀）

氧化是指商品与空气中的氧或其他放出氧的物质接触，发生与氧结合的化学变化。商品氧化不仅会降低商品质量，有的还在氧化过程中产生热量，发生自燃，甚至会引起爆炸。易氧化的商品比较多，如某些化工原料、纤维制品、橡胶制品、油脂类商品等。

锈蚀是金属制品商品的特有现象，在潮湿的环境中，金属表面吸附了水分而形成水膜，并溶解空气中的二氧化碳、二氧化硫等气体而形成具有导电性的电解液薄层，由于电解液中的某些成分的电位较高成为正极，金属电位较低而成为负极，在电化学反应中，金属原子因其电子不断失去而变成离子溶于电解液中，这样金属表面就被慢慢腐蚀，出现凹洞并生成疏松的锈迹。时间一长，锈迹逐渐剥落，金属制品形体越来越小。

对于易氧化商品的保管，应重点注意控制商品储存的环境温度和湿度，低温低湿有利于防止氧化，并保持商品包装完好无损。

2. 分解（包括水解）

分解是指某些化学性质不稳定的商品，在光、热、酸、碱、潮湿空气影响下，会由一种物质分解成两种或两种以上物质的现象。如用于漂白或杀菌的双氧水，在常温下分解缓慢，但在高温下则迅速分解为氧气和水而失去效用。化学肥料中的碳酸氢铵在较高温度下很容易分解为氨气、二氧化碳和水而完全失去肥效。

3. 化合

化合是两种或两种以上的商品因互相接触而发生反应,生成一种新物质的现象。

化合作用一般情况下是不会发生的。但如果在储存保管中操作不当,使两种性质相互作用的商品得以接触,如化学试剂中的酸、碱、盐等物质就能很容易发生化合反应。

4. 老化

老化是指高分子材料(如橡胶、塑料、合成纤维等)商品在储存过程中受到日光、高热、空气中的氧等环境因素的作用,逐渐失去原有优良性能,以致最后丧失使用价值的化学变化。老化的本质是高分子化合物发生降解或交联。其质变特征主要表现为变软、发黏、变硬、发脆、龟裂、强力降低等。故这类商品在储存保管中要注意避免日光照射和高温影响。

5. 聚合

聚合是指某些商品的化学组成成分的化学键在外界条件作用下发生互相结合而聚集在一起,使原有化学成分性质改变的现象。例如,福尔马林溶液变性,桐油表面结块等均是聚合反应的结果。

(四)生理生化变化

生理生化变化是指有生命的有机体商品,在生长发育过程中,为了维持它的生命,本身所进行的一系列变化。这类变化主要有呼吸作用、发芽、胚胎发育、后熟作用等。

1. 呼吸作用

呼吸是动植物体的一种生命现象,是为了延续动植物体生命而进行新陈代谢的一种生理活动。由于环境条件的不同,分为有氧呼吸和无氧呼吸。有氧呼吸是动植物鲜活商品为了维持生命的需要,与吸入的氧发生氧化反应,从而消耗营养物质,产生二氧化碳、水和热量的一种正常生理活动。对于水果、蔬菜等植物性鲜活商品,要抑制有氧呼吸,以减弱商品中营养物质的消耗,避免因过多水分、热量产生导致微生物滋生而造成商品腐烂变质。对于鱼类、禽类、哺乳类鲜活动物商品,为了延续其生命,必须提供能满足其正常呼吸所需要的氧气和温度。在缺氧条件下,动物活品会停止生命活动而死亡,植物性鲜活商品则转入无氧呼吸,产生酒精、二氧化碳和热量,这里的酒精会使植物种子中毒,或使细胞产生生理病害甚至腐烂。因此,储存植物性鲜活商品必须防止无氧呼吸,并降低环境温度和氧的浓度,将有氧呼吸控制在较低的范围内。

2. 发芽

发芽是植物性有机体商品在适宜条件下,冲破"休眠"状态而发生的萌芽现象。如粮食类稻谷、小麦、玉米、高粱等,蔬菜类洋葱、大蒜、萝卜、马铃薯、藠头、豆子等。发芽消耗了大量的营养物质,使组织粗老或空心,失去了原有的鲜嫩品质,既降低商品质量,又不耐储存。因此,储存这类商品除控制好其本身含水量外,还要保持低温,并防止阳光照射。

3. 胚胎发育

胚胎发育主要是指鲜蛋的胚胎发育。在鲜蛋储存过程中,当温度和供氧条件适宜时,鲜蛋内部会发生胚胎发育变化,生成血丝蛋、血环蛋,甚至出现黑影。经过胚胎发育的鲜蛋,其新鲜度和食用价值大大降低。为抑制胚胎发育,鲜蛋必须存放在低温环境中,在 0 ℃~10 ℃之间比较适宜。

4. 后熟作用

后熟作用是指植物性果实在完全成熟前脱离母株后,其自身仍在进行不断成熟的生化变化过程。许多水果,如香蕉、柿子、橘子、苹果、哈密瓜、猕猴桃等;还有一些果菜,如番茄、苦瓜等,在离开植物体后,其品质会变得越来越好,它们的色、香、味更加适合于食用,但也越来越不利于储存保管。为了便于储运并减少损耗,要在果实成熟前进行采摘,并储存在较低温度条件下,保持适度通风,尽量延长后熟期。

（五）生物引起的变化

1. 霉变

霉变是指由于霉菌在商品上生长繁殖而导致商品变质的现象。霉菌可以寄生于许多商品（如粮食及其加工制品、水果、蔬菜及其干制品、茶叶、卷烟、纸张、皮革制品、纺织品、服装、鞋帽、中药材等），吸取其中的营养物质并排泄废物，使商品污染着色、成分分解、产生难闻霉味及毒素，质量受到不同程度的破坏甚至出现变糟、发脆、强度降低等变质现象。

2. 腐败

腐败是指由于腐败细菌作用于富含蛋白质成分的食品商品（如畜肉、禽肉、鱼类、贝类、牛奶、鲜蛋及豆制品等），使食品中蛋白质分解的变质现象。腐败使这类商品分解，产生酸味、臭味、毒素及其他色素等。这是一种严重的变质现象，对商品储存保管十分不利。

3. 发酵

发酵是指储存的食品商品由于受到空气中野生酵母、细菌等微生物的作用，而发生糖类、蛋白质等成分分解的变质现象。食品一旦发酵，不仅其有益成分遭到破坏，失去原有风味，而且会产生不良气味甚至有害人体健康的物质。常见的发酵有酒精发酵、醋酸发酵、乳酸发酵、酪酸发酵等。

4. 虫蛀

商品在储存保管过程中常常遭到仓库害虫的蛀食和污染。仓库害虫种类较多，在我国有记载的有200多种，在商业部门发现经常危害商品的就有40多种，危害包装物的达120多种。其主要代表性仓虫是鞘翅目昆虫，俗称甲虫，是目前仓库中种类最多、危害最大的仓虫。容易受到虫蛀的商品主要是含有糖类、蛋白质和脂肪等营养成分较高的动植物性商品，如毛织品、丝织品、毛皮制品、竹藤制品、纸张及纸制品、卷烟及烟叶、干果等。

5. 鼠咬

鼠类虽不属仓虫的范围，但其危害比仓虫更甚，也是仓储的大害。仓储中的鼠类主要是褐鼠、黑鼠和小家鼠。鼠类有咬啮的习惯，以使门齿保持适当的长度，所以，凡是硬度比鼠齿小的商品或物品，均是老鼠咬啮的对象，如包装物、工业品（木制品、竹制品、皮箱、塑料制品等）、建筑材料、通信设备等。此外，纤维制品还常成为老鼠觅取做窝的材料，它们的粪便还会玷污商品，传染疾病。

学习检测

一、填空题

1. 影响工业品商品质量的因素主要有（　　　　）、（　　　　）、（　　　　）、（　　　　）。

2. 影响农产品质量的因素主要有（　　　　）、（　　　　）、（　　　　）、（　　　　）、（　　　　）。

3. 商品在流通过程中发生的质量变化类型有（　　　　）、（　　　　）、（　　　　）。

4. 商品的生理生化变化主要有（　　　　）、（　　　　）、（　　　　）、（　　　　）。

5. 生物引起商品质量变化的形式主要有（　　　　）、（　　　　）、（　　　　）、
（　　　　）、（　　　　）。

二、判断题（判断对或错）

1. 生产过程中的因素和流通过程中的因素对商品质量的影响结果是一样的。（　）
2. 农产品一般比工业品商品更易发生质量变化。（　）
3. 后熟作用因涉及果实内部成分有所变化，所以它是一种典型的化学变化。（　）
4. 商品的物理变化只是对外观有所影响，对商品体不会造成根本性影响。（　）
5. 掌握好商品流通过程中的质量变化规律对于储存养护好商品至关重要。（　）

三、思考题

1. 什么样的商品质量比较稳定，不易发生变化？
2. 如果一个商品可能发生多种质量变化形式，你如何预测判定它最可能发生的质量变化形式？

**技能训练**

1. 任务设计

任务项目：分析棉花（或稻谷）商品质量变化情况

执行要求：分小组进行，设计出一份表格式的分析报告书，罗列出质量变化的主要形式，找出引起变化的主要原因，填写好分析报告书。

执行条件：明确任务要求，小组人员适当分工，网络搜索资料，图书馆查阅资料，棉花仓库调查。

2. 能力评价

评价内容：质量变化形式具体描述，影响因素具体描述，报告书设计的合理性。

评价标准：列出三项质量变化形式得 40 分，找出三个影响因素得 30 分，报告书设计能反映主题且绘制美观得 30 分。

评价方法：各小组自我评价，教师集中评价修正。

知行拓展

商品损耗率

项目四　识别选择商品包装

学习目标

知识目标　理解商品包装的含义与功能作用；熟悉商品包装材料与方法的选择要求。熟悉包装标志。

能力目标　能根据具体商品进行包装材料和技法的选择利用；能识别各种运输和销售包装标志，准确判断商品包装的优劣状况。

素质目标　充分认识包装对商品的重要性，养成细致观察商品包装状况的习惯，通过包装的变化发现经营中的问题，增强保护商品包装的自觉性。

情境导入

现代食品包装新趋势

现代食品包装技术是食品生产、流通和消费的产物，它和现代化食品流通条件与销售市场是相应发展的。当今，现代食品包装发展总的趋势是自动化、机械化和环保。现代食品包装发展的物质基础是包装材料。目前纸、塑料、金属和玻璃仍然是食品包装材料的主角；绿色包装材料将会有较大的发展空间。

现代食品包装的发展趋势，以食品和饮料包装的发展较为明显：

（1）保护食品的质量、保持食品的新鲜。因此，追求完美的保鲜功能已成为食品包装的首要目标。

（2）无菌包装的发展，将减少冷藏设备的需求。越来越多的单位从事无菌包装设备、材料、工艺、元器件的开发与生产。

（3）在保证和提高包装质量的前提下，通过改进包装材料的性能，降低包装成本，但绝不能片面地追求材料价格的降低。

（4）柔性包装材料向优质发展。近十年来，我国柔性版包装印刷已有了长足的进步。但在印刷品的精美、艳丽、厚实等方面还有待改进。

（5）为便于贮运，包装轻型化将会进一步得到发展。以重量较小的柔性包装及塑料罐、塑料瓶代替玻璃和金属容器，就能大幅度地减少运费。

（6）玻璃纸及半透明纸等传统的纤维质包装材料，有被淘汰的趋势。较有可能完全代替玻璃纸的是聚丙烯薄膜。

（7）现代食品包装要求艺术性和实用性的高度统一，食品包装向着方便"陈列、挑选、携带

和使用"和"透明化、形象化和环保化"既有装饰性又有艺术性的方向发展。(摘自中国建材网)

任务引导：1. 包装对于商品有什么作用？
2. 常用的包装材料与技术有哪些？
3. 如何确定商品最适合的包装？

任务一　理解商品包装的含义与功能

一、商品包装的含义

我国国家标准《包装术语第1部分：基础》(GB/T 4122.1—2008)中对包装的定义是："为在流通过程中保护产品、方便储运、促进销售，按一定技术方法而采用的容器、材料及辅助物等的总体名称，也指为了达到上述目的而在采用容器、材料和辅助物的过程中施加一定技术方法等的操作活动。"这一定义也表明现代包装具有下述特征：包装首先是一类特殊商品，它本身是具有价值和使用价值的物质实体；包装又是促使被包装商品实现其价值和使用价值的手段；包装同时是按一定技术要求操作的生产活动。

二、商品包装的功能

商品包装是商品生产过程的继续，绝大多数商品只有经过包装后才算真正完成生产过程，才能进入流通和消费领域。包装是一种特殊的商品，具有使用价值和价值两个属性，从其构成看，商品包装所消耗的劳动，包括物化劳动在内，都是商品社会必要劳动的一部分，它与商品体配合在一起作为一种买卖对象，成为商品的附属物，并能美化商品使之增值，它附加在商品上的价值，通过出售商品得以补偿。包装是一类物质产品或商品，本身具有使用价值，如有些商品的包装容器，设计精美、造型独特、工艺精良，具有很高的欣赏价值；有些包装在商品被消费后，还可有其他用途。具体来说，商品包装具有如下四项功能。

(一) 保护功能

保护功能，也是包装最基本的功能，即使商品不受各种外力的损坏。一件商品从出产至最终到消费者手中，需要经过装卸、运输、库存、陈列、销售等环节。在此过程中有很多外因，如撞击、污浊、光线、气体、细菌等因素，都会威胁到商品的安全。因此，从一开始就要设计好包装的结构与材料，保证商品在流通过程中的安全。

(二) 便利功能

所谓便利功能，也就是商品的包装是否便于运输、装卸、存放、使用、携带等。合理的商品包装将有利于商品的安全装卸、合理运输和最大限度地利用仓容，同时也便于企业对转移过程中的商品进行识别、验收、计量和清点。

(三) 销售功能

设计良好的包装能引起消费者的注意，并提供让消费者认识商品的信息。如何让自己的产品从琳琅满目的货架脱颖而出、独具魅力，设计好包装是最优选择。包装是一个"无声售货员",具有重要作用。

（四）增值功能

具备上述几个功能的合理的商品包装，必然会促进商品使用价值的实现，也必然会促使商品价值的提高。

任务二　识别商品包装类型与标志

一、包装的类型

（一）按包装在流通中的作用分

1. 运输包装

运输包装是用于安全运输、保护商品的较大单元的包装形式，又称外包装或大包装，如纸箱、木箱、桶，甚至包括集装箱、集装袋等。运输包装一般体积较大，外形尺寸标准化程度高，坚固耐用，表面印有明显识别标志，方便运输、装卸和储存。

2. 销售包装

销售包装是指以商品零售单元为包装个体的包装形式，既有单个式的，又有多个商品组合式的。单个商品式的称为小包装，多个商品包装式的称为中包装。销售包装的一般特点是包装件小、美观、新颖、卫生、易于使用、便于携带等。销售包装随商品出售给消费者，除保护商品的基本功能外，还有宣传、美化、促销的功能。

（二）按包装制品材料分

按包装制品材料可分为纸制包装、塑料包装、金属包装、竹木包装、玻璃容器包装和复合材料包装等。

（三）按包装采用的技术方法分

商品包装一般可分为缓冲包装、防震包装、防潮包装、防锈包装、防霉包装、收缩包装、充气包装、灭菌包装、体贴包装、组合包装和集合包装等。

二、商品包装标志分类

包装上的使用说明应能反映出商品的品质，同时也应指导消费者消费，对这些文字说明应力求简明、真实、易懂。我国《产品质量法》第27条做了明确规定。

为了便于装卸、运输、仓储、检验、交接和销售工作的顺利进行，防止发生错发错运和损坏货物与伤害人身的事故，以保证货物安全、迅速、准确地交给收货人，就需要在包装上书写、印刷各种有关标志，以便于识别和提醒人们操作时注意。按照包装运输标志的用途分，可分为运输包装标志和销售包装标志两部分。

（一）运输包装标志

1. 运输标志

运输标志又称唛头（Shipping Mark），它通常是由一个简单的几何图形和一些英文字母、数字及简单的文字组成，其作用在于使货物在装卸、运输、保管过程中容易被有关人员识别，以防错发错运。运输标志的主要内容包括：分类标志、收货人代号、发货人代号、目的港（地）名称、件数、批号。

此外，有的运输标志还包括原产地、合同号、许可证号和体积与重量等内容。运输标志的内容繁简不一，由买卖双方根据商品特点和具体要求商定。

运输标志中的商品分类图形标志主要识别标志，按照国家统计目录分类，是用集合图形和简单文字表明商品类别的特定符号，而且按照商品类别分别用规定颜色印刷，如五金、交电、化工、农药、花费和机械类用黑色，百货、文化用品和医药类用红色，针纺、食品和农副产品类用绿色（见图 4-1）。

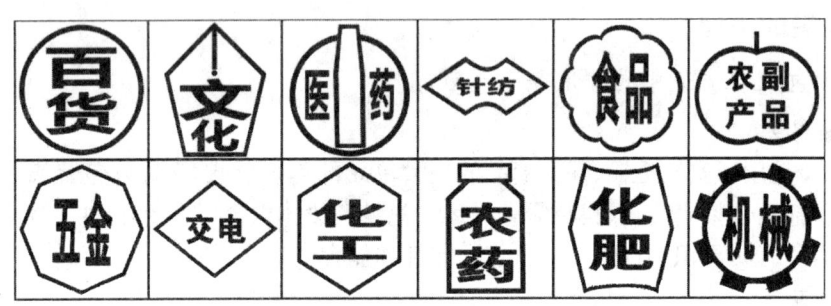

图 4-1　商品分类图形标志

2. 指示性标志

指示性标志是指根据产品的某些特性（如怕湿、怕震、怕热、怕冻等），提示人们对某些易碎、易变质的商品在装卸、运输和保管过程中需要注意的事项，引起作业人员的注意，使他们按图示的标志要求进行操作。一般是以简单、醒目的图形和文字在包装上标出，故有人称其为注意标志。

我国《包装物储运图示标志》（GB/T 191—2008）规定了 17 种货物储运图示标志，适用于铁路、水路、公路和航空储运中怕湿、怕震、怕热、怕冻等有特殊要求的货物的外包装（见图 4-2）。

图 4-2　商品储运指示标志

3. 危险货物包装标志

危险货物包装标志，是指凡在运输包装内装有爆炸品、易燃物品、有毒物品、腐蚀物品、氧化剂、放射性物质等危险货物时，都必须按照《危险货物包装标志》（GB 190—2009）标准规定在运输包装上标明用于各种危险品的标志，以示警告，使装卸、运输和保管人员按货物特性采取相应的防护措施，以保护物资和人身的安全。此类标志为了引起人们特别警惕，多采用特殊的彩色或黑色菱形图示(见图4-3)。

图4-3 危险货物标志

(二) 销售包装标志

销售包装标志是标注在商品销售包装上的产品标志,可以用文字、符号、数字、图案以及说明物等表示。它是销售者传达商品信息、表现商品特色、推销商品的主要手段,是消费者选购商品,正确使用和保养商品的指南。它主要包括下列内容:

1. 销售包装的一般标志

一般商品销售包装标志的基本内容包括商品名称、生产厂名和厂址、产地、商标、规格、数量或净含量、商品标准或代号、商品条形码等。对已获质量认证或在质量评比中获奖的商品,应分别标明相应的标志。

根据国家标准规定,食品商品的销售包装标签上必须标注:食品名称、净含量及固形物含量、配料表、制造者的名称和地址、日期标志(生产日期、保质期或保存期)和储藏指南、产品标准代号、质量等级、特殊标注内容等。属保健食品的必须标有保健食品标志。

除基本内容外,日用工业品还须标注主要成分、净含量、性能特点、用途、使用方法、保养方法、生产日期、安全使用期或失效日期、品级、批号等。

对于进口商品,在每个小包装上必须用中文标注:商品名称、产地的国名和地方名、中国代理商或总经销商的名称、详细地址。对关系到人身财产安全的商品,对其标注的内容还有更详细的规定。如家用电器商品必须在每个销售包装上标有中文说明、中国商检局CCIB安全检测标志和长城安全认证标志;化妆品包装上必须有CCIB标志;动植物商品必须在每个小包装上贴有中国动植物检疫局发放的标志;进口预包装食品的每个小包装上必须贴有CHF中国卫生检疫标志等。

另外,随着对环境保护的重视,各国在商品包装方面,力求对包装物的再生利用,对可回收的包装物,应该在罐盖上或包装上注明识别标记。《包装回收标志》(GB/T 18131—2010)标准规定了商品包装回收利用和再生利用的图形标志,与国际通用标志一致,共四类,分别是可重复使用标志、可回收再生标志、含再生材料标志、绿点标志(见图4-4)。

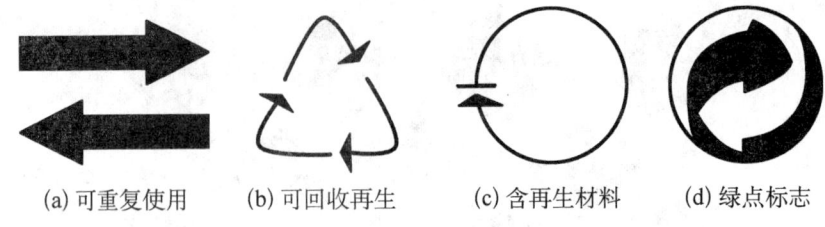

(a) 可重复使用　　(b) 可回收再生　　(c) 含再生材料　　(d) 绿点标志

图4-4　包装回收标志

2. 商品的质量标志

商品的质量标志就是在商品的销售包装上反映商品质量的标记。它说明商品达到的质量水平。包括：优质产品标志、产品质量认证、商品质量等级标志等。

3. 使用方法及注意事项标志

商品的种类用途不同，反映使用注意事项和使用方法的标志也各有不同。如我国服装已采纳的国际通用的服装洗涤保养标志等。

4. 产品的性能指示标志

用简单的图形、符号表示产品的主要质量性能。如电冰箱用星级符号表示其冷冻室的温度范围。

5. 销售包装的特有标志

这是指名牌商品特定部位或包装物内的让消费者容易识别本品牌商品的标记。它由厂家自行设计制作，如名优酒等都有独特、精致的特有标志。

6. 产品的原材料和成分标志

产品的原材料和成分标志是指由国家专门机构经检验认定后，颁发的证明产品的原材料或成分的标志。目前已实施的属于此类的标志有绿色食品标志、纯新羊毛标志、真皮标志等。

任务三　选择商品包装材料

一、商品包装材料选择要求

包装材料是商品包装的主体，它应具有保护商品、易加工操作、方便使用、易处理等几个方面的性能。

二、常用包装材料的特点

包装材料有纸、塑料、木材、金属、玻璃、纺织品、竹、柳、草编、复合材料等。

（一）纸和纸板

纸和纸板是支柱性的传统包装材料，耗量大，应用范围广，其产值占包装总产值的45%左右。有以下特点：具有适宜的强度、耐冲击性和耐摩擦性；密封性好，容易做到清洁卫生；具有优良成型性和折叠性，便于各种机械化、自动化包装生产；具有最佳的可印刷性，便于介绍和美化商品;价格较低,重量轻,可以降低包装成本和运输成本;用后易于处理,可回收复用和再生,不会污染环境,并节约资源。致命弱点是:难封口、受潮牢度下降以及气密性、防潮性、透明性差等。制成的大包装容器主要有纸箱、纸盒、纸桶、纸袋、纸罐、纸杯、纸盘等。其中瓦楞纸箱用量约占50%以上。

(二)包装用塑料及其特点

塑料在整个包装材料中的比例仅次于纸和纸板,包装用塑料的占有量占塑料总消费量的1/4,在许多方面已经取代或逐步取代了传统包装材料。如制成编织袋、捆扎绳代替棉麻;制成包装袋、包装盒、包装桶代替金属;制成瓶罐代替玻璃;制成各种塑料袋代替纸张;制成周转箱、钙塑箱代替木材;制成多种泡沫塑料代替传统的缓冲材料等。塑料包括软性薄膜、纤维材料和刚性的成型材料,其基本特点为:物理机械性能优良;化学稳定性好;比重小;加工成型工艺简单;适合包装新技术,如真空、充气、拉伸、收缩、贴体、复合等;优良的透明性、表面光泽、可印刷性和装饰性,便于包装装潢。其缺点是:强度不如钢铁;耐热性不如玻璃;易老化;高温下会软化,低温下会变脆;塑料带有异味,有害成分可渗入内装物;易产生静电而造成污染;包装废弃物处理不当会造成环境污染。

(三)包装用金属材料及特点

包装用金属材料主要是钢材、铝材及其合金材料。包装用钢材包括薄钢板、镀锌低碳薄铁板、镀锡低碳薄钢板(俗称马口铁);包装用铝材有纯铝板、合金铝板和铝箔。金属材料具有以下优点:良好的机械强度;密封性能优良;易于加工成型;金属表面有特殊光泽,易于涂饰和印刷,可获良好的装潢效果;易于回收再利用,不污染环境。其缺点是:化学稳定性比较差,易发生锈蚀,遇酸、碱易发生腐蚀。常在钢板外镀锌、镀锡、镀铬或加涂层以提高其耐酸碱性和耐腐蚀性。主要用于制造运输包装桶、集装箱及饮料、食品销售包装罐、听、盒,另有少量用于加工各种瓶罐的盖底及捆扎材料。

(四)包装用玻璃与陶瓷

(1)玻璃。玻璃包装历史悠久,目前仍是包装的主要材料。其优点是:化学稳定性好,耐腐蚀,无毒无味,卫生安全;密封性良好,不透气,不透湿,有紫外线屏蔽性,有一定的强度;透明性好,易于造型,具有特殊的宣传和美化商品的效果;原料来源丰富,价格低;易于回收复用、再生。具有耐冲击强度低、碰撞时易破碎、自身重量大、运输成本高等缺点。玻璃主要用来制造销售包装容器(如玻璃瓶和玻璃罐),广泛用于酒类、饮料、罐头、调味品、药品、化妆品、化学试剂等的包装。

(2)陶瓷。陶瓷化学稳定性与热稳定性均佳,耐酸碱腐蚀,遮光性优异,密封性好,成本低廉,可制成缸、罐、坛、瓶等多种包装容器,广泛用于包装各种酒类、发酵食品、酱菜、腌菜、咸菜、调味品、蛋制品及化工原料等。

(五)木材包装材料

木材应用很广泛,这是因为木材具有分布广、材质轻、强度高、有一定弹性、能承受冲动和震动、易加工等优点。常制成的包装容器有木箱、木桶(包括胶合板和纤维板制的箱、桶)。但是其组织结构不匀,易受环境的影响而变形,并且易腐朽、易燃、易蛀等。目前,由于森林资源匮乏、环保要求、价值高等原因,其发展潜力不大。

除此之外,纺织品、竹、柳、草等也是常用的商品包装材料。

任务四 选择商品包装方法

一、运输包装技法

商品运输包装技法是指在包装作业过程中所采用的技术和方法,通过包装技法,才能将运输包装体和销售包装件形成一个有机的整体。

（一）运输包装应具备的条件

牢固耐用、材料及技法的适应、体积重量要适当、统一规格、实现标准化。

（二）针对产品不同形态而采用的包装技法

（1）对内装物的合理置放、固定和加固。对形态各异的产品,需选择一定的技巧,使商品合理置放、固定和加固,并缩小体积、节省材料等。例如,对于外形规则的产品,可套装;对于薄弱的部件要加固;包装内重量要均匀;易碎商品要防震固定。

（2）对松泡产品进行体积压缩。压缩体积可节省运输空间和储存空间,降低费用,一般采用机械加压或真空包装技法。

（3）对具有规则性外形的商品进行套装,如盆子、水桶等。

（4）对组合结构性商品进行拆装包装,如自行车等。

（5）对细长性的商品进行捆扎包装。捆扎的方法有多种,一般根据包装形态、运输方式、容器强度、内装物重量等不同情况,分别采用井字、十字、双十字和平行捆等不同的方法。

（三）针对产品的不同特性而采用的包装技法

这是针对产品的特殊需要而采用的包装技术和方法。由于产品特性不同,在流通过程中受到内外各种因素影响,其必然会发生不利于商品质量的变化,所以需要采用一些特殊的技术和方法来保护产品免受流通环境各因素的影响。

1. 防震缓冲包装

防震缓冲包装是将缓冲材料适当地放置在内装物和包装容器之间,用以减轻冲击和震动。常用缓冲包装材料有泡沫塑料、木丝、弹簧等。

2. 防潮包装

用低透湿或不透湿材料将产品与潮湿大气隔绝,以避免潮气对产品的影响。为此,在进行防潮包装时可采用下列方法:

（1）选用合适的防潮材料。符合防潮要求的材料有金属、塑料、陶瓷、玻璃及经过防潮处理的纸、木材、纤维制品等,而使用最多的是塑料、铝箔等。

（2）设计合理的包装造型结构。包装容器底面积越大,内装物的吸湿性也越大,越接近底部,含水量越大,因此,在设计防潮包装造型结构时,应尽量缩小底面积。

（3）对易于吸潮的材料进行防潮处理。其方法有蜡涂布、涂料涂布、塑料涂布。

（4）添加合适的防潮衬垫。如添加沥青纸、牛皮纸、蜡纸、铝箔、塑料薄膜等。

（5）用防潮材料进行密封包装。采用金属、陶瓷、玻璃、复合材料等材料制成的容器,包装干燥的产品,然后将容器口部严格密封,防止潮气进入。

（6）加干燥剂。在密封包装内加入适量的干燥剂,以吸收内部残留的潮气。

3. 防霉包装

防霉包装是防止包装和内装物霉变而采取一定防护措施的包装。它除防潮措施外,还要对包装材料进行防霉处理。防霉包装必须根据微生物的生理特点,改善生产和控制包装储存等环境条件,达到抑制霉菌生长的目的。首先,要尽量选用耐霉腐和结构紧密的材料,如铝箔、玻璃和高密度聚乙烯塑料,聚丙烯塑料、聚酯塑料及其复合薄膜等。第二,要求容器有较好的密封性。第三,采用药剂防霉的方法,可在生产包装材料时添加防霉剂或用防霉剂浸泡包装容器和在包装容器内喷洒适量防霉剂或喷洒装容器,如采用多菌灵、百菌清、水杨脱苯胺、五氯酚钠等,用于纸与纸制品、皮革、棉麻织品、木材等包装材料的防霉。第四,还可采用气相防霉处理,主要有多聚甲醛、充氮包装、充二氧化碳包装。

4. 防锈包装

防锈包装是为防止金属制品锈蚀而采用一定防护措施的包装。防锈包装可以采用金属表面处理,如镀金属(包括镀锌、镀锡、镀铬等);也可采用氧化处理和磷化处理的化学防护法;还可采用涂油防锈、涂漆防锈和气相防锈等方法。此外,还可采用普通塑料袋封存、可剥性塑料封存及充氮和干燥空气等封存法防锈。

5. 保鲜包装

保鲜剂包装是采用固体保鲜剂(由沸石、膨润土、活性炭、氢氧化钙等原料按一定比例组成)和液体保鲜剂进行果实、蔬菜的保鲜。固体保鲜剂法是将保鲜剂装入透气小袋封口后再装入内包装,以吸附鲜果、鲜蔬菜散发的气体而延缓后熟过程。液体保鲜剂法为鲜果浸涂液,浸后取出,表面形成一层可食用保鲜膜,既可堵塞果皮表层呼吸气孔,又可起到防止微生物侵入和隔温、保水的作用。硅窗转运箱保鲜包装,是采用塑料密封箱加盖硅气窗储运鲜果、鲜菜、鲜蛋的保鲜方法。

6. 脱氧包装

脱氧包装又称除氧封存剂包装。即利用无机系、有机系、氢系三类脱氧剂,除去密封包装内游离态氧,降低氧气浓度,从而有效抑制微生物的生长繁殖,起到防霉、防褐变、防虫蛀和保鲜的目的。

7. 充气包装和真空包装

充气包装是采用二氧化碳气体或氮气等不活泼气体置换包装容器中空气的包装技术方法。它通过改变气体组成成分,降低氧气浓度,达到防霉腐和保鲜目的。真空包装是将制品装入气密性容器后,将容器抽成真空,使其中没有氧气的包装。适用肉类、谷物加工食品及一些易氧化变质商品。

8. 高温短时灭菌包装

它是将食品充填并密封于包装内,然后使其在短时间内保持135 ℃左右的高温,以杀灭包装内细菌的包装方法,可以较好地保持肉类、蔬菜等内装食品的鲜味、营养价值及色调等。

(四)针对大批量的商品而采用的集合包装

集合包装,就是将运输包装成组化,集装为具有一定体积、重量和形态的货物装载单元,包括集装箱、集装托盘、集装袋和滑片集装、框架集装与无托盘集装等。常见的集合包装主要是托盘集合包装和集装箱集合包装两种形式。

1. 托盘集合包装

托盘集合包装是由托盘、单体包装体码垛相捆扎固定组成配合而形成的具有良好功能的运输包装件,目前已发展成多种类型的托盘。按托盘插口区分,有双面式托盘和四面式托盘。双面式托盘只能前后使用铲车,而四面式托盘则可在前后左右使用铲车。

2. 集装箱集合包装

集装箱的出现和发展,是包装方法和运输方式的一场革命,它的出现为实现运输管理现代化提供了条件。集装箱有多种类型,按用途可分为通用集装箱与专用集装箱两大类;按结构形式可分为保温式、通风式、冷藏式、敞顶式、平板式、罐式、牲畜式、折叠式、柱式、挂式、多层合成式和航空集装箱等;按制造材料可分为钢制、铝合金、玻璃钢质集装箱。

(1) 通用集装箱,也称为杂货集装箱,用来运输无须控制温度的杂货。这种集装箱通常为封闭式,在一段或侧面设有箱门。常用来运送文化用品、化工商品、电子机械、工艺品、医药、日用品、纺织品及仪器零件等。这是最常用的集装箱。

(2) 散装集装箱。一般用于运输散装的粉状和粒状货物。

二、销售包装技法

商品的销售包装通常要求包装后便于陈列展销,便于识别及便于消费者携带和使用,具有艺术吸引力。

(一) 便于陈列展销的包装

(1) 堆叠式包装。这种造型的包装,既能陈列展销,又可节省空间。

(2) 挂式包装。能充分利用货架的空间陈列展销品。

(二) 便于识别的包装

(1) 透明包装和开窗包装,能让消费者直接认识和了解商品,认识商品的品质。

(2) 惯用包装是指和常见的同类产品使用同样的包装材料、色彩、造型等,其目的在于便于消费者认知和引起消费者注意。

(三) 便于消费者携带和使用的包装

(1) 携带式包装。商品经包装后便于携带,其造型的长、宽、厚度的比例适当。

(2) 易开包装。对于密封结构的包装容器,在封口严密的前提下,便于开启,如易拉罐、易开盒等。

除此之外,随着消费需求的提高,许多新的包装方式也在不断地出现。

 学习检测

一、填空题

1. 包装的四要素指包装材料、(　　　)、(　　　)、(　　　)。
2. 商品运输包装标志有包装储运图示标志、(　　　)和(　　　)等。
3. 集合包装常用的器具既是商品运输的(　　　),也是商品包装的(　　　)。
4. 选择包装要考虑(　　　)、(　　　)、(　　　)、(　　　)等。
5. 警告性标志采用特殊的(　　　)和(　　　)图示。

二、判断题(判断对或错)

1. 木材是一种对商品没有污染作用的幼稚包装材料,应大量使用。　(　　)

2. 销售包装是"无声推销员"。　　　　　　　　　　　　　　　　（　）
3. 与销售包装不同的是运输包装重防护。　　　　　　　　　　　（　）
4. 牙膏和皮鞋油的包装属于惯用包装。　　　　　　　　　　　　（　）
5. 商品条形码属于销售包装标志。　　　　　　　　　　　　　　（　）

三、思考讨论

沃尔玛中国携手广东省包装技术协会积极倡导供应商包装改进工程,力争减少因过度包装造成的浪费。沃尔玛将协助供应商全面实现包装减量化,在满足保护、方便、销售等功能,并不影响商品品质的前提下,减少过度包装。该工程于2010年11月正式启动,并率先从试点供应商开始实施包装数据的采集、分析、检测与认证等工作。在2013年完成试点供应商包装"改进",基本实现沃尔玛供应商包装"改进"工程的目标。作为该项目合作的伙伴,广东省包装技术协会全面负责检测、认证、监督和指导等方面的工作。广东省包装技术协会组织、建立多个专家组和技术检测中心为这一工程的实施提供强大的技术支持和保障。

（摘自沃尔玛中国网站）

1. 你认为沃尔玛这样做的意义在哪里?
2. 一个零售商在推动包装改进工程,它说明了什么问题?

技能训练

1. 任务设计

任务项目:设计圆形玻璃容器商品的运输包装和销售包装,编写设计说明书。

执行要求:分小组进行,设计出合适的运输包装和销售包装,并能说明其理由。

执行条件:明确任务要求,小组人员适当分工,网络搜索资料,图书馆查阅资料。

2. 能力评价

评价内容:包装材料使用,包装图示说明,方法合适商品,格式正确。

评价标准:包装材料合适得30分,包装设计图与说明清楚得20分,包装方法符合产品性能及特点得30分,说明书内容与格式正确得20分。

评价方法:各小组自我评价,教师集中评价修正。

知行拓展

高露洁牙膏依靠包装创新
成功进入中国市场

项目五　认识商品学学科

**学习目标**

知识目标　了解商品学的产生与发展,熟悉商品学研究对象、研究内容、研究任务及研究方法。

能力目标　能概括表述商品学研究对象与内容的联系与区别,能区分商品学产生的不同阶段特点,能区分自然技术学派商品学与社会经济学派商品学的内容与特点。

素质目标　认识到商品学理论对于指导实际工作的重要性,养成学理论、用理论良好学习与工作习惯。

**情境导入**

中国商品学会

中国商品学会主要由全国的大专院校和科研院所从事商品学及其相关专业教学与研究的学者和教授组成,此外还广泛吸纳了商检,海关,质量监督检验检疫,工商行政管理和消费者协会等部门的专家和部分企业家。学会的主要宗旨是推动和发展商品学的基础理论及应用研究,并参与商品质量及其相关的咨询和培训等活动。近年来,中国商品学会先后承接了几十项国家部委的科研项目,多次举办各种展览会、研讨会、培训班及各种服务于社会、服务于企业的活动。

任务引导：1. 商品学究竟是研究什么的?

　　　　　　2. 商品学的研究对实际有何重要作用?

任务一　了解商品学的产生和发展

任何一门学科都产生于实践,都是人们实践经验的凝结。商品学是商品经济发展到一定阶段的产物。纵观商品学的形成和发展的历史,大致可分为以下三个阶段。

一、商品知识汇集阶段

在商品学学科形成之前,商品知识的总结与汇集及整理成册,是商品学形成的重要前提。这些商品知识主要是商品生产者和经营者经商经验的积累,它使商人在经商过程中能更加广泛、深入地了解商品的产地、品种、成分,更好地鉴别商品的品质,明确商品的功效,把握商品的正确使用方法,以充分发扬商品的效能。四大文明古国之一的中国,从丝绸之路到海上贸易,与外国商品交往的历史悠久,对商品知识的研究也相对超前。春秋时期师旷著有《禽经》,晋代戴凯之著有《竹谱》,唐代陆羽著有《茶经》,宋朝蔡襄著有《荔枝谱》,以及后来的《桔录》《本草纲目》等书籍,先后都对有关商品知识做了详尽的介绍。其中最具代表性的当属陆羽的《茶经》。盛唐时期,产于江淮一带的茶叶由江南传到北方,茶叶品种繁多,色味各异,为了进一步促进茶叶的生产与经营,推广茶叶的使用范围,陆羽大量收集茶叶的生产、制作、储运、消费等方面的知识,于公元767年写出《茶经》一书。该书分三卷共十篇,对茶叶的种植、采摘、加工、饮用,以及茶叶的功能、评定、储藏等环节进行了详细的说明。该书的问世,对茶叶的生产经营起到了重要的指导作用,成为世界上最早的一部茶叶商品学著作。据文献记载,阿拉伯人阿里•阿德•迪米斯基1175年编著出版的《商业之美与识别优劣和真伪商品指南》是世界上又一部商品学书籍。17世纪,在法国百科全书学者的影响下,萨瓦里于1675年编著出版了《商业大全》,书中详细论述了纤维制品、染料等商品的性能、产地、包装、储存、销售等方面的知识,该作品在欧洲久享盛名,先后被译成德、英、意等国文字在欧洲传播。以上这些商品知识汇集成册为商品学的诞生奠定了基础。

二、商品学产生阶段(古典商品学阶段)

商品学最早产生于德国。18世纪初,德国的工业迅速发展,将进口的原材料加工成工业品然后出口,这就使得原材料及工业品进出口贸易日趋频繁。这就需要商人必须具备系统的商品知识来适应贸易发展的需要,大量商业贸易人才的培养也就成为当时经济发展对教育界的突出要求。于是到18世纪中叶,德国在大学和商学院开始开设商品学课程。在教学和科研基础上,德国自然史学家兼经济学家约翰•贝克曼教授,于1793年至1800年编著出版了《商品学导论》,该书分两册,内容包括了商品生产、技术、方法、工艺学知识以及商品的产地、性能、用途、鉴定、分类、包装、主要市场等。《商品学导论》的问世,标志着商品学作为一门独立的学科已经形成。约翰•贝克曼教授也因此被誉为商品学的创始人,他所创立的商品学体系被称为"贝克曼商品学"或"叙述论商品学",后世学者都称之为"古典商品学"。19世纪以来,这种德国古典商品学相继传入意大利、西欧、东欧、日本、中国等,使商品学得到迅速发展。

三、现代商品学阶段

商品学学科体系形成以后,在其发展过程中呈现出两大研究方向。一个是从自然科学和技术学的角度出发,研究商品的使用价值,研究的中心内容是商品质量,称为自然科学商品学或技术商品学;另一个是从社会科学和经济学的角度出发,特别是从市场营销和消费需求方面研究与商品质量和品种相关的问题,称为社会科学商品学或经济商品学。

随着现代科技和经济的高速发展,商品的"商"和商品的"品"两重性日益受到人们的重视。人们认识到,真正的商品学应该由以研究"商"为主的经济型商品学与以研究"品"为主的技术型商品学融合而成。于是从20世纪80年代起,世界商品学开始步入技术型与经济型相互交融的现代商品学时代。

现代商品学围绕商品—人—环境系统,从技术、经济、社会、环境等多方面,运用自然科学、技术科学与社会科学相关的原理方法,综合研究商品与市场需求,商品与资源合理利用,商品与环境保护,商品开发与高新技术,商品质量控制、质量保证、质量评价及质量监督,商品分类与品种,商品标准与法规,商品包装与商标、标志,商品形象与广告,商品文化与美学,商品消费与消费者保护等技术与经济问题。

从国内看,早在1902年我国的商业教育中已开始把商品学作为一门必修课。新中国成立后的 20 世纪 50 年代开始,多所财经院校开设了商品学课程。1951 年中国人民大学开设商品学研究生班。1956 年黑龙江商学院、上海财经学院创建了商品学系。随着社会主义市场经济体制目标的确立,有更多的高等院校、中等商业学校和供销学校开设了商品学课程。1995 年中国商品学学会成立。所有这些都表明了现代商品学在中国有了迅速的发展。

从国际上看,"二战"前日本成立了商品学会,1959 年奥地利成立商品学会,1963 年波兰成立商品学会,1971 年德国成立商品学会,1978 年意大利和瑞士成立商品学会,1980 年韩国成立商品学会,1990 年罗马尼亚和保加利亚成立商品学会,商品学术团体如雨后春笋般在全世界各地迅速产生、成长。最具代表性的是 1976 年根植于奥地利维也纳经济大学的国际商品学会,它的成立为国际商品学主题的确立和研究打下了基础,如未来商品研究、21 世纪商品、商品质量与环境、商品安全与生活品质等主题使商品学学科向深度和广度拓展。到目前为止,世界上已有 30 多个国家的 150 多所高等经济院校建立了商品学系和商品学教研室,广泛开展商品学教学和科研活动。这些科研活动的开展大大地促进了世界经济的可持续发展。尽管在美国、英国、法国等发达国家没有商品学学科,但在市场学、商品经营学、营销学、家政学等学科中有商品学内容,并有相近专业的硕士、博士生研究方向,其特点是把商品学与市场学、消费学等紧密地结合起来,培养高级复合型人才。

任务二　弄清商品学的研究范畴

一、商品学的研究对象

商品学,顾名思义是一门研究商品的学科。但商品具有两重性,即具有使用价值和价值,而商品的价值是由政治经济学、经济学等学科来研究的,故商品的使用价值及其变化规律就成为商品学的研究对象。

商品的使用价值是指商品对其消费(使用)者的有用性或效用,是商品本身能够满足人们某种需要的属性所形成的(如粮食可充饥,衣服可卸寒等)。它取决于商品本身的成分、结构、性质等自然物质属性的状况。但商品是要经过交换才能到达消费者手中,在市场交换过程中,由于多种社会因素的影响,商品效用的实现就受到影响,这就是商品使用价值社会属性的表现。

在现实中,商品的使用价值是通过商品质量来反映的,商品质量是衡量商品使用价值的尺度,因此,商品学是以商品质量为中心来研究商品的使用价值及其变化规律的学科。具体而言,商品学是一门自然科学、技术科学、经济管理科学、人文社会科学相融合的交叉型应用学科,主要侧重于流通中商品使用价值的研究。

二、商品学的研究内容

商品学的研究内容是由商品学研究的对象所决定的。根据商品学的研究对象,其研究内容是以商品体为基础,研究商品质量的影响因素、质量的构成、质量的变化形式、质量的检验、质量的维护、质量的实现等。主要包括以下内容:商品的成分、结构、性质,商品质量的构成、变化规律、影响因素,商品质量标准与标准化,商品分类,商品检验,商品质量监督,商品包装,商品储运与养护,商品消费使用等。

商品的多样化,使用价值的物质性与社会性决定了商品学在研究其具体内容时与多种自然科学和社会科学必然存在广泛的联系。

商品学与物理学、化学、生物学、生理学、微生物学等一些基础学科有着密切的联系,这些学科的基础理论与基本方法是研究商品组成成分、理化性质、宏观结构的工具。

商品学与材料学、工艺学、农艺学、家畜饲养学、环境学、气象学、昆虫学、生态学等一些技术学科有着密切的联系,应用这些学科的知识,为阐述商品的使用价值的形成和维护提供了重要资料。

商品学与食品营养学、食品卫生学、服装学、人体工程学等应用学科有着密切的联系,应用这些学科的成果对提高商品质量、扩大商品品种有着十分重要的作用。

商品学在研究商品使用价值的社会性因素时,必然与社会科学保持一定的交叉渗透关系,从政治经济学、企业管理学、市场营销学、销售学、统计学、社会学、心理学、美学、广告学、物价学、经济地理学、质量工程学、质量管理学等学科汲取和借鉴某些研究成果,为商品学的研究服务。

随着商品学学科的不断发展,商品学又在本学科内部形成了不同的学科分类,如商品包装学、商品检验学、商品分类学、商品养护学、商品储运学、商品美学、食品商品学、家用电器商品学、日用品商品学、纺织品商品学、医药商品学、机电商品学、化工商品学、材料商品学等。

三、商品学的研究任务

商品学的研究任务主要有以下五个。

(一)指导商品使用价值的形成

通过商品资源和市场需求的调查预测,为有关部门实施商品结构调整、商品科学分类、商品经营管理、商品质量监督、商品环境管理、商品标准制定、商品政策法规制定、商品发展规划等提供决策的依据;指导企业商品质量改进和新商品开发提高经营管理素质和效益。

(二)评价商品使用价值的高低

商品质量是反映商品使用价值高低的基本因素,是决定商品竞争力强弱、销路、价格的基本条件。所以它是商品学研究使用价值的中心内容。通过对商品使用价值分析与综合,明确商品质量指标、检验和识别方法,能全面、准确地评价、鉴定商品的质量,杜绝伪劣商品流入市场,保证正常的市场竞争秩序,保护买卖双方的合法权益,切实维护国家和消费者的利益,创造公平的商品交换环境。

(三)防止商品使用价值的降低

分析和研究与商品质量变化有关的各种因素,提出适宜的商品包装、储运保管条件,保护商品质量,努力降低商品损耗。

(四)促使商品使用价值的实现

通过大力普及商品知识和消费知识,使消费者认识和了解商品,学会科学地选购和使用商品,掌握正确的消费方式和方法,从而促进商品使用价值的真正实现。

(五)研究商品使用价值的再生

通过对商品废弃物与包装废弃物处置、回收和再生政策、法规、运行机制、低成本加工技术等问题的研究,推动资源节约、环境友好社会的可持续发展。

四、商品学的研究方法

由于商品的使用价值是商品的自然有用性与社会适用性的统一,因此,商品学的研究方法既有自然性方法,也有社会性方法。

(一) 科学实验法

科学实验法是一种在实验室内或一定的实验场所运用一定的实验仪器和设备,对商品的成分、结构、性质等进行理化鉴定的方法。这种实验方法,常常需要具备一定的实验环境条件,并要掌握一定的操作技术方法,按一定的程序进行,所得结论也是比较客观准确的,是分析商品成分性质、鉴定商品质量、研制新产品常用的方法。

(二) 现场实验法

现场实验法是指由一些商品学专家或具有代表性的消费者,凭自身的感觉器官,对商品的质量及其有关质量的方面进行现场评价的方法。这种方法简便易行,但评价的结果可能不够精确,受评价人的个人因素影响较大,所以一般需要进行相关知识和技能的培训或经过长期的经验积累。例如,茶叶、酒的品尝,新产品试用、服装试穿等。

(三) 技术指标法

技术指标法是指一种在分析实验的基础上,对一系列同类商品,根据国内或国际生产力发展水平,确定质量技术指标,以供生产者或消费者共同鉴定商品质量的方法。

(四) 社会调查法

商品的使用价值是一种社会的使用价值,全面考察商品的使用价值需要进行各种社会调查,特别是在商品不断升级换代,新产品层出不穷的现代社会里,这方面的调查更显得实际和重要。其具有双向沟通的作用,在调查过程中既可把生产者的产品信息传递给消费者,也可将消费者的意见和要求反馈给生产者。社会调查法主要有现场调查法、调查表法、直接面谈法、定点统计法等。

(五) 对比分析法

对比分析法是将不同时期、不同地区、不同国家的商品资料收集积累,并加以比较研究,从而找出提高商品质量、增加花色品种、扩展商品功能的新途径。此研究方法有利于经营企业正确识别商品及其质量发展方向,促进生产企业改进设计商品和实现商品的升级换代,更好地开拓市场,满足消费者需求。

 学习检测

一、填空题

1. 商品学研究的对象是(　　　　　)。
2. 商品使用价值在满足消费需要的过程中表现出(　　　　)和(　　　　)两方面属性。
3. 商品学的形成经历了(　　　)、(　　　)、(　　　)三个阶段。
4. 商品学在发展过程中出现了(　　　)、(　　　)及两个学派相互交融的情况。
5. 商品学研究的方法主要有(　　　)、(　　　)、(　　　)、(　　　)、(　　　)等。

二、选择题

1. 商品学研究的中心内容是(　　)。
   A. 使用价值　　　　B. 价值　　　　C. 有用性　　　　D. 质量
2. 商品学研究不涉及的学科是(　　)。
   A. 物理学　　　　B. 军事学　　　　C. 生物学　　　　D. 营销学
3. 在中国古代最具有商品学意义的著作是(　　)。
   A.《禽经》　　　　B.《荔枝谱》　　　　C.《茶经》　　　　D.《本草纲目》
4. 商品学作为独立学科创立的时间应是(　　)。
   A. 18世纪初　　　　B. 18世纪中叶　　　　C. 18世纪后期　　　　D. 20世纪
5. 商品学作为独立学科最早产生的国家是(　　)。
   A. 中国　　　　B. 日本　　　　C. 法国　　　　D. 德国

三、思考题

1. 为什么商品学研究的对象是商品的使用价值及其变化规律?
2. 为什么在商品学研究发展过程中出现了自然技术学派和社会经济学派?

 技能训练

1. 任务设计

任务项目:设计绘制商品学发展简表。

执行要求:个人独立进行,将商品学产生发展情况简要填入自己设计的表格内。

执行条件:明确任务要求,通过网络或图书馆查阅资料,准备简单绘图工具。

2. 能力评价

评价内容:表格设计情况,表格项目设计情况,填写商品学发展内容情况。

评价标准:表格设计较为合理并绘制工整得20分,表格项目基本能反映出商品学的发展特征得40分,填写商品学发展情况简洁准确得40分。

评价方法:学生个人自我评价,教师集中评价修正。

 知行拓展

第六届中国中药商品学术大会

情境二　商品一般管理

项目六　认识运用商品分类方法

学习目标

　　知识目标　了解商品分类的概念及意义,熟悉商品分类的方法和商品标志的选择;掌握主要的商品分类体系;熟悉商品条形码种类与结构。
　　能力目标　能对具体不同商品进行有效的分类,并能识别不同种类的商品条形码。
　　素质目标　能树立明显的分类意识,养成分类处理事物的习惯。

情境导入

新一佳网上商城商品分类情况

　　① 食品饮料、酒水;② 干货粮油、调味品;③ 美容化妆、个人护理;④ 母婴用品;⑤ 厨房用品、清洁用品;⑥ 家居家装、床品;⑦ 文具玩具、学习用品;⑧ 运动健康;⑨ 服饰内衣、鞋袜;⑩ 电脑、办公设备;⑪ 家用电器;⑫ 音乐器材。
　　从新一佳网上商城首页的商品分类现象中我们可以看出,将商品进行有效的分类,可方便企业生产经营和管理,也便于消费者选购商品。
　　任务引导:1. 新一佳网上商城首页是按什么进行商品分类的?
　　　　　　　 2. 新一佳网上商城首页这样分类是否合理?
　　　　　　　 3. 在实际中应如何对商品进行分类?

任务一　理解商品分类的概念

　　商品分类就是根据一定的目的,为满足某种需要,选择适当的分类标志或特征,将商品集合总体科学地、系统地逐次划分为大类、中类、小类、品类或品目、品种,乃至规格、品级、花色等细目的过程。一般来说,商品的大类是按商品生产和流通所属的行业来划分的。商品大类既要同生产行业对口,又要与流通组织相适应。我国商品在门类的基础上分为88个大类,如五金类、食品类、百货类、文化用品类等。商品的品类也称中类即商品种类,是指若干具有共同性

质或特征的商品总称,它包括若干商品品种。如食品类商品,可分为蔬菜与果品、肉及肉制品、水产品、乳及乳制品、蛋及蛋制品、食糖、茶叶、酒类等。商品的品种是按商品的性质、成分等特征来划分的,是具体商品的名称。如去头屑洗发水、防脱发洗发水、滋养修护洗发水等。商品的细目是对商品品种的详细区分,它更能具体地反映出商品的特征,包括商品的花色、规格、品级等,如海尔 BCD-216ST、美的 BCD-210TSM。

任务二 选择商品分类的方法

选择商品分类方法时,要着重考虑经营管理的目的和要求,以及要达到一种商品在特征上互相区别的整体状况,可供商品分类选择的基本方法有线分类法和面分类法两种。

一、线分类法

线分类法又称层级分类法,是指将商品总体按所选定的若干属性或特征(分类标志),逐层地分成相应的若干个层级类目,并排列成一个有层次的、逐级展开的分类体系的分类方法。其表现形式为大类、中类、小类和细目等。在这种分类体系中,各层级所选用的分类标志可以相同或不同,但每个层级只能选择一个分类标志。各层级之间构成并列或隶属关系,由一个层级划分出来的各类目,彼此称为同位类。一个类目相对于它直接划分出来的下一层级的类目而言,称为上位类;由上位类直接划分出来的下一层的类目,相对于上位类而言称为下位类。同位类的类目之间存在着并列关系,既不重复,又不交叉;上位类与下位类之间存在着隶属关系。线分类法是一种传统的分类方法,在国内商品生产、流通领域和国际贸易中被广泛使用。如我国国家标准《全国主要产品分类与代码第一部分:可运输产品》(GB/T 7635.1—2002)就是采用这种分类方法。其结构如图 6-1 所示。

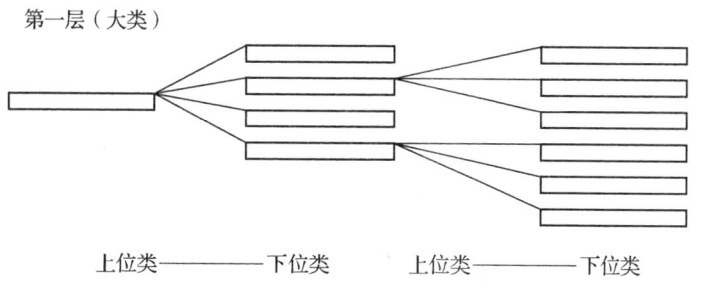

图 6-1 线分类法结构图

线分类法的优点是具有好的层次性,能较好地反映类目之间的逻辑关系,既符合手工处理信息的传统习惯,又便于计算机对信息的处理。线分类法的缺点是结构弹性差,一旦确定了分类深度和每一层级的类目容量并固定了划分标志后,要想变动就比较困难。因此,使用线分类法必须考虑到是否有足够的剩余。

二、面分类法

面分类法又称平行分类法,是指选择多个互相并列、彼此之间没有隶属关系的标志(面),对商品集合总体进行分类的方法。面分类法是根据分类目的和实际需要,选择商品的若干个本质属性和特征,作为分类的"面",又将每个"面"细分成许多个彼此独立、互不交叉重复的类目,并可根据需要,将这些"面"中的类目合在一起,形成一个复合类目的分类方法。面分类法分类时所选用的分类标志之间没有隶属关系,每个标志里面都包含着一组类目,其结构如图6-2所示。

图6-2 面分类法结构图

面分类法具有结构弹性好,灵活方便,适用于计算机处理等优点。如服装可以从三个面来进行分类:第一,根据面料分纯棉、纯毛、化纤、混纺等;第二,根据式样分男式和女式;第三,根据款式分西装、休闲装、裙装等。这三个面的特征对于服装来说是平行并存的,没有从属关系。但组配结构复杂,不便于手工处理,不能充分利用其信息容量。目前,一般把面分类法作为线分类法的辅助。

任务三 选择商品分类标志

商品分类标志是编制商品分类体系和商品目录的重要依据。可选择的商品分类标志有很多,但要考虑目的性、明确性、唯一性、逻辑性、扩展性等原则,以及商品本身特性特点而选择分类标志。在商品分类实践中常用的分类标志有以下几种。

一、商品用途标志

商品用途是体现商品使用价值的重要标志,也是探讨商品质量和商品品种的重要依据。以商品用途作为分类依据,适合对商品类别、品种的进一步划分。如商品按用途分为生活资料商品和生产资料商品,生活资料商品分为食品、纺织品、日用品、家用电器等,日用品按用途分为鞋类、玩具类、洗涤用品类、化妆品类等,化妆品类按用途分为面部化妆品、发用化妆品、身体用化妆品等,面部化妆品按用途分为彩妆类、洗面类、护肤类等。以商品用途分类,便于对相同用途的各种商品的质量水平和产销情况、性能特点、效用等进行分析比较,方便消费者选购商品,有利于商品生产者提高商品质量开发商品新品种,有利于商业部门搞好商品的经营管理。但对贮运部门和有多种用途的商品不适用。以商品的用途作为分类标志在实际中应用最普遍。

二、商品原材料标志

商品的原材料是决定商品质量和引起商品质量变化的重要因素之一。例如,纺织品按原材料分为棉织品、毛织品、麻织品、丝织品、人造棉织品、涤纶织品、锦纶织品等;皮鞋按原材料分为牛皮鞋、猪皮鞋、羊皮鞋、人造革皮鞋等。此分类方法从原材料的特点上来表示各类商品的区别。以原材料为分类标志能从本质上反映出各类商品的性能、特点,为确定销售、运输、储存条件提供了依据,有利于保证商品在流通中的质量。但对那些用多种原材料组成的商品,如汽车、电视机、洗衣机、电冰箱等,不宜用原材料作为分类标志。以商品的原材料作为分类标志在实际中应用广泛。

三、商品生产加工方法标志

很多商品虽采用相同的原材料制造,但因生产方法和加工工艺不同,最后形成质量特征截然不同的商品种类,由此可见,对采用相同原材料且可选用多种加工方法生产的商品,适宜以生产加工方法作为分类标志。例如,酒类按生产加工方法分为蒸馏酒、发酵酒、配制酒等,茶叶按生产加工方法分为发酵茶、半发酵茶、不发酵茶等。生产方法、工艺不同,突出了商品的个性,有利于销售和工艺的革新。对于那些加工方法不同,但商品性能、特征没实质性区别的商品,不宜采用此分类标志。

四、商品化学成分标志

商品的化学成分是形成商品质量和性能,影响商品质量变化的最基本因素。在很多情况下,商品的化学成分可能决定其性能、用途、质量或储运条件,对这类商品进行分类时应以主要化学成分作为分类标志。因此,采用此种方法进行分类,便于研究和了解商品的特征、用途和效用,许多商品都采用此种方法分类。如纺织品按成分分为纤维类织品、蛋白质类织品等,化肥分为氮肥、磷肥、钾肥等。但对化学成分复杂的商品(如水果、蔬菜、粮食等)或化学成分区分不明显的商品(如收音机、小汽车)则不适用。

五、其他标志

上述四种标志的通用程度高,适用商品整体范围广,经常可以用于大类、中类、小类、品种层次的商品分类。但在品种以下层次分类,所选择标志的特殊性就十分明显,如包装形式、储存方法、颜色、形状、规格、花色、等级等标志,就是用于商品局部分类的其他标志。

任务四 编制商品目录代码

商品分类的主要目的就在于更好地管理国家和企业的商品资源,方便企业的生产经营活动,方便人们的消费生活。商业企业商品分类主要是为了如何更好地销售商品,创造更好的经营业绩。

一、商品目录

(一)商品目录的概念

商品目录是指国家或部门根据商品分类的要求,对所经营管理的商品编制的总明细分类集。商品目录是以商品分类为依据,因此也称商品分类目录或商品分类集。商品目录是在商品逐级分类的基础上,用表格、符号和文字全面记录商品分类体系和编排顺序的书本式工具。

商品目录的编制就是商品分类的具体体现,商品目录是实现商品管理科学化、现代化的前提,是商品生产、经营、管理、流通的重要手段。

(二)商品目录编制程序与方法

商品目录一般的编制程序是:确定编制目的与要求、明确编制范围、确定商品范围、确定目录形式、定组分类、逐次编排、审核定稿、正式发布等。

商品目录编制方法从根本上说有两种,一是系统编制法,二是简单编制法。

系统编制法是指编制商品目录时要综合考虑各方面的情况,对于目录的层次性、类别的协调性、不同管理层次的适用性、目录的稳定性与发展性等进行科学的研究与处理,制定出科学、合理、适用、有效的商品目录的方法。这种方法常用于使用范围较广泛的目录的制定,如世界性商品目录、全国性商品目录、行业性商品目录等。

简单编制法是指编制商品目录时考虑的因素较少,侧重考虑目录在管理使用上的方便性、简易性、明确性等特点,制定出一目了然的商品目录的方法。这种方法常用于使用范围较小的或者管理专用领域目录的制定,如企业商品目录、海关计税商品目录、商标申请商品分类目录等。

(三)商品目录的种类

按商品用途不同编制的目录有食品商品目录、纺织品商品目录、家电商品目录等;按管理权限不同编制的目录有一类商品目录、二类商品目录、三类商品目录等;按适用范围不同编制的目录有国际商品目录、国家商品目录、部门商品目录、企业商品目录等。

1. 国际商品目录

国际商品目录是指由国际组织或地区性集团编制的商品目录。如联合国编制的《国际贸易标准分类目录》、国际关税合作委员会编制的《商品、关税率分类目录》和欧洲共同体制定的《欧洲共同体对外贸易统计商品目录》等。

2. 国家商品目录

国家商品目录是指由国家指定专门机构编制的全国性统一商品目录。如《全国主要产品分类与代码第 1 部分:可运输产品》(GB/T 7635.1—2002)和《全国主要产品和代码第 2 部分:不可运输产品》(GB/T 7635.2—2002)等。

3. 部门商品目录

部门商品目录是指由行业主管部门编制的商品目录。如国家统计局编制发布的《统计用产品分类目录》、原商业部编制发布的《社会商业商品分类与代码》等。

4. 企业商品目录

企业商品目录是指由企业在兼顾国家和部门商品目录分类原则基础上,本企业对自己生产或经营的商品所编制的商品目录。企业商品目录的编制,必须符合国家和部门商品目录的分类原则,并在此基础上结合本企业的业务需要,进行适当的归并、细分和补充。

二、编制商品代码

(一)商品代码的定义

商品代码又称商品编码或商品代号、货号,是在商品分类的基础上,赋予某种或某类商品的代表符号,通常由具有一定规律的阿拉伯数字组成。商品代码往往是商品目录的组成部分,商品分类与代码共同构成了商品目录的完整内容。使用商品代码,是为了加强企业的经营管理,提高工作效率,便于计划、统计、物价管理及核算工作,简化业务手续;使用商品代码还便于记忆、清点商品,便于实现现代化管理;对于容易混淆的商品名称,使用商品代码可以避免差错。

(二)商品代码的编制方法

经国务院批准,2002年颁布了《全国主要产品分类与代码第1部分:可运输产品》(GB/T 7635.1—2002),统一了全国商品的分类和代码。代码用8位阿拉伯数字表示,第一到第五层各用一位数字表示,第六层用3位阿拉伯数字表示,分别表示大部类、部类、大类、中类、小类、细类。全部可运输产品由五个部类组成,"0"代表农林牧渔业产品、中药;"1"代表矿和矿物、电力、可燃气和水;"2"代表加工食品、饮料、烟草、纺织品、服装、皮革制品;"3"代表除金属制品、机械和设备外的其他或运输物品;"4"代表金属制品、机械和设备。例如,冬小麦的商品代码为01111·010。

(三)商品代码的种类

目前,商品代码按其所用的符号类型,主要有数字型代码、字母型代码、混合型代码和条码四种。

1. 数字型代码

数字型代码,是用阿拉伯数字对商品进行编码形成的代码符号。数字型代码是将每个商品的类别、品目、品种等排列成一个数字或一组数字。GB/T 7635.1—2002标准采用的就是数字型代码。它是全国工农业产品(商品、物资)分类与代码标准,其特点是结构简单、使用方便、易于推广、便于利用计算机进行处理,是目前各国普遍采用的一种代码。

2. 字母型代码

字母型代码,是用一个或若干个字母表示分类对象的代码。按字母顺序对商品进行分类编码时,一般用大写字母表示商品大类,小写字母表示其他类目。如有机玻璃是PMMA。字母型代码便于记忆,可提供人们识别的信息,但不便于机器处理信息,特别是当分类对象数目较多时,常常出现重复现象。故字母编码常用于分类对象较少时的情况,在商品分类编码中较少使用。

3. 混合型代码

混合型代码又称数字、字母混合型代码,是由数字和字母混合组成的代码。如"C8112"表示涤粘中长纤维色布。它兼有数字型编码和字母型编码的优点,结构严密,具有良好的直观性和表达性,同时又符合使用的习惯。但编码组成形式复杂,给计算机输入带来一定的不便。

4. 条形码

条形码是由条形符号构成的图形表示分类对象的代码。它是除数字型代码、字母型代码和混合型代码外的另一种表现形式。

三、商品条形码

(一)商品条形码的概念

商品条码是由一组宽窄不同、黑白或彩色相间的平行线及其对应的字符,依照一定的规则排列组合而成的条空数字图形。在国家标准中,商品条码的定义为:用于标志国际通用的商品代码的一种模块组合型条码。

(二)商品条形码的种类

几种常用条形码的结构如下。

1. EAN 条形码

EAN 条形码即国际物品条形码,是国际物品编码协会推出的一种国际通用产品条形码。EAN 条形码有 13 位标准条形码(EAN—13 条形码)、8 位缩短码及店内码。店内条形码,是指零售商自己完成编制、打印,并在自己商店内部使用的条形码。有些商品(如鲜肉、水果、蔬菜等食品)是以随机重量销售的,其编码任务不宜由生产者承担,而是由零售商自己完成。

其结构如图 6-3 和图 6-4 所示。

图 6-3 EAN—13 的条形码示意图

图 6-4 EAN—8 的条形示意图

(1) EAN—13 条码。

EAN—13 是标准版,由 13 位数字组成。由代表 12 位数字的产品代码和 1 位校验码组成。产品代码的前 2~3 位为国别码;中间 4~5 位数字为制造商号;后 5 位数字为产品代码,最后一位是校验码。例如,听装健力宝饮料的条码为 6901010101098,其中 690 代表我国

EAN 组织，1010 代表广东健力宝公司，10109 是听装饮料的商品代码。这样的编码方式就保证了无论在何时何地，6901010101098 就唯一对应该种商品。

EAN 码的国别码由国际物品编码协会分配管理。制造商号代码由 EAN 在各国的分支机构分配管理。我国由"中国物品编码中心"统一分配企业代码。产品代码由制造商根据规定自己编制。

EAN 前缀码由 2~3 位数字组成，是 EAN 分配给国家（或地区）编码组织的代码。前缀码代表分配和管理有关厂商识别代码的国家（或地区）编码组织，并不代表产品的原产地。

知识链接

EAN 成员国（地区）和代码

商品条形码的相应字符（位于条空区下方）形式与结构有标准码和缩短码两种形式，其相应字符形式是人眼可以识别的部分。标准码由 13 位数字构成的条形码称为标准码，标准码尺寸为 37.29 mm×26.26 mm，标准码的校验码是用来校验条码输入数据是否准确可靠，其数值是由国际物品编码协会规定的方法计算出来的。其结构示意图如图 6-5 所示。

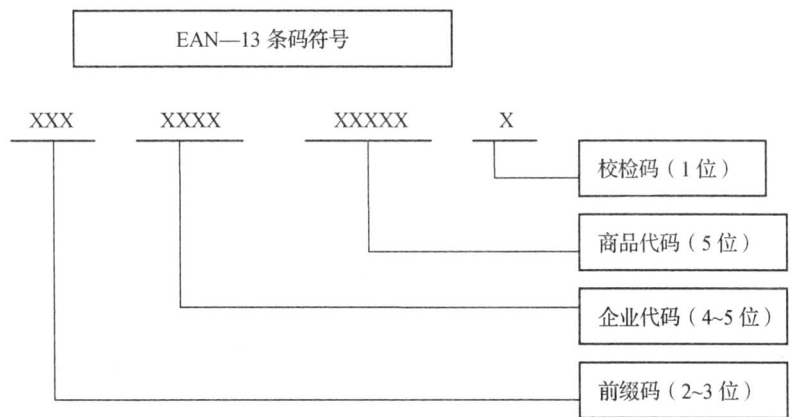

图 6-5　EAN—13 的代码结构图

（2）EAN—8 条码。

EAN—8 缩短码由 8 位数字构成的条码称为缩短码，只有当标准码尺寸超过总印刷面积的 25% 时，才允许申报使用缩短码。缩短码尺寸为 26.73 mm×21.64 mm，放大系数取值范围是 0.80~2.00，间隔为 0.05。以中国商品为例，缩短码的 8 位数字是由 3 位国别代码、4 位商品代码和 1 位校验码构成，其结构示意图如图 6-6 所示。

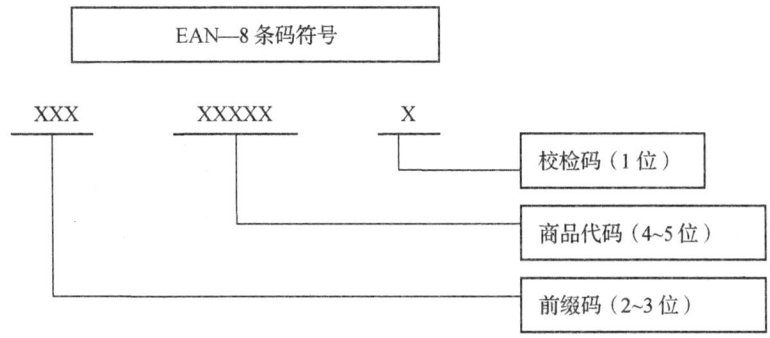

图 6-6　EAN—8 的代码结构图

(3) 店内条形码。

它是指零售商自己完成编制、打印,并在自己商店内使用的条形码。有些商品如鲜肉、水果、蔬菜等食品是以随机重量销售的,这些商品的编码任务一般不宜由生产者承担,而是由零售商自己完成。店内码必须遵循国家标准 GB/T 18283—2000 规定。

2. 货运单元条形码

货运单元条形码是物流条形码最常用的形式,也是国际物流业务中普遍推广使用的全球通用物流条形码。其采用 EAN·UCC 系统 128 条形码,也可简写为 UCC/EAN—128 条形码,主要用于运输、仓储等物流货物标签上。我国国家标准《EAN·UCC 系统 128 条码》(GB/T 15425—2002)与此对应(UCC 为统一代码协会)。

UCC/EAN—128 条形码是一种连续型、非定长条码,能更多地标志货运单元中需要表示的信息,如产品批号、数量、规格、生产日期、有效期、交货地等。该条形码可以对供应链上流动的货物进行准确的标志和具体的描述,把物流与信息流联系起来成为信息交换的工具。

UCC/EAN—128 条形码中供人识别的字符由应用标志符和数据两部分组成,每个应用标志符通常由 2 位数字组成。数据长度取决于所用的应用标志符。该条形码符号是由双字符起始图形[起始码 Start Code A(或 B 或 C)与功能字符 FNC1 组成]、数据符、校验符、终止符及左、右侧空白区组成。该条形码符号可编码的最大数据字数为 48 个,包括空白区在内的物理长度不超过 165 mm。该条形码不用于 POS 零售结算,只用于标志物流单元,如图 6-7 所示。

图 6-7 货运单元条形码

3. ISBN 条形码

国际标准书号(International Standard Book Number,ISBN),是专门为识别图书等文献而设计的国际编号。ISO 于 1972 年颁布了 ISBN 国际标准,并在西柏林普鲁士图书馆设立了实施该标准的管理机构——国际 ISBN 中心。现在,采用 ISBN 编码系统的出版物有图书、小册子、缩微出版物、盲文印刷品等。2007 年 1 月 1 日前,ISBN 由 10 位字组成,分四个部分:组号(国家、地区、语言的代号)、出版者号、书序号和检验码。2007 年 1 月 1 日起实行新版 ISBN,新版 ISBN 由 13 位数字组成,分为 5 段,即在原来的 10 位数字前加上 3 位 ENA(欧洲商品编号)图书产品代码"978"。在联机书目中 ISBN 可以作为一个检索字段,从而为用户增加了一种检索途径。我国国家标准《中国标准书号》(GB/T 5795—2006)与此对应,如图 6-8 所示。

图 6-8 国际标准书号条形码

4. ISSN 条形码

国际标准连续出版物编号（International Standard Serial Number，ISSN）是根据国际标准 ISO 3297 制定的连续出版物国际标准编码，其目的是使世界上每一种不同题名、不同版本的连续出版物都有一个国际性的唯一代码标志。ISSN 由设在法国巴黎的国际 ISDS 中心管理。该编号是以 ISSN 为前缀，由 8 位数字组成。8 位数字分为前后两段各 4 位，中间用连接号相连，格式如下：ISSN XXXX－XXXX。如：Science（print ISSN 0036—8075；online ISSN 1095—9203），前 7 位数字为顺序号，最后一位是校验位。ISSN 通常都印在期刊的封面或版权页上。

目前我国连续出版物编码使用 EAN13 位码，结构为：977＋ISSN 号的前 7 位＋2 位特别数位（顺序变化位）＋校验位。期刊的条码由主码（EAN13 位码）和 2 位附加码组成，附加码用于识别期刊的刊期和出版时间。如月刊每年每期的附加码为 01，02，…，12。因此，期刊每年出几期，应申请几个条码。期刊如无增刊和 ISSN 号变化等情况，条码可以重复使用，即第 1 期的条码，第 1 期仍可使用，不需再申请新码，如图 6-9 所示。

图 6-9 连续出版物条形码

一、填空题

1. 商品目录按适用范围不同编的目录分为（   ）、（   ）、（   ）和（   ）。
2. EAN 条码由 13 位组成，最后一位是（   ）。
3. 商品代码按其所用的符号类型分为（   ）、（   ）、（   ）和（   ）。
4. 将声像器具分为收音机、录音机、电视机是以（   ）作为商品分类标志的。
5. 将酒分为蒸馏酒、发酵酒和配制酒，是以（   ）作为商品分类标志的。

二、判断题（判断对或错）

1. EAN 条码和 ISBN 条码是通用的。（   ）
2. 线分类法比面分类法使用范围更广泛。（   ）
3. 在任一商品分类体系中，只能采用一个分类标志。（   ）
4. 我国国内市场上商品必须都使用 EAN 条码。（   ）
5. 电冰箱、自行车不宜采用以原材料作为商品分类标志。（   ）

三、思考题

1. 商品分类目录的基本要素有哪些？
2. 商品条形码与货运单元条形码为什么不一样？

1. 任务设计

任务项目：编制简易商品目录。

任务情境：

棉布、电视机、绸缎、麻布、呢绒、毛巾、电冰箱、微波炉、保温瓶、口杯、洗衣机、脸盆、碗筷、塑料桶、空调器、洗面奶、洗发精、水果、蔬菜、摩丝、胭脂、汽车、机床、染发剂、蛋糕、方便面、月饼、化肥、农药、电动机、挖掘机、种子、喷雾器、插秧机、滚筒洗衣机、波轮洗衣机、玻璃杯、陶瓷杯、塑料杯、不锈钢杯、箱式空调、分体式空调、苹果、梨子、香蕉、菠萝、氮肥、磷肥、钾肥。

执行要求：分小组进行，设计编制出一份目录文件，编列出所有商品。

执行条件：明确任务要求，小组人员进行分工，搜索参阅资料，设计目录格式。

2. 能力评价

评价内容：目录格式设计，编码设计，商品归类。

评价标准：目录格式正确得20分，编码正确得20分，排列工整得20分，商品归类正确完整得40分。

评价方法：各小组自我评价，教师集中评价修正。

 知行拓展

1. 国家物品编码体系
2. 商品归类错误给外贸企业带来风险

项目七　推行商品标准化

学习目标

知识目标　理解标准、标准化的定义,掌握商品标准的分级与分类,理解商品质量监督和认证的定义、种类与形式。

能力目标　能够区分标准的种类并能识别主要标准代号与编码,运用标准相关知识对常见商品质量进行监督和管理,保护消费者利益,提高社会效益。

素质目标　认识标准执行的严格性与商品标准化的重要意义,形成规范化和标准化思维,善于运用标准规范去维护企业及消费者的利益。提高遵守标准、维护标准、宣传标准的自觉性。

情境导入

"血燕"事件

2011年8月16日,浙江省工商行政管理部门对血燕产品抽检中发现涉及问题血燕达20万克,3万多盏。在被抽检的血燕产品中,亚硝酸盐最高竟超过10 000 mg/kg,超标300多倍,产品不合格率高达100%。

其后,国家工商总局下发了《关于进一步加强流通环节燕窝市场专项检查的通知》。通知要求,对发现不符合食品安全标准的燕窝,一律责令经营者停止销售,下架退市,依法查处,该销毁的坚决销毁。

据了解,根据GB 2760—2011《食品添加剂使用标准》规定,只有腊肠、腊肉、西式火腿肠、罐头等几类食品可以添加亚硝酸盐,其他所有食物都不允许添加。若是属于污染自带的,根据相关规定,大米亚硝酸盐的限量指标为3 mg/kg、蔬菜为4 mg/kg、蛋类为5 mg/kg,其中最高的为腌菜,限量为20 mg/kg。对于燕窝食品的限量,则没有规定。按照目前的标准,若每千克食品含几千毫克亚硝酸盐,就表示对人体健康危害极大,不能食用。(中国网)

任务引导：1. 血燕事件反映了什么问题?

2. 你对我国商品的相关标准熟悉吗?

3. 我国商品标准分为哪些级别,包含什么内容?

4. 商品标准化包括哪些活动与内容?

任务一　认识标准和商品标准

一、标准的定义

国家标准《标准化工作指南第1部分:标准化和相关活动的通用词汇》(GB/T 20000.1—2002)中对"标准"作了如下定义:"为了在一定的范围内获得最佳秩序,经协商一致制定并由公认机构批准,共同使用的和重复使用的一种规范性文件。"同时还进一步注明:"标准宜以科学、技术和经验的综合成果为基础,以促进最佳的共同效益为目的。"

二、商品标准的定义与内容

商品标准是指对商品质量以及与质量有关的各个方面(如商品的品名、规格、结构、性能、试验方法、分类和标记、标志标签与包装、运输、贮存等)所做的统一技术规定。商品标准由主管部门批准、公布后,就是一种技术法规,具有法律效力。

商品标准是商品生产、质量验收、监督检验、贸易洽谈、储存运输等的依据和准则,是生产部门、商业部门、消费者之间对商品质量争议做出仲裁的依据,对保证和提高商品质量,提高生产、流通和使用的经济效益,维护消费者和用户的合法权益等都具有重要作用。

三、商品标准的分类

(一)按照标准的实施方式和约束性分

(1) 强制性标准,是指由法律、行政法规规定,要强制实行的标准。《中华人民共和国标准化法》规定,凡涉及保障人体健康、人身、财产安全的标准及法律、行政法规规定强制执行的标准均为强制性标准,其余标准是推荐性标准。强制性标准必须严格执行,凡不符合强制性标准的产品,禁止生产、销售和进口。

(2) 推荐性标准,是除强制性标准以外,自愿采用的标准,又称为自愿性标准。国家采取优惠措施,鼓励企业自愿采用推荐性标准。

(二)按照标准的表达形式分

(1) 文件标准,是指用特定的规范文件,通过文字、表格、图样等形式,对商品的质量、规格、检验等有关技术方面内容的统一规定。绝大多数商品标准为文件标准。

(2) 实物标准,是指对某些难以用文字准确表达的质量要求,如色、香、味、形、手感等,由标准化机构或行业或订货方用实物做成与文件标准规定的质量等级要求完全或部分相同的标准样品。例如,我国的棉花、茶叶、粮食、羊毛等商品都有标准样品,以便在生产、检验、贸易洽谈、收购时,作为评定商品质量等级的技术依据。

四、商品标准的分级

(一)我国商品标准的分级

根据《中华人民共和国标准化法》,我国的标准划分为国家标准、行业标准、地方标准和企业标准四级。

1. 国家标准

是由国家标准化主管机构批准发布,对国家经济、技术发展有重要意义,必须在全国范围内统一的标准。我国国家标准主要包括重要的工农业产品标准,基本原料、材料标准,通用的零件、部件、元件、器件、构件、配件和工具、量具标准,通用的试验和检验方法标准,商品质量分等标准,广泛使用的基础标准,有关安全、卫生、健康和环保保护标准,有关互换、配合通用技术术语标准等。

我国国家标准由国务院标准化行政主管部门(国家质量技术监督局)制定,即由其负责编制计划,组织草拟,统一审批、编号和发布。特别重大的报国务院审批和发布。

强制性国家标准代号是"GB/",推荐性国家标准代号是"GB/T"。

国家标准用国家标准代号和编号(标准顺序号加发布年号)表示。

GB 或 GB/T　　XXXXX　　—　　XXXX
国家标准号　　标准顺序号　　发布年号

GB 1103—2007《棉花细绒棉》,GB/T 20712—2006《火腿肠》。

2. 行业标准

是指没有国家标准而又需要在全国某个行业范围内统一的技术要求所制定的标准。行业标准包括:行业范围内的主要产品标准;通用的零件、配件标准;设备、工具和原料标准;工艺规程标准;通用的术语、符号、规则、方法等基础标准。行业标准由国务院有关行政主管部门或行业协会制定,并报国家质检总局备案。行业标准不能与有关的国家标准抵触,已有国家标准的不再制定这类标准。已制定有行业标准的,在发布实施相应的国家标准后,该标准即行废止。行业标准编号形式与国家标准相同。

—或—/T　　XXXXX　　—　　XXXX
行业标准代号　标准顺序号　　发布年号

我国行业标准代号表

3. 地方标准

它是指在没有国家标准和行业标准的情况下,需要在某地区内统一制定和使用的标准。地方标准由省、自治区、直辖市质量技术监督部门制定、审批和发布,并报国家质检总局和国务院有关行政主管部门备案,在公布和实施相应的国家标准和行业标准之后,该地方标准即时废止。

强制性地方标准的代号由"DB"和省、自治州、直辖市行政区域代码前两位数字再加斜线组成,例如天津市强制性地方标准的代号为"DB12/";在强制性地方标准后再加"T",组成推荐性地方标准代号,例如天津市推荐性地方标准的代号为"DB12/T"。

DB 或 DB/T　　XXXXX　　—　　XXXX
地方标准号　　标准顺序号　　发布年号

4. 企业标准

我国企业标准是由企业制定发布,在该企业范围内统一使用的标准。企业生产的产品没有国家标准和行业标准的,应当制定企业标准,作为企业组织生产、经营活动的依据。已有国家标准和行业标准的,企业也可以制定严于国家标准或行业标准的内控企业标准,以提高产品质量水平,保证产品质量超过国家标准或行业标准甚至国际标准的要求。

企业标准由企业自行组织制定、批准和发布实施,报当地质量技术监督部门和有关行政主管部门备案。企业标准代号为"Q/",各省、自治区、直辖市颁布的企业标准应在"Q/"前加本省、自治区、直辖市的汉字简称,如湖南省为"湘Q/";斜线后是企业代号和编号。中央所属企业由国务院有关行政主管部门规定代号;地方企业由省、直辖市、自治州政府标准化行政主管部门规定企业代号。

Q/———　　XXXXX　　—　　XXXX
企业标准号　　标准顺序号　　发布年号

(二) 国际水平标准

国际水平标准是指由国际上有权威的专业组织制定和发布并为大多数国家承认和通用的标准。通常指国际标准化组织(ISO)和国际电工委员会(IEC)所制定和发布的标准,以及由ISO公布的国际专业性组织(有国际电器设备合格认证委员会,国际照明委员会,国际合成纤维标准化局等国际组织)和其他国际组织制定和发布,并已列入ISO《国际标准题内关键词索引》(KWIC)中的标准。

国际标准采用标准代号(如ISO、IEC)、标准顺序号、发布年号、标准名称来表示。

ISO 或 IEC　　XXXXX　　—　　XXXX　　XXX
国际标准代号　　标准顺序号　　发布年号　　标准名称

任务二　认识标准化和商品标准化

一、标准化的定义

我国国家标准《标准化工作指南第1部分:标准化和相关活动的通用词汇》(GB/T 20000.1—2002)对"标准化"的定义是:"为了在一定范围内获得最佳秩序,对现实问题或潜在问题制定共同使用和重复使用的条款的活动。"它包括制定、发布及实施标准的过程。标准化的重要意义是改进产品、过程和服务的适用性,防止贸易壁垒,促进技术合作。由此,我们可以归纳标准化的三个要义,以便加深理解。

第一,标准化是一项活动、一个过程。其对象不是孤立的一件事情或一个事物,而是共同的、可重复的事物。这个活动包括从标准的编制、发布到实施的全过程。

第二,标准化涉及的现实问题或潜在问题范围非常宽广,除了生产、流通、消费等经济活动,还包括科学、技术、管理等多种活动。

第三,标准化活动是有目的的,就是要在一定范围内获得最佳秩序。所谓"最佳"无非是指通盘考虑了目前与长远、局部与全局等各方面因素后所取得的综合的最佳效益。而所谓的"秩序"则是有条不紊的生产秩序、技术秩序、经济秩序、管理秩序和安全秩序等。

二、商品标准化的定义与内容

商品标准化是商品生产和流通的各个环节中制定、发布以及推行商品标准的活动,是整个标准化活动中的重要组成部分。商品标准化包括:名词术语统一化,商品质量统一化,商品质量管理与质量保证标准化,商品分类编码标准化,商品零部件通用化,商品品种规格系列化,商品检验与评价方法标准化,商品包装、储运、养护标准化等。

商品标准化是一项系统管理活动,涉及面广,专业技术要求很高,政策性强,因此必须遵循统一管理和分级管理相结合的标准化体制,建立一套完善的标准化机构和管理体制,调动各方面的积极性,搞好分工协作,吸取国外标准化先进经验,才能顺利完成商品标准化工作的任务。

商品标准化水平是衡量一个国家生产技术和管理水平的尺度,是现代化的一个重要标志。现代化水平越高,就越需要商品标准化。

三、商品标准化的形式

商品标准化的形式是标准化内容的存在形式,即标准化过程的表现形态。

标准化有多种形式,每种形式都表现不同的标准化内容,针对不同的标准化任务,达到不同的目的,主要形式如下。

(一) 简化

简化是在一定范围内缩减商品的类型数目,使之在既定时间内满足一定需要的商品标准化形式。简化是商品标准化的初级形式。简化是指品种规格的合理简化,主要有产品品种规格的简化、原材料的品种规格的简化、零部件的简化等。在科学的基础上,通过合理的简化,使商品的功能增加、性能提高、品种构成合理、趋于优化和形成系列。

(二) 统一化

统一化是把同类商品两种以上的表现形式并为一种或限定在一定范围内的商品标准形式。它是商品标准化活动内容最广泛、开展最普遍的一种形式。统一化的实质是商品的形式、功效或其他技术特征具有一致性,并把这种一致性通过标准以定量化的方式确定下来。如统一商品名称,可以避免出现商品"一物多名"或"一名多物"的混乱现象。

(三) 系列化

它是对同类商品中的一组商品同时进行标准化的一种形式。它是标准化的高级形式。系列化是对商品的主要参数、形式、尺寸、基本结构等做出合理的安排与规划,以协调同类商品和配套商品之间的关系。因此,系列化商品是使某一类商品系统的结构优化、功效最佳的标准化形式。

(四) 通用化

通用化是在相互独立的系统中,选择和确定具有功能互换或尺寸互换的系统或功能单元的标准化形式。通用化是以互换性为前提。对于具有功能互换性复杂的商品来说,通用化的程度越高,生产的机动性越大,对市场的适应性也越强,商品的销路就越广。

(五) 组合化

组合化是按照标准化的原则,设计并制造出一系列通用性较强的单元,根据需要组合成不同用途的商品的一种标准化形式。组合化已广泛应用于家具、仪器仪表、机械类商品的设计和制造,取得了明显的效益。

(六) 模数化

模数化是指在系统的设计、计算和结构布局中,制定和使用尺寸协调的标准模数的活动。模数是指在某种系统(如建筑物、构件、制品)的设计、计算和布局中,普遍、重复应用的一种基准尺寸。

任务三　实施商品质量监督

为了提高商品质量水平,保护消费者的合法权益,维护社会经济秩序,促进国际市场竞争,必须加强对商品质量的监督管理。生产者和销售者都要承担法定的产品质量责任。

一、明确商品质量监督依据、对象和手段

商品的质量监督是指根据国家质量法规和商品质量标准,由国家指定的商品质量机构生产和流通领域的商品质量和质量保证体系进行监督的活动。

(一)商品质量监督的依据

商品质量监督的依据是政府的法令或规定,有关质量的法律及批准发布的强制性标准。商品质量监督的机构,根据于2000年修改后重新公布的《中华人民共和国产品质量法》(以下简称《产品质量法》)第8条规定,国务院产品质量监督部门(国家质量技术监督局)主管全国产品(商品)质量监督工作。国务院有关部门在各自的职责范围内负责产品(商品)质量监督工作,县级以上地方产品质量监督部门主管本行政区域的产品(商品)质量监督工作。县级以上地方人民政府有关部门在各自的职责范围内负责产品(商品)质量监督工作。法律对产品(商品)质量的监督部门另有规定的,依照有关法律的规定执行。在国务院机构改革后,2013年3月22日,设立国家食品药品监督管理总局(CFDA)负责食品和药品的监督工作。

(二)商品质量监督的对象

商品质量监督的对象是商品和质量体系。质量体系是指为实施质量管理所需要的组织、结构、程序、过程和资源。资源包括人才资源、专业技能、设计研制设备、制造设备、检验试验设备、仪器仪表、计算机软件等。

(三)商品质量监督的手段

商品质量监督的手段是监督检验。监督检验属于第三方检验,它不代表卖方(第一方)利益或者买方(第二方)利益,而是以独立、公正的立场进行检验。因此,监督检验决定了监督的权威性和科学性。

二、区分商品质量监督的种类

根据实施监督的部门不同,商品质量监督可分为国家质量监督、社会质量监督、用户质量监督三种。

(一)国家质量监督

国家质量监督是指国家授权,指定第三方专门机构以公正的立场对商品质量进行的监督检查,是法定的质量监督,由国家技术质量监督部门规划和组织。《产品质量法》第16条规定,对依法进行的产品质量监督检查,生产者、销售者不得拒绝。

为了加强对进出口商品的质量监督,我国对进出口化妆品及其生产企业实施卫生质量许可制度,对大宗出口的机电、陶瓷、棉花、纺织品、服装、畜产品、煤炭、玩具等实行出口质量许可制度,对出口食品及其加工厂、屠宰场、冷库、仓库等实施食品卫生注册登记制度。

（二）社会质量监督

社会的质量监督是指社会组织（如消费者协会）、新闻机构等根据消费者对商品质量的反映，对流通领域的某些商品进行的监督检查。

（三）用户质量监督

用户的质量监督是指内外贸部门和使用单位，为确保所购商品的质量而进行的监督检查。

三、选择商品质量监督的形式

商品质量监督的形式可分为抽查型质量监督、评价型质量监督、仲裁型质量监督等三种。

（一）抽查型质量监督

抽查型质量监督是指国家质量监督部门通过对产品（商品）质量实行抽查和监督检验，判定其质量是否合格，并对不合格产品（商品）的企业采取强制措施，直至其产品（商品）达到技术标准要求的一种质量监督活动。

根据《产品质量法》第15条规定，国家对产品（商品）质量实行以抽查为主要方式的监督检查制度，对可能危及人体健康和人身、财产安全的产品（商品），影响国计民生的重要工业品以及消费者、有关组织反映有质量问题的产品（商品）进行抽查。抽查的样品应当在市场上或企业成品仓库内的待销产品（商品）中随机抽取。监督抽查工作由国务院商品监督部门（国家质量技术监督局）规划和组织。县级以上地方产品质量监督部门在本行政区域也可以组织监督抽查。国家监督抽查的产品（商品），地方不得另行重复抽查；上级监督抽查的产品（商品），下级不得另行重复抽查。根据监督抽查的需要，对产品（商品）进行检验。

抽查型质量监督包括季度质量监督抽查、日常质量监督检验、市场商品质量监督抽查。其中，季度质量监督抽查是国家对产品（商品）质量进行宏观监控的措施，是强制性监督形式，由国家质量技术监督局领导，组织国家级产品质量监督检验中心来具体实施，并由国家质量技术监督局定期发布抽查检验的结果公报。日常监督检验由地方质量监督管理部门组织实施，以制定"受检产品目录"的形式，对本地区的重要产品（商品）实行经常性、季节性的日常监督抽查检验，全国各地方产品质量监督检验站可代表国家行使商品质量监督检验权，承担地方商品质量监督抽查检验，由省、自治区、直辖市人民政府的产品质量监督部门定期发布其监督检验产品（商品）的质量状况公告。市场商品质量监督抽查由工商行政管理部门和质量监督管理部门组织实施，监督的重点是危害人体健康和人身与财产安全的商品、假冒伪劣商品等。

（二）评价型质量监督

评价型质量监督是指国家质量监督部门通过对企业产品（商品）质量和质量保证体系进行检查和检验，做出综合质量评价，对考核合格者颁发产品质量证书、标志等方法加以确认和证明，向社会提供质量评价信息，并实行必要的事后监督以确保质量的稳定的一种质量监督活动。如产品（商品）质量认证制度、企业质量体系认证制度、生产许可证制度都属于评价型质量监督形式。

（三）仲裁型质量监督

仲裁型质量监督是指质量监督检验机构对有质量争议的商品进行检验和质量调查，做出公正的处理,以维护经济活动正常秩序的一种质量监督活动。它包括争议方委托的质量仲裁、司法机构和合同管理部门委托的仲裁检验以及群众对质量的投诉等。

仲裁型质量监督具有较强的法制性,应选择省级以上人民政府产品质量监督管理部门或其他授权的部门审查认可的质量监督检验机构作为仲裁检验机构。

任务四　开展商品质量认证活动

一、明确商品质量认证的定义、依据、方式

（一）商品质量认证的定义

商品质量认证是对商品质量符合规定要求的确认和证明,是第三方从事的活动。根据《中华人民共和国产品质量认证管理条例》第2条规定,产品(商品)质量认证是依据产品标准和相应的技术要求,经认证机构确认并通过颁发认证证书和认证标志来证明某一产品符合相应标准和相应技术要求的活动。

（二）商品质量认证的依据

商品质量认证的依据是具有国际水平的国家标准、行业标准和相应技术要求。相应技术要求是指现行标准满足不了认证需要而由权威机构组织制定的补充技术要求或有些名、特、优产品的特殊技术要求。

（三）商品质量认证的机构

商品质量认证的机构是国家监督机构、具有独立地位的商品检验机构、认证机构等。

（四）证明批准质量认证的方式

证明批准质量认证的方式是合格证书(认证证书)和合格标志(认证标志)。对于批准认证的商品,根据不同认证制的类型,可以仅使用认证证书一种方式,也可以同时使用认证证书和认证标志两种方式。

《中华人民共和国产品质量法》第14条规定,国家参照国际先进的产品标准和技术要求,推行产品质量认证制度。企业根据自愿原则,可以向国务院产品质量监督部门认可的或国务院产品质量监督部门授权的部门认可的认证机构申请产品质量认证。经认证合格的,由认证机构颁发产品质量认证证书,准许企业在产品或其包装上使用质量认证标志。

《中华人民共和国产品质量法》第24条规定,产品质量认证机构应当依照国家规定,对准许使用认证标志的产品进行认证后的跟踪检查;对不符合认证标准而使用认证标志的,要求其改正;情节严重的,取消其使用认证标志的资格。

二、区分商品质量认证的类型

（一）按认证的范围分类

商品质量认证按认证的范围不同,可分为国家认证、区域性认证、国际认证等三种。"国家认证"是指各国对其国内产品实行的认证;"区域性认证"指由若干国家或地区根据自愿原则自行组织起来,按照共同的技术标准和规范而进行的认证;"国际认证"是指参与国际标准化组织

(ISO)和国际电工委员会(IEC)认证组织,按照 ISO 和 IEC 的标准开展的认证。

（二）按认证的性质分类

可分为安全认证和合格认证两种。为了保障人民生命与财产的安全,对许多类别的商品专门制定了安全标准。凡是依据安全标准进行认证或只对商品标准中有关安全的项目进行认证,称为"安全认证"。安全认证是对商品在生产、运输、使用的过程中,是否具备保证人体健康和人身、财产安全及避免环境遭受危害等基本性能的认证,属于强制性认证。凡列入强制性产品认证目录内的产品,没有获得指定认证机构的认证证书,没有按规定加入认证标志,一律不得进口、不得出厂销售和在经营服务场所使用。我国的强制性产品认证制度、食品质量安全准入制度(QS 认证制度)都属于强制认证。食品安全认证标志如图 7-1 所示,电器 3C 认证标志如图 7-2 所示。

图 7-1　QS 食品质量安全认证标志　　图 7-2　中国强制性产品认证标志(CCC 标志)

"合格认证"是依据国家标准或行业标准要求,对商品的全部性能所进行的质量认证,又称为"综合认证"或"全性能认证"。合格认证依据的标准内容已大大超出安全标准的范围。一般属于自愿认证。

三、认识商品质量认证的作用

(1) 提高商品质量信誉和国内、外市场上的竞争能力。

商品在获得质量认证证书和认证标志并通过注册加以公布后,就可以在激烈的国内、国际市场竞争中提高自己质量的可信度,有利于占领市场,提高企业的经济效益。

(2) 提高商品质量水平,全面推动经济的发展。

商品质量认证制度的实施,可以促进企业全面质量管理,并及时解决在认证检查中发现的质量问题;可以加强国家对商品质量进行有效的监督和管理,促进商品质量水平不断提高。

(3) 提供商品信息,指导消费者选购自己满意的商品,保护消费者利益,提高社会效益。

购买商品时,尤其是购买涉及人体健康和人身、财产安全的商品,消费者可从认证注册公告或商品包装上的认证标志中获得可靠的质量信息,经过比较和挑选,购买到满意的商品。

四、了解我国国家质量技术监督部门的商品质量认证

（一）商品质量认证机构

由国务院产品质量监督部门(国家质量技术监督局)统一管理全国的商品质量认证工作。国家质量技术监督部门直接设立的认证机构或授权的其他行政主管部门设立的行业认证委员会,负责商品质量认证工作的具体实施。具有第三方地位的检验机构经国家质量技术监督局的审查认可后,承担商品质量认证的检验任务。

认证委员会由商品的产生、销售、使用、科研、质量监督等有关部门的专家组成。我国的认证工作积极采用国际标准和导则,建立了自己的认证认可制度。

(二)商品质量认证证书和认证标志

此证书是证明商品质量符合认证要求和许可商品使用认证标志的法定证明文件。认证委员会负责对合格的商品颁发认证证书,并准许其使用与证书内容相一致的认证标志。认证证书由国务院产品质量监督部门组织印刷并统一规定编号。证书持有者可将标志标示在商品、铭牌、包装物、使用说明书、出厂合格证上。使用标志时,须在图案上方或下方标出认证委员会代码、证书编码、认证依据的标准编号。认证标志有方圆标志(又分为合格认证标志和安全认证标志)、长城标志、PRC 标志和中国环境标志产品(商品)认证标志等,如图 7-3 所示。

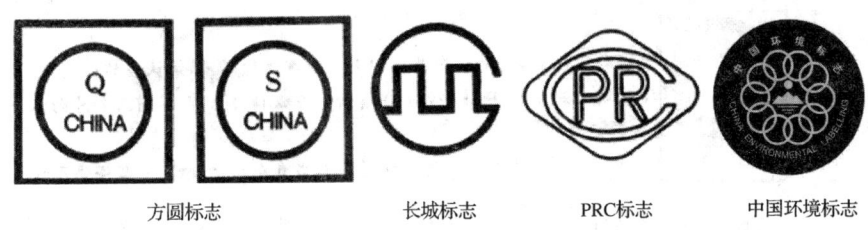

方圆标志　　　　长城标志　　　　PRC标志　　　　中国环境标志

图 7-3　中国产品(商品)质量认证标志

方圆标志用于没有行业认证委员会的商品的合格认证或安全认证。长城标志为电工产品(商品)专用安全认证标志。PRC 标志为电子元器件专用合格认证标志。环境标志又称绿标志或生态标志,用于证明产品(商品)从原材料的开发利用、生产到使用以及回收或废弃的整个过程都符合一定的环境保护要求,对生态环境无害或污染很小,并有利于资源的再生和回收。国际上限制无环境标志的商品进口,以保护本国利益。

(三)企业质量管理体系认证

企业质量体系认证是指由第三方公证机构依据公开发布的质量体系标准,经过国家认可的质量体系认证机构对企业的质量体系进行全面审核与评价,对于符合条件要求的,通过颁发认证证书的形式,证明企业质量管理和质量保证能力符合相应标准要求的活动,也称为质量管理体系认证。

企业质量体系认证是依据国际通用的 ISO 9000:2000 族标准(在我国相应使用 GB/T 19000—2000 系列国家标准,两者完全等同)推行质量体系认证制度。

企业质量体系认证的内容是 ISO 9000:2000 族标准中已发布的核心标准为 ISO 9000 标准、ISO 9001 标准、ISO 9004 标准。

(四)环境管理体系认证

环境管理体系认证是指由第三方公证机构依据公开发布的环境管理体系标准(ISO 14000 环境管理系列标准),对供方(生产方)的环境管理体系实施评定,评定合格的由第三方机构颁发环境管理体系认证证书,并给予注册公布,证明供方具有按既定环境保护标准和法规要求提供商品的环境保证能力。

(五)职业安全卫生管理体系认证

国际劳工组织从维护劳动者人权的角度出发,呼吁经济的繁荣和发展不应以牺牲劳动者的职业安全卫生利益为代价,要求社会重视提高劳动者的生命质量。实施职业健康与安全管理体系认证的依据是 OHSMS 18000(GB/T 28001—2001)标准。

（六）HACCP 食品卫生安全管理体系认证

以 HACCP(Hazard Analysis Critical Control Point,危害分析与关键控制点)为基础的食品安全管理体系是一个为了预防食品安全问题发生,防止人类由于食用有安全危害的食品而引起疾病或人身伤害的有效的食品安全保证系统。HACCP 体系是涉及从农田到餐桌全过程安全卫生的预防体系。其核心由七个原理组成:进行危害分析;确定关键控制点;建立关键限值;建立关键控制点监控程序;建立当监控表明某个关键控制点失控时应采取的纠偏行动;建立验证程序,证明 HACCP 体系运行的有效性;建立关于所有适用程序和这些原理及其应用的记录系统。

学习检测

一、填空题

1. 国家标准代号是(　　　)。
2. 企业标准的代号是(　　　)。
3. 商品质量监督的形式有抽查型、(　　　)和(　　　)质量监督三种。
4. 商品标准化的形式有简化、(　　　)、(　　　)、(　　　)、组合化和模数化。
5. 方圆标志分为(　　　)认证标志和(　　　)认证标志。

二、判断题（判断对或错）

1. 有了商品标准,商品质量就完全有了依据。　　　　　　　　　　　(　　)
2. 商检标志属于商品质量认证标志。　　　　　　　　　　　　　　(　　)
3. 3C 标志属于自愿认证标志。　　　　　　　　　　　　　　　　(　　)
4. 企业质量体系认证制度、生产许可证制度都属于评价型质量监督形式。(　　)
5. 商品质量监督是国家行为,用户不能参与商品质量监督。　　　　　(　　)

三、思考题

1. 谈谈商品标准与商品标准化的区别。
2. 谈谈商品标准化对市场经济的现实意义。

技能训练

1. 任务设计

任务项目:市场商品标准执行情况调查

执行要求:分小组进行,到超市里、专业商场等仔细观察 10 类商品及其包装上标明的执行标准,记录标准代号与编号及其标示位置,区分这些标准的级别,记录商品品种名称及规格等级,发现问题,提交简要报告。

执行条件:明确任务要求,成员适当分工,到超市、专业商场调查,制作调查表。

2. 能力评价

评价内容:标准信息记录,商品信息记录,描述标准标示位置,发现问题。

评价标准:列出商品标准的级别代号编号得30分,列出标准适用的商品类别与品种规格等级得30分,描述标准标示位置得30分,发现问题得10分。

评价方法:各小组自我评价,教师集中评价修正。

 知行拓展

1. 掌握了标准就掌握了话语权
2. 中华人民共和国标准化法

项目八　实施商品检验活动

学习目标

知识目标　理解商品检验的定义、类型和依据,明确商品检验的内容与程序,掌握商品检验的方法及其适应性,熟悉假冒伪劣商品鉴别方法。

能力目标　能运用所学知识和方法对常见商品进行初步的检验与评价,从而对商品质量状况做出较准确的判断。

素质目标　认识商品质量检验的重要性,养成商品质量检验的习惯。

2018年全国商品质量抽查情况

新华网北京3月15日电(王忻)　"3·15"国际消费者权益保护日,国家市场监管总局发布《30类产品国家监督抽查结果及消费品质量状况总体分析》报告,抽查结果显示,本次共抽查2 478家企业生产的2 788批次产品。对2 476家企业生产的2 786批次产品进行了检验,检出349批次不合格,不合格发现率为12.5%。

其中,微波炉、食品加工机械(榨汁机、原汁机)、打印机未发现不合格产品;笔、毛绒布制玩具、毛针织品、吸尘器、电热暖手器、投影机、纸面石膏板、铝合金建筑型材、合成树脂乳液内墙涂料、铜及铜合金管材等10种产品的不合格发现率低于10.0%;被子枕头、摩托车乘员头盔、燃气采暖热水炉、电火锅、电饼铛、除湿机、电吹风、采暖散热器、隔离开关、电力变压器等10种产品的不合格发现率在10.0%至20.0%之间;电动跑步机、豆浆机、碎纸机、新型墙体材料(砖和砌块)、无规共聚聚丙烯(PP-R)管材等5种产品的不合格发现率在20.0%至40.0%之间;燃气用不锈钢波纹软管、冷轧带肋钢筋的不合格发现率均为46.7%。

此外,市场监管总局对2018年产品质量国家监督抽查中的消费品抽查情况进行了总结。市场监管总局质量监督司副司长孙会川表示,我国消费品质量状况总体平稳,从具体产品和品类的表现来看,既有让消费者买得放心、用得舒心的优质产品,也有让消费者买了闹心、用着担心的问题产品。(新华网,2019年3月15日)

问题启发:1. 在日常生活中你是否很关注商品质量?

2. 你是如何检查判断商品质量的?

3. 你通常采用哪些方法检查商品?

4. 对商品质量进行检验有哪些好处?

任务一　明确商品检验的定义、类型、依据

一、商品检验的定义

我国国家标准《质量管理体系基础和术语》(GB/T 19000—2008)中规定,检验是指"通过观察和判断,适时结合测量、试验或估量所进行的符合性评价"。

商品检验是根据商品标准规定的各项质量指标,运用一定的检验方法和技术,综合评定商品质量优劣,确定商品品级的活动。因此商品检验又称为商品质量检验。广义的商品检验还包括按照合同,国际或国家有关法律、法规、惯例,对商品的质量、规格、重量、数量以及包装等方面进行检查,并做出合格与否或通过验收与否的判定,为维护买卖双方合法权益,避免各种风险损失和解决责任划分争议,便于商品交接结算等而出具各种有关证书的业务活动。

二、商品检验的类型

商品检验可以从不同的角度分别划分为若干种类型。

(一)按检验的目的不同划分

按检验的目的的不同,通常可分为生产检验、验收检验和第三方检验等三种。

1. 生产检验

生产检验又称第一方检验、卖方检验,是由生产企业或其主管部门自行设立的检验机构,对所属企业进行原材料、半成品和成品产品的自检活动。目的是及时发现不合格产品,保证质量,维护企业信誉。经检验合格的商品应有"检验合格证"标志。

2. 验收检验

验收检验又称第二方检验、买方检验,是由商品的买方(如商业部门、外贸部门、工业用户)为了维护自身及其顾客利益,保证所购商品符合标准或合同要求所进行的检验活动。目的是及时发现问题,反馈质量信息,促使卖方纠正或改进商品质量。在实践中,商业或外贸企业还常派"驻厂员",监控商品质量形成的全过程,及时发现问题及时解决。

3. 第三方检验

第三方检验又称公正检验、法定检验,是由处于买卖利益之外的第三方(如专职监督检验机构),以公正权威的非当事人的身份,根据有关法律、标准或合同所进行的商品检验活动。如公证鉴定、仲裁检验、国家质量监督检验等。目的是维护各方合法权益和国家权益,协调矛盾,促使商品交换活动的正常进行。第三方检验由于具有公正性、权威性,其检验结果被国内外所公认,具有法律效力。我国第三方检验机构主要包括质量技术监督管理系统、专业质量监督管理系统的监督检验机构和出入境商品检验机构。

(二)按受检验商品的数量不同划分

1. 全数检验

全数检验又称全额检验、百分之百检验,是对整批商品逐个(件)进行的检验。因此,对整批商品质量情况的了解比较全面,但工作量大。此类检验主要用于贵重物商品(如珠宝首饰)的检验;质量关系到消费者生命安全的商品(如家用电器的漏电性)的检验;精度要求高的商品

（如高倍显微镜）的检验；质量不稳定商品的质量检验；小批量商品检验等。

2. 抽样检验

它是按照已确定的抽样方案，从整批商品中随机抽取少量商品用作逐一测试的样品，并依据测试结果去推断整批商品质量合格与否的检验。

抽样检验节省人力物力，是比较经济的检验方式。但检验结果相对于全数检验稍有误差。被抽样品的数量比例或商品质量的稳定性度越高，其误差越小。在商品检验工作中多采用抽样检验。

（三）按检验对象的流向不同划分

1. 内销商品检验

内销商品检验是指国内的商品经营者、用户，内贸部门的质量管理与检验机构，各级商品质量监督管理与监督检验机构，依据国家的法律法规及有关技术标准或合同，对内销售商品所进行的检验活动。

2. 进出口商品检验

进出口商品检验是指国家出入境检验检疫局设立在各地的出入境检验检疫机构，依照有关法律、法规、合同规定、技术标准、国际贸易惯例与公约、双边协定等，对进出口商品进行的法定检验、鉴定检验和监督检验。

进出口检验业务，包括进出口商品品质、包装残损检验、进出口动物、食品卫生检疫检验，进出口商品重量鉴定，运输工具检验以及其他国家或商品用户要求实施的检验、检疫等。

三、商品检验的依据

商品检验的依据是商品标准或买卖合同所规定的有关条款及国家的法律法规。

任务二　熟悉商品检验的内容与程序

一、商品检验的基本内容

（一）商品品质检验

商品的品质检验是商品检验的中心内容，它主要包括外观品质和内在品质的检验。

1. 外观品质检验

外观品质检验是指对商品的外观尺寸、造型、结构、款式、表面色彩、表面精度、软硬度、光泽度、新鲜度、成熟度、气味等的检验。

2. 内在品质检验

内在品质检验是指对商品的化学组成、化学性质、物理性能和机械性能、生物学性质等技术指标的检验。

（二）商品数量和重量检验

商品的数量和重量是贸易双方成交商品的基本计量和计价单位，是结算的依据，直接关系着双方的经济利益，也是贸易中最敏感而且容易引起争议的因素之一。商品的数量和重量检验包括商品的个数、件数、双数、打数、令数、长度、面积、体积、容积和重量等的检验。

(三) 商品包装质量检验

商品包装本身的质量状况,不仅直接关系着商品的质量,还关系着商品的数量和重量,也是商业部门判断商品残损短缺的依据,分清责任、确定索赔对象的重要依据之一。如果在进货验收中发现有商品数量或重量不足时,若包装破损,责任在运输部门;包装完好的,责任在生产部门。

包装质量检验的内容主要是包装内外的质量(如包装材料、容器结构、造型和装潢等)对商品运输、储存、销售的适宜性,包装体的完好程度,包装标志的正确性和清晰程度,包装防护措施的牢固度等。

(四) 商品安全卫生检验

安全检验主要指商品安全性能方面的检验,如电子电器类商品的漏电检验、绝缘性检验和辐射检验等。商品的卫生检验是指商品中的有毒有害物质及微生物的检验,如食品添加剂中砷、铅、镉的检验,茶叶中的农药残留量检验。

二、商品检验工作的流程

(一) 商品检验工作的一般流程

商品检验工作的一般流程为:定标—抽样—检查—比较—判定—处理。定标是指检验前根据合同或标准明确技术要求,掌握检验手段和方法以及商品合格判定原则,制订商品检验计划。抽样是按合同或标准规定的抽样方案随机抽取样品,使样本对商品总体具有充分代表性。检查是在规定的环境条件下,用规定的试验设备和试验方法检测样品的质量特性。比较是将检验结果和技术要求比较,衡量其结果是否符合质量要求。判定是指依据比较结果,判定样品合格数,进而判定商品合格与否,并做出是否接收的结论。处理是对检验结果出具检验报告,反馈质量信息,并对不合格品做出处理。

(二) 进出口商品检验工作的流程

各地进出口检验机构的检验工作流程,由于专业分工粗细和活动方式不同,检验商品种类和环境不同,因而实际检验流程也不同,但大致可简化为四个环节:受理报检—抽样制样—检验鉴定—检证放行。

任务三 进行商品抽样

进行商品检验时,必须遵守为保证检验结果准确性的各种规定,其中使用正确的商品抽样方法是保证获得准确检验结果的重要因素。

一、抽样的定义及意义

(一) 抽样的定义

抽样也称取样、采样、拣样。抽样是为了检验某批商品质量时,从同批同种商品中,用科学的方法抽取具有代表性的一定数量的样品,作为评定该商品质量依据的工作过程。

(二) 抽样的意义

(1) 减少经济损失。抽样减少商品因破坏性试验或在检验后可能使商品体受到伤害而造成的经济损失。如检验搪瓷制品的密闭性能、各种食品质量、电子设备的抗震性能、灯泡的使用寿命等项目,都带有破坏性,不能对整批商品全数检验。

(2) 利于开展检验。抽样有利于对不易分成单位体的连续商品开展检验工作。如颗粒状、液体状商品,连续的电缆、导线等,都不可能全检。

(3) 既经济又有效。抽样是目前检验商品质量的最经济又切实可行的有效方法。因此,在自动化、大批量生产的今天,全检总是受人为因素的影响,经常造成错检或漏检现象,而抽样检查可以对每个样品进行认真检查,可用数理统计的方法控制其误差范围。

二、抽样的方法操作

抽样检验的特点是将大批量商品的质量状况由少数样品来判定。因此,样品的代表性十分重要,是关系着生产者、消费者利益的大事。所以,要正确选择抽样方法,控制抽样误差,以获取较正确的检验结果。一般抽样方法在相应的商品标准中均有具体规定。

目前,被公认最科学并在世界广泛采用的是随机抽样法,即被检查的整批商品中的每一件商品都有同等机会被抽取的方法。被抽取机会不受任何主观意志的限制,抽样者按照随机的原则、完全偶然的方法去抽取样品,因此比较客观,适用于各种商品、各种批量的抽样。

随机抽样法的类型有简单随机抽样法、分组随机抽样法、等距随机抽样法和阶段随机抽样法等四种。

(一) 简单随机抽样法

简单随机抽样法又称单纯随机抽样法。它对整批同类商品不经过任何分组、划类、排序,直接从中按照随机原则抽取检验样品。具体做法如下:

(1) 抽签法。给每一个群体中的每个商品随机编号或直接使用整批商品中各产品的号码,将号数逐个写在签条(卡片)上,投入箱(罐)中摇均,然后随机抽签。对应号码者,即为样品。

(2) 随机数字表法。随机数字表又称乱数表,是用数字随机排列编写而成的数字表格,可以利用计算机自制。抽样前,先将整批商品逐一编号(编号的秩序和方法不受任何限制),然后用笔尖在随机数字表中任定一点,从所定点号码开始,依次连续选取与规定样品数量相同的号码个数,然后对号抽取商品作为样品。

简单随机抽样通常用于批量不大的商品的抽样,是其他抽样方法的基础。

(二) 分组随机抽样法

分组随机抽样法又称分层随机抽样法、分类随机抽样法。它是先将整批同类商品按主要标志分成若干个组(分组时应注意每个组内部都是均匀的),然后从每组中随机抽取若干样品,最后将各组抽取的样品放在一起作为整批商品检验样品的抽取方法。

分组随机抽样法获得的样品在整批商品中分布比较均匀,有很好的代表性。因生产中的质量事故是间隔出现,采用此抽样法能克服简单随机抽样法可能漏掉的集中性缺陷的不足。

分组随机抽样适用于较大批量商品的检验抽样,是目前应用最广、最多的一种抽样方法。

(三) 等距随机抽样法

等距随机抽样法又称系统随机抽样法、规律性随机抽样法、机械随机抽样法。它是先将整批同种商品按顺序编号,并随机决定某一个个位数号码为抽样的基准号码,然后按已确定的

"距离"机械地抽取样品的抽样方法。

样品"距离"的大小,由同批同种商品总数和计划样品总数决定。抽样"距离"的计算公式是:

$$抽样"距离"=商品总数÷样品总数$$

例如,随机选定 5 为基准号码,若算出"距离"为 10,则号码为 5,15,25,35,45,…的商品均为样品;若算出"距离"为 5,则号码为 5,10,15,20,25,…的商品均为样品。

等距离随机抽样法获得的样品在整批商品中分布比较均匀,具有较高代表性,适用于较少批量商品的抽样;但不宜用于产品质量缺陷规律性出现的商品的样品。

(四)阶段随机抽样法

阶段随机抽样法又称多阶段随机抽样法、分段随机抽样法、多段随机抽样法。它是先从整批同种商品中随机抽取若干个小部分,然后从每个小部分中进一步随机抽取若干个商品为样品,最后将各小部分的样品放在一起作为整批商品检验商品的抽样方法。

阶段随机抽样法适用于一个大包装内有多个独立小包装的商品(如牙膏、香皂)的抽样。

三、进出口商品检验的抽样形式

进出口商品检验的抽样常常是在货物暂时存放的场所或者在装卸货物的现场进行。抽样的形式有登轮、流动、甩包、开沟、翻垛等。

登轮是在轮船上结合卸货进行的抽样形式;流动是在装卸货物的转送带上抽取样品;甩包是在每卸货若干包之后甩留一包做样品;开沟是对露天大垛堆放的散装商品进行抽样的形式;翻垛是在仓库中进行的抽样形式。

任务四 进行商品质量检验

进行商品质量检验方法很多,根据检验所用的器具、原理和条件,主要有感官检验法和理化检验法两类。这些检验方法是按照商品的不同质量特性所进行选择和相互配合使用的。

一、感官检验

感官检验又称感官分析、感官检查、感官评价。感官检验是借助人的感觉器官(即视觉、听觉、味觉、嗅觉、触觉等器官)的功能和实践经验来检测评价商品质量的过程。它是用人的感觉器官作为检测器具,也就是利用人的眼、耳、口、鼻、手的感知,去判定或评价商品的外形结构、外观疵点、色泽、声音、滋味、气味、弹性、硬度、光滑度、包装和装潢等的质量情况,并对商品的种类、品种、规格、性能等进行识别。

感官检验法从方法上说简单,快速易行;不需要专门仪器设备或特定场所;不易损坏商品体;成本较低。但是,感官检验不能检验商品的内在质量;检查的结果难以用准确的数字而只能用比较性或定性词语表示;受检验人经验、审美观和感官灵敏度的影响,检验结果带有一定主观片面性。为了提高感官检验结果的准确性,通常是组织审评小组集体检验。

感官检验一般在理化检验之前进行。绝大多数商品,尤其对感官质量检验有特殊要求的项目,如化妆品的香型、服装的款式、乐器的音质、白酒的口味、电视机的图像清晰度、纺织品的花色图案和手感等都必须通过感官检验来判断其质量的优劣。因此,感官检验法是商业实践中普遍采用的检验商品质量状况的方法。

感官检验的类别有视觉检验、听觉检验、味觉检验、嗅觉检验和触觉检验等。

(一)视觉检验

视觉检验是使用人的视觉器官(眼)来检查商品的外形、结构、色泽、新鲜度、整齐度、疵点和包装等质量特性的一种方法。为了提高视觉检验的可靠性,要求在标准照明(非直射典型日光或标准人工光源)条件下进行,并且对检验人员进行必要的挑选和专门的培训。

(二)听觉检验

听觉检验是凭借人的听觉器官(耳)来检验商品质量的一种方法,如检查玻璃制品、金属制品、瓷器、木器有无裂纹或其他内在缺陷;评价乐器、收音机、音响的质量音量;检查冰箱、空调器、抽油烟机、电动剃须刀、电吹风机等家用电器的噪声;评定瓜果的成熟度、蛋品的新鲜度等。听觉检验至今还不能完全用仪器测定来代替,其重要原因之一就是人的耳朵灵敏度高,且动作范围宽。听觉检验要求在安静的环境条件下进行。

(三)味觉检验

味觉检验是用人的味觉器官(舌)来检查有一定滋味的商品(如点心、糖、烟、酒、茶、调味品以及药品等)品质的一种方法。基本味觉有甜、酸、苦、咸四种,其余都是混合的味道。味觉常受嗅觉、肤觉、视觉以及温度、时间、疾病等因素的影响,因此,要求检验人员必须具有辨别基本味觉特征的能力;被检验样品与对照样品所处的温度要一致;宜在饭前一小时或饭后两小时进行,且检验前后要用温开水漱口,等等。

(四)嗅觉检验

嗅觉检验是通过人的嗅觉器官(鼻)来检查商品的气味,进而评价商品质量的检验。广泛用于食品、药品、化妆品、家用化学制品、香精、香料等商品的质量检验,还用于鉴别纺织纤维、塑料等燃烧气味的差异。嗅觉对人类来说可能是属于较退化的一种感觉机能。因此,要求对检验人员进行测试、严格挑选和专门培训;进行检验的时间不要太长;检验场所要空气清新,无烟味、臭味、霉味和香味。

(五)触觉检验

触觉检验是利用人的触觉来评价商品质量的一种方法。触觉是皮肤受到机械刺激而引起的感觉,包括触压觉和触摸觉。皮肤感觉除触觉外,还有痛觉、热觉、冷觉等,它们也参与感官检验。人的手指和指头皮肤面的感觉受性较高,因此,通常是通过手来进行触觉检验,采用手按、拉、捏、揉、折、弯等手段,根据手感来评定。触觉检验主要用于检查纸张、塑料、纺织品、食品等商品的表面特性、强度、厚度、软硬度、干湿度、冷热度、黏度、弹性、韧性等质量特性。触觉检验要求对检验人员进行专门培训,保持手指皮肤处于正常状态。

二、理化检验

理化检验是在实验室的一定环境条件下,借助各种仪器、设备、试剂,运用物理、化学以及生物学的方法来检测评价商品质量的过程。它主要用于检验商品的成分、结构、物理性质、化学性质、安全性、卫生性以及对环境的污染和破坏性等。

理化检验法的检验结果精确,可用数字定量表示;检验的结果客观,不受检验者主观意志的影响;能深入分析商品的内在质量。

但是,理化检验法需要一定仪器设备和场所,成本较高;往往需要破坏一定数量的商品,消耗一定数量的试剂,费用较大;检验时间较长;要求检验人员具备扎实的基础理论知识和熟练的操作技术。因此,理化检验法在商业企业直接采用较少,多作为感官检验之后、必要时进行补充检验的方法(如采用燃烧法检验毛织品的真伪等),或委托商检机构作理化检验。

现代检测技术的发展,促进了理化检验法向商品少损或无损、操作快速和自动化的方向发展。如利用光谱分析,可以无损、快速、准确地测出毛织品的纤维种类及其含量。

理化检验根据其原理的不同,可分为物理检验、化学检验、生物学检验三大类。

(一)物理检验

物理检验是指包括对商品的物理量及其在力、电、声、光、热作用下所表示的物理性能和机械性能的检验。物理检验法通常按其采用测试仪器和具体方法不同分为以下五种。

1. 一般物理检验

一般物理检验是通过各种量具、量仪、天平、秤或专用仪器来测定商品的长度、细度、面积、体积、厚度、质量、密度、容重、表面光洁度等一般物理特性的检验方法,如用秤检测食品的净重,用尺检测羊毛的长度等。

2. 力学检验

力学检验是通过各种力学仪器来测定商品机械性能的检验方法,这些性能包括抗拉强度、抗压强度、抗弯曲强度、抗冲击强度、抗疲劳强度、耐磨强度、硬度、弹性等。商品的机械性能与商品的耐用性能密切相关。

3. 电学检验

电学检验是利用电学仪器测定商品电学特性(电阻、电容、电压、电功率、电流强度介电常数等)的检验方法。它是家用电器类商品安全性能(如漏电、耐压等)检验的重要手段。

4. 光学检验

光学检验是利用光学仪器(光学显微镜、折光仪、旋光仪等)来检测商品的检验方法。如用光学显微镜来观测商品(如纺织纤维、皮革、纸张等)的细微结构,以判定商品的种类和使用性能;用折光仪测定植物油的纯度等。

5. 热学检验

热学检验是使用热学仪器来测定商品热学特性(包括熔点、凝固点、沸点、耐热性等)的检验方法。它是判断某些商品的质量好坏的重要手段,如检验玻璃制品、搪瓷制品、金属制品、塑料制品、皮革制品、橡胶制品、化妆品等商品的质量。

(二)化学检验

化学检验是用化学试剂和仪器去测定商品的化学成分及其含量的检验过程。

化学检验通常按其采用的手段和具体操作分为化学分析和仪器分析。

1. 化学分析

化学分析是根据已知的、能定量完成的化学反应进行分析的一种检验方法。依其所用的测定方法不同,分为重量分析法、滴定分析法和气体分析法。

2. 仪器分析

仪器分析是采用光学、电学方面较为复杂的仪器,通过测量商品的光学性质、电化学性质来确定商品的化学成分的种类、含量及化学结构,以判断商品质量的检验方法,有分光光度法、核磁共振波谱法、荧光光谱法、电位滴定法、电解分析法,等等。仪器分析法适用于微量成分含量的分析。

(三) 生物学检验

生物学检验是通过仪器、试剂和动物来测定食品、药品和一些日用工业品以及包装对人体危害健康安全等性能的检验。生物学检验分为微生物学检验和生理学检验。

1. 微生物学检验

微生物学检验是利用培养、分离、形态观察、显微镜观察等,来检测商品中有害微生物存在与否及其数量的检验方法。有害微生物主要有大肠杆菌、致病性微生物、霉腐微生物等。常用于食品、化妆品、卫生纸等被细菌、霉菌等污染程度的检验。

2. 生理学检验

生理学检验是以动物为实验对象,通过观察商品致使动物活体发生的生理变化来判定商品质量的方法。试验动物多利用哺乳动物,如鼠、兔、狗、猴等。主要用于新食品资源、食品添加剂、辐照食品、药品等商品的毒性和食品营养价值的测定。

任务五 确定商品的品级

一、理解商品品级

商品品级是表示商品质量高低的一种标志。根据商品的质量标准和实际质量检验结果,将同种商品划分为若干等级的工作称为商品分级。

商品品级通常用"等"或"级"加顺序号来表示,其顺序反映商品质量的高低,如一等(级)、二等(级)、三等(级),或甲等(级)、乙等(级)、丙等(级)。也有等下分级或级下分等的表示方式,如一等一级、一等二级、一等三级等。也可用优等品、合格品、残次品或正品、副品来表示。一般来说工业品商品的等级表示形式简单一些,农副产品质量等级稍多或复杂一些。

商品等级按一定的质量指标进行划分。商品品种不同,其分级的质量指标也不同。如茶叶是按其感官质量指标分级;食糖按其主要成分(蔗糖)含量和杂质含量分级;乳和乳制品要同时按感官指标、理化指标、微生物指标进行分级;呢绒是按其实物质量、物理指标、染色牢度、外观瑕疵点等四项进行综合定等(即以其中最低一项定等);一些日用工业品(如胶鞋、陶瓷制品等)是按其外观瑕疵点、理化性质与质量指标相差的程度分级。对各种商品的分级方法及每一等级的具体要求,通常在商品标准中都有规定。

评定品级有利于生产部门加强管理,提高生产技术水平和产品质量,也有利于商业部门限制劣质产品进入流通领域,还有利于物价部门进行物价管理和监督,维护消费者利益。

二、使用商品分级方法

商品分级的方法很多,主要有百分记分法、限定记分法、限定缺陷法三种。

(一) 百分记分法

百分记分法是用分数表示商品质量的一种方法。它是将商品的各项指标规定为一定的分

数,其中,重要指标占的分数高,次要指标占的分数低,各质量指标分数之和为 100 分。如酒类各项质量指标的规定如下:

白酒:色 10 分、香 25、味 50 分、风格 15 分;

啤酒:色 10 分、香 20 分、味 50 分、泡沫 20 分;

葡萄酒:色 20 分、香 30 分、味 40 分、风格 10 分;

香槟酒:色 15 分、香 20 分、味 40 分、风格 10 分、气 15 分。

如果某一项或几项质量指标不符合商品标准的要求,就要相应减分,使总分下降。最后按总分达到的等级分数线划分等级。分数总和越高,等级也越高。百分记分法多用于食品等商品的品级分级。

(二) 限定记分法

限定记分法是将商品的各种缺陷(即反映商品质量不好的指标)规定为一定分数,由缺陷分数的总和及其所在的等级分数线来确定商品的等级。缺陷越多,总分越高,品级越低。限定记分法多用于日用工业品、纺织品等商品的品级划分。

(三) 限定缺陷法

限定缺陷法是在商品可能产生的质量缺陷(疵点)范围内,规定各类商品每个等级所限定质量缺陷的种类、数量和程度。如全胶鞋,可能产生质量缺陷的外观指标有 13 项,其中鞋面起皱或麻点这个缺陷,一级品限定"稍有",二级品限定"有";鞋面砂眼这个缺陷,一级品限定"无",二级品限定其砂眼直径不得超过 1.55 mm、深度不得超过鞋面厚度,而且低筒鞋限两处、高筒鞋限四处,同时不得集中于鞋的下部,在弯曲处不许有;还有其他许多缺陷限制。此外,在 13 项指标中,如果一级品超过四项不符合要求者,降为二等品;二等品超过六项不符合要求者,则降为不合格品。限定缺陷法适用于鞋类(如胶鞋)、一些日用工业品(如玻璃制品、搪瓷制品、陶瓷制品)和某些文化用品等商品的品级划分。

无论采用哪一种商品品级的划分方法,凡达不到等级的,均应划为等外品或废品。

 学习检测

一、填空题

1. 商品抽样的方法有( )、( )、( )和( )随机抽样等。
2. 商品分级方法常用的有( )、( )、( )和( )。
3. 商品质量监督的形式有抽查型、( )和( )质量监督三种。
4. 商品检验的内容包括( )、( )、( )、( )等。
5. 检验工作的流程是( )、( )、( )、( )、( )、( )。

二、判断题(判断对或错)

1. 商品样本为被检验商品中抽取用于检验的单位商品的全体。 ( )
2. 感官检验不允许使用简单的器具,如放大镜、尺子等进行辅助检查。 ( )
3. 商品的气味不适宜感官检验。 ( )
4. 感官检验不可能判断出商品内质状况。 ( )

5. 在百分记分法中,分数总和越高,等级也越高。( )

三、思考题

1. 感官检验方法与理化检验方法各有哪些优缺点?
2. 谈谈你在以后的生活中将如何去检验鉴别商品的质量。

 技能训练

1. 任务设计

任务项目:拟定商品质量检验方案

执行要求:分组进行,集体研究讨论,以某具体商品为依据拟写一份商品检验方案。

执行条件:明确任务要求,人员适当分工,网络、图书馆搜查资料,研究具体商品。

2. 能力评价

评价内容:方案的内容,方案的格式,语言的专业性。

评价标准:方案内容完整得40分,方案格式正确得20分,语言专业性突出得40分。

评价方法:各小组自我评价,教师集中评价修正。

 知行拓展

鉴别假冒伪劣商品

项目九　执行库存业务流程

学习目标

　　知识目标　明确库存业务操作程序与要求,掌握商品储存操作的方法与要领。
　　能力目标　能根据具体仓库条件与商品特点正确储存保管商品。
　　素质目标　遵守操作规程,遵守管理制度,养成严谨、规范、务实的工作作风。

情境导入

造成仓储管理失误的十大原因

　　仓储管理中的差错分为仓库管理人员失误和仓储物品的自然损耗。但很多的货物数量以及货物品种的差异是因工作人员的失误造成的,造成仓储管理差错的主要原因有:
　　(1) 作业时不够专心。有部分仓管员在收发货时不够专心,在收发货时想着其他事情。
　　(2) 操作流程不够全面。操作流程存在漏洞,使仓管员在作业时操作失准。
　　(3) 没按操作流程作业。有些仓管员本着自己经验比较丰富,认为有些操作流程是多此一举,在作业中贪图方便,差错往往就是这样产生的。
　　(4) 业务不够熟悉。仓管员由于业务不熟,很容易发错货物的品种、规格、款式。
　　(5) 第一思维的错误。一个人在计算或处理问题的时候,第一次得到的结果对后续判断起很大的影响作用。
　　(6) 过于疲劳操作。处于疲劳时,精神不能集中,经常会多发货和少发货。
　　(7) 仓管员、叉车手与搬运工之间的沟通产生误差。沟通上没有说清、说明而产生误解,会造成品种、品牌、数量、规格、型号、款式等发生差错。
　　(8) 审单不清。仓管员在发货时没审清楚单据,很容易误解而产生差错。
　　(9) 数据不准确。数据差异、货物库位不对,很容易给仓管员造成误解。
　　(10) 盲目相信其他人。仓管员在收货或发货时听到其他人说这批货是某个品种某个数量后,完信相信他人而直接收货或发货。
　　任务引导:1. 商品库存操作管理不当会造成哪些不良后果?
　　　　　　　　2. 商品库存操作管理应该如何进行呢?

任务一　商品入库业务操作

一、商品入库前准备

要迅速、准确地接收每批入库商品,必须事先做好充分准备。商品入库前的具体准备工作如下。

(一)加强日常业务联系

了解仓库储存情况和入库商品情况,掌握入库商品的品种、类别、数量和到库时间,能精确安排入库的准备事项。

(二)妥善安排仓容

当接到入库单后,在确认有效无误时,则根据入库商品的性能、数量、类别,结合分区分类保管的要求,核算所需的货位面积(仓容)大小,确定存放位置,以及必要的验收场地。对于新商品或不熟悉的商品入库,要事先向存货单位详细了解商品的性质、特点、保管方法和有关注意事项,以便商品入库后做好保管养护工作。

(三)组织人力

根据商品进出库的数量和时间,做好收货人员和搬运、堆码人员等劳动力的安排工作。采用机械操作的要定人、定机,事先安排作业序列,做好准备。

(四)准备验收和装卸搬运的机具

为保证入库作业的顺利进行,根据入库商品验收内容和方法,以及商品的包装体积、重量,准备齐全各种点验商品数量、质量、包装和装卸、堆码所需的点数、称量、测试机具等所有用具。要做到事先检查,保证准确有效。

(五)准备苫垫、劳保用品

根据入库商品的性能、数量和储存场所的条件,核算所需苫垫用品的数量,据以备足必需的数量。同时,根据需要准备好劳动保护用品。

二、商品入库的程序

商品入库包括接货—搬运装卸—分唛(分标记)—验收入库(场)—堆码—办理交接手续—登账等一系列操作过程,这些统称为入库作业。入库作业要在一定时间内迅速、准确地完成。商品入库通常有以下几个程序。

(一)大数验收

仓库收货人员与运输人员或运输部门进行商品交接后,进行大数验收,这是商品入库的第一工序。一般采用逐件点数计总以及集中堆码点数两种方法。

(二)检查商品包装和标志

在点数验收的同时,还需对每件商品的包装和标志进行仔细检查。收货人员应注意识别商品包装是否完整、牢固,有无破损、受潮、水湿、油污等异状。对液体商品要检查包装有无渗漏痕迹。认真核对所有商品包装上的标志是否与入库通知单所列的相符。

(三)办理交接手续入库

商品经上述两个工序之后,即可与送货人员办理交接手续,由仓库收货人员在送货单上签收,此后的工作将由仓库管理部门负责,商品出现问题时也是由仓库方承担。

(四)商品验收

商品入库后,要根据有关业务部门的要求及本库必须抽验入库的规定,对接收的货物做全面、认真、细致的验收,包括开箱、拆包、检验物品的质量和细数。货物检验中可能会发现证件不齐、数量短缺、质量不符合要求等问题,应区别不同情况,及时处理。

(五)办理商品入库手续

商品验收后,由保管员或验收人员根据验收结果写在商品入库凭证上,以便记账、查货和发货。经过复核,仓库留下保管员存查及仓库商品账登记所需的入库联单外,其余入库凭证各联退送业务部门,作为正式收货的凭证。

任务二　商品在库业务操作

商品经过入库验收,办清入库手续,进入库房(货场)堆码或上货架之后,商品的入库业务就此结束,接着商品的储存管理业务便开始了。在这个阶段中,仓库要进行一系列工作,确保库储商品安全,商品质量完好和数量准确无误。

保管商品是仓库的基本职能。把好在库保管关,对于商品安全渡过保管期,能够如数完好地分发出库,从而完成商品储存的任务,有决定性的意义。

一、分区分类

分区分类保管是仓库对仓储商品进行科学管理的一种方法。商品分区,就是根据仓库的建筑、设备等条件,将库房、货棚、垛场划分为若干保管商品的区域,以适应商品储存的需要;商品分类就是按商品大类、性质和它的连带性划分成若干类,分类集中存放,以便收发货与保管业务的进行。

仓库的分区分类目前主要有三种方法:

(1)按商品种类和性质划分储存区域的方法。这是大多数仓库普遍采用的分区分类方法。此方法又可分为两类,一种是按业务部门商品经营的分类,进行仓库储存商品的分区分类;另一种是按照商品的自然属性来划分,如将怕热、怕潮、怕光、怕通风等多种不同性质的商品分别集中起来,安排在适宜储存的场所。

(2)按照商品发往的地区来分区分类的方法。此方法主要适用于中转仓库或待运仓库。具体做法是:先按所用交通工具划分为公路、铁路、航路,然后再按到达站、港的路线划分。这种分区分类方法,虽然不区分商品种类,但是仍应注意,对于危险品、相互影响的商品以及运价不同的商品应分别堆放。

(3)按商品的危险性质分区分类的方法。此方法主要适用于化学危险品仓库。根据危险品本身具有的易燃、易爆、有毒等性质,以及不同的灭火方法等情况来分区分类储存。

二、选择货位

货位的选择是在分区分类保管的基础上进行的。分区分类保管是对库存商品的合理布局,货位的选择则是具体落实每批入库商品的储存点。合理选择货位必须遵循"安全、优质、方便、多储、低耗"的原则,具体说要确保商品安全,方便吞吐发运,力求节约仓容。所以,货位选择是最实际的保管业务,也是仓储管理人员必须掌握的、最基本的保管业务。

货位的选择必须考虑货区的装卸设备条件与仓储商品的操作方法相适应。采取提货制方式的商品,其储存货位应靠近仓库出口,便于外来提货车辆的进出。对于快进快出的商品,要选择车辆进出库方便的货位;滞销久储的商品,货位不宜靠近库门;整进零出的商品,要考虑零星提货的条件;零进整出的商品,要考虑到集中发运的能力。笨重商品,应安排在载重量大而且空间低的货位。易燃、易爆、有毒、腐蚀性、放射性等危险品,应存放郊区仓库分类专储。

三、货位编号

在商品分区分类储存的基础上,将仓库范围的房、棚、场以及库房的楼层、仓间、货架、走道、支道等按地点、位置顺序编列号码,并做出明显标志,以便商品进出库可按号存取。其优点在于能提高仓库收、发货效率,缩短收、发作业时间,减少差错现象;便于保管员之间合作互助,调剂忙闲;利于仓储商品的统计和检查监督,做到账货相符。

四、建立商品保管卡与盘点对账

(一)商品保管卡

商品保管卡一般由保管员使用管理,它是保管员根据商品入库单、出库单,用格式统一卡片填制的。商品保管卡使用管理有两种方式,一是分散式,即把商品保管卡片分散悬挂在货垛或货架靠干、支道一侧明显的位置上。在商品进出库时,随时登记商品进出仓数量和结存数量,用后挂回原处。二是集中式,将商品保管卡片按顺序编好号,放在卡片箱里,商品出库时抽出来填写,用后放回原处。另外,在货垛上还需挂一张仅写商品名称和编号的标志卡。上述两种使用管理商品保管卡的方式各有优缺点,可根据情况确定。一般保管卡片使用要注意一垛一卡,一种品种、规格的商品一卡。

建立商品保管卡,能及时了解所存商品的动态,加强货垛管理,进行商品检查,以及动态复核,盘点对账,防止差错,保证账货相符。随着电子计算机在仓储管理中的应用推广,库存商品的管理将会更准确、更简化,并能随时反映商品的动态,管理水平将大大提高。

(二)商品盘点的方法

商品盘点,是对库存商品进行账(商品保管账)、卡(货卡)、货(库存商品)三方面的数量核对工作。通过核对,可以及时发现库存商品数量上的溢余、短缺、品种互串等问题,以便分析原因,采取措施,挽回和减少保管损失。同时,还可检查库存商品有无残损、呆滞、质量变化等情况。

任务三 商品出库业务操作

商品出库也叫发货业务,是根据业务部门或存货单位开具的出库凭证,从对出库凭证审核开始,进行拣货、分货、发货检查、包装直到把商品点交给要货单位或发运部门的一系列作业过程。

一、商品出库的基本要求

(1) 认真执行"先进先出、推陈出新"和"接近失效期先出"的原则。

(2) 严格按照出库计划进行操作。出库单据和手续必须符合要求,做到"三不",即"未接单据不翻账""未经审单不备库""未经复核不出库"。

(3) 商品出库必须及时准确,保证需要,做到"三核""五检查",即核实凭证、核对账卡、核对实物,对单据和实物要进行品名检查、规格检查、包装检查、件数检查、重量检查。

(4) 出库商品要符合运输要求。

二、商品出库的主要形式

(1) 提货,一般适用于有自备车辆,提货商品量较少,运输距离又较近的商品。

(2) 托运,适用于距离远、数量大的商品。

(3) 送货,适用于少量商品的发运。

此外,商品出库的形式还有转仓、取样、过户等。

三、商品出库业务程序

(1) 出库前的准备工作:预先准备好货物,做好出库货物的包装和标志。

(2) 出库程序:包括核单备货—复核—包装—点交—登账—清理。

四、商品出库过程中问题的处理

(1) 出库凭证问题的处理。发现出库凭证有假冒、复制、涂改等情况,应及时与保卫部门联系,妥善处理;出库凭证超过提货期限,用户前来提货时,必须先办手续,按规定缴足逾期仓储保管费,然后方可发货。如顾客遗失提货凭证时,必须由用户单位出具证明,到仓储部门制票员处挂失,原制票员签字作为旁证,然后到仓库出库业务员处报案挂失。商品进库未验收或者其货未进库的出库凭证,一般暂缓发货并通知货主,待货到并验收后再发货,提货期顺延。

(2) 提货数与实存数不符。当遇到提货数量大于实际商品库存数量时,需要和仓库主管部门以及货主单位及时取得联系后再作处理。

(3) 串发货和错发货。如果物品尚未离库,应立即组织人力,重新发货。如果物品已经离开仓库,应会同货主单位和运输单位共同协商解决。

(4) 包装破漏。仓储商品发货时应经过整理或更换包装方可出库,否则造成的损失应由仓储部门承担。

(5) 漏记和错记账。应根据原出库凭证查明原因并调整保管账,使之与实际库存一致。

 学习检测

一、填空题

1. 商品入库准备包括( )、( )、( )、( )、( )等方面。

2. 商品入库程序有( )、( )、( )、( )、( )等。

3. 商品在库业务包括( )、( )、( )、( )、( )几

个方面。

4. 商品库存分区分类的方法有（　　　）、（　　　）、（　　　）三种。
5. 商品出库的主要形式有（　　　）、（　　　）、（　　　）。

二、选择题

1. 下列不属于库存信息的是（　　）。
   A. 人员　　　　　B. 商品品种　　　　C. 商品数量　　　　D. 仓容
2. 下列不属于库存商品分区分类依据的是（　　）。
   A. 种类和性质　　B. 商品大小　　　　C. 发往地区　　　　D. 商品危险性
3. 商品在库管理中要建立的一种卡片是（　　）。
   A. 入库卡片　　　B. 保管卡片　　　　C. 联系卡片　　　　D. 发货卡片
4. 发现商品库存问题的根本方法是（　　）。
   A. 查账目　　　　B. 查实物　　　　　C. 查卡片　　　　　D. 账实核对
5. 商品出库操作应遵循的原则是（　　）。
   A. 先进后出　　　B. 后进先出　　　　C. 先进先出　　　　D. 进出不限

三、思考题

1. 商品库存环节对企业经营的重要作用有哪些？
2. 商品库存业务操作中最容易出错的环节在哪里？

 技能训练

1. 任务设计

任务项目：绘制一张商品库存业务操作流程图

执行要求：个人进行，设计成一览图形式，可以适当加注说明。

执行条件：明确任务要求，网络搜索资料，图书馆查阅资料，准备绘图工具及纸张。

2. 能力评价

评价内容：业务内容完整性，流程逻辑性，图形表现美观性。

评价标准：业务内容完整得40分，流程逻辑正确得30分，图形表现美观得30分。

评价方法：个人自评，教师集中评价修正。

 知行拓展

仓库管理员的基本职责和素质要求

项目十　管理仓库温湿度

 **学习目标**

　　知识目标　熟悉温湿度变化规律及对商品的影响,掌握仓库温湿度调控方法。
　　能力目标　能针对各种商品质量对温湿度要求而采取相应的调控方法与措施。
　　素质目标　增强商品质量安全意识、商品质变预防意识,重视温湿度对商品的影响。养成细致观察、检查的习惯,增强对仓储管理中环境条件变化的敏感性,提高保管商品的反应能力。

 **情境导入**

超市冷藏车升温致三全水饺霉变

　　新快报讯,本报2013年5月24日报道《三全状元水饺数批霉变再遭投诉》一文后,三全公司组织核查,初步判定:产品霉变可能是由于终端储存设备故障引起的升温导致,而非产品本身质量问题。同时,超市方回应,经初步判断,可能是配送饺子的冷藏车缺氟导致升温产生的问题。经过一周的自查,昨日,超市方正式回应最终排查结果,确为给超市方配送饺子的冷藏车存在漏氟而产生商品解冻、面皮产生霉点问题。(新快报,2013年6月3日)
　　任务引导:1. 为什么升温使商品易发生霉变现象?
　　　　　　　2. 温度和湿度的变化规律是怎样的?
　　　　　　　3. 温度和湿度变化对商品造成哪些影响?
　　　　　　　4. 有什么办法可以防止温湿度对商品的影响?

任务一　认识温湿度变化规律及对商品的影响

　　在影响储存商品质量的外界环境因素中,几乎所有商品都与空气温度湿度有密切关系。要做好仓库温、湿度控制和调节工作,首先要掌握空气温度与湿度有关的基本知识。

一、理解温、湿度的概念

（一）空气温度

　　空气温度是指大气冷热的程度,简称气温。衡量空气温度高低的尺度称为温标。常用的温标有摄氏和华氏两种。
　　摄氏温标:以纯水在标准大气压下的冰点为0度,沸点为100度,中间分为100等份,每等份代表1度,用℃表示。

华氏温标:以纯水在标准大气压下的冰点为 32 度,沸点为 212 度,中间分为 180 等份,每等份代表 1 度,用℉表示。

摄氏温度(℃)和华氏温度(℉)之间的换算公式为:

$$℃=(℉-32)×5/9 \qquad ℉=℃×9/5+32$$

空气温度主要从两个方面影响商品质量变化,一是气温的高低影响着商品质量变化的速度。即一般商品在气温降低时质量比较稳定,气温升高时商品容易变质。二是温差变化大时某些商品容易引起干缩、结块和熔化等。

（二）空气湿度

空气湿度通常是指大气的相对湿度,也可以说是空气的干湿程度。空气湿度的变化对商品质量影响很大。湿度适宜,可保持商品的正常含水量,也可以维持商品的形态、重量等的正常状态。湿度增大或减小,可使商品引起潮解、膨胀、溶化或导致萎缩、干瘪和脆裂等。空气湿度的增加,也会给附着在商品上的微生物繁殖提供条件。空气湿度的表示方法有以下几种:

(1) 空气湿度。即潮湿的程度,指空气中含水汽的多少。

(2) 绝对湿度。绝对湿度是指单位体积的空气中实际所含的水汽量,单位为克/立方米。空气中的绝对湿度与温度的变化成正比关系。

(3) 饱和湿度。饱和湿度是指一定温度下,单位容积空气中所能容纳水汽的最大限量,也用克/立方米表示。如果空气中的水汽量超过此限量,多余的水汽就会凝结成液态水。

(4) 相对湿度。相对湿度表示空气中实际所含水汽量距饱和状态的程度。即同一温度下,空气的绝对湿度与饱和湿度的百分比。其计算公式为:

$$相对湿度(\%)=绝对湿度÷饱和湿度×100\%$$

相对湿度越大,表示空气越潮湿;相对湿度越小,表示空气越干燥。

空气的绝对湿度、饱和湿度、相对湿度与温度之间有着相应的关系。温度如发生变化,则各种湿度也随之发生变化。仓储环境的湿度常用相对湿度表示,相对湿度在 70% 以上称为高气湿,低于 30% 称为低气湿。相对湿度可用通风干湿表或干湿球温度计测量。

此外,风与空气温、湿度有密切关系,也是影响空气温、湿度变化的重要因素之一。

二、认识温、湿度的变化规律

（一）气温的变化规律

气温的变化可分为周期性变化与非周期性变化两类,气温的周期性变化又分为年变化和日变化。

(1) 气温的年变化规律:在一年中气温最低的月份,内陆为 1 月,沿海为 2 月;最热的月份,内陆为 7 月,沿海为 8 月;平均气温均在 4 月底和 10 月底。一年中月平均气温的最高值与最低值之差称为气温的年极差。

(2) 气温的日变化规律:气温的日变化是指一昼夜内气温的变化。在一昼夜中,最高值在午后 2~3 点,最低值在凌晨日出前,交替出现,形成白天热、夜间冷,中午暖、早晚凉的变化规律。一个昼夜中最高气温和最低气温的差值称气温日变幅,气温日变幅的大小,受地域、地形、季节、土壤等因素的影响。

（二）湿度变化规律

相对湿度的年变化是随气温的升高而减小，随气温的降低而增大，所以相对湿度的年变化趋势与气温年变化相反，一般最高值出现在冬季，最低值出现在夏季。但是，各地相对湿度的年变化也不完全一致。例如，沿海地区和受季风影响的大部分地区，夏季季风从洋面带来大量水汽，相对湿度就高，冬季季风从内陆带来干旱空气，相对湿度就低。

相对湿度的日变化与气温的日变化相反。一般在日出前，相对湿度出现最高值，午后2～3点呈现最低值。但沿海地区由于从海洋吹来的水汽，在午后温度最高时最强。

三、熟悉温湿度对商品质量变化的影响

（一）气温对商品质量变化的影响

气温是影响商品质量变化的重要因素。温度能直接影响物质微粒的运动速度。一般商品在常温或常温以下都比较稳定，高温能够促进商品的挥发、渗漏和熔化等物理变化和化学变化；而低温又容易引起某些商品的冻结、沉淀等变化；温度忽高忽低，会影响到商品的稳定性；温度适宜会给微生物和仓虫的生长繁殖创造有利条件，加速商品的腐败变质和虫蛀。

（二）湿度对商品质量变化的影响

空气湿度的改变，能引起商品的含水量、化学成分、外形或体态结构发生变化。湿度下降，将使商品因放出水分而降低含水量，减轻重量，如水果、蔬菜和肥皂等会发生萎蔫或干缩变形，纸张、皮革制品等失水过多，会发生干裂或脆损。湿度增高，商品含水量和重量相应增加，如食盐、食糖、化肥和硝酸铵等易溶性商品结块、膨胀或进一步溶化，钢铁制品生锈，纺织品、竹木制品和卷烟等发生霉变或被虫蛀等。湿度适宜，可保持商品的正常状态。

 知识链接

气候周期性变化

气候周期性变化，气象学术语，气候的最大特点就是它的不定性。经过几个世纪的研究之后，气候学家终于发现陆地上观测到的气候变化与太阳活动的11年周期有着无可争辩的联系。最新的研究结果辨明，全球气候变化具有3亿年、10万年、4万年、2万年、1500—1800年、200年和60年周期波动。气候周期性变化同时受到地球外部和本身的因素影响。气候变化究其本质是由于地球表面通过大气层与外界太空进行能量交换所产生，由于地球本身并不产生很多热量，因此气候周期性变化的根源在于地球所接收到的外部辐射总量存在周期性变化，也就是说，根本原因是由于太阳系在银河系中的运动具有周期性，导致地球所接收的太阳辐射具有周期性变化，从而影响了地球的整体气候，造成气候周期性变化。

任务二 控制与调节仓库温湿度

为了维护仓储商品的质量，创造适宜于商品储存的环境，当库内温度湿度适宜商品储存时，就要设法防止库外气候因素对库内的环境产生不利影响。当库内温度湿度不适宜商品储

存时,就要及时采取有效措施加以控制与调节。实际工作中常用措施有密封、通风、吸潮等。

一、密封

密封,就是把商品尽可能严密地封闭起来,减少外界不良气候对商品的影响,以达到安全储存的目的。采用密封方法要与通风、吸潮结合运用。如果运用得当,则可以收到防潮、防霉、防热、防溶化、防干裂、防冻、防锈蚀、防虫等多方面的效果。

密封保管应注意的事项有:密封前要检查商品质量、温度和含水量是否正常,如果发现生霉、生虫、发热、水淞等现象就不能进行密封;发现含水量超过安全范围或包装材料过潮,也不宜密封;密封时间要根据商品的性能和当地气候情况来决定。怕潮、易溶、易霉的商品,应选择在相对湿度较低的时节进行密封。怕冻的商品应选择在冬季到来前进行密封。密封以后仍要加强管理并定期检查。

密封常用的方法有整库密封、小室密封、按垛密封、按货架密封以及按件密封等。

二、通风

空气是从压力大的地方向压力小的地方流动的。气压差越大,空气流动就越快。

通风就是利用库内外空气温度不同而形成的气压差,使库内外空气形成对流,达到调节库内温度湿度的目的。库内外温度差距越大,空气流动就越快;若库外有风,借风的压力更能加速库内外空气的对流。但风力亦不能过大(风力超过 5 级时灰尘较多)。正确地进行通风,不仅可以调节与改善库内的温度湿度,还能及时散发商品及包装物的多余水分。通风的方式有自然通风和机械通风两种。在进行通风操作时要注意:一般天气晴朗有干燥风时可以通风;遇雨天或雨后初晴时不宜通风;在南方春末夏初的梅雨季节切忌通风。

通风有两个目的,一是利用通风降温(或增温),二是利用通风散潮。

三、吸潮

在梅雨季节或阴雨天,当库内湿度过高,不适宜商品保管,而库外湿度也过大,不宜进行通风散潮时,可以在密封库内用吸潮的办法降低库内湿度。

仓库中通常使用的吸潮剂有生石灰、氯化钙、硅胶等。在使用吸潮剂吸潮时要注意考虑吸潮剂的使用量、吸潮剂对商品的安全性、吸潮剂的经济性。吸潮剂使用量的确定可以用下列公式来计算:

吸潮剂使用量＝(库房容积×库内需降低的绝对湿度)÷每千克吸潮剂吸水量

近年来仓库普遍使用机械吸潮方法。吸湿机是把库内的湿空气通过抽风机吸入吸湿机冷却器内,使它凝结为水而排出。吸湿机一般适宜于储存棉布、针棉织品、贵重百货、医药仪器、电工器材和烟糖类的仓库吸湿。

四、升温或加湿

仓库内部湿度较高,而外界条件又不宜采取通风方法时,若商品质量不受温度影响,此时可以使用单纯升温的方法。库内温度升高,其湿度就会降低。要注意升温设备对商品的安全性。

当仓库内储存的是一些新鲜蔬菜或水果时,如果库内又没有冷却设备,则可以使用洒水或喷蒸汽的方法来增加库内的湿度,以保持菜果的应有水分含量,而确保其新鲜度。

 **学习检测**

一、填空题
1. 通常用来表示气温的温标有（　　　）、（　　　）两种。
2. 摄氏温标把水结冰点设为（　　　）度,把水沸腾点设为（　　　）度。
3. 气温变化规律有（　　　）和（　　　）。
4. 我国受季风影响很大,冬季相对湿度（　　　）,夏季相对湿度（　　　）。
5. 控 制 与 调 节 仓 库 温 湿 度 的 方 法 有（　　　）、（　　　）、（　　　）、（　　　）等。

二、判断题（判断对或错）
1. 相对湿度(%)=绝对湿度/空气湿度×100%。（　　）
2. 露点是指相对湿度为100%。（　　）
3. 当库房空气中水汽一定时,温度升高,相对湿度会降低。（　　）
4. 商品可以长时间处于密封状态下保管。（　　）
5. 温度和湿度是影响商品质量变化的两个非常重要的因素。（　　）

三、思考题
1. 温度和湿度对商品造成什么样的影响？
2. 保管某种商品时,能否只使用一种方法进行仓库温湿度控制与调节？

 技能训练

1. 任务设计
任务项目：商品保管决策说明。
项目情境：时值夏季,我国东南沿海某地气温30 ℃,某库房内的相对湿度为85%,而其中商品所适宜的相对湿度为60%,该库房容积为15 m×10 m×4 m,已知30 ℃时空气饱和湿度为30.3克/立方米。用什么方法来调控湿度？如何进行？加以说明。
执行要求：分小组进行,仔细研究分析决策,编写一份简要说明书。
执行条件：明确任务要求,小组成员集中讨论,网络搜索资料,图书馆查阅资料。
2. 能力评价
评价内容：选择方法,说明具体方法与要求,内容有层次。
评价标准：选择方法正确得40分,说明具体方法与要求准确得40分,内容层次清楚得30分。
评价方法：各小组互相评价,教师集中评价修正。

知行拓展

库房温湿度监控系统

项目十一　使用专门养护技术

学习目标

知识目标　认识不同类别商品保管的特殊性,掌握相应专门养护技术。
能力目标　能准确分析判断具体商品的质量变化特点与保管要求,能制定科学的保管方案。
素质目标　能具体事物具体分析,善于发现事物的不同点。能适应多类商品保管岗位工作。

情境导入

我国粮食损失情况

进入21世纪以后,我国农业综合生产能力稳步提升,粮食产量实现"十一连增",这是令人欣喜的好事情。然而在欣喜背后,我们千万不可忽视,我国粮食损失浪费非常惊人。据国家粮食局最新统计,每年粮食产后损失超过1 000亿斤,相当于1.5亿亩良田产量。其中因储存保管不当发生霉变造成粮食产后损失高达2 100万吨,占全国粮食总产量的4.2%左右,造成直接经济损失约为180亿到240亿元。(人民网等,2014年10月)

任务引导: 1. 其他领域里的商品损失你知道多少?
　　　　　　2. 哪些质量变化形式最容易造成商品损失呢?
　　　　　　3. 应该如何避免商品在储存期间的各种损失呢?

任务一　使用商品防霉腐技术

商品霉腐是指在某些微生物的作用下,引起商品生霉、腐烂和腐败发臭等质量变化的现象。商品防霉腐就是针对商品霉腐的原因所采取的有效措施。在仓库储存中,主要是针对商品霉腐的外因,用化学药剂抑制或杀死寄生在商品上的微生物,或控制商品储存环境条件。

一、熟悉霉腐微生物的生长条件

引起商品霉变的霉腐微生物主要有霉菌、细菌、酵母菌。霉菌分为曲霉、毛霉、青霉、根霉等。曲霉又分为棒曲霉、灰绿曲霉、黑曲霉三种。这些霉腐微生物的生长繁殖需要一定条件,当这些条件得到满足时商品就容易发生霉变。霉腐微生物生长需要下列外界环境条件。

(一)水分和空气湿度

商品体本身所含水分是霉腐微生物生长繁殖的重要条件,当商品体含水率较高时,最适合微生物生长。因此,稻谷中的水分宜控制在13％以下,小麦在12.5％以下,玉米在14％以下,花生在8％以下,大豆类在13％以下。当空气湿度与霉腐微生物自身的要求相适应时,霉腐微生物就生长繁殖旺盛;反之,则休眠或死亡。各种霉腐微生物生长繁殖的最适宜相对湿度,因微生物不同而略有差异。多数霉菌生长的最低相对湿度为80％～90％。在相对湿度低于75％的条件下,多数霉菌不能正常发育。通常把相对湿度为75％的数值叫作商品霉变的临界湿度。

（二）温度

霉腐微生物的生长繁殖需一定的温度范围,超过这个范围其生长会滞缓甚至停止或死亡。高温和低温对霉腐微生物生长都有很大的影响。低温对霉腐微生物生命活动有抑制作用,能使其休眠或死亡;高温能破坏菌体细胞的组织和酶的活动,使蛋白质发生凝固,失去生命活动的能力,甚至会很快死亡。

在霉腐微生物中,大多是中温性微生物,其最适生长温度为20 ℃～30 ℃,在10 ℃以下不易生长,在45 ℃以上停止生长。

（三）酸碱度

霉菌、酵母菌喜中性、微酸性环境,细菌喜中性偏碱性环境。

（四）空气成分

有些微生物特别是霉菌,需要在有氧条件下才能正常生长,二氧化碳浓度的增加则对其不利,甚至导致其死亡。也有一些微生物是厌氧型的,它们不能在有氧气或氧气充足的条件下生存。通风可以防止部分商品霉腐,主要是指防止厌氧微生物引起的霉腐。

二、掌握常见的易霉腐商品(见表11-1)

表11-1 常见的易霉腐商品

食　　品	糖果、饼干、糕点、饮料、罐头、酱醋、肉类、鱼类和鲜蛋类
日用品	化妆品
药　　品	以淀粉为载体的片剂、粉剂、丸剂,以糖液为主的各种糖浆,以蜂蜜为主的蜜丸,以动物胶为主的膏药,以葡萄糖等溶液为主的针剂等
皮革及其制品	皮鞋、皮包、皮箱和皮衣等
纺织品	棉、毛、麻、丝等天然纤维及其制品
工艺品	竹制品、木制品、草制品、麻制品、绢花、面塑、绒绣和核雕等

三、商品防霉腐的技术操作

（一）化学药剂防霉腐

防霉最主要方法是使用防霉剂。防霉剂能使微生物菌体蛋白凝固、沉淀、变性;可破坏酶系统,使酶失去活性,影响细胞呼吸和代谢;可改变细胞膜的通透性,使细胞破裂、解体。低浓度防霉剂能抑制霉腐微生物,高浓度防霉剂就会使其死亡。

有实际应用价值的防霉剂需具有以下特点：低毒、广谱、高效、长效、使用方便和价格低廉，适应商品加工条件和使用环境，与商品其他成分有良好的相容性，不降低商品性能，在储存、运输中稳定性好。

防霉剂的使用方法主要有：

(1) 添加法。将一定比例的药剂直接加入到材料或制品中去。

(2) 浸渍法。将制品在一定温度和一定浓度的防霉剂溶液中浸渍一定时间后晾干。

(3) 涂布法。将一定浓度的防霉剂溶液用刷子等工具涂布在制品表面。

(4) 喷雾法。将一定浓度的防霉剂溶液用喷雾器均匀地喷洒在材料或制品表面。

(5) 熏蒸法。将挥发性防霉剂的粉末或片剂置于密封包装内，通过防霉剂的挥发成分防止商品生霉。

(二) 商品防霉腐的其他方法

(1) 气调储藏防霉腐。在密封条件下，通过改变空气成分，主要是创造低氧(5%以下)环境，抑制微生物的生命活动和生物性商品的呼吸强度。

(2) 紫外线防霉腐。目前应用的紫外线灯灭菌作用强而稳定。但紫外线穿透力弱，易被固形物吸收，使用范围受到限制。

(3) 微波防霉腐。微生物吸收微波后亦引起菌体温度升高，使蛋白质凝固，菌体成分破坏，菌体迅速死亡。

(4) 红外线防霉腐。微生物吸收红外线，使菌体内温度迅速上升，造成蛋白质凝固菌体脱水而死亡。

(5) 低温储藏防霉腐。低温对微生物具有抑制作用，利用冷库储藏可防止霉变。

(6) 干燥防霉腐。即保持商品自身及环境的干燥。

对已经发生霉变但可以救治的商品，应立即采取措施，以免霉变继续发展而造成更加严重的损失。根据商品性质，可选用晾晒、加热消毒、烘烤等办法。

任务二 使用商品防老化技术

商品的老化是指塑料、橡胶、合成纤维等高分子材料商品在储存和使用过程中性能逐渐变坏，致使最后丧失使用价值的现象。老化是一种不可逆的变化。老化的现象主要表现为商品发黏、发脆、发硬、龟裂、强力降低等。老化的根本原因在于其内部分子在外界因素的影响下发生了分子的氧化或分子链裂解或分子链交联变化。防老化方法是使由塑料、橡胶、合成纤维等高分子材料制成的商品在贮存中，能够防止各种环境因素的不良影响，从而减缓商品老化程度，保证其质量良好的方法。

一、熟悉影响商品老化的外部因素

影响高分子商品老化的外部环境因素主要有日光、温度、空气中的氧气和臭氧等。

(一) 日光

日光的紫外线是引起高分子材料老化最主要的因素。紫外线会引起高聚物的光化学反应，首先引起表层高聚物的老化，并随着老化时间的推移而逐步向内层发展。因此，在大气环境中,材料受光面积的大小和单位面积上所接受的光强度的大小,影响老化的速度。

（二）热

热是促使高分子类商品老化的重要因素。因为温度升高会使分子的热运动加速,从而促使高分子材料大分子的氧化裂解或交联反应的产生。裂解的结果,使高分子材料的分子量降低,强度、伸长率下降;而交联的结果是使分子量增大,刚性提高等。

（三）氧气和臭氧

氧气是一种活泼的气体,在接近地面的大气层中氧气占空气体积的21%,能与许多物质发生氧化反应。高分子材料的老化,实际上也是在热的参与下或者在光的引发下进行的氧化反应。氧气可以使某些高分子材料的抗张强度、硬度、伸长率等性能产生严重的变化。所以氧气是引发高分子材料老化的又一重要外因。臭氧对高分子商品的作用与氧气一样,主要起氧化作用。臭氧的化学活性比氧气高得多,因而其破坏性比氧气更大。

二、熟悉影响商品老化的内在因素

高分子材料是老化的主要原因,材料内部结构存在着易于引起老化的弱点,如不饱和的双键、大分子上的支链等。其次是其他组分对老化有加速作用,如增塑剂、着色剂、硫化剂等,一些杂质和加工条件也会影响商品老化。

三、商品防老化技术操作

（1）材料改性,提高商品本身的耐老化性能。材料改性的方法很多,应用较多的有共聚、减少不稳定结构、交联、共混合改进成型加工工艺以及后处理等。

（2）物理防护。抑制或减小光、氧气等外因对商品影响的方法有涂漆、涂胶、涂塑料、涂金属、涂蜡、涂布防老化剂溶液等。

（3）添加防老剂。能够抑制光、热、氧气、臭氧、重金属离子等对商品老化作用的物质称防老剂。防老剂的种类主要有抗氧剂、紫外线吸收剂、热稳定剂。在制品中添加防老剂,是当前国内外防老化的主要途径。

此外,妥善包装、合理放置、加强管理、严格控制仓储条件,也是防老化的有效方法。

任务三　使用商品防锈蚀技术

商品锈蚀,主要是指金属锈蚀。金属锈蚀是指金属受到周围介质的化学作用或电化学作用而被损坏的现象。

一、了解金属制品锈蚀的原因

从金属锈蚀的类型看,金属的锈蚀有的属于化学锈蚀,有的则属于电化学锈蚀。就金属锈蚀的原因分析,既有金属本身的因素（组成、成分、物理状态）,也有大气中各种因素（如温度、湿度、氧、有害气体、商品包装、灰尘等）的影响。

二、金属制品的防锈技术操作

（一）控制和改善储存条件

金属商品储存的露天货场，要尽可能远离工矿区，特别是化工厂，应选择地势高、不积水、干燥的场地。较精密的五金工具、零件等金属商品必须在库房内储存，并禁止与化工商品或含水量较高的商品同库储存。

（二）涂油防锈

在金属制品表面涂（或浸或喷）一层防锈油脂薄膜，使商品在一定程度上与空气中的氧、水分以及其他有害物质隔离开来，以达到防止或减缓金属生锈的目的。防锈油分为软膜防锈油和硬膜防锈油两种。

（三）气相防锈

利用一些具有挥发性的化学药品，在常温下迅速挥发，并使空间饱和，这些挥发出来的气体物质吸附在商品表面，阻隔空气中的氧、水分等有害介质对金属的影响，可以防止或延缓商品的锈蚀。它适用于结构复杂，不易为其他防锈涂层所保护的金属制品的防锈。气相防锈剂的种类很多，常用的有亚硝酸二环己胺、肉桂酸二环己胺、肉桂酸、福尔马林等几十种。不同的金属商品，应选择不同种类的气相防锈剂。

任务四　使用商品防虫害技术

一、了解仓库内害虫的来源

（1）商品入库前已有害虫潜伏在商品之中，随商品一起进入仓库。
（2）商品包装物中有害虫隐藏。
（3）害虫随运输工具带入。
（4）仓库内本身隐藏有害虫。
（5）环境卫生不佳，有害虫滋生。
（6）邻近仓间或邻近货垛有储存的生虫商品。
（7）野外农业害虫的侵入。

二、熟悉易遭虫害的商品种类

易遭虫害的商品主要是一些含有蛋白质、单糖、双糖、多糖（淀粉、纤维素）成分的动植物原料商品或其加工制品，主要有以下几类：

（1）纺织品，如棉、麻、丝、毛织品，特别是丝、毛织品。
（2）毛皮、皮革，包括其制品类。
（3）竹、藤、草制品。
（4）纸张及纸制品，包括纸制包装物。
（5）木材及其制品。
（6）粮食类商品等。

三、仓库害虫的防治技术操作

商品发生虫害如不及时采取措施杀灭,会造成严重损失。仓库害虫的防治方法主要有两种。

(一) 杜绝仓库害虫来源

要杜绝仓库害虫的来源和传播,必须做好以下几点:商品原材料、商品的包装物的杀虫、防虫处理;入库商品的虫害检查和处理;仓库的环境卫生及备品用具的消毒。

(二) 化学药物防治

使用各种化学杀虫剂,通过胃毒、触杀或熏蒸等作用杀灭害虫,是当前防治仓库害虫的主要措施。常用的防虫、杀虫药剂有以下几种:

(1) 驱避剂。驱避剂的驱虫作用是利用易挥发并具有特殊气味和毒性的固体药物,使挥发出来的气体在商品周围经常保持一定的浓度,从而达到驱避害虫的目的。如天然香茅油和人工合成的避蚊胺能驱避蚊类叮咬,环己胺可驱避白蚁,樟脑能驱避衣蛾。

(2) 触杀剂。触杀是药剂通过虫子的表皮进入虫子体内而使其中毒死亡的作用。触杀剂很多,常见的触杀剂有辛硫磷、马拉硫磷、毒死蜱、抗蚜威、溴氰菊酯、氰戊菊酯等。

(3) 胃毒剂。胃毒是药剂随着诱饵被虫子吞吃,通过胃肠吸收,进入虫子体内而使其中毒死亡的作用。常见的胃毒剂有敌百虫、灭幼脲、抑太保、苏云金杆菌、昆虫病毒抑制剂和部分植物源农药。

(4) 熏蒸剂。杀虫剂的蒸气通过害虫的气门及气管进入体内,而引起中毒死亡的过程,叫熏蒸作用。具有熏蒸作用的杀虫剂称熏蒸剂。用熏蒸的方法杀虫有成本低、效率高等优点。其杀虫作用一般认为在于对酶的化学作用。如溴甲烷能同硫氢基结合,使害虫体内的多种酶类产生渐逆和不可逆的抑制作用。磷化氢抑制动物的中枢神经,刺激肺部引起水肿,导致心脏肿胀综合征。磷化氢对昆虫的作用机理主要是抑制虫体内的细胞色素 C 氧化酶和过氧化氢酶的活性,使昆虫的呼吸链阻断窒息死亡及导致虫体内过氧化物等细胞毒素的积累死亡。三氯乙烷、二溴乙烷、四氯化碳等熏蒸剂主要是麻醉剂,二氧化碳则主要起窒息作用。

(三) 物理杀虫

(1) 高温杀虫。利用日光曝晒,夏天日光直射温度可达 50 ℃。烘烤一般温度可达 60 ℃~110 ℃。蒸汽一般温度可达 80 ℃以上。利用这些高温使商品中的害虫致死。

(2) 低温杀虫。利用低温使害虫体内酶的活性受到抑制,生理活动缓慢,处于半休眠状态,不食不动,不能繁殖,时间久会因体内营养物质过度消耗而死亡。方式有库外冷冻、库内通冷气、机械制冷、入仓冷冻密封等。

(3) 射线杀虫。利用放射性物质放射出的 γ 射线辐射虫体,可以使所有害虫立即死亡。这种方法效率高,不伤商品与包装,不污染环境,但要注意操作上的安全。

(4) 微波和远红外线杀虫。微波是一种高频率电磁波。微波杀虫是利用高频电磁场作用,使害虫体内水分、脂肪等物质在微波作用下剧烈运动,而产生大量热能,使体内温度迅速上升(可达 60 ℃以上),从而导致害虫死亡。

(5) 灯光诱杀。利用某些害虫的趋光性,吸引害虫飞过来而捕杀它。

(6) 生物杀虫。利用害虫的天敌和人工合成的昆虫激素类似物来控制和消灭害虫的一种方法。此法可避免化学药剂杀虫的抗药性和对环境的污染问题,这是一种很有前途的方法。

任务五 使用食品商品保鲜技术

一、了解影响食品商品保鲜的生理生化和生物学变化

(一) 呼吸作用

呼吸作用是鲜活食品储存中最基本的生理变化。在有氧条件下,呼吸作用要消耗养分,产生大量的热、二氧化碳和水分,热量和水分会促使微生物繁殖,往往加速食品腐坏变质。在缺氧条件下,缺氧呼吸产生的酒精还会引起活细胞中毒,造成生理病害,缩短储存期限。对于种子类商品而言,呼吸作用会损坏胚芽,降低种子发芽率,甚至使种子完全失效。故应尽量控制呼吸作用。

(二) 后熟作用

后熟是果实、瓜类和以果实供食用的蔬菜类的一种生物学性质,它是果实瓜类等鲜活食品脱离母株后成熟过程的继续。后熟作用进行时,生理衰老也加速。当它完成后熟后,容易腐坏变质,储存则很难继续,因此作为储存的果实和瓜类应该在它成熟前采收,采取控制储存的条件来延长其后熟过程,以达到延长储存期的要求。

(三) 萌发与抽苔

萌发和抽苔是两年生或多年生蔬菜打破休眠状态,由营养生长期向生殖生长期过渡时发生的一种变化。主要发生在那些变态的根、茎、叶等作为食用的蔬菜,如马铃薯、洋葱、大蒜等。萌发与抽苔的蔬菜,其养分大量消耗,组织变得粗老,食用品质大为降低。

(四) 僵直

僵直是刚屠宰的家畜肉、家禽肉、鱼等生鲜食品的肌肉组织所发生的生物化学变化,其特点是肌肉紧缩失去原有的柔软性和弹性而变得僵硬,使原来呈松弛的肌肉因肌纤蛋白质和肌球蛋白质结合形成无伸展的肌凝蛋白质,丧失肌肉的弹性。

(五) 成熟

成熟是畜、禽、鱼肉僵直后进一步的变化,蛋白质和三磷酸腺苷分解使肌肉多汁,产生芳香的气味和滋味。其特点是肌肉由硬变软,恢复有机化合物被分解成分子量低的物质,它是肉质变坏的开始,不仅弹性降低,色泽变暗,而且肉的风味也开始变劣。

二、熟悉食品商品在储存中微生物引起的变化

(一) 腐败

腐败多发生在那些富含蛋白质的动物性商品中,食品腐败的主要原因是腐败细菌作用于食品中的蛋白质而发生的分解反应。腐败细菌把蛋白质分解成氨基酸,进一步分解产生多种有酸性臭味的有毒的低分子化合物,并产生硫化氢的臭味气体。

(二) 霉变

霉变是霉菌在食品上吸取营养物质与排泄废物的结果。霉菌因能分泌大量的糖酶,使富含糖类的食品容易发生霉变,霉变的食品不仅营养成分损失,降低食品的内在质量,其代谢产物又使食品因菌落寄生被污染,产生难闻的霉味和毒素等。

(三) 发酵

发酵是某些酵母和细菌所分泌的酶作用于食品成分,使食品中的单糖发生不完全氧化的过程。发酵不仅破坏食品中的有益部分,使食品失去原有品质,而且还会产生异味和有害物质。

三、食品商品保鲜技术操作

用于食品商品保鲜最常用方法有冷藏、干制、盐腌、糖渍以及烟熏。

(一) 低温储藏法

低温储藏法是利用低温抑制酶的活性及微生物的生长繁殖,降低食品的生化变化的速度,延缓或阻止食品的腐败变质,从而延长食品的储藏期,保证食品品质的一种储藏方法,按储藏温度不同,低温储藏分为冷却储藏和冷冻储藏。

冷却储藏又称冷藏,储藏温度一般在 0 ℃～10 ℃,由于温度在 0 ℃以上,食品中酶的活性并未完全被控制,某些嗜冷性微生物仍可繁殖,因此食品的储存期不宜过长。适合冷藏的主要有水果、蔬菜和鸡蛋等。冷冻储藏又叫冻藏,利用足够低温保藏食品,并维持冻结状态,以便阻止或延缓食品的腐败变质,达到较长时期地保藏食品的目的。冷冻温度一般为-18 ℃。

(二) 加热灭菌储存

这是一种利用加热杀灭食品中的微生物和破坏食品中的酶的活性而储存食品的方法。经过加热灭菌处理的食品,必须同时采用密封和真空包装并及时冷却降温,才能长期储存。

高温灭菌法主要用于罐头和蒸煮袋装食品,其加热温度一般在 100 ℃～120 ℃,也有130 ℃以上的。在 70 ℃～80 ℃条件下,绝大多数细菌与真菌,经过 20～30 min 的处理即可死亡。

巴氏消毒法一般常用于不适于高温加热或短期储存的食品,如鲜奶、果汁、果酒、清凉饮料等商品。按照加热温度和时间的不同,又可分为高温短时间灭菌和低温长时间灭菌。前者一般采用温度为 80 ℃～90 ℃,加热 1 min 或 30 s;后者一般采用温度为 60 ℃～65 ℃,加热 30 min。巴氏消毒法采用的温度低,往往对食品的营养成分破坏较小,但灭菌不彻底,不能长期储存。

(三) 食品的干藏

食品脱水干制,是为了能在室温条件下长期保藏,以便延长食品的供应季节,平衡产销高峰,储备供救急、救灾和备战用的物资。食品脱水后重量减轻、容积缩小,为包装和运输创造了有利条件;同时,产品中的干物质含量提高,水分活性降低,抑制了微生物和酶的活动,便于长期贮藏。食品干制方法有人工干制和自然干制两类。

(四) 盐腌与糖渍储藏

腌制是利用食盐的高渗透作用、微生物的发酵作用、蛋白质的水解作用,以及其他的生化作用,使产品具备特有的色、香、味。当食盐用量达 15%～20%时,大部分的微生物活动被抑制,增加了产品防腐性能,更耐贮藏。腌制中利用微生物引起乳酸发酵和轻度的酒精发酵,以及微量的醋酸发酵,使产品产生特殊风味。当腌制中积存的乳酸达到一定浓度时(pH 值小于

5),还可抑制腐败细菌的活动。腌制法广泛用于腊肉、咸蛋、腌酱菜等的防腐储藏。

糖渍的加工原理是以糖的保藏作为依据,在糖煮和糖渍过程中使食品渗入大量的糖分。浓糖液(60%~65%)具有很高的渗透压,使微生物处于脱水的"生理干燥"状态,而被抑制。糖液浸渍还能阻止其维生素 C 的氧化损失,同时也改善了制品的风味。糖渍法主要用于蜜饯、果脯和果酱食品。

(五)化学保藏

食品的化学保藏就是在食品生产和储运过程中使用化学制品(化学添加剂或食品添加剂)来提高食品的耐藏性和尽量保持其原有品质的措施。食品的化学保藏法具有简便而又经济的优点,与罐藏、冷冻保藏、干藏等相比,只需在食品中添加化学制品如化学防腐剂、生物代谢物或抗氧剂等,就能在室温下延缓食品的腐败变质。采用化学保藏法,需要有严格的卫生标准,所用的防腐剂或添加剂必须对人体无毒害。此法只能作为辅助性措施,并需控制使用。常用的食品防腐保鲜化学制品有山梨酸及其钾盐、苯甲酸和苯甲酸钠、抗生素、植物杀菌素等。

(六)气调储藏

果蔬在储藏期间的呼吸作用,消耗了果蔬组织中的营养成分,降低了果蔬品质。由于影响呼吸作用的重要因素是温度、空气成分和湿度,利用低温可以减弱呼吸强度,延迟呼吸高峰的到来,从而抑制果蔬衰老。但是,过低温度又会引起果蔬伤害。气调储藏是改变库内气体成分的含量,创造比正常空气的氧含量低、二氧化碳和氮的含量高的气体环境,配合适宜温度,可显著地抑制果蔬的呼吸作用和延缓其衰老过程,从而延长储藏期限,减少干耗和腐烂。

气调储藏方法有如下三种:

(1)自发或自然气调法。将果蔬储于一个密封的库房或容器内,利用其自身的呼吸作用降低密封空间的氧气而放出二氧化碳,当二氧化碳达到一定比例后,会形成一个抑制果蔬呼吸作用的环境,从而达到延长果蔬储藏期的目的。

(2)人工气调法。此法为人为地使密封空间的氧含量迅速降低的一种方法,有充氮法、气流法等。气流法是将预先配制好的气体充入密封空间的方法。

(3)半自然降氧法。即先充氮气,把氧气迅速降到10%左右,然后利用果蔬本身的呼吸作用来消耗氧气,使其达到储藏的要求。

(七)辐射储藏

辐射储藏保鲜,主要利用钴 60、铯 137 等放射性元素的 γ 射线以及电子加速和 X-射线来照射食品,对新鲜肉类及其制品、水产品及其制品、蛋及其制品、粮食、水果、蔬菜、调味料,以及其他加工产品进行杀菌、杀虫、抑制发芽、延迟后熟等处理,使微生物被杀死,酶的活性受破坏,从而减少食品损失。这种方法具有无污染、能保鲜、节约能源的优点,但也不是所有食品都适合,要根据食品特点有所选择。

(八)电子储藏

近年来国外应用电子技术对果蔬进行保鲜储藏已得到广泛使用,国内也已经开始实践。电子保鲜储藏器,就是运用高压放电,在储藏果蔬等食品的空间产生一定浓度的臭氧和空气负离子,使果蔬生命活体的酶钝化,从而降低果蔬的呼吸强度,以达到储藏保鲜的目的。

任务六　使用危险品保管技术

一、理解危险品的定义和种类

危险品又称危险化学品、危险货物,是指受光、热、空气、水分、撞击等外界因素的影响,可引起燃烧、爆炸或具有腐蚀性、刺激性、剧毒性和放射性的物质。危险品共分为九大类,分别为爆炸品、压缩气体和液化气体、易燃液体、易燃固体、自燃物品和遇湿易燃物品、氧化剂和有机过氧化剂、有毒品、腐蚀品、杂类。

二、危险品分类保管技术操作

(一)爆炸品的保管

爆炸品必须严格按其性能和类别设专库储存。不同爆炸品彼此之间有相互抵触的现象,因而不得同库混存。如雷管是敏感性极高的起爆器材,不能与各种炸药混存。储存时,爆炸品的储存量不宜过大,要防鼠、防潮、防日光照射,与周围建筑物保持 30 m 以上的距离并建有防爆墙。严禁与易燃物、氧化剂、强碱、盐类及金属粉末混存,温度宜在 10 ℃～30 ℃,相对湿度在 75% 以下,最高不能超过 85%。

(二)自燃物品的保管

这类物品要选择阴凉、通风、干燥的仓库进行储存。这类物品与氧化剂、酸碱、易燃易爆类物品不得混存。储存中要加强定期与不定期检查,做好通风、散潮、降温工作。对于一级自燃物品,库温不超过 23 ℃,相对湿度应控制在 80% 以下;二级自燃物品,库温不超过 32 ℃,相对湿度不得超过 85%。存放黄磷的库房,冬天温度不低于 3 ℃,以免结冰膨胀,使包装破损,发生氧化燃烧事故。

(三)遇湿易燃物品的保管

对于此类物品应选择地势高而干燥的库房,要采取良好的防潮隔热措施,堆垛不宜太高太大,以便检查,不能与含水物、氧化剂、酸、易燃物以及灭火方法不同的物品同库存放。库内相对湿度一般在 75% 以下,最高不宜超过 80%。

(四)易燃液体的保管

易燃液体的沸点都比较低,易挥发,所以在保管时,应储存在阴凉通风条件好的库房内。高级别易燃液体,如乙醚等应存放在低温库内。对于高级别易燃液体,环境温度应控制在 25 ℃ 以下,一级易燃液体库温控制在 30 ℃ 以下,二级易燃液体库温控制在 33 ℃ 以下。湿度对大多数易燃液体影响不大,但要防止因包装锈蚀导致的液体渗漏。

(五)易燃固体的保管

储存保管易燃固体的库房,要阴凉、干燥,有隔热、防辐射措施。对于易产生挥发气体的易燃固体要严格密封,并定期检查其稳定剂的数量。易燃固体严禁与氧化剂、爆炸品、自燃物品、强腐蚀性物品等混存。樟脑、赛璐珞、火药等怕热物品,库温宜在 30 ℃ 以下,相对湿度宜在 80% 以下。其他易燃固体,库温不要超过 35 ℃,相对湿度控制在 80% 以下。

（六）毒害品的保管

这类物品应存放于阴凉、通风、干燥的场所，并根据物品性质和消防方法，做好分类储存。无机毒品不能与酸混存，有机毒品不能与氧化剂混存。接触毒品时要采取必要的防毒措施，保持库房整洁，搞好通风换气。库内温度不宜超过32 ℃，相对湿度应控制在80%以下。

（七）腐蚀性物品的保管

对一级酸性腐蚀品，可存放在遮阴的货棚，二级酸性或碱性腐蚀品可存入库房，注意酸与碱不得混存，并与有抵触的其他类别和消防方法不一致的物品分开储存。对低沸点和易燃的腐蚀品，库温应在30 ℃以下，相对湿度不超过85%。对怕潮的腐蚀品，除包装完好外，相对湿度应不超过70%。

（八）氧化剂和有机过氧化物的保管

仓库内不得有任何酸类及煤屑、木屑、硫黄、磷等可燃物的残留物，以防化学反应而燃烧，甚至爆炸。如需控温保管的有机过氧化物，应保持控温制冷系统正常，或避开较高的环境温度。应经常检查包装是否完好。仓库远离火种、热源，夜间使用防爆灯具。对光敏感的物品要采取遮阳措施。不能使用易产生火花的工具，切忌撞击、振动、倒置，必须轻装轻卸、捆扎牢固，包装件之间应妥帖整齐，防止移动摩擦，并严防受潮。用钢桶包装的强氧化剂不得堆码。必须堆码时，包装之间必须有安全衬垫措施。雨、雪天装卸遇水易分解的氧化剂（如过氧化钠、过氧化钾、漂粉精、保险粉等），必须在具备防水的条件下才能作业。袋装氧化剂严禁使用手钩；使用手推车搬运时，不得从氧化剂撒漏物上面压碾，以防受压摩擦起火。

（九）放射性物品的保管

要做好充分的准备工作，尽量减少操作或接触货包的时间，每天作业时间必须根据货包运输指数在规定时间进行。必须穿戴防辐射工作服、口罩、手套等劳保用品，搬运时应使用工具，不可肩扛背负，不可坐在货包上，避免身体接触。注意保持货物包装完好，严防撞击、跌落，不准翻滚、倒置。装卸过程中严禁吸烟、饮水、进食。作业完毕后，要淋浴换衣，洗净手脸。特别是放射性矿石矿砂，外包装易污染，作业后，要检查身上确无放射性矿砂玷污才能进食。放射性物品要摆放平稳、牢靠，捆绑加固，应防止倒塌、倾斜、撞击、移位。

 学习检测

一、填空题

1. 霉腐微生物生长繁殖条件有（　　　）、（　　　）、（　　　）、（　　　）等。
2. 商品老化的主要原因在于其内部的（　　　　　　　　　）。
3. 药物杀虫的方式有（　　　）、（　　　）、（　　　　　　）。
4. 微生物引起食品质量变化的形式主要有（　　　）、（　　　）、（　　　）。
5. 危险品类别主要有（　　　）、（　　　）、（　　　　　　　）、（　　　）、（　　　）、（　　　）、（　　　）等。

二、判断题（判断对或错）

1. 霉变现象只发生在植物性商品上。　　　　　　　　　　　　　　　　　　　　（　　）
2. 腐败现象只发生在动物性商品上。　　　　　　　　　　　　　　　　　　　　（　　）

3. 只要含有机成分的商品都会发生老化现象。　　　　　　　　　　（　）
4. 商品储生虫与其成分有密切关系。　　　　　　　　　　　　　　（　）
5. 在目前技术条件下,可以做到食品永久保鲜。　　　　　　　　　（　）

三、选择题

1. 商品防霉其本身含水率应在(　　)。
   A. 13%以下　　　　B. 13%以上　　　　C. 14%以下　　　　D. 15%以下
2. 商品防霉腐的安全相对湿度应在(　　)。
   A. 55%以下　　　　B. 65%以下　　　　C. 75%以下　　　　D. 85%以下
3. 食品保鲜的一个关键在于控制呼吸作用处于(　　)。
   A. 一般水平　　　　B. 最低水平　　　　C. 正常水平　　　　D. 最高水平
4. 下列最具环保性的杀虫方式是(　　)。
   A. 药剂触杀　　　　B. 药剂胃毒　　　　C. 药剂熏蒸　　　　D. 生物杀虫
5. 对于仓库自燃物品的保管最关键考虑的外界因素是(　　)。
   A. 湿度　　　　　　B. 空气　　　　　　C. 温度　　　　　　D. 日光

四、思考题

1. 为什么对于不同类商品的保管所采用的技术方法会不一样?
2. 比较一下危险品与非危险品商品的储存保管,试问两者在技术方法上有何不同?

 **技能训练**

1. 任务设计

   任务项目:设计某类或某种商品的保管方案。

   任务情境:目前有纺织品、塑料制品、机电产品、粮食产品、鲜果产品、烟花爆竹、医药产品共七类商品需要进行较长时间储藏保管。

   任务要求:分小组进行,仔细研究各类产品的质变特点和储存条件要求,编写出完整商品保管方案。

   执行条件:各小组抽签或由教师确定一类商品,人员适当分工,网络搜查资料,图书馆查阅资料或现场调查有关仓储单位。

2. 能力评价

   评价内容:方案要素格式,方案内容,书写状况。

   评价标准:方案要素完整、格式正确得40分,方案内容准确全面得40分,书写工整得20分。

   评价方法:先各小组互相评价,后教师集中评价修正。

 **知行拓展**

危险化学品安全管理条例

情境三　商品种类识别与保管

项目十二　识别保管食品

学习目标

知识目标　熟悉主要食品品种的原料、分类及质量特征；掌握其感官品评与保管方法。
能力目标　能对日常经营的食品进行质量评价，能妥善保管好食品并能发现保管中的问题。
素质目标　树立预防食品质量变化的意识，增强对食品安全的责任心。

情境导入

热带水果都能放冰箱保存吗?

热带水果由于种类不同，其最佳储存温度也有所差别，有些热带水果确实不适合放进冰箱，如芒果的最佳保存温度在 10 ℃～13 ℃左右，温度低于 8 ℃果皮就会变黑；没削皮的菠萝在温度 11 ℃～13 ℃时一般能放一个月，而放进冰箱则很容易变质；香蕉保存在 8 ℃～23 ℃之间最合适，高温容易过熟变黑，而温度低于 5 ℃则易发生冻伤变黑；木瓜的最适宜保存温度在 7 ℃左右；番石榴在 5 ℃～10 ℃下可贮藏 2～3 周，温度低于 5 ℃，番石榴会因受冻而引起果肉损伤和腐烂。

当然，并不是所有的热带水果都不可以放进冰箱，有些放进冰箱冷藏，其保鲜效果更好：剥开的菠萝蜜可以用保鲜膜封好后放进冰箱，但最好别超过 3 天；荔枝放进冰箱可以保存一个月左右；新鲜龙眼能在 4 ℃～6 ℃的环境下冷藏保存 15 天左右；红毛丹可密封于塑料袋中冷藏，大约可保鲜 10 天左右；榴莲带壳放进冰箱可以保存 3～5 天；莲雾包上报纸后放进冷藏室，则可以保存 2～3 周。（海南特区报，2013 年 5 月 17 日）

任务引导：1. 本资料说明了什么道理？
　　　　　2. 你认为食品质量重要吗？
　　　　　3. 你能鉴别、挑选质量好的食品吗？
　　　　　4. 应该如何保管好各种食品？

任务一　识别保管酒类食品

酒是很特别的一类商品,它与人们的精神生活关系密切,它也是一种高税利的商品。正因为如此,它虽不能算是生活必需品,但它的生产与经营,却在世界上各个国家和地区都很受重视。

一、了解酒的酿造原理

酒的酿造是极其复杂的生理生化过程。每种酒在酿造上都有其特定的方法,但在不同酒的酿造方法中,存在着一些普遍的、规律性的东西,这就是酿酒的基本原理。

(一)淀粉糖化

糖化是指原料中的淀粉转变为可发酵糖的过程。酿酒生产中除果酒、葡萄酒等少数酒品是使用含有大量葡萄糖的原料直接发酵酿酒外,大多数酒品是以淀粉为原料酿造的,因此,要进行工艺处理,使淀粉转化为葡萄糖。葡萄糖化过程一般需要 4~6 h,糖化以后的原料可以用来进行酒精发酵。

(二)酒精发酵

所有酒品的酿造都需要经过发酵过程,即葡萄糖在酵母菌的作用下分解为酒精、二氧化碳和水的过程。方法其实很多,如白酒入池发酵,黄酒入缸发酵等。

二、区别酒的类型

酒的种类很多,常见的分类方法有以下几种。

(一)按酒精含量分类

按酒精含量,可将酒分为高度酒、中度酒和低度酒。酒的度数,指的是在 20 ℃时酒精与酒体的容积百分比,如 100 mL 的酒,其中含酒精 50 mL,此酒的度数即为 50°。

(1) 高度酒。酒度在 40°以上者,多为蒸馏酒,如各种白酒、白兰地。

(2) 中度酒。酒度在 20°~40°之间,如各种露酒、药酒等配制酒。

(3) 低度酒。酒度在 20°以下,如黄酒、葡萄酒、啤酒、果酒等各种发酵原酒。

(二)按制作工艺分类

(1) 蒸馏酒。蒸馏酒是指原料酒精发酵之后,以蒸馏的方法使酒液与酒糟分离而制得的酒品。此类酒的酒度一般在 40°以上,刺激性强,耐贮藏,如白酒、白兰地、威士忌等各种高度酒。

(2) 发酵原酒。发酵原酒又称压榨酒或酿造酒,是指酒精发酵之后用压榨或过滤的方法提取酒液分离酒糟而制得的酒。多数低度酒如啤酒、葡萄酒、果酒、黄酒等,都是发酵原酒。它们大多保持有原料本身固有的自然芳香味,营养丰富、酒体醇厚。这类酒不如蒸馏酒耐贮藏,除黄酒和部分酒度略高的葡萄酒之外,不宜久贮。

(3) 配制酒。配制酒指用成品酒或食用酒为酒基,以糖料、香料、水果以及各种药材为配料按一定工艺配制而成的酒。其酒度因品种不同而有区别,一般中度为多。以芳香原料或直接加水果配制、浸泡而成的酒称为露酒,如青梅酒、橘子酒、玫瑰酒等;以中草药配制、浸泡而成的酒一般称为药酒,如莲花白、竹叶青、五加皮等。

(三) 按商业经营习惯分类

按商业经营习惯,酒可分为白酒、啤酒、黄酒、葡萄酒、果酒、露酒等。其中葡萄酒、果酒、露酒通称为色酒。

三、各类酒的质量特点、鉴别与保管

(一) 白酒

1. 白酒的成分

白酒的主要成分是乙醇和水,二者约占总量的98%以上。其余成分为高级醇、有机酸、酯类、多元醇、酚类及其他微量成分。这些成分含量虽少,却与白酒的品级质量关系密切。白酒中也含有一些有碍身体健康的成分。对这些成分,食品卫生标准中有限制性指标。

乙醇,即酒精,是白酒及其他各类酒中最基本的成分。白酒中酒精含量较高。在我国,酒度最高的白酒为河北衡水老白干,有67°,其他普遍以53°到60°不等。随消费风气的变化,国内市场上酒度在30°～40°之间的白酒品种逐渐多起来。白酒中的酒精容量百分比即白酒的酒度。

酸类,发酵过程中产生的有机酸是白酒的主要呈味物质,它与其他香味物质共同构成白酒特有的芳香。但有机酸的含量要适中,低了,酒味单薄,后味短;高了则酒味粗糙,风味变劣。在白酒贮存中,有机酸还能与醇类发生酯化反应形成芳香的酯类物质,提高白酒香气。

醛类。微量的醛类能使白酒气味芬芳,但醛类具有很强的刺激性和辛辣味,饮后易引起头晕,有害于人体。白酒中的醛类主要是乙醛,新酒含醛较多,经过贮存后,乙醛会挥发减少,另外,乙醛与酒精发生反应会生成芳香的乙缩醛。

酯类。酯类是白酒中芳香物质的主要成分,不同的酯具有各自特有的香气,优质白酒酯类物质含量较丰,品种也较复杂。人们常以香型来对优质白酒分类。白酒贮存中由于酯化反应,酯的含量会提高,这也是凡优质酒就必定要经过陈酿的原因。

杂醇油。杂醇油是产生于酿酒原料中的蛋白质成分,为无色油状物质,大多具有苦涩味,能使人头痛、头晕,在体内氧化慢、停留时间长,是恶醉之本,但在白酒贮存过程中,杂醇油也可与有机酸发生酯化反应,生成带水果芳香的酯类物质。

甲醇。甲醇能在人体内氧化成毒性很大的甲醛。过量饮用甲醇含量高的白酒,会头晕、耳鸣、视力模糊。严重中毒会导致失明、呼吸困难、昏迷,甚至危及生命。我国食品卫生标准规定,粮食白酒每百毫升中甲醇含量不得超过 0.04 g,薯类代用原料酒不能超过 0.12 g。

铅。白酒中的铅主要来自酿造设备、盛酒容器的污染。根据国家食品卫生标准,白酒中含铅量不超过 1 ppm。

2. 白酒的香型

根据白酒中呈香物质的不同,我国习惯将各地所产优质白酒划分为以下五种类型。

酱香型。酱香型白酒的特点是酱香突出,幽雅细致,酒体醇厚,回味悠长。酱香型白酒略有焦香,但不过头,饮酒之后空杯的香气经久不散。酱香型白酒在我国品种并不多,但都很有名,如贵州茅台酒、四川古蔺县郎酒和湖南常德武陵酒。

浓香型。浓香型白酒种类很多,但其共性是窖香浓郁,清洌甘爽,绵柔醇厚,香味协调,尾净余长。民间称之为:香浓郁,入口绵,落口甜。其香气主体成分是乙酸乙酯和适量的丁酸乙酯,浓香型白酒名品很多。泸州老窖、五粮液、洋河大曲、古井贡酒、剑南春、宋河粮酒、山东曲阜孔府家酒、安徽淮北口子酒等深受消费者欢迎的中档白酒,均为浓香型。

清香型。清香型酒的风味特点是：清香纯正，品味谐调，微甜绵长，余味爽净。该类酒的主要香气成分是乙酸乙酯和乳酸乙酯。典型代表有山西杏花村汾酒、河南宝丰酒、山西祁县六曲香、特制黄鹤楼酒等。

米香型。米香型白酒的风味特点是：米香清雅，入口柔绵，满口甘洌，回味怡畅。小曲酒多属米香型。其主体香气成分是乳酸乙酯为主，乙酸乙酯稍低。代表品种有广西桂林三花酒，全州湘山酒，广东五华县的长乐烧，湖南浏阳河小曲等。

兼香型。又称复香型、混合型。这是一类两种主体香型的白酒。著名酒品有贵州遵义董酒、习酒，陕西凤翔西凤酒、白云边、白沙液等酒。

3. 白酒的质量鉴定

感官鉴定。对白酒进行感官鉴定，要求鉴定人员是训练有素的专业人员。白酒的感官质量指标包括：色泽、香气和滋味。

色泽：白酒一般无色透明，清亮无悬浮物，无浑浊和沉淀。发酵较长，贮藏期较长的优质白酒，如酒液略带微黄是允许的。

香气：优质白酒醇香、芳香扑鼻。白酒的香气可分为溢香、喷香和留香三类香气。品酒时当鼻腔靠近杯口，顿觉芳香物质就溢散于杯口附近，这叫溢香（也叫闻香）。酒液进入口腔，香气立即充满口腔就叫喷香。一般白酒都应有一定的溢香；名优白酒要兼有溢香、喷香和留香，而且香气典雅纯正，不带异味。

滋味：白酒滋味要纯正，无强烈的刺激性，与其香气是协调一致的。香气较好的滋味也较好。优质、名牌酒要求滋味醇厚，味长；甘洌，有回甜，入口各味协调，有愉快舒适的感觉。

在给白酒评分时，除色、香、味外，同时有理化、卫生指标。白酒的理化指标有酒精度、总酸、总酯、固形物质等含量指标。卫生指标有甲醇、杂醇油、铅等限制性指标。

4. 白酒的储存保管

（1）白酒的酒精成分含量高，属于易燃物资。要求专用仓库存放，严禁烟火，安装防爆照明灯，备有消防器材。

（2）瓶装白酒适宜于干燥、通风、清洁的仓库，温度不宜过高，相对湿度应低于80%。

（3）要求分品种堆码，放置平稳，以防倾斜倒塌，垛高5至6层为宜。

（二）啤酒

在我国，啤酒属新兴饮料酒，目前发展速度很快，与传统饮品白酒一争高下。啤酒又称为麦酒。它是以大麦为主要原料经过糖化，加入酒花，再经过酒精发酵酿制而成的原汁酒，是酒类中酒精含量最低的酒，酒精含量在3.5%左右（以重量百分比计算）。啤酒中含有大量二氧化碳，还含有多种营养成分，如糖类、蛋白质、氨基酸、维生素等，素有"液体面包"之称。

1. 啤酒的度数与啤酒种类

啤酒的度数，不是"酒度"，而是指糖化后原麦汁的浓度。如12°熟啤酒，是用含糖量12%的原麦芽汁发酵制成的，其酿成后的啤酒酒精度数大致在3.5°。

啤酒常按以下几种方法分类：

按原麦汁浓度分，有低浓度、中浓度、高浓度啤酒。

低浓度啤酒原麦汁浓度在8°，酒度为2°左右。该类啤酒用料少，成本低，稳定性差，适宜于夏天做清凉饮料。

中浓度啤酒原麦汁在10°~12°间，酒度在2.9~3.7。这类啤酒稳定性好，杀菌后可贮存较长时间,是啤酒中的大宗产品。

高浓度啤酒原麦汁浓度在 14°～18°之间,酒度在 4.1～4.5。这类啤酒稳定性好,色浓固形物多,口味醇厚,耐贮。

按颜色分有淡色、浓色两种啤酒;据杀菌与否分,有生啤(鲜啤)和熟啤之分。

如今,随消费者口味的改变及人们对健康的追求,为满足新市场需求的啤酒品种——问世,如干啤、无醇啤酒、果味啤酒等。

2. 啤酒的感官鉴定和主要成分指标

(1) 啤酒的感官鉴定。

① 透明度。啤酒均要求酒液透明,无明显悬浮和沉淀物。

② 色泽。啤酒的色泽决定于麦芽的颜色。我国啤酒以淡色为主,即淡黄色或淡黄带绿。目前啤酒颜色趋向于越淡越好。黑色啤酒色泽棕红色或棕黑色。

③ 泡沫。不同种类的啤酒倒入杯中,即时有泡沫升起。泡沫以洁白细腻为好,起初时要盖满酒面,并应缓慢消失,持久地挂杯。

④ 香气和滋味。正常淡色啤酒应具有新鲜的酒花香气,饮后口味纯正苦味,而后爽口、醇厚而杀口;浓色啤酒应具有明显的麦芽香,无不愉快气味,饮后口味纯正,浓厚杀口。

(2) 啤酒的主要成分指标。

啤酒中除了 90% 左右的水,还有少数其他成分。这些成分与啤酒的保存期及口味有密切关系。

① 酒精。啤酒含酒精成分低,大都在 3%～5%。

② 二氧化碳。二氧化碳对于啤酒来说是最重要成分。它使啤酒具有爽口的风味,通常要求其含量在 3% 略高一点。二氧化碳含量可用气压计测定。

③ 甘油。甘油是酒精发酵的副产物。适量甘油的存在,可使啤酒泡沫更持久,酒味更醇和。

④ 浸出物。浸出物指糖分、酸类、含氮物、矿物质等,多数为营养物质,低浓度啤酒浸出物含量在 3% 以下,浓色啤酒在 5%～9%。

3. 啤酒的储存保管

啤酒是一种透明的胶体溶液,易受到外界因素的影响而发生质量变化,如失光现象,重者会出现浑浊沉淀。因此储存保管啤酒要注意下面几点:

(1) 注意不同品种不同温度条件下的保管期限,见表 12-1。

表 12-1 不同品种不同温度下的保管期限

品 种	储存温度	保管期限
桶装鲜啤酒	10 ℃以下	7 天
桶装鲜啤酒	15 ℃以下	5 天
瓶装鲜啤酒	15 ℃以下	7 天
一般熟啤酒	10 ℃～25 ℃	60 天
高级熟啤酒	10 ℃～25 ℃	90 天
特级熟啤酒	10 ℃～25 ℃	180 天

注:鲜啤酒适宜温度在 0 ℃～12 ℃之间,熟啤酒适宜温度在 4 ℃～20 ℃之间。

(2) 库房要求清洁、干燥、避免阳光直射。相对湿度在 75% 以下,防止瓶盖生锈或外贴标签脱落。

(3) 分品种、出厂日期、品牌存放,堆码平稳,一般以5至6层为宜。

(4) 啤酒应严格按照保存期限出库,做到先进先出。

(三) 黄酒

黄酒又称料酒,是我国最古老的一种饮料酒。它是以糯米、粳米、黍米、玉米等为原料经酒药、麦曲糖化发酵而酿制成的低度原汁酒。酒度一般在11°～20°。黄酒的甜醇甘洌不亚于许多名品洋酒,只是它"躲在深闺人不识"。黄酒酒度不高,营养价值高,是很具发展前途的"健康饮料"。黄酒的成分包括糖分、糊精、高级醇、甘油、氨基酸、维生素等。黄酒除了饮用外,还可以制药酒。在烹调时,黄酒是烹制荤腥类食品的重要佐料。

1. 黄酒的种类

我国黄酒有许多品种,在消费者中影响很大的可按产地及风格上的差异归为以下三类。

(1) 南方糯米、粳米黄酒。绍兴酒为此类酒中的佼佼者。新中国成立后举办的历届全国评酒会中该酒获国家级名酒称号。绍兴酒酒色褐黄清亮,因久贮而香高味浓,故又称"老酒"。据口味、配制技艺上的差别,绍兴酒又可细分为元红酒、加饭酒、善酿酒、香雪酒。元红酒和加饭酒含糖分少,属干型黄酒;酒度两者有区别,前者为15°,后者16.5°。善酿酒为半甜型,酒度为14°。香雪酒为浓甜型黄酒,酒度在20°左右。

(2) 南方红曲黄酒。名品有福建老酒和龙岩沉缸酒。它们在东南沿海地区很有名。福建老酒呈褐黄色,酒香浓郁,品味醇和,甜度爽适,余味绵长,是半甜型黄酒,酒度适中,在14°～17°,为福建传统产品。沉缸酒酒度为20°,糖分高达22%,酒色褐红,清亮透明,入口有稍稍的黏稠感,似蜂蜜。其甜味与酒的刺激辛辣,酸的爽口感与红曲特有的苦、香配合得非常和谐,使人饮之难忘。

(3) 北方黄酒,又可分为山东产的黍米黄酒和东北的吉林清酒两类。山东以黍米为原料酿制的黄酒著名品种有即墨老酒。即墨老酒酒液呈黑褐色,清亮透明,酒香浓郁,酒度在12°左右,含糖量为8%左右,入口醇香,甘爽适口,回味悠长。吉林清酒以大米为原料,以纯种培养的米曲霉和清酒酵母为糖化发酵剂制成。该酒酿造技术系从日本流入,酒度在16°～17°,酒色淡黄,清澈透明,香气清雅,滋味纯正。

2. 黄酒的贮藏保管

一般来说,酒的乙醇含量越高,越耐贮,因为乙醇具杀菌作用。在低度酒中,黄酒却是个要求久贮熟化后才能上市的酒品,越陈,风味越好。这就要求创造适宜的贮存环境,来保证黄酒的质量。黄酒适宜的贮存温度一般在20℃以下,相对湿度在60%～70%。分品种堆码,层数不超过4层。传统的方法是将黄酒密封在陶制醉酒坛内置于地下窖藏。这样既创造了一个适宜的温度环境,又阻隔了强光照射和杂菌侵袭,很有利于黄酒品性的形成。

(四) 葡萄酒

葡萄酒是用葡萄为原料经压榨和糖化发酵而成的原汁酒。酒度在7°～24°。具有天然色泽和水果香气,同时还具有酒的醇香。葡萄酒的主要成分有酒精、水、糖类、有机酸、无机物质、含氮物质、果胶质、各种维生素等,是很好的一种保健酒饮料。葡萄酒在国内消费市场上如今风头实足,大有与白酒较劲之势。

1. 葡萄酒的种类

葡萄酒种类很多,通常按以下依据去分类:

(1) 按颜色分类,可将葡萄酒分为红、白两类。

红葡萄酒用红色或紫色葡萄为原料,采用皮肉混合发酵方法制成。因酒中溶有葡萄的色素,经氧化而呈红色或深红色。红葡萄酒品味甘美,酸度适中,香气芬芳,酒度一般在 14°～18° 之间。

白葡萄酒是用黄绿色葡萄或用红皮白肉的葡萄为原料,采用皮肉分离发酵而成。发酵后,酒的色泽多为麦秆黄,淡黄或金黄。酒液澄清透明,品味纯正,酸甜爽口,酒度一般为 12° 左右。

(2) 按含糖量分类,可将葡萄酒分为干型、半干型、半甜型和甜型四类。

干葡萄酒每升含糖量为 4 g 以下,在口中无甜味,只有酸味和清怡爽口的感觉,在西方,这种酒是销量很大的佐餐酒。半干葡萄酒每升含糖在 4～12 g,在口中微有甜感或略感厚实的味道。半干葡萄酒每升含糖在 12～50 g,品味略甜,醇厚爽顺。甜葡萄酒每升含糖在 50 g 以上,有明显甜味,较符合我们消费者的饮酒习惯。

(3) 按加工工艺分,有全汁葡萄酒、半汁葡萄酒、加料葡萄酒、起泡葡萄酒、蒸馏葡萄酒。

全汁葡萄酒是用 100% 的葡萄原汁酿造而成。高档葡萄酒一般均为全汁酒,酒的配制工艺也相对复杂。

半汁葡萄酒是葡萄原汁含量在 50% 以下的为中档酒,为 30% 以下的为低档酒。这类酒在酿造过程中要加入砂糖、酒精等,故口味欠佳,营养偏低。

加料葡萄酒是在原汁葡萄酒中加入香料、药料及蔗糖等物质,如桂花陈酒、人参葡萄酒等。

起泡葡萄酒是在葡萄酒液中充入二氧化碳,如香槟酒。香槟酒因原产于法国香槟省而得名,按瓶内压力及内在品质的区别分为大香槟、中香槟、小香槟。其中大香槟以特制巨型耐压玻璃瓶盛装,瓶内压力高于 4 个大气压。

蒸馏葡萄酒是以蒸馏的方法制成,如白兰地。

2. 葡萄酒质量鉴别

(1) 色泽。要求澄清、透明、有光泽、酒液中无悬浮物。

(2) 香气。具有明显的葡萄果实香和浓郁的醇香。加香葡萄酒还应有和谐的植物香味。

(3) 滋味。葡萄酒的滋味应酸甜适口、醇厚软润,不得过酸过苦过涩。甜型葡萄酒应甘甜不腻。干型葡萄酒略有涩味。起泡葡萄酒倒入杯中应起泡细致、连续、持久,具有清新、爽怡的口味及和谐的果香味和酒香味。加香葡萄酒应有葡萄酒香与和谐的植物香,醇厚、爽口。

3. 葡萄酒的储存保管

(1) 库房要求清洁、通风、阴凉、干燥。专库专用。

(2) 温度控制在 8 ℃～25 ℃ 为宜,过高易发生微生物繁殖而引起变质浑浊,过低会使葡萄酒中的某些有机酸的盐类溶解度降低而析出结晶。

(3) 避免日光照射,日光中的紫外线会使葡萄酒中的色素沉淀,使酒变色。

(4) 控制相对湿度在 70%～75%。

(5) 按到货时间顺序堆码,先进先出。以酒瓶横向方式堆码,以使软木塞浸润保持密封性。

(五) 果酒

果酒是指除葡萄酒之外的其他各类果实为原料酿制的酒。此类酒的命名,以果实名称而定。其特点是具有天然的色泽,保持一定的原果品中的营养成分和芳香气味,含有较多的糖分。酒精度一般在 4°~14°。果酒的主要品种有苹果酒、山楂酒、橘子酒、海棠酒、草莓酒、梨酒、杨梅酒、广柑酒、桑葚酒、猕猴桃酒、石榴酒等。

1. 果酒的分类

(1) 按含糖量分类。特甜果酒,每升含糖量(以葡萄汁计)大于 300 g;甜型果酒含糖量 12~300 g;不甜型果酒含糖量 12 g 以下。

(2) 按制法不同分类。有起泡型果酒、补养型果酒、香气型果酒等。

2. 国家优质果酒品种

国家优质果酒品种主要有:紫梅酒(黑龙江尚志市一面坡葡萄酒厂)、香梅酒(黑龙江尚志市一面坡葡萄酒厂)、五味子酒(吉林省吉林市长白山葡萄酒厂)、沈阳山楂酒(辽宁省沈阳市酿酒厂)、花果山牌山楂酒(江苏省连云港市葡萄酒厂)、山枣蜜酒(辽宁省大连市龙泉酒厂)、中国熊岳苹果酒(辽宁省盖州市熊岳果酒厂)、中国橙酒(四川省万州区果酒厂)、渠江牌红橘酒(四川省达县地区渠江果酒厂)、都江堰牌中华猕猴桃酒(四川省都江堰市中华猕猴桃公司茅梨酒厂)、特制红豆酒(内蒙古自治区牙克石市牙克石酿酒厂)。这些品种都属于甜型果酒。

3. 果酒的储存保管

果酒与葡萄酒性质相似,保管方法与葡萄酒相同。

(六) 露酒(配置酒)

露酒中虽也有以果实命名的,但它的制作方法与果酒有根本区别。果酒属发酵原酒,而露酒是以成品酒为酒基配制而成。用作酒基的成品酒有白酒、黄酒、葡萄酒,有时也用食用酒精调制。配制酒可以是成品酒与香料、糖、色素等配制而成,也可以直接浸泡水果、中药而制成。其酒度差异大,但中度者居多。色泽也不同,含糖量普遍高。因配制酒含糖高,口感好,营养价值较好且色泽诱人,颇受女士及老人的青睐。在我国山西杏花村酒厂所产竹叶青酒是露酒中的佼佼者。

1. 露酒的分类

(1) 花类配置酒。是以葡萄酒、黄酒、白酒、食用酒精为酒基,加入各种花、叶、茎、根为香源制成,具有明显的花香,如桂花酒、玫瑰酒等。

(2) 果实配置酒。在酒基中调入果汁,或用酒基浸泡破碎后的果实,或用果汁和发酵的原酒与酒基调配制成。果实配置酒果香味突出,一般酒度不高,糖分较高,如山楂酒、荔枝酒等。

(3) 药物滋补保健酒。以白酒或黄酒为酒基,将动植物药材直接浸泡于酒基中,或将药材单独处理,再混合配置而成。如竹叶青酒、五加皮酒、莲花白酒、蜂皇浆酒、人参酒、灵芝酒、鹿茸酒、山蛇酒、十全大补酒等。

2. 露酒的储存保管

(1) 仓库要求清洁、干燥、通风、阴凉。

(2) 避免阳光直接照射,温度要低,相对湿度不能过高。

(3) 储存期不能过长,遵守先进先出原则。

知识链接

中国历届评酒会全国名酒获奖名单

任务二　识别保管茶叶食品

这是一类在日常膳食中具有特殊食用价值的食品,能为人体提供多种维生素及矿物元素,也是我国农业及食品加工业中很具发展潜力的商品。

一、茶叶的成分

茶叶与可可、咖啡同为风靡世界的三大饮料。茶叶是能满足消费者特殊需要的嗜好食品,同时又是对人体健康十分有益的健康食品。其非同一般的商业价值,取决于化学成分。

茶叶中含有多种有益人体健康的营养物质,如维生素、矿物质、蛋白质、糖类等。与茶叶质量直接相关的成分,主要是影响其色、香、味的多酚类、生物碱、芳香油和色素等。

（一）茶多酚类物质

茶多酚类物质又叫茶单宁、茶鞣质,是以儿茶素为主体的多酚化合物及花青素,是茶汤特别是红茶汤呈色的主要物质,与茶叶的苦涩味有关。茶多酚类物质对人体有多种药理作用,如儿茶素具有杀菌、除压、强心作用,并对尼古丁和吗啡等对人体有害的生物碱有解毒作用。

（二）生物碱类物质

茶中的生物碱主要为咖啡碱。咖啡碱能兴奋中枢神经,解除大脑疲劳,强心利尿,减轻酒精、烟碱等有害物质对人体的伤害。饮茶的愉悦、奇妙感觉,主要产生于咖啡碱。咖啡碱的有无可作为判断茶叶真伪的标志。咖啡碱在茶叶中的含量一般为 2%～4%,弱光条件生长的茶叶较多,叶越幼嫩其含量越多。

（三）芳香物质

人们在饮茶时首先感觉到的就是茶叶的香气,茶叶的香气可分为清香、甜香、嫩香、栗香以及各种花香。茶叶的香气,来自茶叶所含的芳香物质,是决定茶叶品质好坏的重要因素之一。茶叶中的芳香物质多达数百种,但绝对量并不大,起重要作用的也就是青叶醇、苯甲醇、苯乙醇、香叶醇、苯甲醛等。鲜叶中芳香物质含量高低受茶树品种、茶叶老嫩、季节、气候等条件影响。一般是嫩叶高于老叶,红茶多于绿茶,高山茶多于本地茶,新茶优于陈茶。

（四）维生素和矿物质

茶叶中含有多种维生素,其中维生素 C 最丰富。每 500 g 绿茶约含维生素 C 135 mg。其次是 B 族维生素。茶叶中也含有多种矿物质,特别是含氟高而在绿色植物中著称。

（五）氨基酸

茶中的氨基酸为主要呈味物质,也与茶叶香气关系很大。氨基酸的存在使绿茶汤更鲜爽,味更丰满。有的氨基酸在热水冲泡后,会与糖类物质发生化合作用,会发出诱人的香气,比如丙氨酸就有类似玫瑰的香气味。

（六）其他成分

茶中的其他成分还有含量高达 20%～30% 的糖类物质,以及各种色素。糖类物质的存在使茶汤具甜醇味;色素的存在使不同类别的茶叶叶底和茶汤呈现与其品质相符的颜色。

二、茶叶的类别及品质特点

我国茶叶生产历史悠久,饮茶文化源远流长,茶叶的分类方法也各树一帜。有据加工方法分类的,有据销售习惯分类的,有据销售对象分类的,还有据加工程度分类的。最常用的分类是据商业经营习惯兼顾茶叶外观及品质特点,将茶叶分为红茶、绿茶、乌龙茶、花茶、紧压茶五大类。

(一) 绿茶

绿茶的产量和销售量在我国均占首位。绿茶是不发酵茶,它的特点是保持了茶叶的绿色即做到干绿、汤绿、叶底绿"三绿"。因此在初制时要采用高温杀青,制止酶对茶多酚的氧化。绿茶按初制干燥方法不同,分为炒青、烘青和晒青三类。

1. 炒青

初制干燥用铁锅炒制的茶,称炒青绿茶。其品质特点是条索紧洁光润。汤色叶底碧绿,香气清高,滋味浓,收敛性强,耐冲泡。炒青的主要品种又可分为长炒青、扁炒青和圆炒青。

长炒青中的名品有碧螺春、庐山云雾、珍眉等。碧螺春产自江苏太湖的洞庭山,并以洞庭山主峰碧螺峰所产质量好。此茶条索纤细,卷曲似螺,白毫显露,色泽翠绿油润;汤色碧绿,清香持久,滋味清鲜回甜;叶底嫩缘匀整,完整成朵。该茶选用的茶树芽叶极细、极嫩,每公斤干茶的芽叶多达十万个以上。因其细嫩,冲泡时必先往杯中注水,后放茶叶。

扁炒青有龙井、旗枪和大方等名品。龙井茶因产自杭州龙井一带而得名,是闻名国内外的名贵绿茶。高级龙井是清明前两三天茶树刚吐出幼嫩芽叶时按一芽一二叶采摘制成,是龙井中的极品。中级龙井按一芽二三叶标准制成。龙井外形扁平,挺直光滑,大小匀齐。芽毫隐藏稀见,色泽嫩绿,色调均匀而油润;汤色清澈明亮,香气清鲜而持久,滋味甘美醇厚,有鲜橄榄的回味;叶底匀嫩成朵。所以龙井一向以色绿、香郁、味甘、形美而闻名中外。因产区的自然条件和炒制技术上的差异,以狮峰龙井的香气和滋味最有特色,梅家坞龙井的外形和色泽最令人喜爱,西湖龙井则是叶质肥嫩、芽峰显露、悦目动人。

圆炒青名品有珠茶。珠茶外形浑圆,紧结似珠。珠越精细,质越佳。干看色泽灰绿,有乌亮的光泽;汤色清澈稍黄,香气纯正,滋味醇厚,叶底卷曲,叶片较大。珠茶中的佼佼者有浙江平水珠茶和安徽泾县涌溪火青。

2. 烘青

烘青茶干燥方式是采用烘笼或烘干机烘干,而非直接接触铁锅。烘青茶既是受消费者欢迎的成品茶,也是供窨制花茶的原料茶。烘青茶外形较为舒展,色泽翠绿油润,汤色黄绿明亮,香气清纯,味鲜醇,叶底嫩缘匀齐。著名品种有黄山毛峰、太平猴魁、六安瓜片、信阳毛尖、君山银针等,主产地是安徽、湖南、河南等。

黄山毛峰闻名遐迩。其茶树生长在海拔 900~1 000 m,终年云雾缭绕,雨量充沛的高山上,芽叶肥厚,浓郁清香。黄山毛峰外形纤细精巧,白毫显露,色泽油润光滑,嫩绿微黄;汤色清澈带杏黄,香气持久,清鲜似白兰香,滋味醇厚回味甘;叶底嫩黄,匀亮成朵,叶芽肥壮,一芽带一叶,为全国著名绿茶之一,为名茶中之名茶。

3. 晒青

晒青是利用日光干燥的一类绿茶,其品质不及炒青和烘干青,一般香气低,汤色和叶底黄色,带有日晒味。这类茶除在产地销售外,多作紧压茶原料,主产于云南、湖北、湖南、贵州、广西等地。

（二）红茶

红茶是国际市场上的畅销品，我国所产红茶以外销为主。红茶品质与绿茶不同，绿茶以保持天然绿色而引人，红茶则以红艳而名贵。制作中，采用细嫩芽叶为原料，经完全发酵使绿叶变为红叶——发酵是红茶品质形成的关键。发酵使茶多酚加速了酶促氧化，形成红叶红汤、香甜味醇的品质特征。红茶根据制法与品质的差异分为工夫红茶、小种红茶、红碎茶。

1. 工夫红茶

工夫红茶是我国特有的传统产品，以做精细而得名。工夫红茶制作过程中很讲究茶的形状和色、香、味，特别要求紧卷、完整、匀称、洁净。其成品特点是条索紧细、色泽乌润、汤色红艳明亮、香气浓郁纯正，滋味甘醇、叶底匀嫩鲜红。我国工夫茶以祁红、滇红、川红、宜红的质量最佳。

2. 小种红茶

小种红茶也是我国的物产，产于福建省。因烘干时用松熏制，故成品茶有独特的松木香味，这是小种红茶与工夫茶的最明显的区别。

小种红茶的品质特点是茶条粗实、叶质肥厚、色泽乌黑、汤色红浓、滋味爽口。

3. 红碎茶

红碎茶在国际市场上很受欢迎。其特点是外形整齐一致，色泽乌黑、香气高醇，滋味浓厚、汤色浓红，适于添加牛奶、柠檬、糖等饮用。因红碎茶压制时经揉、撕、切已使茶叶组织破坏，故饮用时一次冲泡就能将大部分有效成分浸出，这很符合西方人的饮茶习惯。

（三）乌龙茶

乌龙茶即青茶，是种半发酵茶。其制作方法兼有红茶与绿茶的发酵和杀青，其成品特点是既有绿茶的鲜爽也有红茶的甘醇，而且叶底具有绿叶红镶边的特点。制作时有"摇青"工序，将鲜叶置于特制容器内不断摇动，使茶叶相互碰撞至叶缘细胞破裂，茶汁流出，氧化发酵，发酵到适当程度后立即杀青，使发酵过程中止。这样，片片茶叶边缘经发酵呈红色，中心部分不发酵，故而形成叶底绿叶红镶边的特殊风格。

乌龙茶也是我国特产，主产于福建、广东、台湾三省，以福建的产量最大，品种最多，质量最突出。主要品种有安溪铁观音、武夷岩茶。

经临床医学研究证明，乌龙茶对高血压、高血脂病有显著疗效。

（四）花茶

花茶属再加工茶，是由成品茶拌和鲜花窨制成，多以所用鲜花命名，如茉莉花茶、柚子花茶，玳玳花茶、玫瑰花茶、桂花茶等。用于窨制成花茶的茶坯通常是烘青绿茶，也用少量的炒青、乌龙茶和红茶。

花茶的质量特点除了外形、叶底、色泽等方面与所用茶坯相同外，主要不同之处是香气，其次是滋味。高级花茶均要求香气鲜灵，浓郁清高，滋味浓厚鲜爽，汤色清澈、淡黄、明亮，叶底细嫩、匀净、明亮。

我国著名的花茶产地有苏州、福州、金华以及广西横县、安徽歙县、六安等地。

花茶中茉莉的窨制技术性最强、要求最高，茉莉花茶也是产量最大的茶。

（五）紧压茶

紧压茶即各种块状茶，其形状以砖形最多，其他如碗形、饼型等，是一种销往边疆少数民族地区的再加工茶，故又称边销茶。突出的特点是便于运输，便于贮藏。

紧压茶是用晒青和红茶的毛茶或副脚茶做原料经蒸茶、装模或装篓压制而成。一般以较次的茶做芯,较好的茶叶做面,成品硬度高,需用刀砍下后捣碎煮制后饮用。

紧压茶种类很多,有湖南产的茯砖、黑砖、花砖、湘尖;湖北产的青砖、米砖;四川产的康砖、金尖,广西六堡和云南普洱沱茶、方茶、饼茶等。

上述各类茶均为我国传统成茶品种,属茶中第一代产品。在这些产品基础上,考虑到境外消费者及现代者的需要,新一代的产品渐渐推出,代表性品种有袋泡茶、速溶茶等。

三、茶叶的感官评审操作

茶叶质量的优劣反映在两个方面:一是感官质量,一是理化指标。在我国,茶叶品质的好坏、等级的划分、价值的高低,主要根据茶叶外形、香气、滋味、汤色、叶底等项目,通过感官审评来决定的。感官审评分为干茶审评和开汤审评,俗称干看和湿看,即干评和湿评,现将一般评茶操作程序分述如下。

(一) 把盘

俗称摇样匾或摇样盘,是审评干茶外形的首要操作步骤。

(1) 审评干茶外形。因种类、花色不同,外在色泽、形状不一,因此,首先应对样茶,区别茶类、花色、名称、产地等,然后取样茶。审评毛茶需250~500 g,精茶需200~250 g。

(2) 审评毛茶外形。一般是将茶样放入篾制样匾内,双手持样匾的边缘,作前后左右回旋转动,使样匾内茶叶均匀地按轻重、大小、长短、粗细等不同有次序地分布,然后把均匀分布在样匾里的毛茶通过反转、顺手集中成馒头形。这样的操作使茶叶分出上、中、下三个层次。粗长松飘浮在上面的是面装茶;细紧重实位居中层的叫中段茶,片末与碎茶叫下段茶,沉积于底层。面装茶过多,表示粗老茶叶多,身骨差;下段茶多,要注意是否属本茶本末;条形茶或圆炒青如下段茶断碎片末含量多,表明做工、品质有问题;中段茶多,茶叶则好。

(二) 开汤

开汤即泡茶或沏茶,为湿评内质的重要步骤。开汤前先将审评杯碗洗净擦干按号码顺次排列在湿评台上。一般红、绿茶称样品3 g,投入杯中,杯盖放入审评碗内备用。然后以沸滚的开水从右到左以慢、快、慢的速度冲泡满杯,各杯水量一致齐口。冲泡第一杯时开始计时,并从低级茶泡起。随冲随加杯盖,盖孔朝向杯柄,5 min后按冲泡次序将杯内茶汤滤入审评碗内。倒茶时杯应搁在碗口,杯中茶汁应完全滤尽。开汤后应先嗅香气,看汤色,再尝滋味,后评茶底。但收茶站审评毛茶内质,除特种茶外,一般以叶底为主,香味汤色为辅,只要求正常即可。

(三) 嗅香气

香气的出现,是因为茶叶本身含有芳香物质。这些芳香物质微粒通过沸水冲泡而挥发,如果水温不够高,就会影响香气。嗅香气时,评审人应一手拿住已倒了茶汤的评审杯,另一手半揭开杯盖,靠近杯沿用鼻轻嗅或重嗅。为了正确判别香气的高低和类型,嗅时应重复一两次,但每次嗅的时间不宜过久,过久不但容易失去嗅觉的灵敏感,而且杯数较多时,冷热程度不一,就难评比。未评之前,杯盖不得揭开。嗅香气应以热嗅、温嗅、冷嗅相结合进行。

(四) 看汤色

汤色又称水色,俗称汤门或水碗。审评汤色要及时,因茶汤中的成分和香气接触后很容易发生变化,所以有的把评汤色放在嗅香气之前。汤色易受光线强弱、茶碗规格、容量多少、排列顺序、沉淀物多少、冲泡时间长短等各种因素影响,在审评时要加以足够注意。汤色以深浅、明暗、清浊等评定优次。

（五）尝滋味

审评滋味应在评汤色后立即进行。茶汤的温度要适宜,一般尝滋味的茶汤温度以50℃左右适合。温度过高过低都易失真。尝茶汤的方法是将汤匙自审评碗中取汤入口。汤入口后舌头快速循环打转,让舌头各部分在功能上有区别的味蕾全进入工作状态,以便全面而客观地反映茶滋味。尝味后的茶汤一般不下咽;尝另一碗前,匙要用白开水漂净,以免串味。审评滋味主要按浓度、强弱、爽涩、鲜滞及纯杂等评定优次。

（六）评叶底

评叶底是根据叶底的老嫩情况、均匀程度、整碎程度和开展与否评定,同时还应注意有无其他掺杂。评叶底是将杯中冲泡过的茶叶（即叶底）倒入叶底盘或放入审评杯盖的反面,也有放入白色搪瓷漂盘内。倒时要注意把细碎的粘在杯壁杯底的茶叶倒干净,用叶底盘或杯盖的先将叶拌匀、铺开、撤平,观察其嫩度、匀度和色泽的优次,如感到不够明显时,可在盘里酌加茶汤撤平,再将茶汁徐徐倒出,使叶底平铺着或转翻看,或将中底盘反扑倒在桌面上观察。用漂盘看则加清水漂叶,使叶张漂在水中观察分析。评叶底时,要充分发挥眼睛和手指的作用。手指按撤叶,感觉其软硬、厚薄、平突、壮瘦等,用眼睛看芽叶含量、叶张卷摊、光糙、色泽及均匀度等区别好坏。

茶叶审评一般是通过干评、湿评综合观察确定品质优次的。茶叶等级设定随品种不同而有区别,一般设特级、一级、二级、三级、四级、五级等。

四、茶叶感官鉴别要点

（一）外形鉴别

1. 形状

主要看茶叶条索的松紧、曲直、匀整、轻重及芽头的多少,以确定原料的细嫩程度和做工的精细程度。条索细紧则好,粗大轻飘则差。

一般来说,红茶、绿茶、花茶以条索紧细、圆直、均匀,其质量为好,粗松开口者较差;扁形茶以扁平、挺直为好,短碎、弯曲、轻飘者为差;乌龙茶以条索肥壮、均匀者为好。

2. 色泽

看色泽的深浅、枯润、明暗、有无光泽、有无杂色等。凡色泽油润、光泽明亮者为优,凡色泽浊杂、枯暗无光者为次。

红茶色泽以红褐乌黑、油润为上品;橘红、橘黑、有花青的为下品。

绿茶色泽以翠绿油润、光滑而起霜的为上品;暗黄、枯黄的为下品。

乌龙茶色泽以乌润为上品;黄绿、枯黄为下品。

花茶色泽以青绿带嫩黄者为优。

3. 嫩度

茶叶的嫩度是通过芽尖与白毫的多少来鉴别的。芽尖和白毫多、身骨重实者为好;无芽尖和白毫者为次。

4. 净度

茶叶的净度是指茶叶中杂质含量的多少。茶叶洁净无杂质为好,茶片、茶末含量较少为好。

（二）内质鉴别

1. 汤色

看汤色的深浅、明暗、清浊、色泽。

红茶汤色红艳明亮者为优,红艳欠明者次之,红暗浑浊者为差。

绿茶汤色以碧绿、清澈、明亮者为优,黄绿欠明者次之。

乌龙茶汤色以橙红、清澈、明亮者为优,橙黄欠明者次之。

花茶汤色以淡黄、明亮者为优,欠明者次之。

2. 香气

茶汤的香气以清高、浓烈持久为优;香气平淡、不持久的为次;低淡、有异味(如青臭烟气味、霉味、酸味、焦味等)的为差。

红茶香气以鲜高浓强持久、蜜香显著者为优,较浓欠鲜纯正为次,平淡者为差。

绿茶香气以鲜灵浓厚者为优,较浓欠鲜纯正者为次,平淡者为差。

乌龙茶香气以香高浓烈、带有兰花香气者为优,欠浓纯正者为次,平淡者为差。

花茶香气以鲜灵、花香盖茶香、茶香衬花香为优,平淡者为差。

3. 滋味

滋味是茶叶质量的重要指标。滋味与香气密切相关,香气高的滋味也好。

红茶滋味以鲜醇甘甜、带有蜜糖香者为优,欠鲜浓正者为次,平淡粗涩者为差。

绿茶滋味以鲜爽浓厚者为优,欠鲜爽纯正者次,平淡粗涩者为差。

乌龙茶滋味以甘醇带有兰花香者为优,欠鲜浓纯正者为次,平淡粗老者为差。

花茶滋味与绿茶相似,最好与香气综合评定。

4. 叶底

叶底细嫩明亮、柔软、肥厚、匀齐者为好;叶底粗老、瘦薄、断碎多者为次。

红茶叶底以米红明亮嫩匀者为优,米红、欠润、欠匀者为次,色暗带有碎叶者为差。

绿茶叶底以黄绿嫩亮肥壮者为优,黄绿欠润者为次,黄暗者为差。

乌龙茶叶底以边米红、心绿、柔软、明亮者为优,边无米红、色暗发乌或纯绿色者为差。

花茶叶底以黄绿嫩润者为优,黄绿欠润者为次,黄暗、色不匀者为差。

五、茶叶的储存保管

茶叶在储存过程中表现出吸湿性、吸附异味性、陈化性三个基本特性。

仓库保管茶叶要注意以下几点:① 专用仓库地势要高,容易排水。② 仓库的密封性要好,与外界有较好的隔绝,周围空气无恶劣气味。③ 控制温度不超过 30 ℃,相对湿度在 65% 以下。④ 防霉、防虫、防鼠害。如果将茶叶水分干燥到 4%～5%,装入不透气、不透光的容器中,进行抽氧充氮密封,存放在专用的茶叶冷库中,可保持茶叶色、香、味在 3～5 年里不会改变。

零售保管茶叶时要注意:现场区域干燥、无异味,避免阳光照射;小包装茶叶要放于清洁、干燥、密封性好的容器内;散装茶叶也要用密封性好的玻璃缸盛装;样品陈列量不宜太大。

知识链接

中国十大名茶

任务三 识别保管水果类食品

水果类商品如今在国内人民生活和商贸事业中扮演重要角色。一是进入小康阶段以来,膳食结构从维持基本生活需要转为追求营养健康,水果成了生活必需品;二是加入世贸组织后,水果和茶叶将同属于国际市场上前景看好的商品。

一、水果的食用价值及主要化学成分

水果以鲜食为主,此外还可制成果汁、果脯、果酒等各色食品。水果之所以具有极高的食用价值,取决于它独到的色、香、味、形及营养成分。

水果的色、香、味与其特殊的化学成分有关。

色彩鲜艳是水果的一大质量特点,各种果品的色泽都是由多种色素混合组成。果品广泛存在的色素有叶绿素、类胡萝卜素、花青素和黄酮类色素,它们的各类特性关系到水果新鲜度、成熟度等。有的色素除呈色作用外,还具有营养价值,如胡萝卜素被人体吸收后可转化为维生素A。

不同水果具有不同香气。各种芳香油是水果香气的源泉。由于芳香油的含量及种类不同,因而使果品香气有别。芳香油只有当果品成熟时才大量产生,所以没有成熟的果品缺乏香气。

水果中的呈味物质主要是糖类和有机酸。糖酸比值的高低直接反映水果品味是否甜酸适中。使水果具甜味的主要是葡萄糖、果糖和蔗糖。

果品中的有机酸主要有苹果酸、柠檬酸和酒石酸,它们通称为果酸,对人体无害。果酸的种类及含量因果的种类不同而有差异。

矿物质和维生素含量丰富是水果具极高食用价值的根本原因。矿物质和维生素可称之为水果类标志性的营养物质。

果品含有多种矿物质,如钙、磷、铁、钾、钠、镁、硫和微量碘、砷、铜等。钾的含量最高,因此多食水果有强心降压等保健作用。果品是人体所需钙、磷、铁、钾的重要食品源。

果品中含有丰富的维生素C和较多的维生素A。这两种维生素在维持人体健康方面都具极重要的生理作用。

除上述主要成分外,与食品质量有关的成分还有果胶、鞣质、糖甙。果胶对食品加工有意义,鞣质是使某些食品具涩味的物质;糖甙多数具强烈苦味,或具特殊香气,代表性种类有普遍存在的果仁中的苦杏仁甙和柑橘果实中的柑橘甙。其中苦杏仁甙的水解产物中有对人体有害的氢氰酸。

纤维素使果品耐贮,也对人体健康有益;果品中的脂肪和蛋白质主要存在于果品的籽实中。

二、主要水果品种的品质特征及鉴别选购

(一) 苹果

苹果按收获季节可分为伏苹果、秋苹果两大类。伏果多为7—8月采摘,果实肉质松脆,品味淡薄,略有香气,易腐,不耐贮,品质不如秋果。但它上市早,因此有一定的市场价值。市销

伏果主要品种有黄魁、红魁、祝光、白粉皮、伏花皮、彩苹等。青岛、烟台所产白粉皮,辽宁产的甜黄魁,7月上、中旬成熟,上市早;祝光和黄魁品质较好。

秋果多在8—11月采摘,肉质紧密,甜酸适口,香气浓,品质佳,耐贮藏,是日常消费中的当家品种。市销秋果主要有红苹果、黄苹果、红富士、国光、红星、红玉,其中以富士、青苹果品质为佳,其果肉致密,质脆多汁,甜酸适度,香气浓郁,风味甚佳。秋果耐贮,在零下1℃到1℃,相对湿度在85%～95%的条件下,可保持3～5个月质量不变。

在选购苹果时,其品种的识别主要根据果梗、果形、果萼、果面和果肉风味等五个方面进行辨别;其质量鉴别主要看其果肉成熟度、有无机械损伤及病虫害程度等。在同一品种中以果品光洁无虫害、色泽鲜艳、成熟度适中、肉质紧密、味正质脆、细嫩多汁、甜酸适中为上品,带有浓郁香气为佳品。

(二)梨

梨按果实形态可分为白梨、沙梨、秋子梨、西洋梨等四大类。白梨果实大,倒卵形或长圆形,成熟后皮为黄色或黄白色,果肉脆、石细胞少,味香甜,肉质细嫩无渣、水分多,耐贮。我国优良品种的梨都属于白梨类。市销白梨品种有鸭梨、酥梨、山东莱阳梨等。其中鸭梨以皮薄、肉细致、香甜多汁、石细胞极少、无渣且耐贮的特点而享誉国内外市场。

砂梨果实多为圆形,果皮褐色或绿色,味甜多汁,但耐贮性差。市销砂梨名品有雪梨、三花梨等。其著名产地分别是安徽徽州、浙江义乌、四川苍溪。砂梨著名品种还有二十世纪、二宫白等。它们都是从日本引进的品种,现在我国中、南亚热带有较多栽培。

秋子梨果实呈扁圆形,果皮黄绿或黄色,有的品种石细胞多,品质较差。秋子梨极耐贮。常见品种为南果梨、京白梨、大香水梨等。其中产自北京的京白梨以皮薄核小,肉厚汁多,味酸甜而带清香、石细胞少而闻名南北。

西洋梨果实多为瓢形,成熟后的果肉柔软多汁,香气很浓,但易腐不耐贮。西洋梨市销量大的品种有巴梨、伏伽梨、三季梨等。

梨有特殊食用价值,除有一般水果的功效外,能生津止渴、润肺消炎、清凉解毒、通便醒酒。

梨的品种优劣,品种是重要因素,选购时要注意品种的识别,必须从色、香、味、形四大方面进行品质鉴别。不同品种的梨以皮薄细嫩、有光泽、果肉脆嫩、汁多味甜、石细胞少、果心小、香味浓郁者为佳。同品种的梨以果个大小适中、果形完整、无病虫害,果皮光滑、无疤斑、无机械伤者最好。

(三)香蕉

香蕉可分为香蕉、大蕉、龙芽蕉、粉蕉四大类。香蕉果实狭长而弯曲,未成熟时有棱角,皮色青绿,成熟后皮色变黄并带有梅花点,俗称芝麻蕉。果肉黄白,味香甜,肉软糯滑、品质好。著名品种有福建无宝蕉、台湾北蕉、广东和广西的香牙蕉。

大蕉果形较直,呈五棱形,皮青色绿。成熟后果皮薄呈深黄色,果网淡黄,肉厚有酸味,缺乏香气,品质中等,常见品种有半角香蕉、月蕉、板蕉等。

龙牙蕉,俗称金蕉,外形较香蕉弯曲,蕉身圆滚,熟后皮金黄,皮薄光洁,果肉白色,水分少,含淀粉多,有特殊香气,品质中上。

粉蕉又称糯米蕉,果实呈椭圆形,有棱角,形似大蕉但果个小,成熟后皮色黄白,皮比大蕉薄,味甜,香气一般,品质中上。大蕉、粉蕉上市者少。

香蕉性寒,味甘,具止烦渴、润肺肠、通血脉、通便等药用价值。香蕉的含糖量比较丰富,淀粉含量多。

香蕉产地偏于一隅,成熟后不宜长途运输,故一般在其七八分成熟时采摘,在运达销售点经人工催熟后销售食用。

香蕉不同品种间以香蕉最好,龙牙蕉次之,粉蕉再次,大蕉列后。同一品种以果实肥状、只大皮薄、成熟适度、成色新鲜、无病虫害及伤烂、色味俱全者为佳。选购时可采用观色、手提、剥皮、品尝等方法进行。成熟适度的果皮色鲜黄两端带绿,两指轻捏果身,富有弹性,皮易剥离,果肉完整,肉色洁白或略带浅黄,入口柔软糯滑,甜香俱全。

（四）柑橘

柑橘是主产于亚热带的大宗水果,市面销售的常见种类有柑、橘、橙、柚四大种类,其中又以柑、橘、橙最普遍。民间将柑、橘、橙统称橘子,但其形状各不相同。橘类小而扁,皮薄而宽松,比柑类易剥离,橘络较少,种子尖细,品质上等,能早熟,但不耐贮。常见品种有早橘、乳橘、蜜橘、红橘等。江西南丰蜜橘、浙江黄岩蜜橘质量佳。

柑类果实大多趋于球形,果皮略粗厚,皮较紧,不易剥离,种子呈卵圆形,耐贮藏。常见品种有芦柑、邵柑、新柑、蜜柑等。温州蜜柑最有名,其果肉细嫩多汁,酸甜适口,有月桂花香气,无核或稍有小核。

橙类果实近于球形或卵球形,果汁多,酸甜适中,品质佳,耐贮。常见品种有新会橙、柳橙、漳州橙、锦橙、冰糖橙、胶橙等。其中的新会橙、锦橙是著名品种。

柑橘中含有极丰富的维生素 C。柑橘的皮、核、络、叶都是良好的中药材,也是提取香料的重要原料。

选购柑橘时不同品种应选择色泽鲜艳、香气浓、甜味足或甜酸适口、汁多、少渣者为佳;同种品种以果实端正、果实成熟、清新、光亮、无病虫害及疤伤、果梗新鲜清活络者为好。

（五）猕猴桃、山楂

这是两种由野生改良为大田栽培时间很短的新果品,均以富含维生素 C 而著称于世。猕猴桃每 100 g 中含维 C 100～420 mg,是苹果的 20～80 倍,其他营养成分也很丰富,被誉为"水果之王";山楂每 100 g 中含维 C 89 mg,是苹果的 9 倍。这两种水果据研究表明对心血管病有较好的防治与辅助治疗的作用,对癌症有一定的抑制作用。

选购时,猕猴桃不同品种间以无毛型品种质最上,软毛型次,硬毛型差。同一品种,以果实充分发育,适时采收,正常成熟,自然软化的果实为佳。具体选购果实大,手捏有弹性,气味清香者为好,如带有酒气,则果实已发酵,不宜食用。

山楂不同品种间以肉厚籽少,酸甜适度为好。同一品种,以果大而均匀,色泽深红鲜艳,无虫蛀、硬伤、僵果者为佳。

三、水果类商品的储存保管

不论哪一个品种在储存过程中所表现的共同特点是含水分比例高、能进行呼吸作用、易受微生物的影响等。其中呼吸作用是影响水果储存的重要因素。而呼吸作用的强度与空气温度和含氧量有密切关系。因此,综合考虑这些特点和因素,水果储存保管需要从以下几个方面进行。

（一）库房条件

目前在商业经营中普遍采用专用库房储存水果。要求库房清洁、密封、避免阳光直射，具备冷藏设备条件。

（二）保持低温

高温能大大促进水果的呼吸作用。要保持较低的库房温度才能使水果的呼吸作用降到最低程度。不同水果品种对适宜温度的要求不一样：苹果0 ℃～8 ℃，梨子0 ℃～5 ℃，香蕉12 ℃～15 ℃，柑橘4 ℃～10 ℃，猕猴桃0 ℃～1 ℃，山楂0 ℃～3 ℃，葡萄0 ℃～3 ℃，水蜜桃0 ℃～2 ℃，菠萝7 ℃～10 ℃，荔枝3 ℃～5 ℃。所以，现在很多地方都是采用冷库来储存新鲜水果。

（三）保持较高相对湿度

由于水果都是含水分比较高的食品，储存环境的相对湿度不能太低，必须与果品相适应。总体而言应控制在80%～95%。不同水果要求各有差别。

（四）积极采用保鲜技术和措施

在储存中具体采取一些技术措施对于增强储存效果，延长储存时间都非常重要。如防腐剂浸泡、空间充氮、保鲜纸保鲜膜包裹、辐射灭菌、低压增湿、负离子保鲜等技术方法。

（五）加强管理

水果一旦储存进入仓库，就必须密切注意储存过程中的各种环境因素的变化，要适时检查并采取调控措施，以保持仓库条件有利于水果的长期储存。

知识链接

中国果业正处于黄金发展期

任务四　识别保管饮料、乳制品食品

一、识别保管饮料

（一）饮料的分类

饮料一般可以分为含酒精饮料、无酒精饮料和其他饮料三类。

1. 含酒精饮料

它属于发酵饮料，是用蔗糖、面包和啤酒花经酒精酵母发酵制得，其酒精含量在1%以下，含有少量糖的饮料。它既有一般清凉饮料的性质，又有发酵饮料的特点。这种饮料除清凉爽口、消暑解渴、提神助兴外，还有特殊的风味和香气，并具有多种有益的功能，如各种格瓦斯等。

2. 无酒精饮料

无酒精饮料又称清凉饮料、软饮料。目前市场上销售的饮料品种繁多，通常可以分以下几类。

（1）碳酸饮料。碳酸饮料是用人工配制并充二氧化碳气而成的饮料，通常称为汽水。其主要原料是水、甜味剂、酸味剂、香精、着色剂和二氧化碳等。根据含糖量分为可溶性固形物含量不低于9.0%，并不添加任何甜味剂的全糖碳酸饮料；可溶性固形物含量不低于4.5%，允许添加甜味剂的低糖碳酸饮料。碳酸饮料分为果味型、果汁型、可乐型和低热量型。

① 果味型汽水。它是以食用香精为主要赋香剂以及原果汁含量低于2.5%的碳酸饮料。这类汽水营养价值不大,只起到清凉解渴的作用,属于普通汽水,如橘子汽水、柠檬汽水等。

② 果汁型汽水。它是原果汁含量不低于2.5%的碳酸饮料。采用各种鲜果汁为原料,与蔗糖、柠檬酸等配制而成。它具有水果特有的色、香、味,营养丰富,如杨梅汽水、橙汁汽水、菠萝汽水、混合果汁汽水等。

③ 可乐型汽水。它是指含有焦糖色素、可乐香精、水果香精或类似可乐果、水果香型的辛香和果香混合香气的碳酸饮料,具有枣红色泽和特有的香味,属于浓香型汽水,如可口可乐、百事可乐、非常可乐等。无色可乐不含焦糖色素。

④ 低热量型汽水。它是以甜味剂全部或部分代替糖类的各型碳酸饮料,其热量每100 mL不高于75 kJ。

(2) 果蔬汁饮料。果蔬汁饮料的主要原料是果蔬汁,取自新鲜水果和蔬菜,一般可以分为天然果蔬汁、带肉果蔬汁、浓缩果蔬汁几类。天然果蔬汁是指新鲜果蔬经过压榨处理后直接得到的原汁,它不加任何其他成分。带肉果蔬汁是一种含有多种果蔬肉泥成分,且质地均匀一致的果汁状制品。浓缩果蔬汁是以原果汁为原料,一般不加糖或加少量食糖浓缩而成。目前生产的果蔬汁以柑橘汁、苹果汁、番茄汁、红豆汁和浆果类果蔬汁为最多。混合型果蔬汁优于一种果蔬汁。

(3) 保健饮料。保健饮料是一种以增进人体健康为宗旨的饮料。根据保健饮料的性质和效用,可以分为强化饮料、疗效滋补饮料、运动饮料、花粉饮料四类。

(4) 矿泉水饮料。它是从地下水脉涌出的,含有无机盐和游离二氧化碳的泉水,含无机盐在1 000 mg/L以上,或含游离二氧化碳在250 mg/L以上,包括天然矿泉饮料和人工矿泉饮料。中国矿泉的分类:按温度分为冷泉(常温)、温泉(40 ℃左右)、热泉(70 ℃以上);按化学成分可分为碳酸泉、硫酸泉、氡泉、氟泉、铁泉、其他泉。

(5) 固体饮料。它是将各种原料调配、浓缩、干燥而成,或将各种原料粉碎、混合后呈固体的饮料。它不能直接饮用,需用水冲调后才可饮用,主要品种有麦乳糖、橘子精、菠萝精等。

3. 其他饮料

(1) 乳性饮料。以牛奶做原料加入配料可制成乳性饮料,如果汁牛奶、巧克力牛奶等。

(2) 冷饮。它是用乳类、蛋、糖、稳定剂等原料配置、冷冻而成,如冰激凌、雪糕、冰棍等。

(3) 乳酸饮料。它是以牛乳、羊乳的脱脂乳等为原料,将其杀菌后接入乳酸菌,经发酵而制成的具有特殊风味的乳制品。它的营养价值高于一般饮料,如酸乳、活性乳等。

(4) 蛋白饮料。它是用植物蛋白、微生物蛋白制成的饮料。其蛋白含量在2.5%以下,如豆乳、果汁豆乳等。

(二) 饮料的质量鉴别

1. 从标签内容判断质量

饮料产品标签上应注明品名、生产日期、保质期、主要原料辅料和生产厂名、厂址等;判定饮料是否在保质期内,如已超过保质期,则质量无保证,不宜购买;判断饮料是否名副其实,如果蔬原汁含量、乳饮料应标明非乳脂固形物含量,植物蛋白饮料应标明植物蛋白固形物含量,天然矿泉水则应标明矿化成分表和规定指标。

2. 从外观上判断质量

果味型汽水不应出现絮状物;塑料瓶装与易拉罐汽水手捏不软、不变形;罐装饮料如发现

"胖听",则说明饮料内微生物繁殖产生大量气体,不宜饮用;各种包装饮料均不应有渗漏的现象;果茶之类的饮料及其他一些饮料,如太黏稠、太鲜红或颜色异常,表明增稠剂和色素过量。

3. 从气味和味道判断质量

各种饮料都有其相应的香气和滋味,无异味,无刺鼻感。

4. 从实质判断质量

果味饮料应清澈透明,无杂质、不浑浊;果汁饮料因加入果汁和乳浊香精,会有浑浊感,但应均匀一致,不分层,无沉淀和漂浮物;固体饮料不能有结块、潮解和杂质。

(三)饮料的储存保管

饮料商品是保管时间不太长的商品,特别是加有各种配料成分的饮料。保管此类商品要注意:① 库房应清洁、干爽、阴凉、避免阳光照射、无异味。② 温度控制在 5 ℃~25 ℃以内,最好保持稍低的温度,更加有利于储存。③ 相对湿度保持在 75% 以下。④ 不要与其他有气味的商品混存,堆码层数不要太高,一般 5 至 6 层左右,注意生产日期,先进先出。

饮料包装标签上贮存方法都标明有"常温""开启后请即时饮用""如有胀包和胀罐现象请勿饮用"等字样。同时,大部分碳酸饮料外包装上都明确标明了"禁止加热或 0 ℃以下冷冻,避免阳光直晒及高温储存"等警示语。因此,开启后的饮料尽量在一天内饮用完、没喝完的饮料不要放置在高温环境下、避免阳光直射……这些是人们在消费使用饮料时应该注意的保管要点。

二、识别保管乳制品

(一)整体认识乳制品

1. 乳和乳制品的概念

鲜乳是指符合国家有关要求从牛(羊)的乳房中挤出的分泌物,无食品添加剂且未从其中提取任何成分。乳制品是指以牛乳、羊乳等为主要原料加工制成的各种制品。

乳是哺乳动物出生后赖以生存发育的唯一食物,它含有适于其幼子生长发育所必需的全部营养素,被公认为迄今为止一种比较理想的安全食品。它具有以下特点:牛乳经杀菌后,无须进行任何调理即可直接供人食用;人们食用牛乳几乎全部消化吸收,并无废弃排泄物;牛乳含有能促进人类生长发育以及维持健康水平的几乎一切必需的营养成分;牛乳所含各种营养成分的比例大体适于人类生理需要;其他食物添加牛乳,可显著提高其蛋白质的营养价值;为了取得与牛乳同等的营养成分,用其他谷物提供,在数量上要比牛乳多消耗好几倍。

2. 牛乳的成分及营养价值

每 100 g 牛乳所含营养成分包括:脂肪 3.1 g、蛋白质 2.9 g、乳糖 4.5 g、矿物质 0.7 g、水 88 g。

牛乳脂肪的营养价值:牛乳脂肪为短链和中链脂肪酸,熔点低,仅为 34.5 ℃。脂肪球颗粒小,呈高度乳化状态,极易消化吸收,还含有人类必需的脂肪酸和磷脂,是一种营养价值较高的脂肪。

牛乳蛋白质的营养价值:牛乳蛋白质含有人体生长发育的一切必需氨基酸和其他氨基酸。牛乳蛋白质的消化率可达 98%~100%,而豆类蛋白质消化率为 80%。牛乳蛋白为完全蛋白质。

牛乳中碳水化合物的营养价值:牛乳中碳水化合物只有乳糖一种。乳糖在自然界中仅存在于哺乳动物的乳汁中,其甜度为蔗糖的 1/6。一分子乳糖消化时可得一分子葡萄糖和一分子半乳糖。半乳糖能促进脑苷脂类和黏多糖类的生成,因而对幼儿智力发育非常重要。乳糖的另一个重要特点是能促进人类肠道内乳酸菌的生长,从而可以抑制肠道内异常发酵造成的中毒现象,有利于肠道健康。在食物中增加乳制品有利于钙的吸收,预防小儿佝偻病、中老年人骨质疏松病。牛乳中碳水化合物不仅能提供热量,而且营养价值要优于其他碳水化合物。

牛乳中矿物质的营养:牛乳中有丰富的矿物质,如钙、磷、铁、锌、铜、锰、钼等。特别是含钙多,而且钙、磷比例合理,吸收率高。所以牛乳是人体钙的最佳来源。

牛乳中维生素的营养价值:牛乳中含有所有已知的维生素,尤其是维生素 A 和维生素 B_2 含量较高,而一般食物中维生素 A 和维生素 B_2 很少。所以,牛乳还是维生素 A 和维生素 B_2 的重要来源。

牛乳胆固醇含量少,而且还含有能降低血胆固醇的 3-羟-3-甲基戊二酸及乳清酸,对中老年人尤为适宜。

总之,除膳食纤维外,牛乳含有人体所需要的全部营养物质,其营养价值是其他食物所不能比的。一个成人每日喝 500 mL 牛乳,能获得 15～17 g 优质蛋白质,可满足每天所需的必需氨基酸;能获得 600 mg 的钙,相当日需求量的 80%;可满足每日热量需求量的 11%。

(二)区分乳制品的类型

1. 巴氏杀菌乳

巴氏杀菌乳是以牛乳或羊乳为原料,经巴氏杀菌制成的液体产品。① 全脂巴氏杀菌乳:以牛乳或羊乳为原料,经巴氏杀菌制成的液体产品。② 部分脱脂巴氏杀菌乳:以牛乳或羊乳为原料,脱去部分脂肪,经巴氏杀菌制成的液体产品。③ 脱脂巴氏杀菌乳:以牛乳或羊乳为原料,脱去全部脂肪,经巴氏杀菌制成的液体产品。

2. 灭菌乳

灭菌乳是指以牛乳(或羊乳)或复原乳为主料,不添加或添加辅料,经灭菌制成的液体产品。① 灭菌纯牛(羊)乳:以牛乳(或羊乳)或复原乳为原料,脱脂或不脱脂,不添加辅料,经超高温瞬时灭菌、无菌罐装或保持灭菌制成的产品。② 灭菌调味乳:以牛乳(或羊乳)或复原乳为主料,脱脂或不脱脂,添加辅料,经超高温瞬时灭菌、无菌罐装或保持灭菌制成的产品。

3. 酸牛乳

酸牛乳是指以牛乳或复原乳为主料,添加或不添加辅料,使用含有保加利亚乳杆菌、嗜热链球菌等菌种发酵制成的产品。① 纯酸牛乳:以牛乳或复原乳为原料,脱脂、部分脱脂或不脱脂,经发酵制成的产品。② 调味酸牛乳:以牛乳或复原乳为主料,脱脂、部分脱脂或不脱脂,添加食糖、调味剂等辅料,经发酵制成的产品。③ 果料酸牛乳:以牛乳或复原乳为主料,脱脂、部分脱脂或不脱脂,加天然果料等辅料,经发酵制成的产品。

4. 全脂乳粉、脱脂乳粉、全脂加糖乳粉和调味乳粉

这是指以牛乳或羊乳为主料,添加或不添加辅料,经加工制成的粉状产品。① 全脂乳粉:仅以牛乳或羊乳为原料,经浓缩、干燥制成的粉状产品。② 脱脂乳粉:以牛乳或羊乳为原料,经分离脂肪、浓缩、干燥制成的粉状产品。③ 全脂加糖乳粉:仅以牛乳或羊乳、白砂糖为原料,经浓缩、干燥制成的粉状产品。④ 调味乳粉:以牛乳或羊乳(或全脂乳粉、脱脂乳

粉)为主料,添加调味料等辅料,经浓缩、干燥(或干混)制成的、乳固体含量不低于70%的粉状产品。

5. 全脂无糖炼乳、全脂加糖炼乳

这是指以牛乳为主料,添加或不添加白砂糖,经浓缩制成的黏稠状液体产品。① 全脂无糖炼乳:仅以牛乳为原料,经浓缩、灭菌制成的黏稠状液体产品。② 全脂加糖炼乳:仅以牛乳为主料,经杀菌、添加白砂糖、浓缩制成的黏稠状液体产品。

6. 奶油

奶油也称奶酪、黄油、白脱油,是指以牛乳稀奶为原料,分离出的乳脂肪,加工制成的固态产品。① 奶油:以发酵或不发酵的稀奶油为原料,加工制成的固态产品。② 无水奶油:以熔融了的奶油或稀奶油(发酵或不发酵)为原料,经加工制成的水分含量较低的固态产品。

7. 软质干酪

软质干酪是指以乳或来源于乳的产品为原料,添加或不添加辅料,经杀菌、凝乳、分离乳清、发酵成熟或不发酵成熟而制得的,水分占非脂肪成分67%以上的产品。① 成熟软质干酪:以乳、稀奶油、部分脱脂或其混合物为原料,经杀菌、凝乳、分离乳清、发酵成熟而制成。按原料不同,可细分为脱脂、半脱脂、全脂和稀奶油成熟软质干酪。② 非成熟软质干酪:以乳、稀奶油、部分脱脂乳或其混合物为原料,经杀菌、凝乳、分离乳清,不经发酵成熟而制成的产品。按使用原料不同,可细分为脱脂、半脱脂、全脂和稀奶油非成熟软质干酪。

(三)乳制品质量要求(以鲜乳为例 GB 19301—2003)

(1) 感官指标。鲜乳感官指标见表12-2。

表12-2 鲜乳感官指标

项 目	指 标
色	乳白色或微黄色
香、味	具有乳固有的香味,无异味
组织状态	均匀胶液体、无凝块、无沉淀、无肉眼可见异物

(2) 理化指标。鲜乳主要理化指标见表12-3。

表12-3 鲜乳主要理化指标

项 目		指 标	项 目	指 标
蛋白质(g/100 g)		$\geqslant 2.95$	杂质度(mg/kg)	$\leqslant 4.0$
脂肪(g/100 g)		$\geqslant 3.1$	铅(mg/kg)	$\leqslant 0.05$
非脂肪固体(g/100 g)		$\geqslant 8.1$	无机砷(mg/kg)	$\leqslant 0.05$
酸度(°T)	牛乳	$\leqslant 18$	黄曲霉毒素 M1(μg/kg)	$\leqslant 0.5$
	羊乳	$\leqslant 16$		

(3) 兽药残留量应符合国家有关标准要求。

(4) 微生物指标。鲜乳微生物指标见表12-4。

表 12－4　鲜乳微生物指标

项　　目	指　　标
菌落总数(cfu/g)	≤5×10^5
致病菌(金黄色葡萄球菌、沙门氏菌、志贺氏菌)	不得检出

(5) 生产加工过程的卫生要求。挤奶场所应整洁、干净；挤奶前要用温水清洗、乳房；装乳的器皿应清洗、消毒并有防蝇防尘设施。

(6) 储存。生鲜乳应贮存于密闭、洁净、经消毒的容器中，储存温度为 2 ℃～6 ℃。储存场所要干净卫生。使用专库储存，不能与其他有毒商品混存。对于粉状乳制品还要注意防潮。

(7) 运输。运输产品时必须使用密闭的、洁净的、经消毒的保温奶槽车或奶桶。运输工具要配有防雨、防尘、冷藏、保温设施。途中要避免强烈震荡、碰撞、挤压。

知识链接

2018—2019
中国乳品行业
大数据分析
报告

学习检测

一、填空题

1. 维生素分脂溶性和(　　　)两大类。
2. 按制作工艺不同酒类商品可分为(　　　)、(　　　)和(　　　)三大类。
3. 白酒的主要成分是(　　　)和水。
4. 青茶属于(　　　)发酵茶。
5. 主要决定茶叶品质与饮用价值的成分是(　　　)、(　　　)、(　　　)等。

二、选择题

1. 以下能被人体直接吸收的物质是(　　)。
   A. 淀粉　　　　　　B. 蛋白质　　　　　　C. 蔗糖　　　　　　D. 葡萄糖
2. 西湖龙井茶叶属于(　　)。
   A. 花茶　　　　　　B. 青茶　　　　　　　C. 红茶　　　　　　D. 绿茶
3. 茅台酒的香型是(　　)。
   A. 浓香型　　　　　B. 清香型　　　　　　C. 酱香型　　　　　D. 米香型
4. 茶叶中含量最丰富的维生素是(　　)。
   A. 维 C　　　　　　B. 维 A　　　　　　　C. 维 B　　　　　　D. 维 K
5. 黄山毛峰属(　　)。
   A. 炒青茶　　　　　B. 晒青茶　　　　　　C. 烘青茶　　　　　D. 珠茶

三、判断题(判断对和错)

1. 干葡萄酒是用晒干的葡萄酿制而成的酒。　　　　　　　　　　　　　　(　　)
2. 糖类物质都能直接被人体消化吸收。　　　　　　　　　　　　　　　　(　　)
3. 白兰地是果酒,低度酒。　　　　　　　　　　　　　　　　　　　　　(　　)
4. 啤酒的度数与白酒度数在含义上是一样的。　　　　　　　　　　　　　(　　)

5. 茶汤的涩味是由咖啡碱引起的。( )

四、思考题

1. 酒、茶叶、饮料、水果、粮食类商品的储存保管相同点是什么，不同点是什么？
2. 为什么食品类商品普遍保管期限不长？

技能训练

1. 任务设计

任务项目：鉴别白酒、啤酒、葡萄酒、绿茶、红茶、青茶商品质量，填写质量报告书。

执行要求：分小组抽签或教师指定鉴别品种，对具体商品进行感官品评，能分辨出品质特点，记录鉴别信息与鉴别结果，设计出质量检验报告书（表格式）。

执行条件：上述商品各选择代表品种一个，鉴别用玻璃酒杯、审茶碗、审茶杯若干个。

2. 能力评价

评价内容：商品品种信息，品质特点的具体描述，检验信息，检验报告书设计与填写。

评价标准：品种信息准确得20分，品质特点描述正确得40分，检验信息准确得20分，质量报告书设计合理且填写工整得20分。

评价方法：各小组自我评价，教师集中评价修正。

知行拓展

1. 真假酒的鉴别常识
2. 三分钟鉴别茶叶真伪优劣
3. 几种水果家庭保鲜法
4. 鲜牛奶的功效与作用

项目十三　识别保管日用品

知识目标　了解日用品有关商品的分类品种,掌握其品质特点、质量鉴别方法。

能力目标　能够区分日用品的种类,能鉴别判断具体日用品商品的质量状况并能制定保管方案。

素质目标　认识日用品对人们生活的重要性,认识日用品的不同品种在品质、使用、保管等方面的差异性,养成细致、认真、务实的工作作风。

2018年上海市塑料饮水壶(杯)产品质量监督抽查结果

近期,上海市质量技术监督局组织对本市生产和销售的塑料饮水壶(杯)产品进行了监督抽查。本次共抽查产品40批次,经检验,不合格0批次。

塑料饮水壶(杯)产品是列入食品相关产品生产许可证许可目录的产品。本次计划抽查本市生产企业12家,实际抽到产品的有4家,另有8家企业由于停产等原因未抽到样品。

本次监督抽查,根据所抽产品的生产日期,2017年4月19日(含)后生产的产品依据《GB 4806.7—2016 食品安全国家标准 食品接触用塑料材料及制品》标准,对塑料饮水壶(杯)产品的下列项目进行了检测:感官指标、总迁移量、高锰酸钾消耗量、重金属(以Pb计)、脱色试验等。(上海市质检局网站,2018年9月13日)

任务引导：1. 上述情况说明了什么?

2. 你能说出生活中用塑料制成的各种具体用品吗?

3. 除了塑料制品还有哪些商品属于日用品类?

任务一　识别保管塑料制品

塑料制品是由以合成树脂为主要原料生成的塑料粉或颗粒,经过成型,有的还经过修饰、装配等加工而制成的日用工业品,具有质轻、耐冲击、耐酸碱盐及水的腐蚀、不导电、不透水、有光泽、易装饰、易加工、成本低等优点,在日常生活中应用十分广泛。

知识链接

2018中国塑料制品行业情况

一、塑料的组成与制品的成型方法

(一) 塑料的组成

(1) 合成树脂。合成树脂是以煤、石油、天然气以及一些农产品为主要原料提炼出的一些低分子有机化合物,再通过化学聚合方法制成的一类高分子有机化合物。合成树脂中的大分子结构能使其在一定温度下具有较好的黏结能力,能把塑料中的所有组成成分黏结在一起,是塑料的黏结剂,是塑料的主体成分。一般合成树脂占塑料成分比例为40%~100%,是决定塑料工艺性质和性能特点的主要内在因素。

(2) 塑料助剂。在塑料中加入一些塑料助剂可以起到改善加工性能、提高使用性能和降低成本等作用。助剂在塑料中所占比例虽然较少,但对塑料制品的质量却有很大影响。不同种类塑料因成型方法和使用条件不同,所需助剂的种类和用量各不同。常见的塑料助剂有增塑剂、稳定剂、润滑剂、阻燃剂、发泡剂、着色剂、交联剂及填料等。

(二) 塑料制品成型方法

(1) 注射成型法。注射成型法是将塑料(粉或颗粒)加入料筒内加热至黏流态后,经柱塞推挤,注入冷的金属模中,冷却后脱模,即得尺寸准确的,有一定造型(包括复杂造型)的塑料制品。

(2) 挤出成型法。挤出成型法是将塑料在料筒内加热到黏流态后,用推杆使其连续从特定形状的模口挤出,成为连续成型的制品,最后冷却定型。其制品形状取决于模口的断面。

(3) 吹塑成型法。吹塑成型法用于热塑性塑料的薄膜或空心制品的成型。前者是将挤出的管状坯料,经过压缩空气将其横向吹胀,同时纵向牵伸,使管壁膨胀变薄至所需厚度,冷却,即得具一定厚度的塑料薄膜;后者是将挤出的管状坯料置于模具里,并吹入热空气(或将坯料预热,并吹入空气),使塑料膨胀、紧贴模具壁,再冷却、脱模,即得一定形状的空心塑料制品。

(4) 压延成型法。压延成型法是将塑料通过加热压辊变软后,再通过若干组相向旋转辊筒的间隙进行延压,达规定厚度后冷却,即得软质塑料薄膜或硬质塑料板等塑料制品。

(5) 模压成型法。模压成型法主要用于热固性塑料制品及层压制品的成型。将塑料(粉,粒,碎屑)放入热模具里,闭模加压,使塑料固化成型,即得热固性塑料制品,如密胺塑料餐具、电木灯头插座、电压钮扣等;若是将玻璃纤维布等材料经合成树脂浸渍后,以相同或不同材料的若干层,在层压机上进行热压,即得层压制品。

二、塑料制品的分类

(一) 按塑料制品的原料分类

塑料制品按所用塑料种类的不同,可分为聚乙烯塑料制品、聚氯乙烯塑料制品、聚丙烯塑料制品、聚苯乙烯塑料制品制品、有机玻璃塑料制品、硝酸纤维素塑料制品、聚酰胺塑料制品、酚醛塑料制品、脲醛塑料制品、密胺塑料制品、ABS塑料制品等多种。

1. 聚乙烯塑料(PE)

聚乙烯塑料具有质轻、无毒、无味、无臭、不易脆化、绝缘性好、化学稳定性强、有一定透气性等特点。比重为0.9~0.96之间,外观有蜡质感。适宜温度在80 ℃~100 ℃。适合制作管材、中空容器、电绝缘制品、水桶、面盆、热水瓶壳、奶瓶、杯子、薄膜等。

2. 聚氯乙烯塑料(PVC)

聚氯乙烯塑料色泽鲜艳、不易破裂、结构紧密、比重达 1.3 左右,耐腐蚀,耐老化,电绝缘性和气密性较好,机械强度高,硬度和刚性比聚乙烯大,有较好的阻燃性。但耐光性较差,耐热性也较差,遇冷易变硬发脆,使用温度最好在 40 ℃以下。分硬质和软质两种。

硬质聚氯乙烯塑料的质地坚硬、机械强度高、耐水性好,能制成各种透明或半透明且带有珠光的制品,适合制作皂盒、梳子、文具盒及各种农用桶、勺等。

软质聚氯乙烯塑料的质地柔软、有弹性、强度高、透光性及气密性好、不透水,适合制作农用薄膜,还适合制作雨衣、台布、窗帘、手提袋等。

3. 聚丙烯塑料(PP)

聚丙烯塑料是目前塑料中最轻的一种,外观呈乳白色半透明状,比重为 0.9~0.91。无毒、无味、有较好的强度、硬度、弹性,耐冲击,耐磨,耐腐蚀,耐热,绝缘性、气密性、弯曲性较好。使用温度可达 110 ℃并能长期使用而不变形。但其耐老化和耐寒性较差。它适合制作各种日用容器、家电外壳,尤其适合制作各种绳索。

4. 聚苯乙烯塑料(PS)

聚苯乙烯塑料属于硬质塑料,硬度高、质轻、表面光滑、富有光泽、耐水、无毒、无味、有较好的化学稳定性和电绝缘性,透光率仅次于有机玻璃。但脆性大、耐热性差,使用温度最高不能超过 95 ℃,否则会发生形变而损坏。敲击时有金属响声。适合制作各种纽扣、酒杯、玩具、梳子、牙刷、学习用尺、电器外壳等。

5. 有机玻璃(PMMA)

有机玻璃是一种性能良好且较为贵重的热塑性塑料。其主要特点是质轻、强度好、脆性小、耐气候性好、透明度高,透光率达 92%,外观美观,加入荧光剂可制成荧光塑料,加入珠光剂可制成珠光塑料。但其表面硬度低、耐磨性、耐热性差。用粗物摩擦之有水果香味。使用温度超过 100 ℃时即发生变形。适合制作眼镜架、发夹、伞柄、纽扣、文具等。

6. 硝酸纤维素塑料(CN)

硝酸纤维素塑料又称为赛璐珞塑料,是日用塑料中唯一不用合成树脂为原料,而用天然纤维素为原料进行生产的塑料。其最大特点是质轻、弹性好,具有樟脑味但无毒。它是制作乒乓球、电影胶片及照相胶卷的理想材料,也可以制作儿童玩具、发夹、灯罩、眼镜架等。但其化学稳定性较差,长期受日光照射易变色老化,遇高温易燃。当温度升到 130 ℃时就开始冒烟,到 170 ℃左右其会全部分解,同时起火。

7. 聚酰胺塑料(PA)

聚酰胺塑料俗称尼龙塑料,白色半透明,无毒、无味,强度高,耐磨性较好,耐油性也较好,但其耐酸性和耐光性较差,除用于纺织、机械,还大量用于织网、织绳、球拍网、拉链、刷子等。

8. 酚醛塑料(PF)

酚醛塑料俗称电木,有较好的耐热、耐寒性,表面硬度高,不易燃烧,电绝缘性、耐腐蚀性好,不易老化,对各种溶剂和油类的作用有较强的抵抗力。但其色泽较暗、脆性大,而且有一定的毒性,吸水性大,受潮后易发生霉变或产生裂纹而破碎。它适合制作纽扣、餐具把手、电话机壳、台灯、电源插座等。

9. 脲醛塑料(UF)

脲醛塑料俗称电玉,其色泽鲜艳,表面硬度大、光滑、耐热、耐寒、绝缘、耐油、耐弱碱和有机溶剂,能长期在110 ℃左右使用,但不耐酸。其透明者如象牙,半透明者如玉石。它适合制作各种纽扣、装饰品、家具拉手、日用电器外壳等。

10. 密胺塑料(MF)

密胺塑料色泽多样,外观和手感如瓷器,表面硬度和耐冲击强度都比较高,无毒、无味、耐水、耐热、耐酸碱,能长期在110 ℃左右使用。但不宜长期在日光下暴晒或硬碰重摔。其适合制作各种饮食用具、电器绝缘零部件等。

11. ABS塑料

塑料ABS树脂是目前产量最大,应用最广泛的聚合物,它将PB、PAN、PS的各种性能有机地统一起来,兼具韧、硬、刚相均衡的优良力学性能。ABS是丙烯腈、丁二烯和苯乙烯的三元共聚物,A代表丙烯腈,B代表丁二烯,S代表苯乙烯。ABS具有优良的综合物理和机械性能,极好的低温抗冲击性能,尺寸稳定性,电性能、耐磨性、抗化学药品性、染色性、成品加工和机械加工较好。ABS树脂耐水、无机盐、碱和酸类,不溶于大部分醇类和烃类溶剂,而易溶于醛、酮、酯和某些氯代烃中。ABS树脂热变形温度低可燃,耐热性较差。熔融温度在217 ℃~237 ℃,热分解温度在250 ℃以上,广泛应用于汽车、电子电气、办公和通信设备等领域,日用品中应用较少。

(二) 按塑料制品的用途分类

塑料制品按用途的不同,可分为塑料材料制品和塑料日用制品两大类。

1. 塑料材料制品

塑料材料制品是主要用来作为某些产品原材料的塑料制品,按结构、性能的不同,可分为人造革、合成革、塑料薄膜、泡沫塑料等五种。

(1) 人造革。人造革是以棉布、针织布、化纤布等为基底,合成树脂为涂层的仿革制品。品种主要有聚氯乙烯人造革,其次为聚氨酯(简称PU)人造革。聚氯乙烯人造革具有外观似皮革、质地柔软、耐摩擦、耐酸碱、可洗涤、不透水、不透气、不耐低温、价格便宜等特点。按涂层结构的不同又分为普通人造革、地板人造革、发泡(泡沫)人造革三种。

(2) 合成革。合成革是以具有海岛型纤维结构的吸湿性、透气性很好的无纺布为基底,经聚氨酯(合成树脂)与二甲基甲酰胺(易溶于水)的混合物浸涂并水洗后的拟革制品,也称PU革。是以有孔的无纺布为底布和有微孔的聚氨酯为覆盖层的复合材料。合成革的耐磨性、强度、弹性、耐油性、透气性、透湿性、耐低温均优于人造革。品种有光面合成革、绒面合成革、压花合成革等。外观和性能近似皮革,但吸湿性小,可用于制作合成革鞋、服装、皮包等。低发泡的聚氨酯合成革(又称仿羊皮),其树脂浸轧薄而匀,不易拉断,冬天不变硬,常用于制作女鞋、手袋等。合成革有取代人造革制品的趋势。

(3) 塑料薄膜。塑料薄膜品种多,用途广,如制作台布、雨衣、窗帘、农用地膜等。

(4) 泡沫塑料。泡沫塑料是合成树脂经过发泡后制成的内部有无数小孔的塑料制品,具吸水、保温、隔热、隔音等特点,有硬泡沫塑料和软泡沫塑料两种,用于制作床垫、坐垫等。

(5) 玻璃塑料(又称玻璃钢)。玻璃塑料是由合成树脂和玻璃纤维组成的一种增强塑料,体轻、强度高、耐腐蚀,比钢轻一半以上,强度却不亚于钢,用于家具、汽车等的制造。

2. 塑料日用制品

塑料日用制品是日常生活中使用的塑料制品,按用途的不同,可分为以下七类:

(1) 塑料容器类,有塑料瓶、塑料盒、塑料盆、塑料桶、塑料缸等品种。

（2）塑料餐具类,有塑料碗、塑料盘、塑料筷、塑料水杯等品种。

（3）塑料玩具类,有塑料小动物、塑料汽车、塑料棋等品种。

（4）塑料工艺品类,有塑料动物雕塑、塑料花等品种。

（5）塑料家具类,有塑料椅、塑料凳等品种。

（6）塑料洁具类,有塑料盆、塑料坐便器、塑料扫帚等品种。

（7）塑料文化用品类,有塑料三角尺、塑料直尺、塑料笔筒、塑料文件夹等品种。

三、塑料制品的挑选

挑选的塑料制品应是结构合理、造型美观、花纹清晰、色泽鲜艳、色调一致、表面平滑光亮,且无难闻气味及变色、麻点、气孔、缺损、毛边等缺陷。

四、塑料制品的储存保管

（一）分库存放

塑料制品勿与化学药品同库混存。尤其是挥发性有机溶剂对塑料制品容易发生侵蚀。

（二）避光、防热、防冻

塑料制品应避光存放,并避免暴晒、受热和冷冻。光和过高或过低的温度,都容易加速塑料制品老化,从而逐渐失去使用价值。

（三）防裂、防压

塑料制品应轻搬轻放,堆码勿过高。受到碰撞的硬质塑料制品容易破裂,长期受到重压的软质或空心塑料制品容易变形,塑料薄膜容易黏结。

（四）注意卫生,保持干燥

要保持库房干燥和清洁。潮湿和尘埃都容易使塑料制品失去表面光泽。

任务二　识别保管玻璃器皿

玻璃器皿明亮光洁,造型富于变化,用作饮食用具时安全卫生、易清洗,用作容器时,耐腐蚀、不漏水、不透气,用于装饰时晶莹剔透、高雅美观,是很受欢迎的现代家庭日用品。

一、玻璃器皿的材料

玻璃是以石英砂、纯碱、石灰石、长石等为主要原料,经 1 550 ℃～1 600 ℃高温熔融、成型,并经快速冷却而制成的硬而脆的固体无机非金属材料。

玻璃材料的主要成分是 SiO_2、Na_2O、CaO,另外还有少量的 Al_2O_3、MgO、PbO 等。若在玻璃成分中加入某种金属氧化物使其组成成分比例有所改变,便可以制得具有不同性能特点的、可以具有不同用途的玻璃材料,如钠玻璃、钾玻璃、铅玻璃、硼硅玻璃、铝硅玻璃、铝镁玻璃、石英玻璃等。

知识链接

2018 中国日用玻璃制品十强企业

二、玻璃器皿的制造

熔制成的玻璃料,必须经过成型、退火、加工、装饰,才能成为有一定用途的玻璃器皿。

（一）玻璃器皿的成型

成型是将玻璃液制成一定形状的过程。玻璃器皿通常采用热塑成型，主要有人工成型法和机械成型法两种。

1. 人工成型法

人工成型法多用于制造高级玻璃器皿以及特殊形状的玻璃制品，主要有人工吹制法和捏塑法。

人工吹制是使用吹管挑吹玻璃料，使料成为中空厚壁小泡，将料泡放入衬碳模内，再在不断旋转下吹气，直至料泡胀大成为制品，冷却后脱模，即成一定形状的玻璃品，如高脚酒杯、玻璃杯、花瓶等。

捏塑又称自由成型，不使用模具，是用手工操作钳、剪、镊、夹板等特殊工具，将各色玻璃液，通过捏、拉、粘、刻、雕塑成玻璃品。此法主要用于制造玻璃艺术品。

2. 机械成型法

机械成型法主要有压制法和吹制法。

机械压制法是采用滴料供料机供料，用自动压机成型，适宜制造各种日用玻璃器皿和光学透镜、显像管面板及锥体等，其工艺简单，生产能力高，制品形状精确。缺点是压制品表面常带有模缝、斑点、不够光滑，且不能制作薄壁器皿。

机械吹制法是先将料压制成制品口部和锥形，在转入成型模中吹成制品，适宜制造大口瓶、保温瓶胆、小口瓶等。

（二）退火与淬火

退火是将经过成型的玻璃制品快速加热（如普通玻璃器皿达 450 ℃～520 ℃），在退火温度下保持一定时间后，缓慢冷却至退火温度以下，然后快速冷却至室温，以消除成型时玻璃中产生的应力，提高玻璃器皿的耐用性。

淬火又称物理钢化，是将玻璃器皿均匀加热到接近软化温度时，迅速冷却，适用于造型简单和体壁较厚的压制玻璃器皿，在其炸裂时分裂呈钝角颗粒，不易伤人。

（三）加工与装饰

（1）玻璃器皿的初加工。初加工包括对吹制器皿磨去口部毛刺，烘烤使口部透明光滑，磨底，棱边加工等。

（2）研磨和抛光。初加工后可在玻璃器皿表面研磨出棱和面组成图案，再进行抛光以恢复表面的晶亮光滑。

（3）装饰。装饰有毛面装饰、艺术雕塑、细线蚀刻等。

毛面装饰是通过喷砂或腐蚀，在玻璃器皿表面形成无光的图案。

艺术雕刻是在各种形状、大小不同的旋转铁、铜轮上，加细金刚砂和水，将玻璃器皿表面磨刻出各种艺术图案。

细线蚀刻是用针刻去玻璃器皿表面的脂蜡保护层后，再用侵蚀液蚀刻，使得玻璃器皿表面形成透明图案的装饰效果。

（4）彩饰。彩饰是在玻璃器皿表面增加彩釉层，再彩烧而成，有表面施釉、描金等。

表面施釉是将各种彩釉以喷、描、印等方法施绘于器皿表面，经彩烧使其熔粘在玻璃上，使器皿获得色彩。

描金是在器皿表面涂上金树脂酸盐溶液,然后进行煅烧,金即被还原成光亮的薄层。描金是高级玻璃制品的重要装饰。

三、玻璃器皿的分类

(一) 按成型方法分

(1) 压制制品。特点是壁厚、空腔不深、形状简单,如玻璃盘、糖果缸、烟缸、啤酒杯等。
(2) 吹制制品。特点是壁薄精致,表面光滑无缝,耐热性好,如保温瓶胆、花瓶、高脚酒杯等。

(二) 按装饰工艺分

(1) 喷花制品。特点是色彩鲜艳夺目,图案清晰。
(2) 磨花制品。特点是图案透明而富有光泽。
(3) 蚀花制品。特点是细腻、清秀、雅致、逼真。

(三) 按用途分

(1) 食器类。主要有水杯、酒杯、冷水瓶、调味品瓶、碗、碟等。
(2) 容器类。主要有糖果类糖缸、烟缸、茶盘等。
(3) 装饰类。主要有灯具、花瓶、小摆件等。

四、玻璃器皿的品种

(一) 玻璃水杯

玻璃水杯是玻璃器皿中花色最多的一种,有吹制杯、压制杯、普通杯、有盖杯、有把杯、圆底杯、方底杯、喷花杯、贴花杯、印花杯等等。

(二) 玻璃酒杯

玻璃酒杯有吹制酒杯、压制酒杯、普通酒杯、高脚酒杯、筒形酒杯、束腰酒杯、鼓肚酒杯、白酒杯、色酒杯、啤酒杯、香槟酒杯、鸡尾酒杯,多为磨花装饰。

(三) 玻璃水具

玻璃水具是由 1 个扣盖冷水瓶、4~6 个玻璃杯、1 个玻璃茶盘组成的成套销售的商品。冷水瓶有贴花、印花、磨花、有色磨花以及拉丝等花色。

(四) 玻璃糖缸

玻璃糖缸有印花吹制玻璃糖缸、磨花吹制玻璃糖缸、压制凹凸花纹糖缸等。

(五) 玻璃花瓶

玻璃花瓶有吹制彩色花纹花瓶、吹制粘花花瓶、压制凹凸花纹花瓶,还有小口玻璃花瓶、大口玻璃花瓶及各种造型花瓶等。

(六) 微晶玻璃锅

微晶玻璃锅强度高,耐酸、碱、氧化的腐蚀,能经受火焰直接空烧,导热性能近似砂锅。有透明和瓷白两种。

五、玻璃器皿的挑选

挑选玻璃器皿时,要求其结构合理,色泽均匀,外观疵点少。

(一) 器皿结构

玻璃器皿的形状、尺寸应方便使用,盖与容器口要完全吻合,部件配合协调,造型美观。

(二) 器皿色泽

无色玻璃器皿应透明、洁净、富有光泽;有色玻璃器皿应色泽均匀、鲜艳悦目;有彩色图案的玻璃器皿应花纹清晰,图像逼真,色彩协调。

(三) 器皿外观

玻璃器皿的外观应无影响美观和使用性能的沙粒、斑纹、气泡以及模子印等疵点,而且器皿口要圆,底要平,器壁厚薄均匀。

六、玻璃器皿的储存保管

(一) 分类存放

玻璃器皿勿与酸碱盐类化学药品及容易返潮的商品同库存放。

(二) 防碎、防压

玻璃器皿是典型的易破碎商品,要轻装轻卸、轻拿轻放,严防碰撞、倾斜或倒置,堆码不宜过高。

(三) 防潮

控制库内相对湿度宜在85%以下,最高不得超过90%。要经常检查,发现包装受潮和玻璃器皿出现霉斑,要及时处理。

七、保温瓶

保温瓶是普遍使用的以瓶胆为玻璃器皿的日用工业品。

(一) 保温瓶的基本结构

保温瓶由瓶胆、瓶壳、瓶塞三部分组成。瓶胆是由两个吹制成的单层玻璃瓶坯在瓶口熔接的双层瓶。在内外瓶夹层间塞垫三粒石棉,以固定两层距离,防止内屏摆动;在夹层内的瓶壁上镀银并抽去空气形成保温效果;在外瓶底部一侧接有尾管,是镀银和抽真空后留下的封口。瓶壳的主要作用是保护瓶胆,便利使用,增进美观。

(二) 保温瓶的分类和品种

1. 按瓶壳所用材料分类

可分为铝壳保温瓶、马口铁壳保温瓶、不锈钢壳保温瓶、搪瓷壳保温瓶、仿银壳保温瓶、仿钢壳保温瓶、塑壳保温瓶、竹壳保温瓶等品种。

2. 按保温瓶的形状分类

可分为普通保温瓶、大口保温瓶、异形保温瓶等品种。

大口保温瓶是瓶口直径大于瓶身直径2/3的保温瓶。有冷藏保温瓶以及保温杯等。异形保温瓶有鸭嘴保温瓶、矮胖保温瓶、象鼻式保温瓶、旅行保温瓶等。

3. 按保温瓶的结构分类

可分为普通保温瓶、气压式保温瓶、电热水瓶、微电脑电热水瓶等品种。

(三) 保温瓶的规格

保温瓶的规格按容水量的多少划分为"号"。以容水 400 mL 为 1 号,每增加 400 mL 增加一个号。

小口保温瓶有 1 号、2 号、3 号、5 号、7 号、8 号;矮型小口保温瓶有 5 号、7 号、8 号;大口保温瓶有 5 号、8 号、20 号;旅行保温瓶有 1/2 号和 1 号。日常普遍使用的是 5 号小口普通保温瓶。

(四) 保温瓶的挑选

(1) 瓶壳。各部件连接平整、牢固,表观光洁,面层颜色鲜艳、图案花纹清晰美观。

(2) 瓶塞。瓶塞应圆正,能与瓶口吻合。

(3) 瓶胆。瓶胆应顶平、口圆,保温效能高。

保温效能是评定保温瓶使用价值的最重要的指标,根据国家标准《保温瓶瓶胆保温效能测试方法》,是在 20 ± 5 ℃的室温下灌入 99 ± 1 ℃的水并盖好瓶塞,经 24 h(个别品种为4~6 h)后测水温。不同口径和容水量的保温效能指标不同。如 5 号小口保温瓶应不低于 69 ℃。

(五) 保温瓶的储存保管

(1) 分类存放。保温瓶勿与油类、酸、碱以及容易返潮的商品同库存放。

(2) 干燥通风。库房应干燥通风,温度控制在 35 ℃以下,以防橡胶圈、垫老化;相对湿度在 60%~80%,以防金属瓶壳生锈。

(3) 轻拿轻放。保温瓶要轻拿轻放,堆码高度不得超过 3.5 m。

任务三　识别保管化妆品

知识链接

化妆品知名品牌

化妆品是施于人体面部或其他部位皮肤表面,以及毛发或指甲上的具有清洁、保护、美化功能的日用化学制品。

化妆品能够去除面部、皮肤及毛发的污垢,保护面部、皮肤、毛发的柔软光滑和弹性,增加皮肤、毛发的活力和含水量,促进皮肤和毛发的新陈代谢,赋予人体芬芳的香气、整洁的容貌,令人精神振作,有利于促进身心健康。随着人们生活水平的提高,化妆品日益得到广泛的应用。

化妆品是直接接触人体皮肤、毛发的多种化学物质的混合物,密切关系着人体的健康。因此,化妆品必须保证对人体卫生安全,符合国家制定的《化妆品卫生标准》《日用化妆品的使用说明》《化妆品卫生监督条例》等有关标准、法规的规定。

化妆品约有一百多类,上千余种,有膏霜状、粉状、液状、胶状、蜡状、笔状等多种形态。商业上一般按用途进行分类,将化妆品分为洁肤类、护肤类、美容类、护发美发类等。

一、洁肤类化妆品

洁肤类化妆品都含有表面活性剂,能清除皮肤表面的分泌物和污垢,容易清洗,并留香于皮肤表面,对皮肤刺激性弱,适用于各种皮肤。

（一）洗面奶

洗面奶是一种温和性的洁肤化妆品，对皮肤无刺激性。涂抹于不需作特别清洁处理的面部、手部皮肤上，用手指轻轻按摩，皮肤上的油垢、皮屑、粉脂等物就会溶解，分散于其中，用纸巾抹净或用清洁水洗去后，皮肤表面还留下极薄层滋润的油膜，保护皮肤光滑爽洁。洗面奶也可使用于化妆前及卸妆后清洁皮肤。从作用上分，洗面奶有收敛型的青瓜洗面奶、柠檬洗面奶、芦荟洗面奶；有营养型的蛋白洗面奶、人参洗面奶、维生素 E 洗面奶等。

（二）清洁霜和清洁露

清洁霜又称净面霜，其溶去油垢的能力强于肥皂，而且对皮肤刺激性极小，适用于油性皮肤。尤其适用于化妆后卸妆，用法同洗面奶，最后用纸巾抹净，由于油分足，可溶去膏脂、皮脂，带走皮屑和尘垢，并在皮肤表面留下一薄层滋润性油膜。

清洁露又称清洁乳液或清洁蜜，功能同清洁霜，由于流动性好，使用更为方便。

（三）卸妆油

卸妆油是以矿物油为主体的卸妆用品，主要用于卸除面部浓妆及油彩妆，其清洁的机理主要是油溶性，对于油彩妆的清洁效果比清洁霜更为显著，但对皮肤的刺激也强。

（四）磨砂膏

磨砂膏是含有均匀颗粒的洁肤品，主要用于去除皮肤深层的污垢，通过在皮肤上摩擦可使老化的鳞状角质剥起，除去死皮细胞，使皮肤保持柔软细腻。

（五）去死皮膏（液）

去死皮膏是一种可以帮助剥脱皮肤老化角质的洁肤用品。去死皮膏（液）附于皮肤后，其中的酸性物质使角化细胞溶解，当搓掉或除去这些膏液时，可以把溶解的角化细胞一起带下来，起到净化皮肤的作用。

二、护肤类化妆品

护肤类化妆品具有较强的渗透性，容易被皮肤吸收，并在表面留下一层脂肪性薄膜，防止水分挥发，保护皮肤滋润细腻、富有弹性。这类化妆品使用最广（男女皆适），品种非常多。

（一）眼霜

眼部肌肤最为脆弱，一旦缺水就会产生皱纹，化妆更是催生皱纹的高危动作。这就需要在化妆前先为眼部好好补水。选择眼霜时清爽不油腻、高水分十分关键，著名的品牌也是品质的保证。眼霜是用来保护眼睛周围比较薄的这一层皮肤的，对眼袋、黑眼圈、鱼尾纹等都有一定的效用，但是不同的眼霜有不同的作用。眼霜从功能上分为滋润眼霜、紧实眼霜、抗老化眼霜、抗敏眼霜等等。

（二）面霜

面霜是基础护肤最重要的一步了，面霜中的美白、抗衰老等有效成分能够更好地被肌肤吸收，保护面部肌肤。

（三）精华素

精华素含有微量元素、胶原蛋白、血清，它的作用有防衰老、抗皱、保湿、美白、去斑等等。

精华素分水剂、油剂两种,所提取的是高营养物质并将其浓缩。

(四) 爽肤水

爽肤水用于洁面后的二次清洁和重整肌肤,建议选择无酒精、含水量高的配方,可以充分湿润和调整皮肤状态。

(五) 乳液

乳液是一种液态霜类化妆品,有良好的润肤作用,也有调湿效果。早期的乳液是水包油型乳状液,多采用钾皂做乳化剂,但在存放过程中会变稠,不易从瓶中倒出。近几年采用十二醇硫酸二乙醇胺盐或非离子型乳化剂,可制成稳定性很好的乳液。

(六) 纯露

纯露指精油在蒸馏萃取过程中留下来的水,是精油的一种副产品,是在提炼精油过程中分离出来的一种100%饱和的纯露,成分天然纯净,香味清淡怡人,成为现在护肤概念中必不可少的组成部分。

三、美容类化妆品

美容化妆品都具有一定色彩、遮盖力和芳香气味,可以修饰人体,使其散发令人愉快的香气。此类化妆品的品种很多,尤受女士们喜爱。

(一) 香粉和香粉蜜

香粉是由滑爽剂(滑石粉)、遮盖剂(钛白、氧化锌)、黏附剂、吸收剂以及香料、色素混合而成的粉状面部化妆品。香粉可以遮盖面部皮肤表面缺陷,改善皮肤颜色。

香粉蜜是将香粉悬浮在水和甘油中形成的浆状混合物,具有对面部皮肤遮盖、调色以及滋润保护的作用。

(二) 胭脂

胭脂是由粉料(滑石粉、陶土粉、淀粉)、颜料、香料、胶合剂等混合研磨压制而成的粉质块状面颊部化妆品,可以增加面部立体观感,使之红润美观。

(三) 唇膏(又称口红)

唇膏是以无毒性色素与油脂、蜡质等成分配制而成的蜡状唇部化妆品,有原色唇膏、无色唇膏和变色唇膏,具有美化嘴唇和防止唇部皮肤干裂的作用。

(四) 眉笔

眉笔是将颜料、脂、蜡的混合物作笔芯的铅笔式样的眉部化妆品。眉笔用于描画眉毛,以改善眉毛的形态和颜色。

(五) 指甲油和去甲水

指甲油是皮膜形成剂、增塑剂、色料和溶剂配制而成的胶状指甲化妆品,具有美化指甲和保护指甲的作用。

去甲水是指甲油除去液,由溶剂(丙酮占70%)、脂蜡类滋润剂等配制而成,具有溶解和脱除指甲油的作用。

指甲油和去甲水含有大量挥发性溶剂,使用时要注意随手旋紧瓶盖;其溶剂都是易燃物,在使用和存放中都要注意防火、防热。

（六）香水、古龙水和花露水

香水、古龙水和花露水都是由香精和酒精为主要成分组成的香味化妆品,按照香精含量不同而区分。

香水中一般含香精15%～25%,使用的乙醇浓度为90%～95%。优质香水又称香水精,其香精含量可高达50%,采用脱臭无水乙醇配制。高档品的香精多选用天然花和果的芳香油及动物香料（如麝香、灵猫香）,低档品多采用人造香料来配制。

古龙水又称"科龙水",香精含量为3%～8%,使用的乙醇浓度为80%～85%。香料采用柠檬油、柑橘油、薰衣草油等。古龙水香味清淡,适合男士选用。

花露水中香精含量为3%,使用的乙醇浓度为75%～85%,价格较低,是夏令卫生用品,可防蚊、止痒、消痱,洒在衣物上可消除浊味,使人精神爽快。

四、护发美发化妆品

护发性化妆品能使头发洁净,油润光亮而不致脆断；美发性化妆品能使头发蓬松飘逸,形成优美的发型。

（一）洗发液（洗发香波）

洗发液是以表面活性剂为主体的液体洗发用品,有乳化体和透明液两类。可以清洁人的头皮和头发,使用方便,泡沫丰富,不怕硬水,容易清洗,可使头发柔软光亮,易于梳理。

（二）护发素

护发素是主要由阳离子表面活性剂、油性物质和水组成的水包油型乳化体,为轻油性护发用品。护发素可以吸附在带负电荷的头发表面形成油膜,使头发滋润柔软,富有弹性,光泽自然,能消除静电,使头发便于梳理。

（三）焗油膏

焗油膏是由高效渗透剂、精制貂油、其他添加剂等制成的膏状护发、美发用品,有普通焗油膏、免蒸焗油膏两类。焗油膏可以使营养成分渗透于发内,补充头发所需营养,修复发质,还可以在头发表面形成保护膜,使头发增加自然光泽,富有弹性,易于梳理。

（四）摩丝

摩丝是由树脂、羊毛脂、甘油、酒精、发泡剂等多种成分制成的泡沫状固定发型的美发用品。有些品种还加有营养成分。摩丝能很快将理想发型固定起来,在较长时间保持不零乱,不变形。摩丝是易燃物品,应避火存放在阴凉处。

（五）冷烫发剂

冷烫发剂是由卷发剂和定型剂组成的美发用品,可以使头发弯曲,造型蓬松美观。

（六）染发剂

染发剂是由植物提炼加工或化学合成的可以改变头发本色的美发用品,如可以把白色染成黑色,或把头发染成金黄、红棕等时髦的颜色。

染发剂按染色效果的时限,可分为永久型、半永久型和暂时型三种。永久型染发剂可以渗入头发皮质层与色素粒子结合,改变头发的基本结构,可以长期保持；半永久型染发剂渗入皮质层后只有微量与色素粒子结合,能维持一个月左右;暂时型染发剂只能使颜色停留在头发的表皮层,洗发时就会退去。

染发剂按剂型的不同,可分为粉剂、水剂、膏剂、霜剂四种。一般粉剂染发持久,但易伤害发质,且使用不方便;水剂使用方便,但染色不持久;膏剂使用方便,但染色不易均匀;霜剂染色持久,不伤发质,使用方便。

五、化妆品的挑选

挑选化妆品,一般是通过感官来鉴别化妆品品质的优劣,可从以下三个方面进行挑选。

(一) 销售包装

销售包装应整洁、完好,包装标签内容完整。

(二) 使用说明

使用说明应有主要原料、使用方法、使用注意事项、安全警告、贮存条件及方法等内容。

(三) 外观,质地

(1) 色泽。无色的块、粉、膏、乳液状化妆品应洁白、有光泽;液体化妆品应清澈透明;有色化妆品应色泽均匀一致。

(2) 质地化妆品是固状的,应软硬适宜;粉状的,应粉质细腻,无粗粉、硬块;膏、乳状的,应质地细腻,无干缩或水分析出现象;液状的,应清澈,无沉淀或颗粒等杂质。

(3) 气味化妆品应散发出规定香型的芬芳香气,无刺激性气味。

此外,在挑选香水时,看到瓶身标志有"PARFUM"的是最为高级的浓香水,香精含量在20%以上,香气十分持久;标有"E.D.P"的为含香精15%~20%的香水;而标有"E.D.T"的是香露;标有"EAU DE COLOGN"的是古龙水;标有"EAU FRAICHE"的是含香精1%~3%的剃须水或香体剂,属淡香水。

六、化妆品的储存保管

(一) 化妆品入库

入库要分类或单独存放,以防串味;要轻装轻卸,以防玻璃、陶瓷类包装容器破碎。

(二) 化妆品在库

化妆品在库要控制好温湿度。温度过高,会引起水分、香气挥发、成分逸失以及霜膏中油水分离变质;温度过低,又会使含水较多的化妆品变硬,发生粗渣等质量变化,还能引起包装容器冻裂。温度过高,会使粉质化妆品受潮结块,化妆品所含营养物质生霉变质以及包装损坏。因此,应保持库内温度在0℃~35℃,相对湿度在60%~85%之间。

要加强化妆品的在库检查,发现包装漏气,要立即密封,以防香气和水分散发。

(三) 化妆品出库

对于化妆品,应注意及时出库销售,先进先出。一般化妆品的保质期为一年,较长的不超过两年。

 知识链接

2018 中国洗涤用品十大品牌

　　排名 1　立白　　广州立白企业集团有限公司
　　排名 2　雕牌　　浙江纳爱斯集团
　　排名 3　白猫　　上海白猫(集团)有限公司
　　排名 4　奇强　　南风化工集团股份有限公司
　　排名 5　浪奇　　广州市浪奇实业股份有限公司
　　排名 6　加佳　　南京佳和日化有限公司
　　排名 7　六神　　上海家化联合股份有限公司
　　排名 8　金鱼　　北京金鱼科技有限责任公司
　　排名 9　蓝月亮　广州蓝月亮实业有限公司
　　排名 10 开米　　西安开米股份有限公司

任务四　识别保管洗涤用品

　　洗涤用品是通过其水溶液来达到清洁、去污作用的日用生活消费品。家用洗涤用品主要指人体清洁用品、衣物洗涤用品、厨房洗涤用品、住宅洗涤用品等。

　　洗涤用品的种类很多,在这里主要介绍肥皂、合成洗涤剂和口腔清洁剂。

　　肥皂和合成洗涤剂能够去除污垢的主要原因,是由于它们的主要成分都是表面活性剂。

一、认识洗涤表面活性剂的去污原理

(一)洗涤表面活性剂的基本性质

　　(1)具有表面活性。洗涤表面活性剂是一种能在低浓度(如 0.1‰浓度)下,降低水的表面张力(指液体—气体界面的张力)的物质,同时还能降低水—固体,水—油之间的界面张力。

　　(2)具有胶束性。这是指洗涤表面活性剂分子在水溶液中能聚集在一起组成胶束的性质。

(二)洗涤表面活性剂的作用

　　洗涤表面活性剂的表面活性和胶束性,使其水溶液具有润湿渗透、分散、乳化、增溶、泡沫等效用。

　　(1)润湿渗透作用。洗涤表面活性剂降低了水—固体(如污垢)之间的界面张力,使水容易在固体表面吸附和扩散,并渗透到固体内部。这种润湿渗透作用破坏了物体和污垢间的吸引力,也破坏了污垢微粒间的吸引力,使污垢容易在外力作用下粉碎成为细小粒子。

　　(2)分散作用。洗涤表面活性剂降低了水—固体(如污垢)之间的界面张力,使固体粒子均匀地分散在水中,形成分散液。

　　(3)乳化作用。洗涤表面活性剂降低了水—油(如污垢)的微小粒子间的界面张力,使油

粒均匀地分散在水中,形成乳浊液。

(4) 增溶作用。洗涤表面活性剂水溶液中形成的胶束性能把油溶于其中,从而使污垢在水中的溶解度得以增大。

(5) 泡沫作用。洗涤表面活性剂降低了水—空气之间的表面张力,空气容易在水中形成泡沫。泡沫能把分散的污垢吸附,聚集在泡沫中,浮到溶液表面。

(三) 洗涤表面活性剂的去垢作用原理

污垢之所以能牢固地附着在物体上,主要由于它们之间存在着相互吸引力。因此,要实现洗涤去污,首先要降低和削弱污垢与其附着体之间的引力。洗涤表面活性剂的润湿渗透作用就能起到使这种引力松脱的作用,并能把污垢破坏成微小粒子,在机械力(机械搅拌或揉搓)作用下,这些吸附在物体上的污垢微粒便被大量卷入到水中。此时洗涤表面活性剂的分散作用、乳化作用和增溶作用使油脂污垢都不再沉积在被污物体的表面,而通过漂洗,连同泡沫一起被水冲走,从而实现了洗涤去除污垢。

因此,洗涤剂的去污作用,实质上是洗涤表面活性剂的润湿渗透、分散、乳化、增溶等基本作用综合表现的结果。为获得良好的去污效果,还需要有各种助洗涤剂的配合。

二、识别保管肥皂

肥皂是采用油脂与苛性钠进行皂化反应再经过一定加工而制成的日用工业品。

(一) 肥皂的组成

肥皂是以高级脂肪酸钠为主要成分,并加入助洗剂和辅助剂配制而成的多组分混合物。高级脂肪酸钠(又称钠皂)为洗涤表面活性剂,是肥皂洗涤去污的主要成分。

1. 高级脂肪酸钠

形成高级脂肪酸钠的高级脂肪酸来自天然油脂(如牛脂、羊脂、猪脂、椰子油、大豆油、花生油、茶籽油、橄榄油、蓖麻油等)、氢化油(又称硬化油)和合成脂肪酸(又称皂用酸)。

高级脂肪酸钠属于阴离子表面活性剂。其水溶液呈碱性,pH 值约为 10.5。因此,香皂及用于洗涤丝毛织物的中性皂片的水溶液也呈碱性,对皮肤有一定的刺激性;在硬水中,由于与水中钙盐、镁盐生成不溶于水且带有黏性的棉絮状质点,会牢固地黏结在洗涤的织物及其纤维的空隙中,难以冲洗干净,而且使白色织物在干燥后带有黄灰色泽,纤维发硬变脆,牢度下降;在高温、潮湿环境中还易氧化分解而酸败,使肥皂变色、冒油,产生醛类刺激性气味。高级脂肪酸钠的生物降解性好,易被微生物分解、吸纳,对环境无毒害。

2. 助洗剂和辅助剂

(1) 松香,能增加和稳定泡沫,并有防止肥皂酸败的作用。

(2) 硅酸钠(又称泡花碱),能增加肥皂的光滑度、坚实度,防止氧化酸败,并有一定的去污作用。

(3) 香料,确定肥皂的香型。

(4) 着色剂,装饰肥皂的色泽。

(5) 荧光增白剂,是无色或微黄色的带有荧光性的染料,能增加织物白度,亮度以及有色织物的鲜艳度,还能使白色香皂的白度增加。

(6) 钛白粉,起遮光作用,可减弱肥皂的透明度,增加白度。

(7) 杀菌剂,有硼酸、甲酚、苯酚等,是浴皂、药皂中的重要部分。

(8) 多脂剂(又称护肤剂),能中和香皂的碱性,从而减弱香皂在使用中对皮肤的刺激性。

(二) 肥皂的品种

日常生活中使用的肥皂主要有洗衣皂、香皂、浴皂、药皂、透明皂、皂片、皂粉等品种。

(1) 洗衣皂。洗衣皂即普通肥皂,是主要用于洗涤衣服的块状、长方形或长条形的固形物,一般呈淡黄色。优质洗衣皂的高级脂肪酸钠含量高,质坚耐用,色泽较浅,略有香味;中低级洗衣皂所用原料油脂质量较差,干后收缩明显甚至变形,颜色较深,气味不佳。

(2) 香皂。香皂是日常用于清洁人体皮肤的肥皂。通常采用质量较好的天然油脂为原料,加有多脂剂,不加填料。质地纯净,细腻,游离碱少,对皮肤无明显刺激性,去垢力强,泡沫丰富,色泽鲜艳。越高级品含香精越多,有多种香型和色泽。目前,香皂有向护肤、除臭、治疗等方向发展的趋向,如有杀抑细菌作用的"舒肤佳"香皂等。

(3) 浴皂。浴皂是主要用于洗澡的肥皂,如硼酸浴皂。所用原料和制法与香皂基本相同,只是在其中加入了硼酸为消毒剂。多为淡黄色、白色,质地细腻,有淡香气味。

(4) 药皂。药皂多用于洗手、洗澡,兼有洗涤、消毒作用,是在制香皂的基础上加入了药料,如有中性药物香皂、硫磺香皂、四合一香皂(一种含酚类药物的红色肥皂)等。

(5) 透明皂。透明皂质地透明、光滑、碱性小、溶解度大、泡沫丰富,适宜洗涤丝、毛、合成纤维织物等。

(6) 皂片(又称中性皂片)。皂片的原料与香皂相同,而且通常不加松香,仅含少量泡花碱为填充材料。中性皂片实质上还是碱性的,只是游离碱含量较低。皂片为半透明小薄片,有光泽,溶解迅速,泡沫丰富,去污力较好,使用方便,是一种高级洗涤用品,适宜洗涤丝、毛、化纤织物等。

(7) 皂粉。

(三) 肥皂的储存保管

肥皂是容易受潮、受冻、受热和怕压的商品,储存保管期一般为三年,香皂为一年,应储存在干燥通风的库房内,并做好四防。

(1) 防潮。肥皂是容易吸潮的商品,受潮后会出现软化、酸败、冒油、冒汗、腐烂等质量变化。因此,在堆放时应垫离地面 20 cm 以上,并注意通风,库内相对湿度控制在 60%～80%范围内。

(2) 防冻。肥皂含水分较多,在 $-5\ ℃$ 下,易冻结并发生裂纹或破裂,使用时会掉渣落片,解冻后会酸败变质。因此,库房温度需控制在 $0\ ℃$ 以上。

(3) 防热。肥皂在高温和阳光照射下会软化、酸败,香味挥发以及干燥收缩、开裂和冒白霜。因此,库温应控制在 $35\ ℃$ 以下,并避免阳光直射,远离暖气设备。

(4) 防压。肥皂受压过大时容易变形,影响销售,所以存放堆码高度一般为纸箱不超过 15 箱,木箱在 20 箱左右。

三、识别保管合成洗涤剂

合成洗涤剂是以合成洗涤表面活性剂为主要成分配制而成的一种家用洗涤剂,是含有有机成分和无机成分的混合物,是一种化学配制品。

(一) 合成洗涤剂的组成

合成洗涤剂是以合成洗涤表面活性剂为主要成分并添加助洗剂的多组分混合物。

1. 合成洗涤表面活性剂

合成洗涤表面活性剂的种类可达数千种。不同种类的合成洗涤表面活性剂的性能特点和用途都有差异。

根据合成洗涤表面活性剂在水溶液中离解出来的表面活性离子的电荷不同,可分为阴离子型、非离子型、两性离子型、阳离子型等四大类。用于洗涤衣物的一般为前两类。

2. 助洗剂和辅助剂

为了提高和改进合成洗涤剂的综合性能(如抗再沉积性能、去污性能、外观等等),通常需要加入各种助洗剂和辅助剂,主要有三聚磷酸盐、硅酸钠、纯碱、硫酸钠、抗再沉积剂、过氧酸盐、荧光增白剂、酶制剂等,此外,还有泡沫促进剂、乳化稳定剂、织物柔顺剂、皮肤保护剂、香料、色素等助洗剂和辅助剂。

(二) 合成洗涤剂的分类

(1) 按用途分类。可分为洗衣用、厨房用、住宅用、发用合成洗涤剂等。

(2) 按外观形态分类。可分为空心颗粒、液体、浆状、膏状、块状合成洗涤剂等。

(3) 按洗涤对象分类。可分为通用类、丝毛类合成洗涤剂等。

(4) 按表面活性物含量分类。可分为 30 型、25 型、20 型合成洗涤剂(指表面活性物含量分别为 30%、25%、20%)。

(5) 按泡沫多少分类。可分为高泡型合成洗涤剂和低泡型合成洗涤剂。

(6) 按助洗剂和辅助剂的特性分类。可分为加酶、增白、加香合成洗涤剂等。

(三) 合成洗涤剂的品种

目前,市场销售的合成洗涤剂有合成洗衣粉、液体合成洗涤剂、浆状合成洗涤剂、块状合成洗涤剂、发用合成洗涤剂、餐具合成洗涤剂、住宅用合成洗涤剂等品种。

(1) 合成洗衣粉。合成洗衣粉是合成洗涤剂中的主要大类,花色较多。一般呈空心粉粒状,易溶解,干爽,流动较好,耐保存,不易结块,有各具特点的合成洗衣粉。

① 丝毛合成洗衣粉:合成表面活性剂为阴离子型和非离子型;助洗剂和辅助剂有硅酸钠、硫酸钠、抗再沉积剂、增白剂、柔软剂等,适于洗涤丝、毛、混纺等精细织物。

② 加酶合成洗衣粉:不能洗涤丝毛织物。最适于洗涤衬衫、被单、床单等大件棉麻织品,且水温以 45 ℃~60 ℃时洗涤效果最好。

③ 低泡洗衣粉:合成表面活性剂是非离子型或加有一定量消泡作用的皂粉。特点是泡沫少,消泡快,提高了去垢力,使用于机洗。

④ 浓缩合成洗衣粉:属低泡型合成洗衣粉。用量少,去垢力强,泡沫少,易漂洗。适用

于机洗。

(2) 液体合成洗衣剂。液体合成洗衣剂是合成洗涤剂中的第二大类。其表面活性剂是阴离子型和非离子型,用量为5%～40%。棉麻类液体合成洗衣剂的pH值约为10,通用类液体合成洗衣剂的pH值为7～9。液体合成洗衣剂使用方便,生产消耗少,因此发展较快。

(3) 浆状合成洗衣剂。浆状合成洗衣剂是一种均匀而黏稠的胶体。洗涤效果与同类合成洗衣粉相同。

(4) 块状合成洗涤剂。块状合成洗涤剂是添加了一定量松香、石蜡、滑石粉等黏合剂的块状制品,外观平滑光亮,色泽洁白或微黄,去垢力强,携带方便。

(5) 发用合成洗涤剂。发用合成洗涤剂主要指洗发香波,是以能够去除头发污垢为目的的专用合成洗涤剂,性质较柔和,不会过多除去发表皮脂,不刺激头皮,有透明液状、乳液状、胶冻状、乳膏状。它的品种也很多,分别适用于干性、中性、油性发质。

(6) 餐具合成洗涤剂。餐具合成洗涤剂指专用于洗涤碗碟和水果蔬菜的合成洗涤剂,为液体合成洗涤剂,碱性小、泡沫多、使用方便,无毒安全性均符合国家食品卫生法及有关卫生法规的规定。

(7) 住宅用合成洗涤剂(又称硬表面清洗剂)。这种洗涤剂专门用于清洁门窗、瓷砖、浴盆、家具等硬表面污垢,如厨房浴室清洁剂、厨房油垢清洗剂等,属碱性合成洗涤剂,有液状和粉粒状。

(四) 合成洗涤剂的储存保管

合成洗涤剂中,以合成洗衣粉的生产量、消费量最大。合成洗衣粉是易吸潮的空心颗粒状物质,在储存保管中要注意防潮和防压。

(1) 防潮。合成洗衣粉应贮存在通风、干燥的库房内,并不得与含水量大的商品同库存放。应堆码骑缝通风垛,并在下面使用木垫,距地20 cm。库内温度低于30 ℃,相对湿度在80%以下。

(2) 防压。为了防止合成洗衣粉的空心颗粒被压碎或结块,不能摔碰,堆码高度不得超过14箱。

四、识别保管口腔清洁剂

口腔清洁用品有牙膏、牙粉、含漱水等。这里主要介绍牙膏。牙膏是以摩擦剂为主体的膏状口腔清洁剂,具有洁齿、护齿、预防牙病的作用,是重要的生活日用品。

(一) 牙膏的成分

牙膏由膏体和软管两部分构成。膏体是由摩擦剂、洗涤剂、保湿剂、增稠剂、甜味剂、香料、防腐剂、稳定剂、缓蚀剂等组成的混合物。有的牙膏还加入了药料。

(1) 摩擦剂。摩擦剂是牙膏的主要成分,约占总量的50%,其功能是清洁牙垢、牙斑等物质。摩擦剂在高档牙膏中常用的有颗粒细腻的磷酸氢钙、焦磷酸钙、氢氧化铝、二氧化硅的胶体粒子等;低档牙膏一般用碳酸钙。

(2) 洗涤剂(又称发泡剂)。洗涤剂是各种界面的活性物质,能降低牙齿的表面张力,而且发泡力好。其功能是协助摩擦剂洁齿并有利于增强牙釉对氟化物的吸收以强化牙体组织。常用的洗涤剂有中性皂片,合成洗涤剂。

(3) 保湿剂(又称调和剂)。保湿剂的功能是防止膏体中水分逆失而变干、变硬,还能吸收空气中水分,使膏体具有一定的流动性,挤出的膏条润滑光亮。通常的保湿剂有甘油、丙二醇、山梨醇等。

(4) 增稠剂(又称胶着剂)。增稠剂的功能是把各组分胶合在一起,使膏体达到一定黏稠度和成型可塑性。常用的增稠剂为亲水性胶体,如淀粉、果胶、骏甲基纤维素等。

(5) 甜味剂。甜味剂的功能是使膏体具有甜味,以掩盖其他原料的不良气味。常用的甜味剂有糖精等有甜味的物质。

(6) 香料。香料的功能是使人们在使用中感到愉快并留香于口腔,消除口腔异味。常用的香料有薄荷油、留兰香油、丁香油、各种水果油等。

(7) 药料。药料的功能是预防和辅助治疗牙病。常用的药料有氟化物、氯己定、柠檬酸锌、多聚甲醛以及草珊瑚、两面针中草药等等。

(8) 防腐剂。防腐剂的功能是防止膏体因微生物入侵而发酵或腐败。常用的防腐剂有甲醛溶液、苯甲酸钠等。

(9) 缓蚀剂。其功能是防止膏体对软管(铝管)发生腐蚀。一般采用硅酸钠和硝酸钠。

(10) 稳定剂。稳定剂的功能是使膏体稳定而不易发生变质现象。常用的焦磷酸钠。

(二) 牙膏的分类

1. 按用途分类

(1) 普通牙膏。普通牙膏是指能起洁齿、护齿作用的牙膏。其中,摩擦剂采用磷酸氢钙、二氧化硅为主的是甲级牙膏;采用碳酸钙为主的是乙级牙膏。

(2) 药物牙膏。药物牙膏是指能起洁齿、预防和辅助治疗牙病作用的牙膏。按加入药料的不同,又分为含氟牙膏、含锶牙膏、含抗菌剂牙膏等。

2. 按香型分类

牙膏按香型可分为留兰香型、薄荷香型、水果香型、茴香型、国际香型等。

(三) 牙膏的规格

牙膏的规格一般按软管直径不同,划分为 35 mm、32 mm、27 mm、25 mm、22 mm、16 mm 等六种。为满足旅行消费的需要,目前还有微型规格的牙膏。对牙膏软管的长度和每支净重无统一规定。

(四) 牙膏的储存保管

(1) 防潮。牙膏应储存在通风干燥的库房内,纸箱宜码放骑缝通风垛,并离地 20 cm,将温度控制在 $-8\ ℃\sim38\ ℃$,相对湿度在 80% 以下。

(2) 防压。牙膏堆码时要轻搬轻放,堆码高度不得超过 2.5 m(约六箱)。

(3) 先进先出。牙膏出库要掌握先进先出原则,自生产日期算起,保质期为一年。

学习检测

一、填空题

1. 塑料的成分主要包括（　　　　）、（　　　　）两类。
2. 塑料制品在高温或低温条件下最易发生（　　　　）变质现象。
3. 保温瓶的规格是按（　　　　）多少划分号，每（　　　　）为一个号。
4. 化妆品按用途分为（　　）、（　　）、（　　）、（　　　）等类。
5. 肥皂品种主要有（　　）、（　　）、（　　）、（　　　）、（　　　）等。

二、判断题（判断对或错）

1. 洗衣粉是空心颗粒状合成洗涤剂。　　　　　　　　　　　　　　（　　）
2. 化妆品是保护和美化皮肤的日常用品。　　　　　　　　　　　　（　　）
3. 在玻璃中，有机玻璃透光性能优良，又不易破碎。　　　　　　　（　　）
4. 用于制作乒乓球的塑料材料是聚乙烯塑料。　　　　　　　　　　（　　）
5. 合成洗涤剂的关键成分是表面活性剂。　　　　　　　　　　　　（　　）

三、选择题

1. 保护头发类的发用化妆品是（　　　）。
   A. 洗发膏　　　　B. 发乳　　　　C. 营养头水　　　　D. 去屑水
2. 属于热固性塑料的有（　　　）。
   A. PE　　　　　　B. PS　　　　　C. MF　　　　　　 D. CN
3. 易发生老化的高分子材料是（　　　）。
   A. 塑料　　　　　B. 玻璃　　　　C. 不锈钢　　　　　D. 陶瓷
4. 肥皂和合成洗涤剂之所以能去污，主要因为它们含有（　　　）。
   A. 油脂　　　　　　　　　　　　B. 合成脂肪酸
   C. 表面活性剂　　　　　　　　　D. 分子
5. 下列耐温性最好的玻璃材料是（　　　）。
   A. 钾玻璃　　　　B. 钠玻璃　　　C. 石英玻璃　　　　D. 铅玻璃

四、思考题

1. 日用品类商品有什么共同的特点？
2. 检验日用品商品质量应该使用什么方法？

技能训练

1. 任务设计

任务项目：制定塑料制品、玻璃器皿、铝制品、化妆品、肥皂商品储存保管方案。

执行要求：分小组抽签或教师指定保管品种，分析研究相关商品性质特点，拟定储存保管方案,写出方案文件。

执行条件:分小组进行,集体讨论,适当分工,图书馆查阅资料,网络搜寻资料,参观专业储存仓库。

2. 能力评价

评价内容:方案要素格式,方案内容,书写状况。

评价标准:方案要素格式完整正确得40分,方案内容准确全面得40分,书写工整得20分。

评价方法:先各小组互相评价,后教师集中评价修正。

 知行拓展

1. 简易鉴别塑料
2. 正确的日常护肤七大步骤
3. 化妆品卫生监督条例(2019年3月2日修订)
4. 生活用品洗涤技巧

项目十四　识别保管纺织品

学习目标

知识目标　掌握一般纺织品分类品种、主要特性及其储存保管方法。
能力目标　能针对具体纺织品质量进行鉴别评价,并能制定储存保管方案。
素质目标　认识纺织品商品的质量特性及其品种的多样性与差异性,养成细致的观察习惯。

情境导入

纺织大国的面料烦恼

我国是纺织大国,也是全球最大的纺织服装生产加工基地。纺织服装面料产品的质量和人们的生活息息相关,影响产业发展,攸关企业生命,而纺织面料质量问题频出,也引起了消费者对衣着安全问题的重视。

2016年,全国消协组织共受理服装鞋帽类投诉57 009件,其中质量问题投诉37 629件,占服装鞋帽投诉总量的66.01%。服装类投诉主要集中于做工粗糙,销售前存有瑕疵,服装面料没有规范、醒目的洗涤说明,造成洗后串色、缩水、褪色、出现小孔,羊毛衫、西装起球,甲醛超标等问题。去年,全国各地质监部门的监督抽查中,也频频暴露出服装面料方面的质量问题。(张晓航,中国质量新闻网,2017年3月15日)

任务引导：1. 纺织品中存在的质量问题主要有哪些?
2. 纺织品性能特点对服装有什么影响?
3. 你知道纺织品有哪些种类吗?
4. 你会鉴别、挑选、保管纺织品商品吗?

任务一　识别棉布

棉布的主要成分是棉花纤维。棉布是用棉纤维纯纺或用棉纤维与其他纤维混纺或交织的织物。

一、棉布的分类

（一）按花色分类

按花色（商业经营管理上的分类）可分为原色布（或称坯布、白布）、色布（经过漂白或染色的布）、印花布和色织布（先把纱线经过漂白或染色，然后织出来的布）四种。

（1）原色布。用原色棉纱织而经过漂染、印花和染色加工的布，统称为原色布，包括坯布和白布。供印染加工的原色布，一般称为坯布；供应市场销售的称为白布，如市场布、细布、粗布、斜纹布、包皮布等。

（2）色布。各种不同组织规格的原色布经过漂白或染色加工后的布，如硫化元布、硫化蓝布、硫化灰布等。

（3）印花布。各种坯布经过印花加工，印上各种各样花形的布，如花哔叽、花直贡、深色花布、浅色花布等。

（4）色织布。色织布是指先把纱线经过漂白或染色，然后织出来的布，如劳动布、条格布、被单布等。

（二）按织物组织分类

按织物组织可分为平纹布、斜纹布和缎纹布三种。

（1）平纹布。经纱和纬纱以一上一下的规律交织，由两根经纱和两根纬纱构成一个完全组织循环。平纹织物正反面外观相同，经纱与纬纱间的交织点最多，经纬纱弯曲密集，浮在织物表面的经纬纱较短。因此，平纹织物质地坚牢，表面平整、均匀，无正反面之分。其缺点是手感较硬、缺乏弹性、光泽不佳，如粗布、市布、帆布等。平纹组织结构如图 14-1 所示。

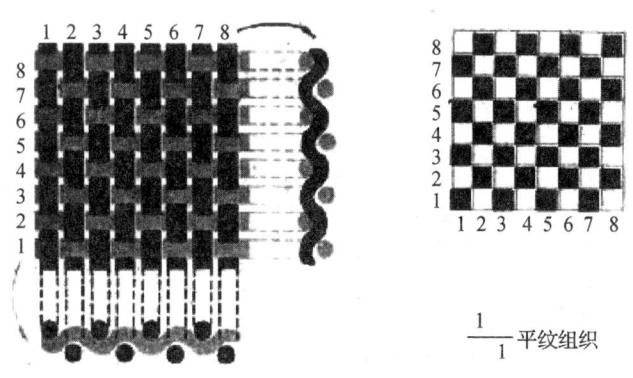

图 14-1　平纹组织结构图

（2）斜纹布。经纬组织点在织物表面连续倾斜构成斜向纹路的组织称为斜纹组织。斜纹组织循环中至少有 3 根经纱和 3 根纬纱。飞数值恒等于 1。斜向纹路自右下方朝左上方倾斜的叫左斜纹，斜向纹路自左下方朝右上方倾斜的叫右斜纹。斜纹布的特点是织物表面浮线长，光泽和柔软度较平纹好，在经纬纱线密度（支数）相同的条件下其强力比平纹织物差，可用增加经纬密度的办法来增加织物的强力，如哔叽、卡其和华达呢等。斜纹组织结构如图 14-2 所示。

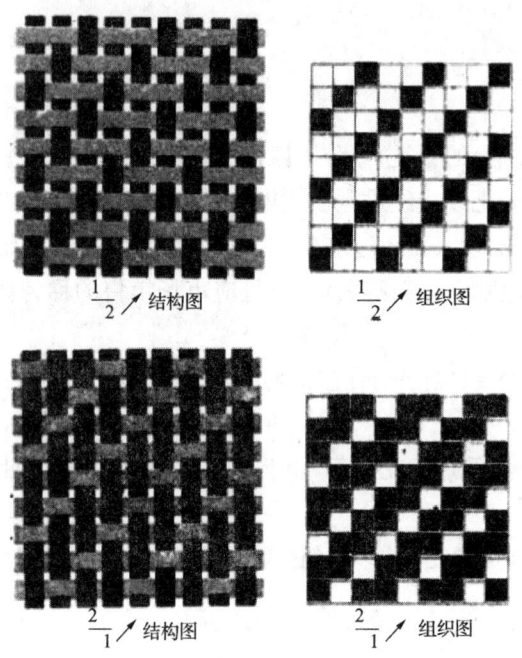

图14-2　斜纹组织结构图

(3) 缎纹布。相邻两根纱线上的单独组织点相隔较远,且有规律地匀布在完全组织中。经纬纱的组织循环数等于或大于5。飞数值恒等于1而小于完全组织循环纱线数减1。单独组织点为两侧的经(或纬)浮长线所遮盖。经面缎纹经密大于纬密,纬面缎纹则纬密大于经密。特点是由于经纬纱上下交叉次数最少,纱线浮线较长,当纱线很细,密度较大时,经纬上下交叉的地方,几乎被浮长纱所遮盖。因此,织物表面光滑而富有光泽,手感柔软。缺点是不太牢固、不耐磨、表面容易起毛,如纱直贡、半线直贡、横贡等。缎纹组织结构如图14-3所示。

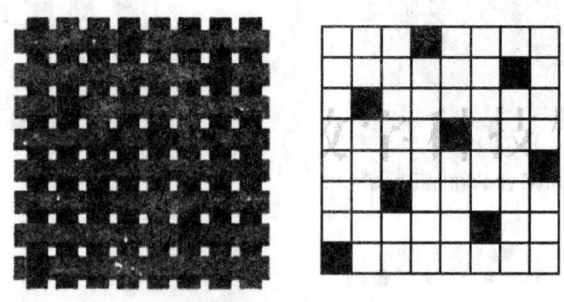

图14-3　缎纹组织结构图

(三) 按印染整理加工分类

按印染整理加工可分为漂白棉布、染色棉布和印花棉布三种。

(1) 漂白棉布。此类布是以本色棉布为坯布,经过漂白加工而成的各类棉布,如漂白平布、漂白纱布、漂白直贡等。

(2) 染色棉布。此类布是以本色棉布为坯布,经过漂练后进行轧染染色、精元染色、卷染染色等加工而成的各类棉布,如卷染染色纱哔叽、卷染染色半线卡其、精元染色纱府绸等。

（3）印花棉布。此类布是以本色棉布为坯布，经过漂白或染色后，再进行印花加工使布面获得不同色彩和花纹的各类棉布，如印花细平布、印花纱斜纹、精元印花纱直贡等。

二、常用棉布的性能及用途

常用棉布的性能及用途，如表 14-1 所示。

表 14-1 常用棉布的性能和用途

序号	品名	性　　能	主要用途
1	白市布	本白色，具有棉纤维的天然色泽，布面平整细洁，耐磨性好，但弹性差	宜做内衣、内裤、袋布、腰夹里、呢服装的基本胸衬以及棉袄的内衬布
2	花布	质地细洁，色泽鲜艳，花式繁多	宜做衬衫、裙子、内衣裤、睡衣、睡裤及童装
3	漂布	质地细密，颜色洁白，染色后称杂色漂布	宜做衬衫、内衣、内裤，还可做台布
4	条格布	先染色再织，品种繁多，分深浅两种，质地厚实	宜做衬衫、内衣裤、儿童服装等。缩水率较大，8%~9%
5	泡泡纱	以浓碱液印在色布上，使纤维强烈收缩而形成凹凸起伏的泡泡。质地细薄，色牢度好，有条子、印花泡泡纱等品种	宜做夏令服装，穿着后不贴身，凉爽；还可做窗帘及床罩
6	府绸	经纬密度约为 2∶1，布面光洁，结构紧密，棱形颗粒清晰，手感滑爽，光泽好，富有丝绸感，有纱府绸、线府绸、半线府绸等品种	主要用作衬衣和外衣面料
7	卡其	质地紧密，厚实，坚牢耐磨，经洗耐晒，有漂白和染色卡其，色牢度好，可经麻绒、水洗后处理	宜做工作服、上装、裤子、夹克衫、平脚裤等。由于质量紧密、厚而硬，故衣领、袖口、脚口的折边处不易磨损断裂
8	华达呢	经纬密度小于卡其，质地不及卡其厚实，故比卡其柔软，其他与卡其相同	宜做上装、裤子、平脚裤，折边处相对不易磨损、断裂
9	花哔叽	有大花、小花、几何图形、格子、条子等，花型较多，质地较厚实	宜做妇女时装和儿童服装
10	灯芯绒	是以股线作经，单纱作纬，采用纬二重组织的纬起绒织物。质地厚实，手感柔软，绒条丰富，保暖性好，耐磨耐穿	适合做春、秋、冬季服装和鞋面，装饰用原布等
11	平绒	俗称大绒，是经起绒织物。其绒毛丰满齐整，质地厚实，光泽柔和，手感柔软，不易起皱，保暖性好，耐磨耐穿，但有脱毛现象	用途很广，可做服装、鞋帽、装饰品、舞台幕布等
12	绒布	是棉布经拉绒机拉绒后使布面呈现蓬松绒毛组织。分单面绒和双面绒两种。布身柔软，保暖性好，穿着舒适	主要用于制作童装和内衣

三、棉布的选购技巧

在选100%纯棉时,布料的成分可由店家告知,也可自行观察布边标示。以经验来说,用手用力抓一小团布,持续数秒后,将它松开,若为纯棉布,会皱成一团(因棉布内部分子键的氢键很弱,布料受挤压时其分子键很容易改变至新的位置;当外力去除后,它却没有力量使分子键回归原来位置)。

市面上也常见棉与聚酯纤维的混纺棉(如35%棉布和65%聚酯的混纺棉),如制服的布料。混纺棉外观与纯棉相似,其舒适度不如纯棉,但优点则是不像纯棉那样易皱。另外。用燃烧方式也可了解布的组成成分,其方法如下:将一小段布点火燃烧,观察这一小段布在燃烧时的火势、烟味及余烬。若为纯棉布,则火势平稳,并有烟味及灰白色的灰烬。

任务二　识别麻布

由麻纤维纺纱后织制成的布统称麻布。麻布具有质地坚牢、凉爽舒适、风格粗犷的特点。此外,麻纤维还可与其他纤维混纺或交织。

一、麻布的主要品类

(一) 苎麻布

苎麻布是以苎麻为原料的麻织物,由手工土织的夏布发展而来,其成品质量和外观均较夏布优良,布身细洁、紧密,布面光洁,纱支匀净、强力、刚性好,手感爽挺,吸湿散湿快,散热性好,穿着凉爽舒适,出汗不黏身,抗虫蛀性强,是夏季市场的理想衣料。不过,如纤维的前处理不好,初穿时略有刺痒感。

苎麻布主要是平纹组织,有的也采用由平纹变化而来的重平组织。

苎麻布品种规格比较简单,按织物的色调分,有原色、漂白、染色和印花苎麻布。

苎麻布适宜做夏季男女服装,也用作工艺品抽绣用布、绣花上衣及装饰布。

(二) 亚麻布

亚麻布是以天然亚麻纤维为原料的织物,特点是伸缩少、散热快、吸湿好、穿着凉爽舒适,是夏季理想衣料。与苎麻织物相比,无刺痒感是它最大的优势,但易折皱是它和苎麻织物共同的缺陷。

亚麻布通常以平纹组织为主,亦有平纹变化组织,品种比较简单,分亚麻原色布和亚麻漂布。亚麻布可制作衬衫、短裤、制服、床单、台布等。

(三) 涤麻布

涤麻布是细支纱的薄型混纺织物,兼有苎麻和涤纶的优缺点,也是夏季理想衣料之一。

涤麻布是以涤纶纤维和苎麻纤维为原料,混纺配比中常见的有65%涤纶和35%苎麻或70%涤纶和30%苎麻混纺。涤麻布以平纹组织为主,经向密度大,纬向密度小,织物结构较稀疏,轻薄透气,有漂白色、染色、印花、色织等品种。

二、常用麻布的性能及用途

常用麻布的性能及用途,如表 14-2 所示。

表 14-2 常用麻布的性能及用途

序号	品名	性能	主要用途
1	纯苎麻布	一般取长麻纤维,平纹织物,个别有斜纹与提花。有漂白杂色和印花。色泽洁白,有丝样光泽	宜做夏令衬衫、裙衫、床单、被褥、蚊帐,出汗不贴身,舒适凉快
2	苎麻布	苎麻与其他纤维混纺、交织而成。近代苎麻有长麻、中长、短麻织物。长麻为主要产品,纤维长度在 80 mm 左右。常见有混纺涤麻细布、涤麻花呢、毛麻涤花呢。具有吸湿散湿快,挺爽透气的特性,湿强度较高	可做夏令衬衫、裙衫,高档涤麻花呢可做西装。由于湿强度高,故可作国防和工农业用布,如皮带尺、过滤布、水龙带、针布底子等
3	涤麻细布	由苎麻长纤维与涤纶混纺纱线织成。通常为涤 65%、苎麻 35%。高档者则以麻 55%、涤 45%组成。有涤麻漂白、浅杂色、印花或色织布。产品以细、薄、轻著称,具有挺爽、强度高,清汗离体的优点。由于与涤纶混纺,故不易皱,较耐磨	夏令衬衫、连衣裙、短裙、裙裤等
4	涤麻花呢	涤纶与苎麻混纺纱线经过色织工艺制成的织物,兼有纺毛感和麻织物的挺爽特性	20 世纪 90 年代起流行的高级西装与外套面料,具有粗犷挺爽的风格
5	毛麻呢	以毛与麻混纺织制的呢,有精纺和粗纺两类,以羊毛为主,混入适当比例(一般在 30%以下)的苎麻、亚麻或大麻纤维。具有挺爽的麻感,但除低毛织物的滑糯感	凡毛类织物与混纺织物能制的服装,它均能生产
6	毛麻涤呢	以涤麻为主,混入羊毛(20%以下)制成的呢绒。常见有毛 20%、涤 55%、苎麻或亚麻 25%。因含毛,身价抬高,品种也增多	
7	棉麻布	用苎麻的精梳落麻或切段呈现棉型的短苎麻与棉纤维混纺织成的布。常见有棉与麻各 50%;外销产品有苎麻 52%~54%,棉 46%~48%的组合。通常纺 18 支纱×2 股织成粗糙平布。表面有粗节、大肚纱,风格粗犷。纱线断裂强度低,不牢又不耐磨,色牢度差,色泽不鲜艳	主要供外销做西装短裤、裙子,不求其牢度与耐磨性。内销仅少量用于劳动保护用品和包装布等
8	亚麻布	由亚麻纤维为原料纺织而成。有亚麻细布和亚麻帆布两类。细布由亚麻长纤维组成,帆布由亚麻短纤维组成。短纤维还可与棉花混纺,制成棉麻混纺亚麻布或交织与混纺并举的细帆布	适宜制衬衫、短裤、夏令制服、工作服、被单、台布、食品外包装布等

续表

序号	品名	性能	主要用途
9	亚麻细布	用亚麻长纤维为原料纺纱织成的细布,以纯纺纯织为主。常见品种平纹的经纬纱细度22支左右。也有部分交织与混纺布。色泽以漂白为主,也有少数的浅杂色布和印花布。亚麻纤维整齐度差,成纱条干不均匀,织物表面呈粗细条痕,并夹有粗节纱和大肚纱,形成麻布粗犷风格。织物透凉爽滑,穿着舒适,但弹性差,不耐折皱与磨损	可按不同品种做内衣、裙子、西装、最适合做床单、被套、台布、餐布、茶巾、窗帘、墙布及高级精致的手帕
10	亚麻帆布	用亚麻的短纤维为原料纺纱织成。亚麻纤维具有断裂强度高,断裂伸长率小,防水性能好,不易腐烂,吸水后直径膨胀而使织物密集的特性,故宜织制各种要求的国防与工业用帆布。常见有亚麻绿帆布,组织紧密硬挺,经防水防腐处理后防水性能特优	做防雨罩布、篷帐布、枪炮衣、坦克和飞机罩、旅行袋等。还可做工业衬布、油画布、地毯底布、包装布、消防用水龙带

三、苎麻布的挑选

(1) 选购苎麻布时要注意以下几方面:首先是布身要细洁、紧密、纱支匀净,其次是手感要爽挺、弹性好。另外,在颜色上,漂白苎麻布要洁白,染色苎麻布色泽要鲜艳、无色差,印花苎麻布花色要新颖,配色要调和,图案线条清晰、有层次,图形活泼。

(2) 选购亚麻布时,要选择布面平整洁净、无杂质、纱支均匀的面料。漂白亚麻布要洁白,光泽自然。

(3) 涤麻布要求布身细洁平挺,均匀,布面平整无杂质,手感爽滑挺括,轻薄而不疲软。染色涤麻布要色泽鲜艳、匀净、无色差;漂白涤麻布要洁白;印花涤麻布的花形要新颖,配色调和且线条清晰、富有层次、色泽艳丽;色织涤麻布的织纹要新颖,配色协调明朗。涤麻布的缩水率较小,裁剪前无须下水预缩。

任务三 识别呢绒

以羊毛为主要原料成分并经过纺织染整等工序加工所制成的产品叫作毛纺织物。习惯上,毛纺织物又称为呢绒。

一、呢绒的分类

呢绒的品种很多,分类方法多种多样。按所用原料不同,可分为纯毛产品、混纺产品、交织产品、纯化纤产品等;按用途不同,可分为服装用呢、装饰用呢和工业用呢三大类;按染整加工方法不同,可分为单色织物(即素色织物)、混色织物;按商业经营习惯不同,可分为精纺呢绒、粗纺呢绒、长毛绒、驼绒四类。

（一）精纺呢绒

精纺呢绒（worsted fabric）也称精梳呢绒，是使用较长、较细的毛型纤维，经过精梳工艺，获得粗细均匀、纤维排列平直的毛条，再进行纺纱和织造等加工工序而得到的织品。其品质特征共性有以下几点：

（1）所用纤维细度均匀（支数毛），长度长（通常在 65 mm 以上），纤维梳理平直。

（2）纱线较细，通常选用 10 tex×2～35×2 tex 股线，近年纬纱用单纱的情况也很多，所以呢绒比较轻薄，通常为 130～360 g/m²。

（3）呢面平整、细洁，光泽柔和，手感柔软，质地丰满而挺括，弹性较好，穿着舒适美观，其光面织物的织纹清晰，绒面织物的绒毛细匀、润滑。

精纺呢绒的经典品种有凡立丁、派力司、舍味呢、哔叽、华达呢、马裤呢、巧克丁、贡呢、花呢、女衣呢等，有厚有薄，可适应不同季节、不同场合的需要。

（二）粗纺呢绒

粗纺呢绒（woolen fabric），也称粗梳呢绒，是采用较短、较粗的毛型纤维，经粗梳毛纺织工艺而制成的织物。与精梳呢绒相比，粗纺呢绒具有以下特点：

（1）使用原料范围广泛，不仅可使用原毛（级数毛、支数毛都可），还可利用精梳落下的短毛等下脚纤维，以及旧织物开松回用毛型纤维等。所用纤维长度较短，多在 20～65 mm，因而毛纱特数较高，呢绒比较厚重。

（2）品种繁多。由于原料多样，纱线粗细差异幅度大，可运用设计技巧、染整工艺变化等在质地、呢面风格、花型色泽等方面制造出丰富多彩的产品。

（3）织坯疏松，外观粗糙，酷似麻袋片。

（4）织物风格特殊，粗纺呢绒表面都有绒毛，轻起绒织物表面略显纹路，重起绒织物看不到纹路。粗纺呢绒的成品手感柔软，蓬松丰厚，在棉、毛、丝、麻各类织物中，同厚度的织物，以粗梳毛织物重量最轻。

粗纺呢绒的经典品种有麦尔登、海军呢、法兰绒、精花呢和大衣呢等。

（三）长毛绒

长毛绒又称海勃龙或海虎绒，是以棉纱作地经，毛纱作起毛经，采用双层组织织造，后经割绒成单层的立绒起毛织物。正面有 9 mm 左右竖直的绒毛，底部是用棉纱或锦纶丝织成的底布。特点是绒毛长而丰满，质地厚实，手感柔软，保暖性好。常用于制作大衣领子。

（四）驼绒

驼绒是针织毛织物，是采用毛纱作绒面纱，棉纱作地纱，在针织机上编结后，经拉绒机拉绒而成的织物。其特点是质地柔软，表面有密实倒伏的绒毛，富有弹性和延伸性，保暖性好，但易变形。适宜制作冬季服装的衬里材料。

二、常用呢绒的性能和用途

常用呢绒的性能和用途，如表 14-3 所示。

表 14-3 常用呢绒的性能和用途

序号	品名	性能特点	主要用途
1	华达呢	纱支细,经密较大,呢面平整光洁,手感滑润,丰厚而有弹性,纹路挺直饱满,坚韧耐穿;色泽以藏青为主,另有米、灰、咖啡、元色等	宜做职业装,西装、西裤及女上装,亦可制作风衣或春、秋大衣等。经常摩擦处如臀部、膝盖易起"极光"
2	哔叽	与华达呢相比,斜纹纹路较宽,表面平坦,手感较糯,弹性好,不及华达呢厚实、坚牢;色泽同华达呢	
3	花呢	纱支细,密度紧,呢面光洁平整,色泽匀称,弹性好,花型清晰,变化繁多,有素色、条子、格子、隐格等品种。按织品质量(或厚度)可分为薄花呢、中厚花呢和厚花呢等	宜做男女各种上衣和裤子或套装;厚花呢也常用做大衣和冬季服装。经常摩擦处不易起"极光"
4	凡立丁	毛纱细,但密度稀,呢面光洁轻薄,手感滑挺,弹性好,色泽鲜艳,耐洗涤,耐穿	宜做夏季服装及冬季中式棉袄面料
5	派力司	光泽柔和,弹性好,手感爽滑,轻薄风凉,坚牢耐脏;混色,毛纱先染色,以浅灰为主,也有中灰、米色等	宜做夏令男女各式上装及裤子
6	女衣呢	纱支较细,结构较疏松,手感柔软而富有弹性,花色繁多,色彩艳丽	多用作女式时装、套装及棉、夹袄面料
7	麦尔登	呢面丰满,细洁平整,身骨坚密而挺实,手感富有弹性,不起球,穿用一段时间后不露底;色泽以藏青、元色、咖啡为主	宜做男女上衣和裤子,以及女式大衣等。实用制服可选混纺料,高档时装以全毛为佳
8	海军呢	用毛等级较麦尔登差,呢面平整柔软,手感挺括有弹性,少数产品会起毛;色泽以藏青、元色、咖啡为主	
9	法兰绒	呢面混色灰白均匀,绒面略有露纹,手感丰满,细洁平整;夹花色泽似灰色派力司,别有风格	宜做男女春、秋上装及裤子等。亦可与其他色泽的呢绒镶拼制成时装,以显其特色
10	粗花呢	以混纺者居多。呢面粗厚,坚牢耐穿,色泽鲜艳大方;品种繁多,有人字、条子、隐格、彩格、彩条、圈点、小花纹、提花等	宜做男女春、秋服装及高档童装等
11	大衣呢	有平厚、立绒、顺毛、拷花等品种。质地丰厚,保暖性强。全毛质量好,呢面平整,手感顺滑,弹性好;混纺较次,手感略粗硬,呢面有硬绒毛。色泽以元色、黑灰居多	可做男女大衣(长、中、短皆宜),若保暖御寒型的可用混纺料;时装大衣型取全毛为佳

三、呢绒面料的选择

随着消费水平的提高,人们对服装面料的选择性也更强,已从化纤面料而转向高档的天然织物——纯毛呢绒面料和真丝面料。选购时都应注意以下问题:

呢绒是以羊毛为主要原料纺制的毛纺织物,也是男女老少皆喜爱的服装材料。在选择呢绒时,除选择花形和色泽之外,主要是鉴别呢绒的质量。一般可通过眼观、手摸来鉴别。织品应该具有柔软、光滑和富有油润的手感;抓紧一把放开,织物应立即弹开恢复原状,或稍有皱褶而能逐渐自行平复。用双手稍揉搓,呢面不应起毛,短纤维脱落越少越好。在日光或较强灯光下照着,表面疙瘩疵点越少越好,色泽要均匀,光彩要柔和,表面要平坦。品质较差的呢绒,表面色泽不柔和,光泽暗淡,织纹不整齐,也不清晰,呢面松懈,无弹性或有较多的疵点和节痕。用手摸时,感觉较硬或稀松疲软,无挺实感。

总之,一般地说,质量好的呢绒,绒面平整、细腻光洁,精纺呢绒纹路清晰,粗纺呢绒匀净厚实,长毛绒绒毛平齐,纶绒丰满松软,纯毛呢绒手感柔软,富有弹性,不易折皱,混纺呢绒手感爽挺、粗硬。纯毛呢绒光泽明亮自然,不刺眼,也不暗淡无光,混纺或纯化纤呢绒,光泽要么光亮刺眼,要么光涩暗淡。

任务四 识别绸缎

绸应是丝织物的泛称,但这里是指丝织物中的一个大类。它所根据的范围较广,除纱罗组织、绒组织外,只要没有其他各类丝织品特征的各种花、素丝织物都可用绸命名。缎也是丝织物中的一个大类。缎类的主要特征是:组织全部或大部分采用缎纹组织,经丝用精练丝加弱粘,纬丝可采用不加粘的生丝或精练丝。缎类织品是丝织品中加工技术最复杂、花色品种也最多,因此人们常常用"绸缎"二字来统指所有的丝织品。

一、绸缎的分类和主要品种

(一)按商业经营习惯和原料分类

(1)真丝绸类又称纯桑蚕丝绸类,这种绸缎的原料全部用桑蚕丝,如电力纺、双绉、塔夫绸、绉缎、色丁绸等。

(2)绢丝绸类是用绢丝、油丝为原料织成的绸类,如绢丝纺、柞绢纺、水洗丝等。

(3)柞蚕丝绸类是用柞蚕丝为原料织成的绸类,如柞丝绸、柞丝哔叽等。

(4)化纤绸类是以锦纶丝、涤纶丝为主要原料的绸类,如锦纹绉、涤丝绉、弹涤绸、涤棉绸、涤纹绸等。

(5)人造丝绸类是用人造丝为原料织成的绸类,如无光纺、有光纺、乔其纱、美丽绸、古香缎、立新绸等。

(6)交织绸类是用不同种类的纤维交织而成的丝织品,如古香缎、织锦缎、蜡线绨、花软缎留香绉、富春纺等。

(7)被面类指专门用作被面的特别阔幅的绸缎,如真丝被面、线绨被面、古香缎被面、软缎被面、织锦被面、蜀锦被面等。

(二)按织物组织形态分类

绸缎的组织花纹非常复杂,外观千变万化,在组织结构上有平行绸、毛绒绸、绞经绸三类。如果进一步细分,还有纺、绉、绸、缎、绢、绫、罗、纱、绡、葛、呢、绒、绨、锦等十四类。

(三)按织物的用途分类

(1)衣着用绸。在丝绸织品中,以衣着用绸的品种最多,用途最广,除做服装外,还可作被面、头巾、鞋帽、西装领带等。

(2)装饰用绸。窗帘用的有乔其纱、窗帘纱;台毯用的有风景古香缎、刺绣台毯、织锦靠垫；帷幕用的有乔其绒、立绒；美术装饰用的有花绫、画绢等。

（3）工业用绸。绝缘用的绝缘绸，化工过滤网用的滤绸，制伞用的尼龙伞绸，制帐篷用的帐篷绸等。

（4）国防用绸。航空用的降落伞绸，飞机用的机翼绸等。

二、常用绸缎的性能和用途

常用绸缎的性能和用途，如表14-4所示。

表14-4 常用绸缎的性能和用途

序号	品名	性能特点	主要用途
1	塔夫绸	属高档丝织品，质地紧密，绸面细洁光滑，平挺美观，光泽好，不易脏，但易皱褶	宜做男女衬衫及妇女节日礼服。不宜多洗涤，不宜折叠和重压；缩水率约2%
2	乔其纱	绸面有均匀细致的皱纹，质地轻薄飘逸，坚牢美观，富有弹性，有漂白、染色、印花等品种	宜做妇女衬衫、裙子、围巾、头巾等，做裙子宜加衬裙。洗涤时不宜强力搓擦；缩水率约5%
3	电力纺	质地轻薄柔软，细密光洁，平挺爽滑，光泽柔和，有漂白、本色、素色、印花等品种	宜做夏令服装、裙子、围巾，或用作呢绒裤子的膝盖衬绸。可做蜡染与扎染的真丝服装，以及高级薄呢服装的夹里。缩水率约5%
4	双绉	质地轻薄柔软，平滑光亮，坚韧耐穿，富有弹性，以元色为主，也有染色和印花等	宜做夏令裤子、裙子；做裤子规格宜大些。缩水率约10%
5	富春纺	色泽鲜艳，质地柔软，透气性好，有染色和印花等品种	宜做夏令服装，滑爽舒适。或用作中式棉袄的夹里。湿牢度较差，洗涤时不宜用力搓擦。缩水率约8%
6	绢丝纺	用蚕丝下脚原料编制而成的短纤维，表面不及电力纺光滑明亮，但坚韧牢固。有元色和染色等	宜做夏令裤子、裙子等服装。缩水率约5%
7	素软缎	质地柔软，缎面平整光亮，色泽鲜艳，花型绚丽多彩	宜做高级礼服、时装、表演服，夹夹袄、棉面料，儿童棉斗篷等。容易起毛，不宜经常洗涤
8	织锦缎	花纹精细，豪华富丽，坚牢厚实	
9	线缎	质地厚实，以亮花面为正面	宜做夹、棉袄面料及被面。缩水率约10%
10	涤丝绉	织品轻薄挺爽，表面有细致皱纹，耐磨耐穿，易洗快干，有印花和染色多种	宜做男女衬衫及裤子等。防止火星；熨烫温度不宜超过150℃

三、绸缎的选购技巧

绸缎的价格昂贵，选购除注意其等级外，还要仔细观察绸面是否有局部或散布性疵点。

（1）断丝、破洞：断丝是丝绸的经纬丝断裂。有时丝头外露，有时隐蔽，但在织物组织上能看出细条的空路。当经纬丝出现两根或多根的断裂，绸面出现洞眼（叫破洞），这种疵点不仅影响美观也影响使用价值。

（2）双丝：经丝和纬丝两根并列一起织造。表面出现粗经、粗纬的外观，轻者不影响使用。

（3）跳丝：经丝和纬丝不符合它的织物组织结构，绸面产生较长的浮丝，即所谓跳丝。跳丝较长则产生断丝,影响使用。

(4)蛛网:绸面的经纬丝都出现浮丝或经浮纬浮丝较多,这种疵点影响外观,也影响使用。

(5)破边:绸边有局部因拉牵出现破损,虽然品级下降,但对成服制作影响不大。

(6)经纬密度不匀:绸面的经丝和纬丝疏密不匀,造成织物外观不美或区斜,该疵点影响服装制作,但可用于其他服饰。

(7)杂质或斑痕:绸面因各种原因出现小虫、杂物、霉斑、水痕、油渍等。

小虫、霉斑是影响真丝织品质量的严重疵点,其他则可根据具体情况与使用而定,特别是印染过程中产生的疵点,多影响外观,而对理化性能影响不大。

任务五　识别化纤布

化纤布是指采用化学纤维为原料或化学纤维与天然纤维混纺织制的纺织品。

一、化纤布的分类

按选用原料,化纤布可分为纯化纤布和混纺化纤布两大类。又可按纤维成分细分。

按所用纤维长度和织品的外观特征,化纤布可分为棉型化纤布、毛型化纤布、丝型化纤布、中长型化纤布和麻型化纤布等。

(一)棉型化纤布

棉型化纤布是指用棉型化纤或棉与棉型化纤混纺织制的织物,其主要品种基本与棉布相似,区别在于织物的纤维成分不同。

(1)涤纶布。涤纶类织品主要有涤棉混纺、涤粘混纺和少量的棉型纯涤纶织品。涤棉织品的混纺比一般为涤65%,棉35%,它兼具涤和棉的优点,具有抗皱性和褶裥保持性好,耐磨耐穿,易洗快干等特点。涤粘织品风格与涤棉织物相似,吸湿性比涤棉织品好,但弹性、强力和抗皱性都不如涤棉织品。

棉型涤纶布主要品种有涤棉府绸、涤棉布、涤棉卡其、涤棉泡泡纱、涤棉条格布、涤棉线呢和涤粘花布等。以涤棉布(俗称棉的确良)最常见,是男式衬衫的重要面料之一。

(2)粘纤布。粘纤类有纯粘纤布(俗称人造棉)和棉粘混纺布两大类织物。粘纤布吸湿性好,但弹性和强度较差,易起皱,具有较大的垂荡性,易变形。棉粘混纺可在一定的程度上弥补粘纤布的某些缺陷。

人造棉布是最常见的一类粘纤布。它是以棉型粘胶纤维织制而成的平纹织物,具有布面洁净、手感光滑柔软、穿着舒适、色泽鲜艳、价格便宜等优点,但不耐水洗、缩水率大、保型性差。

(3)富纤布。富纤布性能较普通粘胶纤维织品优良,织物的尺寸稳定性较好,接近于棉。富纤平布是富纤类织物最常见的品种,有富纤白布、色布、花布和色织布等。

(4)维纶布。纯纺的维纶布只有帆布和某些工业用布,民用的维纶织物大多为棉维混纺,亦有部分维粘混纺。维纶织品具有棉织物风格,穿着透气,吸汗,耐磨耐穿,但弹性差,易起皱,不耐湿热。棉维布和维粘布的主要品种是平布。

(5)丙纶布。纯纺丙纶布主要用于医疗,穿着用丙纶类织物大多为棉丙混纺,混纺比为50%。棉丙布强度高,耐磨性好,坚实耐穿,外观挺括,缩水率小,尺寸稳定性好,织品轻盈,但吸湿性差,穿着有闷热感。丙纶不易染色,以浅色为主,主要品种为平布。

（二）中长纤维布

中长纤维布是采用中长纤维在棉纺织设备上加工的仿毛织品。中长纤维织物以涤纶为主要原料与其他化纤混纺,主要有涤粘、涤腈、涤腈粘和涤棉粘等。

由于中长纤维使用的纤维比棉花长而粗,比羊毛短而细,织物纱支密度、组织结构又参照毛织品,在染整过程中要采用松式染整的方法,再经蒸呢、树脂整理等处理。所以织物具有一定的毛型感,手感丰满,弹性好,质地挺括,易洗快干,抗皱免烫,条干均匀,色泽柔和,外观比较悦目。

中长纤维布的品名套用精纺呢绒品名,只是在品名的前面加是"中长"两个字。主要品种有中长平纹呢即中长凡立丁、中长隐条呢、中长华达呢、中长花呢、中长派力司和中长啥咪呢等。隐条呢是采用不同捻向的经纱间隔排列织造而成,布面有隐约可见的条纹。

（三）化纤针织布

化纤针织布以前主要供工厂加工针织外衣,现有不少品种已成为零售经营的重要商品之一。化纤针织布具有良好的弹性,不易变形,易洗快干,抗皱性好,质地坚牢,穿着比化纤机织布舒适透气,且价格低廉,颇受消费者欢迎。但化纤针织布有易起毛起球和勾丝等缺点。

化纤针织布的原料大多为低弹涤纶丝,也有部分锦纶丝、普通涤纶丝、腈纶和氨纶等。市场常见化纤针织布有牛肚布、涤盖棉、仿麂皮、针织丝绒、针织弹力条、氨纶弹力布等等。

（四）麻型化纤布

麻型化纤布是采用麻型化纤纱或麻与其他纤维混纺纱织制的织物。麻型化纤纱是指用长度和细度与天然麻纤维相似的化学纤维纺成的,外观与亚麻纱或苎麻纱类似的纱线。化纤麻纱大多以涤纶为原料,俗称涤纶麻纱或麻纱,麻型化纤织品是近年畅销国际市场的新品种。

麻型化纤织物外观风格粗犷、手感糙硬、质地爽挺,是目前市场上的畅销产品,主要品种有麻柔姿、麻纱华达呢、麻纱花呢和亚麻纱等。麻柔姿质地稀薄,孔眼清晰,悬垂感好,穿着透气舒适,是夏季的理想衣料。

二、常用化纤布的性能和用途

常用化纤布的性能和用途,如表14-5所示。

表14-5 常用化纤布的性能和用途

序号	品名	性能特点	主要用途
1	涤棉细布	布面平整光洁,布身细薄,手感爽挺,透气性较好,易洗快干,色泽有漂白、染色和印花等	宜做男女衬衫、裙子、袋布、腰里、衬布、领衬等
2	涤棉麻纱	纱支细洁,密度稀,身骨挺括,凉爽;色泽以浅色为主	宜做夏令长、短袖衬衫及儿童裙衫
3	涤棉卡其	布面光洁,纹路清晰,布身厚实紧密,坚牢挺括;色泽以藏青、深灰、咖啡为主	宜做男女工作服、职业装、夹克衫及裤子等
4	富涤色布	质地细薄,手感柔滑,吸水性、透气性好,穿着舒适;色泽鲜艳,以浅色为主	夏季的理想衣料,宜做衬衫、裙子、童装等。穿久易起毛、起球
5	粘纤色布	质地柔软,手感爽滑,色泽鲜艳,吸湿性特优,但湿牢度和耐磨性都差,易皱	与富涤色布同,但缩水率约10%;主要通过混纺来扬长避短。粘纤能与大部分纤维混纺

续　表

序号	品　名	性能特点	主要用途
6	涤粘平纹呢	平整挺括,弹性好,纱支细,密度稀,外观似呢绒中的凡立丁;色泽鲜艳,染色居多,也有少量印花	宜做春、秋上装、工作服,各类职业服装、裤子和裙子等
7	涤粘华达呢	布面光洁,纹路清晰,弹性好,手感挺括,有毛型风络;色泽鲜艳大方,以藏青、咖啡、元色为多	宜做男、女工作服,简化西装,上装及裤子等
8	涤粘色织花	用涤粘染色纱交并织制而成。组织繁复,花色甚多,色泽鲜艳,有毛型感	宜做男女上装、儿童服装及妇女罩衫等

三、化纤布的选购

(1) 要根据面料的性能来挑选合适的化纤布。涤纶和腈纶类布不易变形,折皱容易恢复,腈纶和锦纶布保温性强,维纶类价廉耐用。

(2) 化纤布的表面要平滑、平整、挺括、毛型感强。

任务六　纺织品储存保管

纺织品由于自身的自然属性和外界因素的影响,在储存期间很容易发生霉变、虫蛀、鼠咬、脆化、褪色、变色、沾污、折皱、变形等现象,从而降低其使用价值。为了维护纺织品质量,在储存保管中要特别注意以下几个方面:

(1) 库房选择。要选择干燥、通风、清洁、阴凉的仓库,一般应是专用储存仓库。地上要有垫板,不同品种要分类存放。

(2) 防潮湿。防潮湿是纺织品储存保管的关键。因其天然纤维和人造纤维吸湿性很好,受潮后极易生霉,要严格控制相对湿度在70%左右,温度在15 ℃～30 ℃之间。

(3) 防日晒。日光曝晒会使织物强力降低、褪色,耐用性减低,漂白织物易发黄。因此要防止阳光直接照射纺织品。

(4) 防虫蛀。呢绒、丝绸因其含有蛋白质成分最容易被虫蛀。在库房中要放置樟脑等驱虫剂。

(5) 防腐蚀。酸、碱对棉、麻、丝、毛和粘胶纤维均能腐蚀。在储存保管过程中要避免与酸碱接触。

(6) 防灰尘。粘染灰尘不仅能使纺织品外观受到影响,而且能够促使吸湿和寄生虫子,因而要保持仓库清洁干净。

(7) 防重压。重压会使起绒类织物绒毛倒伏,使弹性差的织物产生折皱变形。因此要控制堆码高度,人不能坐躺其上。

(8) 防烟火。纺织品是容易起火的,特别是化纤织品。在保管过程中要严禁烟火。

(9) 加强管理。一要加强入库检查验收;二要加强在库定期检查,监控温湿度变化情况,纺织品质量变化情况;三要严格执行先进先出原则,尽量缩短储存期限。

 **学习检测**

一、填空题

1. 棉布按织物组织可分为（　　　）、（　　　）和（　　　）三种。
2. 呢绒按商业习惯可分为（　　　）、（　　　）、（　　　）、（　　　）四类。
3. 按选用原料，化纤织物可分为（　　　）和（　　　）两大类。
4. 丝绸按所用原料不同可分为（　　　）、（　　　）、（　　　）、（　　　）等类。
5. 床单的规格是以（　　　）和（　　　）的尺寸来确定的。

二、判断题（判断对或错）

1. 在纺织品名称中凡是含有麻的，一定是用天然麻为原料织制的。（　　）
2. 在纺织品名称中凡是含有绸的，一定是用天然丝原料织制而成的。（　　）
3. 线绨被面是以粘胶丝作经，棉线或蜡线作纬的交织提花织物。（　　）
4. 中长纤维是一种自然存在的纺织纤维。（　　）
5. 缎纹组织结构的纺织品一般坚牢度不够强。（　　）

三、思考讨论题

1. 分类概括纺织品的性能特点，各类之间明显区别是什么？
2. 如何正确选择纺织品？

 技能训练

1. 任务设计

任务项目：识别棉、麻、丝、毛、化纤五类纺织品品种。

执行要求：分小组进行，设计出一份表格式的实验报告书，深入市场调查识别纺织品品种，将调查所得的五类纺织品代表品种的品名、规格、等级、价格、生产厂家，鉴别方法与织品特点等填入报告书。

执行条件：明确任务要求，小组人员适当分工，网络搜索资料，图书馆查阅资料，商场实地调查。

2. 能力评价

评价内容：具体纺织品信息，鉴别的方法与织品特点，报告书设计合理性。

评价标准：搜集纺织品品种5个以上，对纺织品的名称、规格、等级、价格、生产厂等要素记录完整得40分，鉴别方法正确且特点描述准确得40分，报告书设计能反映主题且绘制美观得20分。

评价方法：各小组自我评价，教师集中评价修正。

 知行拓展

1. 识别针织品
2. 识别毛线
3. 识别床上用品
4. 识别保管纤维原料
5. 纱线的细度

项目十五　识别保管家用电器

知识目标　掌握家用电器的分类、型号、规格,熟悉不同种类家用电器的性能指标、选购方法技巧及保管方法。

能力目标　能判断具体家用电器的质量状况,并能拟定保管维护措施。

素质目标　能进行家用电器商品的基本调试,树立家用电器商品使用安全意识,养成正确使用和维护家用电器商品的良好习惯。

2018 年中国彩色电视机产量及出口情况

2018 年 1—12 月全国彩色电视机产量为 20 381.5 万台,同比增长 14.6%。全年出口 9 688 万台,同比增长 18.9%。近期,根据群智咨询数据显示,2018 年全球彩电出货总量达 2.398 亿台,相较 2017 年增长 4.3%。具体到每个品牌上,三星占据第一的位置;LG 则继续保持第二。而三、四名的国产品牌 TCL 与海信得益于大力拓展国际市场,使得整体出货量大涨。出货量增长率最为突出的小米达到了惊人的 229%,其中印度市场出货量 137 万台。中国彩色电视机品牌开始成为世界性品牌。(中商情报网,2019 年 1 月 25 日)

任务引导:1. 你还知道哪些家用电器?清楚它们的原理、规格、型号吗?
　　　　　2. 你会选购、使用、保养家用电器吗?

任务一　识别保管洗衣机

一、区分洗衣机的类型

(一)按使用场合分类

洗衣机可分为家庭用的和集体用的两大类。

(二)按额定容量分类

家用洗衣机的额定容量一般在 5.0 kg 以下,有 1.0 kg、1.5 kg、2.0 kg、2.5 kg、3.0 kg、

4.0 kg 和 5.0 kg 共 7 个规格;集体用洗衣机有 10 kg、20 kg、50 kg 和 100 kg 等规格。洗衣机的额定容量是指一次能洗涤的最大干衣物的重量。

(三) 按照自动化程度分类

洗衣机可分为普通洗衣机和全自动洗衣机。普通洗衣机又分为一般洗衣机和半自动洗衣机。

(1) 一般洗衣机。洗涤、漂洗与脱水各功能的转换都需要人工操作的洗衣机。

(2) 半自动洗衣机。洗涤、漂洗自动进行,脱水等功能需要人工转换的洗衣机。

(3) 全自动洗衣机。洗涤、漂洗、脱水各功能的转换都不需要人工操作,完全是自控。

(四) 按洗涤方式分类

洗衣机可分为波轮式洗衣机、滚筒式洗衣机、搅拌式洗衣机。

(1) 波轮式洗衣机。在洗衣桶底部中心偏一些的位置装有形状如圆盘,外表面有几条突起且光滑过渡的筋的波轮,依靠波轮定时正反转或连续转动使水流形成旋涡进行洗涤。

(2) 滚筒式洗衣机。将洗涤衣物放在滚筒内,注入混有洗涤剂的水,然后按照洗涤程序进行洗涤。滚筒通过正、反转使衣物在筒内翻滚揉搓进行洗涤。

(3) 搅拌式洗衣机。依靠摆动叶往复运动进行洗涤。几种类型洗衣机的性能比较见表 15-1。目前,我国家用洗衣机大多是波轮式洗衣机,滚筒式洗衣机也越来越被人们所接受。

表 15-1 几种类型洗衣机的性能比较

项目\种类	波轮式	滚筒式	搅拌式	喷流式	喷射式	振动式
洗净率	高	低	中等	高	低	低
损衣率	较高	较低	中等	高	低	低
振动、噪声	较低	较高	较低	较低	较低	高
洗涤均匀性	较差	好	好	差	一般	差
用水量	较多	少	一般	多	多	少
洗涤剂用量	一般	少	一般	多	多	一般
洗涤时间	短	长	较长	短	长	长
用电量	少	多	多	少	多	多
洗衣量	较少	多	多	较少	较少	少
结构	简单	复杂	较复杂	简单	简单	简单

知识链接1:波轮洗衣机原理视频
知识链接2:滚筒洗衣机原理视频

二、识别洗衣机的型号

洗衣机分类符号,如表 15-2 所示。

表 15-2 洗衣机分类符号

分类依据	类 别	符号(汉语拼音)
自动化程度	普通型洗衣机	P
	半自动型洗衣机	B
	全自动型洗衣机	Q
洗涤方式	波轮式洗衣机	B
	滚筒式洗衣机	G
	搅拌式洗衣机	J
	喷流式洗衣机	P
结构	单桶洗衣机	不标字母
	双桶洗衣机	S
洗衣机代号	洗衣机	X
	脱水机	T

国产洗衣机型号按 GB/T 4288—2008《家用和类似用途洗衣机》标准规定由 6 个部分组成,如图 15-1 所示。

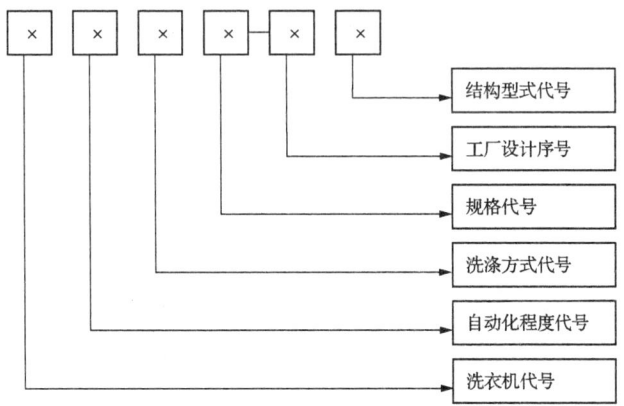

图 15-1 洗衣机型号说明图

实例说明:
XQG 50-8866 表示为:洗涤容量为 5 kg 的全自动滚筒式洗衣机,设计序号为 8866。

三、熟悉洗衣机的主要技术指标

(一)温升

洗衣机所用电动机的绕组(正极绝缘),其温升不大于 75 ℃。

(二) 电气安全性能

(1) 绝缘电阻。洗衣机的带电部分与外露的非带电金属之间的潮态、热态绝缘电阻应不小于 2 MΩ。

(2) 耐压性能。在额定频率为 50 Hz,热态试验电压为 1 500 V,潮态试验电压为 1 250 V 时,洗衣机的带电部分与外露的非金属之间的绝缘,应能承受上述交流电压 1 min 而不出现击穿或闪烁现象。

(3) 接地电阻。洗衣机外露的金属箱体与大地之间的电阻应不大于 0.2 Ω。

(4) 泄漏电流。洗衣机在额定条件下工作时,人体可能触及的非带电金属部分与电源之间的泄漏电流应小于 0.5 mA。

(三) 电动机运转性能

(1) 启动特性和运行性能。洗衣机在电源电压为额定值的 85% 时,在额定负载下,电动机及相应电器部件应能启动运转。电动机的启动与其转子位置无关。当电源电压在额定值上下变动 10% 时,洗衣机应能无故障地运转。

(2) 制动性能。洗衣机在脱水时,如果打开上盖(即切断电源),高速旋转的脱水桶应能在 10 s 内迅速停止转动。

(四) 排水时间

额定洗涤容量在 2.5 kg(包括 2.5 kg)以下的洗衣机,其排水时间应不超过 2 min;额定容量在 2.5 kg 以上的洗衣机应不超过 3 min。

(五) 脱水性能

脱水性能是以脱水率来衡量的,脱水率越高,表明洗衣机对洗涤物的脱水程度越大。

(六) 洗净性能

洗衣机的洗净性能通常用洗净比来表示。洗净比是指洗衣机的洗净度与标准洗衣机洗净度之比。波轮式洗衣机的洗净比应不小于 0.8。

(七) 消耗功率

洗衣机在额定负载下进行试验,其消耗功率应在额定输入功率的 115% 以内。

(八) 织物磨损率

磨损率是指洗衣机在标准使用情况下,衣物在洗涤后的磨损程度。波轮式洗衣机的磨损率应不大于 0.2%。

(九) 噪声率

在额定条件下运转时,洗衣机的噪声应在 75 dB(A 声级)以下。

四、洗衣机的选购

在购买洗衣机时,应通过看、摸、听、试,来判断质量的好坏。在经过"色彩""附件""外观"的检查之后,对波轮式双桶洗衣机还需做如下检查:

(1) 用手拨动波盘,正、反向运转应灵活,无异常声音;波盘与洗衣桶波轮槽的间隙要均匀(约 1 mm)。

(2) 检查脱水桶法兰轴有无偏差。打开脱水桶上盖,用手将脱水桶顺时针方向旋转 45°角,观察桶的顶部与上舱盖的方位有无偏差,脱水桶是否始终保持在上舱盖的中央位置,如此连续观察几次,一直转完一周为止。

(3) 通电试验。查看整机运行是否平稳,有无严重震动及其他杂声;检查定时器开关是否灵活,能否回转正常;分别按强、中、弱按键,让洗衣机空转,看转速是否变化;用手抚摸非带电金属外壳,应无"麻电"感觉;整机运转一定时间后,拔掉电源,抚摸电动机外壳,温度不应太高。

(4) 条件许可时,可注水观察,看是否有漏水、渗水现象。对有自校功能的微电脑全自动洗衣机应进行程序检查,即在不进水的情况下,进行洗衣、排水、脱水等程序的试机。对没有自校功能检查程序的微电脑全自动洗衣机,在接通电源后,先按"撤销"程序,然后再依次按进水、排水、脱水程序进行试机。

五、洗衣机的储存保管

洗衣机属于大件家用电器,储存占用空间大。一般在商业上要求使用专门库房储存,库房要求清洁、干燥、通风、无污染物。堆码层数按包装标志指示操作。

家庭储存使用洗衣机要求选择通风良好、远离煤气火炉的地方。每次使用完后要用软布擦净表面及面板上的水渍、污物,清除过滤网上的绒屑杂物,打开桶盖让内部尽量干燥。使用时间较长以后要注意检查电源连接线是否完好、外桶是否导电等。

任务二 识别保管电冰箱

电冰箱是一种带有制冷装置的储存柜,将放入该储藏柜的食物或其他物品进行低温保存,以延长食物或其他物品的存放期限,或是对食品或其他物品进行降温。

一、区分电冰箱的类型与型号

(一) 电冰箱的分类

1. 按制冷方式划分

按制冷方式分为电机压缩式、电磁振荡式、吸收式、半导体式四种。以电机压缩式电冰箱应用最广,吸收式电冰箱小批量生产,其他两类应用较少。

(1) 电机压缩式电冰箱制冷效率高、降温快、制冷量大、可靠性好、使用方便等,但噪音大。

(2) 电磁振荡式电冰箱,它的制冷原理与电机压缩式电冰箱基本相同,主要是利用共振弹簧扩大振幅,压缩制冷气体,达到制冷目的,它结构简单、工艺要求低,因此成本低,但工作稳定性差,一般仅适用于 50 L 左右的小型冰箱。

(3) 吸收式电冰箱是利用制冷剂汽化吸热制冷,且无噪音,还可利用电能以外的其他能源制冷,但制冷效率低,主要用于小型船舶或无电源地区。

知识链接

电冰箱原理视频

(4)半导体式电冰箱是利用两块不同金属片接触,通过直流电产生热端和冷端,以冷端为主,它结构简单,无噪音,但制冷效率低,适合制造小型冰箱。

2. 按冷却方式划分

按冷却方式分为直冷式和间冷式两种。

(1)直冷式电冰箱,又称有霜电冰箱,具有两个蒸发器,分别安置于冷冻室和冷藏室内壁,直接制冷形成低温,具有结构简单、冻结速度快、耗电省、寿命长、噪音小等优点,但冷冻室结霜,使用较麻烦。

(2)间冷式电冰箱,又称风冷式、无霜式电冰箱,只有一个蒸发器,安置于冷冻室与冷藏室之间隔层背部的夹层内,靠专用风扇通过风道强制性制冷,具有箱内温度均匀、不结霜、冷却速度快等优点,但结构复杂、耗电量较大、噪音较大、存贮食品干耗也较大。

3. 按照适应环境温度(在环境相对湿度不大于90%时)不同划分

按照适应环境温度(在环境相对湿度不大于90%时)不同分为以下几类。

(1)亚温带型(SN)、温带型(N),即温度在10 ℃~32 ℃范围内。

(2)亚热带型(ST),即温度在10 ℃~38 ℃范围内。

(3)热带型(T),即温度在10 ℃~43 ℃范围内。

4. 按制冷温度等级不同划分

按制冷温度等级不同划分分为以下几类。

(1)"一星"级,按规定的试验条件和方法测得的储藏温度不高于-6 ℃。

(2)"二星"级,按规定的试验条件和方法测得的储藏温度不高于-12 ℃。

(3)"三星"级,按规定的试验条件和方法测得的储藏温度不高于-18 ℃。

(4)"四星"级,按规定的试验条件和方法测得的储藏温度不高于-24 ℃(在某些情况下该间室内允许有"三星"级部分)。

除此之外,还可以按外形式样分为单门、双门及多门电冰箱;按制冷方法分为蒸汽压缩式制冷、吸收式制冷及半导体制冷(热电式制冷)电冰箱;按放置方法分为立式、卧式、台式、嵌入式及壁挂式电冰箱。

(二)电冰箱的型号

电冰箱型号表示方法和含义如图15-2所示。

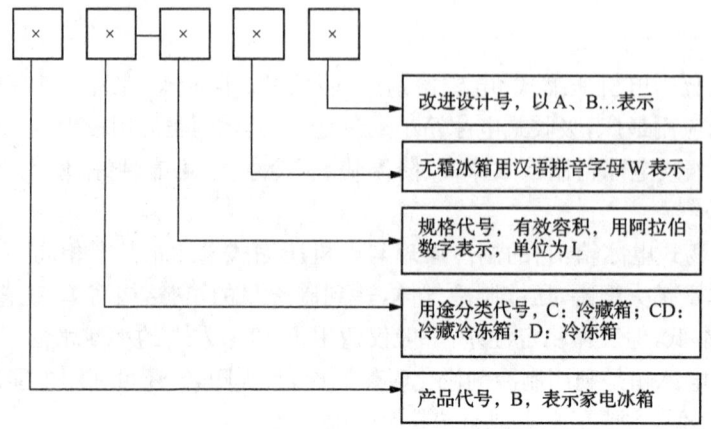

图15-2 电冰箱型号说明图

举例说明:BCD—182WB 为第一次改进设计的 182 升无霜式冷藏冷冻电冰箱,改进型号为 B。

二、熟悉电冰箱的技术指标

我国目前使用的是 GB 8059.3—1993《家用制冷器具》标准。常用的技术指标如下。

(一)降温性能

普通电冰箱在规定的电压范围内,冷藏室和冷冻室的降温性能应达到表 15-3 的规定。

表 15-3 冷藏室和冷冻室的降温性能

	环境温度(℃)	温控器位置	平均温度(℃)	备注
冷藏室	15 45	启动点 冷点	0~8 8 以下	
冷冻室	15~30	最冷点	—6 以下(一星级) —12 以下(二星级) —18 以下(三星级)	冰盒中的水应在 2 h 内结成实冰

(二)耐泄漏性

以灵敏度为 0.5 g/年的卤素检漏仪检查,制冷系统不应有制冷剂泄漏现象。

(三)化霜性能

在规定的环境温度为 32 ℃的条件下进行化霜,化霜结束之后蒸发器上残留的冰霜应以不影响冰箱工作性能为度。

半自动化霜式冰箱应在蒸发器结霜 3~6 mm 时按下化霜按钮,化霜结束时压缩机即自动开启,此时应立即进行检查。在双门双温冰箱中,冷冻室化霜时,其温度上升值应低于 5 ℃。

(四)电压波动和启动性能

当电源电压降到 180 V 或上升到 240 V 时,压缩机均能正常启动和运行。绝缘电阻和介电强度在规定环境下,冰箱带电部件对地绝缘电阻用 500 V 摇表测量值不应小于 2 MΩ,用 1 500 V 交流试验电压施加 10 min 不应发生击穿或闪烁现象。

(五)电动机绕组温度

冰箱连续运行至热稳定状态,用电阻法测电动机绕组温度一般不应高于 115 ℃。

(六)振动和噪声

冰箱箱体振动振幅不应大于 0.05 mm,正面 1 m 处噪声应小于 50 分贝(即在白天正常家庭环境下,人一般听不到冰箱工作的声音)。

(七)箱门开启力

一般规定冰箱箱门不允许自开,门把手处开启力为 10~70 N,门封应严密;用一张宽 50 mm、长 200 mm、厚 0.08 mm 的薄纸垂直插入门封任何一处,薄纸不应自由滑落。

(八)寿命

冷冻室门经过 2 万次、冷藏室门经过 5 万次开闭仍应保持正常,压缩机在 8~10 年内均应正常运行。

(九)外观

冰箱外壳表面要求漆膜颜色一致,结合牢固,不应有明显的流疤、划痕、漏涂和集结砂粒等缺陷,电镀表面应颜色光亮均匀一致,不得有鼓泡、露底、划伤等。

此外,还规定箱体应有良好的接地装置,其接地线颜色特定为黄绿双色或黑色线。

三、电冰箱的质量要求与检验

(一)冷却性能

在规定的电压及频率波动范围内,当环境温度为 15 ℃～32 ℃时,电冰箱运行并达到稳定状态后,其冷藏室温度为 3±1 ℃,冷冻室温度应达到各星级标准的规定值。

(二)冷却速度

冷却速度指在规定条件下,在环境温度为 32±1 ℃时,待箱内外温差大体一致的情况下,关上箱门,启动压缩机连续运行,使冷藏室温度降到 10 ℃、冷冻室温度降到 −5 ℃所需的时间,标准规定冷却程度不应超过 3 h。

(三)耗电量和输入功率

在规定条件下,耗电量和输入功率的实测值,不应超过标定的 15%。

(四)启动性能

在规定条件下,压缩机均能正常启动和运行。方法是开机停机各 3 次,每次开机 3 min,停机 3 min,各次启动均正常,无自动停机现象。

(五)耐泄漏性

以灵敏度为 0.5 g/年的卤素检漏仪检查制冷系统,不应出现制冷剂泄漏现象。

(六)负载温度回升速度

以分钟表示,它反映了电冰箱箱体的保温性能。在规定测试条件下,切断正常运转的冰箱电源,冷冻室从 −18 ℃上升到 −9 ℃的时间为负载温度回升时间,标准要求不小于 300 min。

(七)噪声和振动

冰箱运行时,电冰箱振动振幅应不大于 0.05 mm,不应产生明显的噪声。标准规定,250 L 以下电冰箱不应大于 52 分贝,市场上的冰箱已远远小于该值。

四、电冰箱的选购

选购电冰箱时应选择容积适宜、性能优良、安全可靠、耗电量低、造型美观、寿命长、维修方便的产品。购买电冰箱时应着重注意以下事项。

(一)选择冰箱形式

按照制冷原理,电冰箱分为电机压缩式、吸收式和电磁振荡式等形式。家用电冰箱应选用使用最为普遍的电机压缩式电冰箱,它具有效率高、噪声小、寿命长等优点。顾客可根据自己的经济情况来选择单门有霜式或双门无霜式。

(二)冰箱外观检查

一般以购买 150～250 L 的为宜。如果经济条件较好,也可购买大容量、多功能电冰箱,其使用较方便。箱体外形轮廓清晰,高宽比例适宜,装饰件造型新颖,色彩淡雅,美观大方。表面颜色均匀一致,漆层附着力好,硬度高,无划伤、脱落等现象。

(三)气密性检查

箱门开关灵活,门封严密,箱门开启力应不小于1.5 kg的拉力。仔细检查塑料内箱厚薄是否均匀,有无裂纹,箱壁隔热材料发泡是否均匀一致。检查时,可用手轻敲内壁表面,以没有明显的"空感"为好。

(四)制冷性检查

将温度控制器旋钮调至"停"(OFF)的位置,接通电源时,压缩机不应运转,否则温度控制器有故障。温度控制器旋钮"开""停"应明显,转动灵活,打开箱门时照明灯应当发光,关门时照明灯关闭,且箱体不得带电。将温度控制器旋钮调至"弱冷"位置时,压缩机应启动运转,运转声音很轻,振荡很小,在城市白天环境应听不到运转声,手摸压缩机只有微微振动。再将温度控制器旋钮调至"强冷"与"弱冷"中间的位置,关闭箱门,离门缝只有1 cm左右距离时照明灯应关闭;30 min后开门观察,冷冻室(蒸发器内)表面应有均匀薄霜,用湿手接触应有冻黏的感觉。再将温度控制器旋钮调至"停"的位置,压缩机应停止运转。

(五)冰箱节能性能检查

按照国家于2005年推出的《能源效率标志管理办法》规定,能源效率标志为蓝白背景的彩色标志,分1、2、3、4、5共5个等级。等级1表示产品达到国际先进水平,最节电,即耗能最低;等级2表示比较节电;等级3表示产品的能源效率为我国市场的平均水平;等级4表示产品能源效率低于市场平均水平;等级5是市场准入指标,低于该等级的产品不允许生产和销售。

五、电冰箱的储存保管

电冰箱在商业上要求使用专门仓库储存保管。库房要求清洁、干燥、通风、无腐蚀性气体。装卸搬运要从底部抬起,倾斜角不能大于45°,更不能倒过来搬运,最好使用机械设备搬运。储存过程中要注意监控空气相对湿度,相对湿度应控制在70%以下。其对温度的适应性较好。

在家庭环境中,电冰箱应放置在通风干燥、远离热源、四周有空隙(大于10厘米)的平坦坚实的地面上。主要注意以下几个方面:

(1)设置专用电源插座,确保用电安全。
(2)注意除尘,保持冰箱散热部件能够顺利散热。
(3)定期除霜,确保箱内热交换效率高,保持制冷效果。无霜冰箱能自动除霜。
(4)电冰箱宜长期插电使用,不宜断电间隔使用。

任务三 识别保管电视机

用电的方法即时传送活动的视觉图像。同电影相似,电视机利用人眼的视觉残留效应显现一帧帧渐变的静止图像,形成视觉上的活动图像。电视系统的发送端把景物的各个微细部分按亮度和色度转换为电信号后,按顺序传送。在接收端按相应的几何位置显现各微细部分的亮度和色度来重现整幅原始图像。

一、区分电视机的类型

(一) 按接收无线电波的频道不同进行分类

(1) 甚高频电视接收机。甚高频(VHF)电视接收机载波频率处在超短波波段范围内,可容纳12个标准电视频道。

(2) 全频道电视接收机。全频道电视接收机是指既能接收甚高频电视信号,又能接收特高频电视信号的电视机。由于特高频电视广播具有容纳频道多、抗干扰能力强、图像清晰和稳定性好等优点,世界上很多国家都采用了特高频电视系统,开设了特高频波段的电视广播。

(二) 按电路的主要元件进行分类

(1) 电子管电路电视接收机。这种电视机的体积大,耗电量多,外形欠美观,使用不方便,是我国早期生产的电视机,现已被淘汰。

(2) 晶体管电路电视接收机。这种电视机体积小,耗电量也小(约为电子管电路电视机耗电量的1/5左右),而且牢固耐振,使用寿命长。因此,晶体管电路电视机应用比较广泛。

(3) 电子管与晶体管混合式电视接收机。这种电视机具有电子管电路和晶体管电路电视机的双重特点,目前已不生产。

(4) 集成电路电视接收机。此种电视机具有耗电少、元件体积小、工作性能稳定、抗干扰能力强、操作方便和使用寿命长等特点。目前,我国生产的电视机已全部是集成电路接收机。

(三) 按电视接收机的功能进行分类

(1) 单功能电视接收机。它只能接收电视台播放的电视节目。国内大都是单功能电视机。

(2) 多功能电视接收机。这种电视接收机除了能接收电视台播放的节目外,还具有其他功能。如双画面彩色电视机,可在一个屏幕上同时收看两个电视节目。两个画面一大一小,小画面的频道可和大画面相同,也可不同;小画面面积可根据需要调整大小;大小画面可根据需要切换,互换内容;小画面可在屏幕的任意一角显示出图像,并且有定格和随时消除等功能。

(四) 按荧光屏的尺寸大小进行分类

可分为23 cm(9 in)、31 cm(12 in)、35 cm(14 in)、40 cm(16 in)、46 cm(18 in)、51 cm(20 in)、56cm(22 in)、61 cm(24 in)、72 cm(29 in)、81 cm(32 in)、93 cm(37 in)、106 cm(42 in)、116 cm(46 in)、119 cm(47 in)、127 cm(50 in)、132 cm(52 in)、139 cm(55 in)、147 cm(58 in)、152 cm(60 in)等,规格大的多指投影电视机、等离子电视机、液晶电视机等。in(英寸)指的是电视屏幕对角线尺寸。

二、熟悉彩色电视机的质量要求

显像管式电视机已基本停止生产与销售,下面简单说明液晶电视机主要指标要求。

(一) 分辨率

液晶电视面板分辨率是关乎显示图像格式的重要指标。通常我们所指的分辨率是指面板的物理分辨率,即画面显示的点数,是水平和垂直像素值,这个数值决定了液晶屏幕的清晰度。

目前液晶电视产品的主流分辨率是 1 366×768 和 1 920×1 080 两种，符合通常所讲的 16∶9 的宽屏比例，1 366×768 是达到国家高清电视标准的最低分辨率限度。未来的高清电视信号中，主要有三种格式，分别是 720 p、1 080 i 和 1 080 p，眼下热门的蓝光 BD 和 HD DVD 也采用这三种格式。

（二）亮度

由于液晶电视通常是放置在起居室使用，而且体积要比电脑显示器更大，同时观看的人数也更加多，因此液晶电视的亮度指标通常普遍要比电脑液晶显示器的更高，在 500 cd/m² 左右。这样的亮度级别对于电视节目的表现可以更加到位清透，而且考虑到普通起居室的光源问题，过低的亮度容易使电视图像清晰度在强光条件下（如日光和强灯光）减低，色彩饱和度削弱，影响电视收看的质量。

（三）对比度

对比度是屏幕上同一点最亮时（白色）与最暗时（黑色）的亮度的比值，不过通常产品的对比度指标是就整个屏幕而言的，例如一个屏幕在全白屏状态时候亮度为 500 cd/m²，全黑屏状态亮度为 0.5 cd/m²，这样屏幕的对比度就是 1 000∶1。当然，对比度越高表示产品可以呈现的画面灰阶更多，色彩更丰富。通常液晶电视的对比度也会比电脑液晶显示器的指标要高，在 600∶1 到 2 000∶1 之间不等。

（四）视角范围

视角范围是指用户可以从不同的方向清晰地观察屏幕有内容的角度，液晶电视的可视角度包括水平视角和垂直视角两个指标。通常液晶电视的水平视角是相等的，以屏幕垂直法线为基准，一般产品的左右视角典型值在 70°～85°之间，换算成我们所指的水平视角范围就是 140°～170°，当然，现在新出的一些产品还可以拥有 178°的宽阔视角。然而屏幕垂直视角的上下值就不一定相等了，有些产品从屏幕上方 70°的角度来看还可以很清晰逼真，但从下方约 50°的角度看画面就已经发生变色失真的现象了。

（五）响应时间

由于液晶电视先天的技术特点，液晶分子受电压驱动发生偏转是一个物理的反应过程，需要一定时间来完成，因此液晶电视每一个点在得到信号之后，需要一定时间来进行偏转动作从而改变画面，这就是液晶电视的响应时间。因此，对于这一项指标，时间越短越好，速度越快越好。

目前我国相关权威部门尚未制定具体的响应时间测试标准，各厂家对液晶电视的响应时间测定并没有统一的形式和规范，因此产品在该项指标上的标称值不能单纯根据数字大小来判别。家电卖场中演示的慢速变化画面很难分辨电视的实际响应速度究竟如何，最简单直接的办法就是利用体育比赛，如足球、网球等画面中运动员的动作变换和球的运动轨迹来判断拖尾现象是否明显。

（六）接口

液晶电视只是一台显示设备，需要有信号源提供图像信号才能够显示各种各样的画面。液晶电视和信号源间要通过接口来实现对接并传输信号，不同的信号源存在不同的接口类型，因此液晶电视通常会配备多组不相同的接口供用户选择使用。液晶电视常见的接口包括有线电视接口、AV 复合视频接口、S-端子接口、色差接口、VGA 接口、DVI 接口、HDMI 接口、USB 接口等等。

三、电视机的选购

在选购液晶电视机时要着重考虑以下几个方面。

（一）分辨率

分辨率是衡量液晶电视性能高低的一个重要标准，目前市场主流的分辨率参数主要是 1 366×768 和 1 920×1 080。高清平板电视机在水平和垂直方向上的清晰度要高于 720 线，简单来说就是真正的高清平板电视机必须要满足分辨率高于 1 366×768 这一条件。

（二）响应时间

响应时间也很重要，它会决定在显示高速动态画面时是否会出现模糊和拖尾现象，专家提醒大家：目前主流的 8 毫秒响应时间基本可以满足使用要求。一般来说，反应时间越快，液晶电视就会越少出现拖尾、残影现象。消费者在购买前最好先看看实际播放动作片的效果。

（三）亮度、对比度

其实消费者可以忽略厂商提供的亮度和对比度参数，直接以自己的目测感受为主，方法为在 5 m 以外的距离，查看屏幕显示亮度和对比度，注意一些黑暗场景中的细节表现，多做几款产品对比。

（四）尺寸

专家建议，大家要了解摆放电视机的房屋大小，从而确定应该选购多大尺寸的电视。比如 42 寸液晶电视最佳的收视距离是 2.5 m 到 3.3 m，47 寸液晶电视的最佳的收视距离是 3 m 到 4 m，55 寸液晶电视的最佳的收视距离是 4.5 m 到 5.5 m，这是一个可以根据自己家里实际情况来选择电视机的因素。

（五）HDMI 接口

HDMI 接口是可以同时传输音频和视频信号的数字接口，它不但可以简化连接，减少连线负担，而且可以提供庞大的数字信号传输所需带宽。强调这一接口的重要性主要在于现在新的和未来的碟机、电脑、家庭影院等设备，都会积极采用这一接口，而应用这一接口来与这些设备连接，无疑可以获得最好的效果。

（六）坏点

在购买之前一定要仔细地观察屏幕上是否有亮点和暗点。可以在白屏的时候寻找暗点，黑屏的时候寻找亮点，专家告诉大家一个辨别坏点的小窍门：在全绿屏的时候找暗点，全蓝屏的时候找亮点，一旦有亮点或者暗点非常容易就看出来了。另外，最好在付钱之前就坏点问题和商家达成协议，写进合同。

（七）音质

各个厂家在这方面都有自己的卖点，什么 Surround 三维空间环绕声、SRS 虚拟环绕声、BBE 立体声音效果、分频扬声器、DDAS 数字动态声谷、各式各样的音频解码芯片和引擎，可谓花样繁多。但是，这些东西除了部分专业人士和音乐发烧友可以看懂之外，对普通的消费者而言并没有实际的意义。无论厂家炒作得如何热闹,其实际效果基本是大同小异的。所以消费者挑选时应该拿定主意,亲自听一听音质好坏才是最重要的。

（八）遥控器

挑选时最容易被忽视的就是遥控器。好的遥控器回弹力强,给人很敦实的感觉,而差的遥控器通常显得很轻,其原因除了里面的元件做工不同以外,就是外壳采用的材质不同。遥控器上下外壳的结合紧密程度上,好的结合非常紧密,差的结合疏松。好的按键只要用适当的力度就可以按下,弹性好,回弹有力度。差的遥控器听起来里面像是空的,而好的遥控器由于做工实在,听起来像是实心。

（九）设计

选择液晶电视机还需要关注人性化设计是否与自己的使用需求合拍。如平板电视机外观与家居设计的融合眼下受到前所未有的关注,外形也不能不考虑。再比如像主动背光调节,无线耳机接收等功能都会影响到使用感受。特别是音箱的设计尤其重要,因为听不好一定就会影响看的效果。与常见的传统两侧立式音箱设计相比,卧式渐渐开始流行。

由于目前 16∶9 的液晶屏已经是液晶发展的主流,这使得液晶电视纵向延伸了液晶电视机身长度,卧式液晶电视音箱设计使得 16∶9 显示屏的液晶电视整体布局更加协调。另外,卧式音箱的设计有利于人声对白的表现,让人身临其境,其作用类似于环绕声系统中的中置音箱。在环绕声系统中,70%的声音都是发自中置音箱。

（十）售后：壁挂电视需要专业安装

挑售后服务,主要是看液晶屏幕的保修期。一般情况下,厂商都提供整机免费保修一年,其他部件免费保修三年的服务。需要壁挂使用的液晶电视机,建议要求厂商上门专业安装。按照国家新发布的平板电视机安装服务标准,大厂商应该都能提供上门安装服务。

四、电视机的储存保管

电视机是比较精密的电子产品,其储存保管要求较高。在商业经营中应注意以下几个方面。

(1) 选择好仓库。库房要求清洁、干燥、通风、阴凉,一般是专库存放。避免腐蚀性气体进入仓库。

(2) 合理堆码搬运。产品堆码要以包装指标为要求,避免重压。搬运要轻拿轻放,避免碰撞、跌落。

(3) 控制好温湿度。电视机在制造过程中使用了多种材料,其对温湿度也有一定的要求。温度一般控制在 5 ℃～40 ℃间较好,湿度控制在 75%以下。在南方控制湿度。在北方冬季要注意控制最低温度。

家庭使用电视机时,要放置在通风、少灰尘、无阳光直射、远离热源、无强磁场干扰的地方。要避免小物件特别是小金属物件落入电视机内。外表粘有灰尘可以湿布擦抹,不要用化学试剂擦抹,以免腐蚀外表材料。不要随意打开机后盖。不要频繁开关电视机,不用时要关闭电源。调整适当亮度,以延长显示屏寿命。雷雨天要注意防雷击,最好要拔离天线。

任务四 识别保管空调器

空调器实际上是"空气调节器"的简称,是指把经过处理的空气,以一定的方式送入室内,使室内的温度、湿度和噪声等都控制在需要范围内的装置。它为人们的生活和生产场所提供了舒适的温度条件。

一、识别空调器的类型和型号

(一) 空调器的类型

(1) 按空调器使用气候环境分,可分为 T1 型、T2 型和 T3 型,见表 15-4。

表 15-4 空调器的类型

空调器型式	气候类型(℃)		
	T1	T2	T3
冷风型	18～43	10～35	21～52
热泵型	−7～43	−7～35	−7～52
电热型	≤43	≤35	≤52

(2) 按空调器结构形式分,可分为以下几类:
① 整体式,其代号为 C:包括窗式(代号省略)、穿墙式(代号为 C)、移动式(代号为 Y)。
② 分体式,其代号为 F:室内机组结构分为吊顶式(代号为 D)、挂壁式(代号为 G)、落地式(代号为 L)、天井式(代号为 T)、嵌入式(代号为 Q)等。

(3) 按空调器功能分,可分为以下几类:
① 冷风型,其代号省略,俗称单冷型空调器。
② 热泵型,其代号为 R,俗称冷暖两用型空调器,是在普通空调器的制冷系统中增设电磁换向阀,使蒸发器与冷凝器工作换向。
③ 电热式,其代号为 D,电热装置制热。

(二) 空调器的型号

空调器的型号表示方法及含义,如图 15-3 所示。

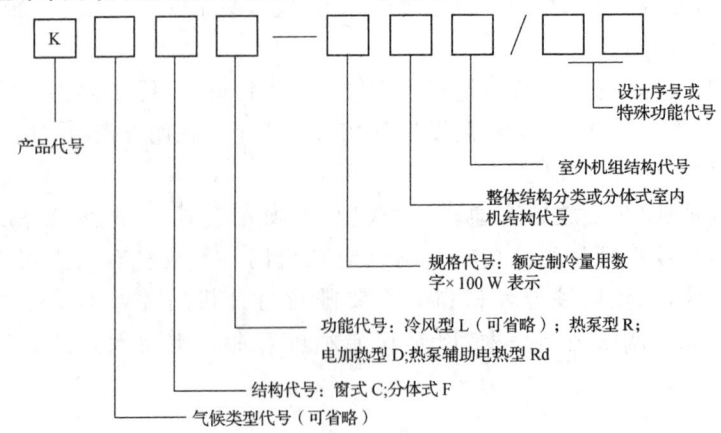

图 15-3 空调器产品型号

举例:KFGR—28G 表示 T1 气候类型,分体热泵型挂壁式空调器室内机组,额定制冷量为 2 800 W;KFR—28W 表示 TI 气候类型,分体热泵型空调器室外机组,额定制冷量为2 800 W。

二、熟悉空调器的主要技术参数

（一）制冷量

制冷量是空调器运行时,在单位时间内从密闭空间内除去的热量。目前,市场上空调器的制冷量在商品标志上都是以"瓦"(W)来表示的,而在日常生活当中,人们又习惯用"匹"(HP)来描述。空调器的"匹"数,原指输入功率,包括压缩机、风扇电动机及电控部分。

"匹"和"瓦"两者之间存在换算关系,1 匹的制冷量大约为 2 000 大卡,换算成国际单位"瓦",则应乘以 1.162 的系数。如 1 匹制冷量应为 1 HP×2 000 大卡×1.162＝2 324 瓦;而 1.5 匹制冷量则应为 1.5 HP×2 000 大卡×1.162＝3 486 W;依此类推,即可判断出空调器的匹数和制冷量的关系。通常情况下,将 2 200～2 600 W 都可称为 1 匹,3 200～3 600 W 都可称为1.5 匹,4 500～5 100 W 都可称为 2 匹,等等。

可以根据实际情况估算制冷量,选择合适的空调机型。一般情况下,家用电器要消耗制冷量的较大部分,如电视机、电灯泡、电冰箱等,每瓦(W)功率要消耗制冷量 1 W;门窗的方向不同消耗的制冷量也不同,如东面窗消耗制冷量 150 W/m²,西面窗消耗制冷量 280 W/m²,南面窗消耗制冷量 180 W/m²,北面窗消耗制冷量 100 W/m²,而楼顶或西晒则必须考虑适当增加制冷量。因此,家庭普通房间(如卧室、书房)每平方米所需的制冷量为 115～145 W,客厅、餐厅等活动量较大的空间,每平方米所需的制冷量为 145～175 W。例如,某家庭客厅使用面积为 15 m²,按每平方米所需制冷量 160 W 考虑,则所需空调制冷量为 15 m²×160 W/m²＝2 400 W。这样,就可以估算出应选用具有 2 500 W 左右制冷量的空调器。

（二）制热量

制热量是指空调器在单位时间内,向完全封闭的空间内送入的热量。其单位也是瓦(W)。

（三）使用电源

空调器使用的电源有两种,一种是单相 220 V/50 Hz,另一种是三相 380 V/50 Hz。通常家用空调器所使用的电源为单相 220 V/50 Hz。

（四）额定电流和额定功率

额定电流和额定功率是指空调器正常工作状态下的总电流量和总消耗功率。

（五）能效比

能效比也可称为性能系数,是一台空调器的制冷量与其耗电功率的比值。通常,空调器的能效比应接近 3 或大于 3,具有这种能效比就属于节能型空调器。例如,一台空调器的制冷量是 2 000 W,额定功率为 640 W,另一台空调器的制冷量为 2 500 W,额定功率为 970 W,则第一台空调器的能效比值为 2 000 W/640 W＝3.125,第二台空调器的能效比值为 2 500 W/970 W＝2.58。显然,可以看出第一台空调器为节能型空调器。

（六）循环风量

循环风量是指空调器在全部关闭的环境下,单位时间内送入的风量,常用单位有 m³/h、m³/s。

(七) 噪声

噪声指空调器在额定电压、额定功率且正常工作状态下,室内机或室外机发出的声响,其单位为 dB(A)。空调器国际噪声指标,如表 15-5 所示。

表 15-5 空调器国际噪声指标

额定制冷量(W)	整体式噪声 dB(A)		分体式噪声 dB(A)	
	室内	室外	室内	室外
2 500 以下	≤53	≤45	≤59	≤55
2 500～4 500	≤56	≤48	≤62	≤58
4 500～7 100	≤60	≤55	≤65	≤62

(八) 其他信息

空调器产品标志上还有许多信息,如制冷剂种类及充注量、防触电保护类型、排气侧最高工作压力、吸气侧最高工作压力等。

三、空调器的选购与使用

(一) 空调器的选购

选购空调器时除了要选购正规厂家的合格产品外,还要注意以下事项。

(1) 制冷量的选择。选择空调器制冷量大小时,除了要考虑房间的面积大小、保温性能、是否朝阳、是否装修过,还要考虑人口多少。通常每平方米住宅面积需要的制冷量为 120～175 W,而每个人需要的制冷量为 150 W。这样面积为 15 m^2 的住宅需要选择制冷量为 2 200 W 左右的空调器即可。由于空调器的实际制冷量比铭牌上标注的制冷量值要小 8% 左右,因此购买时要选择制冷量略大一些的产品。

(2) 功能的选择。选择空调器功能时,除了要考虑个人喜好(喜欢节能型空调器,还是绿色环保型空调器),还要考虑使用地区的地理环境。比如,我国东北、内蒙古地区冬季有集中供热等采暖设施,所以购买时应选择单冷型的空调器,仅用于夏季降温、除湿。而我国南方大部分地区冬季没有集中供热的采暖设施,所以购买时要选冷暖型空调器,冬夏季都可用。

(3) 能效比的选择。选择空调器时,要购买能效比高的空调器,节能型空调器的能效比应大于或等于 3。计算出来的性能系数比实际要大一些,因为实际的制冷量比铭牌上的标注值要小 8%。因此,大部分空调器实测的性能系数一般也只有铭牌标注值的 92% 左右。

(4) 适应气候的选择。由于不同的空调器都只能在一定的环境温度下工作,所以应选符合当地气候的空调器,以免空调器出现工作异常的现象。

(5) 外观的选择。选择符合房间布局的外观,要检查空调器的铭牌和标志是否齐全,室内机和室外机的表面是否光滑平整、有无划痕、漆膜是否脱落,遥控器等附件是否完整无损。

(6) 耗电量的选择。耗电量是使用空调器的主要费用,所以选耗电量越低的空调器不仅意味着省钱,而且还节约了能源。因此购买空调器最好选择超级节能型产品。

(二) 空调器的使用

(1) 空调器的开机、停机应通过机上的主控开关或遥控器上的电源开关进行,不能用插、拔电源线插头的方法来开停空调器,否则可能影响其正常工作,且不安全。

（2）如果长时间不用空调，可将电源线插头拔出，并取出遥控器中的电池，以免电池渗漏腐蚀遥控器。

（3）不能随意堵住空调器进出风口，不要把湿衣服挂在出风口上，否则会严重影响空调器的正常工作。

（4）制冷时温度不宜调得过低，制热时温度不宜调得过高，以防室内外温差过大给人带来不适。

（5）在使用过程中，最好相隔一段时间后，停机打开门窗让室内空气彻底更换一下，同时搞下卫生，以保持空气清洁。

（6）妥善保管好遥控器，防止着水、阳光直射、滑落地上等致使损坏而失灵。

（7）空调室严禁存放易挥发的可燃物品，如汽油、香蕉水等，否则易引起燃烧或爆炸。

（8）空调在使用一段时间后要注意清洁，在切断电源的情况下，用干净的软布揩擦外壳，外壳较脏时使用肥皂水或中性洗涤剂擦拭，然后用清水擦净。空调器工作 100 h 后，要清洁滤网，用吸尘器或软毛刷除积尘，用清水洗净，再晾干。

（9）空调使用较长时间后，要注意检查室内外连接管路是否有制冷剂泄漏情况，导线是否老化漏电等。

四、空调器的储存保管

空调器属于体形较大的家用电器产品，其制造采用的原材料以金属为主，整体重量较大。在商业上储存保管应注意以下几个方面。

（一）选择合适库房

储存库房要求清洁、干燥、通风、无腐蚀性气体影响。一般要求专用仓库储存，并配备机械化装卸设备。

（二）控制相对湿度

金属部件最容易在潮湿的环境中发生锈蚀。储存仓库的地面要保持干燥，空气相对湿度应控制在 75% 以下。

（三）储存搬运操作得当

空调器体积和重量比较大，储存搬运时需要较大力气。储存搬运时要保持包装箱上向上指示标志方向不变，避免倒置、侧倒、翻滚、重压、碰撞等。

任务五　识别保管微波炉

家用微波炉是一种全新型炊具。传统方式加热食物，是通过加热锅底，然后热量从锅底到食物的表面，食物表面的热量传导到内部来完成的；而微波炉加热是使食物在极短时间内，外表和内部同时受热，达到快速煮熟食物的效果。

目前国际上广泛使用的微波加热频率为 915 MHz 和 2 450 MHz。915 MHz 微波炉多用于工业部门作烘烤、干燥、消毒用；2 450 MHz 微波炉主要为家庭烹调用。

微波炉是利用微波发生器产生一个 2 450 MHz 的高频电磁场，这种肉眼看不见的微波，能穿透食物 5 cm 深，使食物中的水分子高速振动，产生热量。分子振动的速度越快，产生的热量越高。2 450 MHz 的微波炉电场使水分子每秒振动 24.5 亿次，使食物在很短时间内产生足够的热量，实现烹饪目的。烹饪速度比其他炉灶快 4～10 倍，热效率达 80% 以上。

一、微波炉的种类和型号

(一)微波炉的种类

(1)按微波炉使用频率不同,可分为 915 MHz 微波炉与 2 450 MHz 微波炉两大类。家用微波炉一般采用 2 450 MHz 频率类型。

(2)按微波炉输出功率不同,可分为 3 种类型:2 000 W 以上为大功率微波炉;1 200~2 000 W 为中等功率微波炉;600~1 200 W 为小功率微波炉。

(3)按微波炉控制功能不同,可分为普及型和计算机控制型两大类。普及型具有定时选择、功率调节、温度控制等功能;计算机控制型具有多种多样的功能,可以按照预先选定的程序完成多种工作,如解冻、烹饪、保温等。

(二)微波炉的型号

目前,我国暂时还没制定微波炉的型号标准。市场上出现的各类微波炉产品的型号大都出自各商家的企业标准。

如格兰仕 WG900DSL23—K6 型号中,WG 表示格兰仕微波炉;900 表示额定功率为 900 W;23 表示容积为 23 L。

二、微波炉的性能

微波炉是一种新型的节能炊具,用途很广,是家庭食品加热、菜肴烹调、冷冻食品解冻的理想器具,可以替代现在的电饭锅、电炒锅、电烤箱等一系列电热炊具。与传统的烹调方法相比,微波炉加热有以下一些突出的特点。

(一)加热均匀迅速、高效节能

无论是烧柴、煤、油、液化气、天然气的灶具,还是电热炊具,都是通过热传导和热辐射,由外向里逐渐加热食物的,在加热过程中同时加热了容器、炊具和周围空气,热量损失比较多。微波炉是利用微波来加热的,其加热方式是微波穿透容器,直接作用于食物,使食物内外同时均匀加热,不会发生常规加热时的外熟里生、外焦里生的现象。比如做熟一盘肉丝只需几分钟。微波炉的二次加热功能更为突出,只需几十秒或几分钟即可完成对各种食品的再加热,且保持原汁原味。用微波炉烹调等量的食物,与传统的烹调方法相比,耗能少得多。

(二)保持食物原有营养成分

由于微波炉的烹调时间很短,食物中的营养成分损失很少,能更好地保持食物天然营养成分和色香味,减少食物中维生素的破坏。一般的烹调方法会使 50% 的维生素和矿物质损失掉,而用微波烹制基本上可保存食物的营养成分。

(三)改善厨房条件

用微波炉烹调时,无明火、无烟雾、无余热,且盛放食物的容器和微波炉的机体本身不发热。无油烟与炽热空气,既不污染空气与环境,还有杀菌消毒的作用,使厨房一尘不染,永保清洁卫生。

(四)解冻迅速且保鲜

冷冻的食物需要解冻时,可以直接放入微波炉中进行自动解冻,既快速又方便,每 500 g 冷冻食物只需 10 分钟左右即可化解完毕,并保持解冻后食物的水分与鲜嫩。

(五)使用安全又方便

微波炉由于采用了各种保护措施,既方便使用,又安全可靠。微波炉不会对瓷碗(盘)、玻璃盘(碟)等餐具加热,所以可连餐具一起放入微波炉内加热,取出后可直接上桌,不必倒往其他容器。对带有简易包装的微波炉专用食品,也可直接放入微波炉内加热,方便卫生。

三、微波炉的选购

(一) 微波炉的安全性能

微波炉的安全性能比较重要,按国际电工委员会(IEC)规定:在离微波炉 5 cm 处的空间测得的微波辐射强度不得超过 $5\ mV/cm^2z$,超过此标准,将对人体造成不同程度的危害,因此最好选择质量可靠的名牌产品。

(二) 规格与功率

家用微波炉多数在 600～1 200 W 之间的小功率微波炉,使用时根据家庭人员多少和对烤、烧食物的数量大小等决定选择其中的哪一挡。

(三) 电气性能和其他方面要求

微波炉的电气绝缘可靠,各种控制开关性能良好,灶门开启自如,密封性好,旋钮标志清楚,操作自如,计算机控制式微波炉能按预定的程序完成各种操作过程。

(四) 按需选购

一般 5 人的家庭,可选购输出功率为 600 W 左右的微波炉。5 人以上的可选择 900 W 左右单功能型的微波炉,价格较便宜。微波炉的容积有 15～30 L,供解冻和消毒使用。电子多功能型相对价格较贵,但功能选择多。

(五) 检查外观

应仔细观察其外观质量,看微波炉门是否能紧闭,其金属外壳不应有过大的缝隙。转动一下机电式微波炉的定时器旋钮,无明显卡滞感,转到最高或最低刻度位置时,应到位不能"过线"。转动定时器归零时可听到一声轻微的铃响。检查输出功率效果时,可用一杯 2 000 mL 的清水放置炉腔中,500 W 功率的微波炉 4 分钟内即可将其加热。

(六) 检查安全性

微波辐射对人体危害较大,合格的微波炉微波泄露低于国家规定值。检验方法是将一张薄纸夹在微波炉门缝中,门关紧如轻轻一抽就抽出来,说明炉门不紧,微波泄漏可能性大。也可在微波炉工作时,将一台收音机置于微波炉上,如杂音很大,说明该机微波泄漏严重。

(七) 尝试操作

如果是电脑控制式微波炉,按动控制按钮后显示屏上应有清晰、迅速、明确的反应。电脑控制式微波炉的操作程序较为烦琐,可在售货员的帮助下试验几个常用的程序以验证微波炉的各种工作方式是否正常。如果是带"烧烤"功能的微波炉,可将控制钮调到"烧烤"挡,启动微波炉,约过 5～10 min,应在炉腔上方看到电热元件发出的红光。

四、微波炉的储存保管

微波炉的制造原材料主要是金属材料,防锈蚀是储存保管中的主要任务。储存库房要求干燥、清洁、通风、无腐蚀性气体。堆码层数不要过高,要按包装标志指标要求操作。库内相对湿度控制在 75% 以下。

家庭使用微波炉时要注意：使用专用接地插座；炉体要放置平稳，不能放在靠近磁性材料的地方，炉体周围要有空隙并保持通风良好；食品容器不能使用金属或不耐高温的塑料器皿，最好使用玻璃、陶瓷容器或微波炉的专用容器；不能空炉使用，以免损坏磁控管。

 **学习检测**

一、填空题

1. 洗衣机按洗涤方式分为（　　　　）、（　　　　）、（　　　　）三类。
2. 电冰箱按制冷方式分为（　　　　）、（　　　　）、（　　　　）、（　　　　）四类。
3. 空调器按结构形式分为（　　　　）、（　　　　）。
4. 微波炉加热是使食物在极短时间内（　　　　）和（　　　　）同时受热，达到快熟效果。

二、判断题（判断对或错）

1. "一星"级，按规定的试验条件和方法测得的冷冻室温度不高于－8 ℃。　　（　　）
2. 电视机的规格是以屏幕的长宽来表示的。　　（　　）
3. 通常家用空调器所使用的电源为单相220 V/50 Hz。　　（　　）
4. 微波炉加热是从食物的外面向里面传递的。　　（　　）
5. 所有家用电器商品都要远离腐蚀性气体。　　（　　）

三、思考讨论题

1. 所有的家用电器商品概括起来说具有什么功能？
2. 家用电器商品储存保管可以使用同样的方法吗？

 **技能训练**

1. 任务设计

任务项目：识别家用电器商品型号规格。

执行要求：分小组进行，设计出一份型号汇总表，记录本小组调查的各种家用电器的品名、品牌、型号、规格、生产厂家等信息。

执行条件：明确任务要求，小组人员分工，网络搜索，图书馆查阅，商场实地调查。

2. 能力评价

评价内容：家用电器品种信息、型号等信息完整性和准确性，表格设计合理性。

评价标准：记录不同家用电器品种10种以上得40分，型号等信息完整准确得40分，表格设计能反映主题且绘制美观得20分。

评价方法：各小组自我评价，教师集中评价修正。

 **知行拓展**

智能家电

项目十六　识别保管信息技术商品

学习目标

知识目标　掌握信息技术商品的分类,熟悉各种信息技术商品的特点及日常维护与保养方法。

能力目标　能针对具体信息技术商品进行分析,确定其日常维护与保养的重点与关键。

素质目标　认识信息技术商品的特殊性,领会信息技术商品对生产与生活的独特作用,树立科学与技术观念。

情境导入

神威·太湖之光超级计算机

神威·太湖之光超级计算机是由国家并行计算机技术研究中心研制、安装在国家超级计算无锡中心的超级计算机。

神威·太湖之光超级计算机安装了40 960个中国自主研发的"申威26010"众核处理器,该众核处理器采用64位自主申威指令系统,峰值性能为12.5亿亿次/秒,持续性能为9.3亿亿次/秒。

2016年6月20日,在法兰克福世界超算大会上,国际TOP500组织发布的榜单显示,"神威·太湖之光"超级计算机系统登顶榜单之首,不仅速度比第二名"天河二号"快出近两倍,其效率也提高3倍;11月14日,在美国盐湖城公布的新一期TOP500榜单中,"神威·太湖之光"以较大的运算速度优势轻松蝉联冠军;11月18日,我国科研人员依托"神威·太湖之光"超级计算机的应用成果首次荣获"戈登·贝尔"奖,实现了我国高性能计算应用成果在该奖项上零的突破。

2017年5月,中华人民共和国科学技术部高技术中心在无锡组织了对"神威·太湖之光"计算机系统课题的现场验收。专家组经过认真考察和审核,一致同意其通过技术验收;11月13日,全球超级计算机500强榜单公布,"神威·太湖之光"以每秒9.3亿亿次的浮点运算速度第四次夺冠。

2018年11月12日,新一期全球超级计算机500强榜单在美国达拉斯发布,中国超算"神威·太湖之光"位列第三名。

任务引导:1. 计算机商品属于什么性质类型的商品?
　　　　　　2. 你如何理解信息技术商品的含义?
　　　　　　3. 信息技术商品应该包括哪些品种?如何维护与保管?

任务一 识别保管计算机

目前办公和家庭使用的计算机大都属于PC(又叫个人电脑),一般由主机和各种外围设备组成,常用的外围设备有键盘、鼠标、显示器、打印机等。微型计算机系统分为台式机和笔记本电脑两种。

一、计算机的特点

计算机具有很强的生命力,并得以飞速的发展,是因为计算机本身具有诸多特点,具体体现在如下几个方面。

(一)快速的运算能力

电子计算机的工作是基于电子脉冲电路原理,由电子线路构成其各个功能部件,其中电磁场的传播扮演主要角色。电磁场传播的速度是很快的,现在高性能计算机每秒能进行几百亿次以上的加法运算。

(二)足够高的计算精度

电子计算机的计算精度在理论上是不受限制的,一般的计算机均能达到15位有效数字,通过一定的技术手段,可以实现任何精度要求。

(三)超强的记忆能力

计算机中有许多存储单元,用来记忆信息。内部记忆能力,是电子计算机和其他计算工具的一个重要区别。由于具有内部记忆信息的能力,在运算过程中就可以不必每次都从外部去取数据,而只需事先将数据输入到内部的存储单元中,运算时即可直接从存储单元中获得数据,从而大大提高了运算速度。

(四)复杂的逻辑判断能力

计算机不仅能进行算术运算,同时也能进行各种逻辑运算,具有逻辑判断能力。借助于逻辑运算,可以让计算机做出逻辑判断,分析命题是否成立,并可根据命题成立与否做出相应的对策。计算机被称为"电脑"就是源于这一特点。

(五)工作自动化

计算机内部的操作运算是根据人们预先编制的程序自动控制执行的。只要把包含一连串指令的处理程序输入计算机,计算机便会依次取出指令,逐条执行,完成各种规定的操作,直到得出结果为止。

二、计算机的分类

计算机的分类一般有两种方法,一种是按计算机的功能可分为专用计算机和通用计算机。专用计算机配有解决特定问题的软件和硬件,适用于某一特殊的应用领域,如智能仪表、生产过程控制、军事装备的自动控制等,因此专用计算机在特定用途下最有效,但功能单一。通用计算机功能齐全、通用性强,具有广泛的用途和使用范围,可以应用于科学计算、数据处理和过程控制等,但其效率相对专用机要低一些,目前所说的计算机一般指的都是通用计算机。另一种是按计算机的综合性能指标(运算速度、存储容量、输入输出能力、规模大小、软件配置)可将计算机分为以下几类。

(一) 巨型机(Super Computer)

巨型机也称超级计算机,是指超大型的计算机。巨型机的主要特征是采用大规模并行处理体系结构,使其运算速度快、存储容量大、有极强的运算处理能力。巨型计算机主要应用于复杂的科学计算和军事、科研、气象、石油勘探等专门的领域。

(二) 大型机(Mainframe)

它的基本特征是有很强的综合处理能力,它的运算速度和存储容量次于巨型机,并具有较大的存储容量以及较好的通用性,但价格比较昂贵。大型机主要用于计算中心和计算机网络中,通常被用来作为银行、铁路等大型应用系统中的计算机网络的主机使用。

(三) 小型机(Minicomputer)

该类计算机的运算速度和存储容量略低于大/中型计算机,规模较小、结构简单、操作简便、维护容易、成本较低。小型计算机的主要特征是与终端和各种外部设备连接比较容易,适合于作为联机系统的主机,所以它主要用于科学计算、数据处理,还用于生产过程的自动控制以及数据采集、分析计算等。

(四) 微型机(Microcomputer)

微型机也称个人计算机(PC机)。微型计算机分台式机和便携机两大类。便携机体积小、重量轻,便于外出使用。便携机即笔记本,其性能与台式机相当,但价格高出一倍左右。微型计算机采用微处理器、半导体存储器和输入输出接口组装而成,以其体积小、灵活性好、价格便宜、使用方便、可靠性强等优势遍及社会各领域,成为大众化的工具。

(五) 平板机

平板电脑也叫平板计算机(Tablet Personal Computer、Tablet PC、Flat Pc、Tablet、Slates),是一种小型、方便携带的个人电脑,以触摸屏作为基本的输入设备。它拥有的触摸屏(也称为数位板技术)允许用户通过触控笔或数字笔来进行作业而不是传统的键盘或鼠标。用户可以通过内建的手写识别、屏幕上的软键盘、语音识别或者一个真正的键盘(如果该机型配备的话)实现输入。

(六) 掌上计算机(PDA)

掌上计算机即个人数字助理。PDA与传统的PC机、笔记本计算机有较大区别,虽然同其他原理一样,但处理器不同,不能直接兼容。软件方面功能也简单得多。但由于其方便的携带功能而得到大家的青睐。

(七) 工作站(Workstation)

它是配有大容量主存,具有高速运算能力和很强的图形处理功能以及较强的网络通信能力的一种高档微型计算机。工作站是为了某种特殊用途由高性能的微型计算机系统、输入输出设备以及专用软件组成。例如,图形工作站包括有高性能的主机、扫描仪、绘图仪、数字化仪、高精度的屏幕显示器、其他通用的输入输出设备以及图形处理软件,它具有很强的对图形进行输入、处理、输出和存储的能力,在工程设计以及多媒体信息处理中有广泛的应用。

（八）服务器（Server）

它是一种在网络环境下为多个用户提供服务的共享设备，例如各个网站的 Web 服务器、网络中心的 E-mail 服务器等。

三、计算机系统的日常维护

（一）计算机的硬件维护

硬件维护是指在硬件方面对计算机进行维护，它包括计算机使用环境和各种器件的日常维护和工作时的注意事项等。

（二）电源要求

保持电源插座（包括多用插座）接触良好，摆放合理不易碰绊，尽可能杜绝意外漏电，一定要做到关机后离开。

（三）做好防静电工作

静电有可能造成计算机芯片的损坏，为防止静电对计算机造成损害，在打开计算机机箱前应当用手接触暖气管等可以放电的物体，将本身的静电放掉后再接触计算机的配件；另外，在安放计算机时将机壳用导线接地，可以起到很好的防静电效果。

（四）计算机的安放

计算机主机的安放应当平稳，保留必要的工作空间，留出用来放置磁盘、图纸等常用备品、备件的地方以方便工作。要调整好显示器的高度，位置应保持显示器上边与视线基本平行，太高或太低都会使操作者容易疲劳。

（五）硬盘的日常维护和使用时的注意事项

硬盘是计算机的仓库，用户的劳动成果都储存在仓库中，其重要性不言而喻。使用时应当注意以下几点：

（1）硬盘正在进行读、写操作时不可突然断电。现在的硬盘转速很高，通常为 5 400 r/min 或 7 200 r/min。在硬盘进行读、写操作时，硬盘处于高速旋转状态，如若突然断电，可能会使磁头与盘片之间猛烈摩擦而损坏硬盘。如果硬盘指示灯闪烁不止，说明硬盘的读、写操作还没有完成，此时不宜强行关闭电源；只有当硬盘指示灯停止闪烁，硬盘完成读、写操作后方可重启或关机。

（2）硬盘的防震。当计算机正在运行时不要搬动它；硬盘在移动或运输时最好用泡沫或海绵包装保护，尽量减少震动。

（3）移动硬盘时的注意事项。硬盘拿在手上时千万不要磕碰，还需防止静电对硬盘造成损坏。尤其在气候干燥时极易产生静电，若不小心用手触摸硬盘背面的电路板，静电就有可能伤害到硬盘的电子元件，导致硬盘无法正常使用。正确的方法应该是用手抓住硬盘的两侧，并避免与其背面的电路板直接接触。

（六）显示器的设置

显示器如使用不当，效果会较差，而且还可能损伤视力。正确地设置 CRT 显示器分辨率和刷新率会使用户感觉舒适。15 英寸显示器的合适分辨率为 800×600，17 英寸合适的分辨率为 $1\,024\times768$，刷新率在 85 Hz 时效果最好。对于液晶显示器来说，刷新率 60 Hz 就能够保证屏幕不出现闪烁的情况,如果此时刷新率过高会导致液晶显示器损坏。

(七)键盘的日常维护

(1)保持清洁。过多的灰尘会给电路正常工作带来困难,有时造成误操作,杂质落入键位的缝隙中会卡住按键,甚至造成短路。在清洁键盘时,可用柔软干净的湿布来擦拭,按键缝隙间的污渍可用棉签清洁,不要用医用消毒酒精,以免对塑料部件产生不良影响。清洁键盘时一定要在关机状态下进行,湿布不宜过湿,以免键盘内部进水产生短路。

(2)不要将液体洒到键盘上。一旦液体洒到键盘上,会造成接触不良、腐蚀电路造成短路等故障,损坏键盘。所以不要边喝茶边坐在计算机前,这样一不小心茶水就可能就洒落在键盘上。

(3)按键要注意力度。在按键的时候一定要注意力度适中,动作要轻柔,强烈的敲击会减少键盘的寿命。

(4)不要带电插拔。在更换键盘时不要带电插拔,带电插拔的危害很大,轻则损坏键盘,重则有可能会损坏计算机的其他部件,造成不应有的损失。

(八)鼠标的日常维护

在所有的计算机配件中,鼠标最容易出故障,在使用过程中避免摔碰和强力拉拽导线;单击鼠标时不要用力过度,以免损坏弹性开关。

(九)定期进行磁盘碎片整理

磁盘碎片的产生是因为文件被分散保存到整个磁盘的不同地方,而不是连续地保存在磁盘连续的簇中所形成的。碎片过多,系统在读文件时来回进行寻找,就会引起系统性能下降,导致存储文件丢失,严重的还会缩短硬盘的寿命。因此,要定期对磁盘碎片进行整理,以保证系统正常稳定地进行。用户可以用系统自带的"磁盘碎片整理程序"来整理磁盘碎片。

(十)清理垃圾文件

Windows 在运行中会囤积大量的垃圾文件,无法自动清除。它不仅占用大量磁盘空间,还会拖慢系统,使系统的运行速度变慢,所以这些垃圾文件必须清除。对于 Temp 目录下的临时文件,只要进入这个目录手动删除就可以了;再有一种就是上网时 IE 的临时文件,可以打开 IE 浏览器,选择"工具"—"Internet 选项",然后选择相关选项处理。

(十一)装杀毒软件进行杀毒

杀毒软件,也称反病毒软件或防毒软件,是用于消除电脑病毒、特洛伊木马和恶意软件的一类软件。杀毒软件通常集成监控识别、病毒扫描和清除以及自动升级等功能,有的杀毒软件还带有数据恢复等功能,是计算机防御系统(包含杀毒软件、防火墙、特洛伊木马和其他恶意软件的查杀程序,入侵预防系统等)的重要组成部分。发现病毒要及时杀毒,也要对电脑进行定期的杀毒。

四、计算机的储存保管

计算机是一种非常精密的电子产品,其生产所用材料涉及金属材料和塑料材料等。这些材料从本质上决定了计算机储存所需要相应的温湿度范围,同时它的高度精密对空气质量要求很高,即要求在很纯净的空气条件下工作。对其储存保管要从以下几方面加以努力。

（一）严格仓库条件

一定要使用专用储存仓库，库房要求清洁、干燥、通风、阴凉、无腐蚀性气体影响。

（二）管理好温湿度

从理论上讲，计算机能够适应 5 ℃～55 ℃的温度、30%～80%的相对湿度条件，但是低温、高温对塑料件是很不利的，高湿度对金属件是很不利的。因此，在储存保管计算机的过程中依然要按照一般储存规律要求来调控好温湿度。比较适合的温度范围最好控制在 10 ℃～40 ℃之间，湿度控制在 30%～70%之间。

（三）防尘保洁

灰尘能够影响计算机电路板线路及零部件之间的导电短路，同时也会影响接触件之间的有效接触。在储存保管中防尘保洁是非常重要的工作，要定期清除地面、墙面、顶棚、门窗、隔板等地方的灰尘，保持整个库房始终清洁干净。

（四）防重压碰撞震动

重压碰撞震动等都能损坏计算机内部的结构，甚至造成破碎，因此装卸搬运中要轻拿轻放。

任务二　识别保管打印机

知识链接

打印机原理动画视频

打印机（Printer）是计算机的输出设备之一，用于将计算机处理结果打印在相关介质上。衡量打印机好坏的指标有三项：打印分辨率、打印速度和噪声。

一、打印机的分类

市场上打印机品种繁多，不同类型的打印机用途也不同。根据打印机的打印方式可以将其分为针式打印机、喷墨打印机和激光打印机三种。

（一）针式打印机

针式打印机也称点阵针式打印机，由于结构简单、价格适中、技术成熟、分辨率和打印速度适中、耗材便宜以及适用面广而得到大多数用户的青睐，而且针式打印机在打印汉字方面有着其他字模类型的打印机不可比拟的优点。但缺点是噪音大，且因打印头和线圈响应的局限性导致打印速度受到限制，不适合照片和图形等高质量的打印。

（二）喷墨打印机

喷墨打印机是目前市场上应用最广泛的打印机。其基本原理是将墨滴喷打到打印介质上形成字符或者图形。喷墨打印机凭借其良好的打印效果与较低价位等优点占领了绝大多数中低端市场。目前喷墨打印机按打印头的工作方式可以分为压电喷墨和热喷墨两大类型；按照喷墨的材料性质又可以分为水质材料、固态油墨和液态油墨等类型。

（三）激光打印机

激光打印机是一种将激光扫描技术和电子显像技术相结合的非击打式输出设备，根据其输出的效果的不同，分为黑白激光打印机和彩色激光打印机。因其具有打印质量好、速度快和无噪音的优点而被广泛应用。激光打印机的价格相对喷墨打印机要高很多,功能也比多功能一体机少,但其精美的打印质量、低廉的单页打印成本、优异的工作效率以及极高的打印负荷等优点逐渐成为现代高效率的商务办公首选。

二、各种打印机的特点

(一)针式打印机特点

针式打印机按打印头打印针的数目主要分为 9 针和 24 针针式打印机。目前使用的一般是 24 针打印头的针式打印机,优点是可以打印连续纸张,对纸张的质量要求不高,其多用来打印账单、发票等。但其打印速度慢、噪声大、打印质量差。

(二)喷墨式打印机特点

喷墨式打印机也属于点阵式打印机,但它与针式打印机不同,它是靠许多喷头将墨水喷在纸上而完成打印任务的。喷墨式打印机的打印效果比针式打印机要好得多,它不但噪声小、操作简单方便,而且机器价格也不高。其缺点是速度较慢,对纸张的要求较高。

(三)激光打印机特点

激光打印机提供了更高质量、更快速、更低成本的打印方式。比喷墨打印机要贵得多,但是单页打印成本要低一些,打印精度更高。

三、打印机的日常维护

(一)针式打印机的日常维护

相当一部分打印机的硬故障和软故障是由于日常维护不当造成的。针式打印机在日常使用时,主要应把握以下维护要领:

(1)保证打印机正常工作的环境。针式打印机工作的正常温度范围是 10 ℃～35 ℃,正常湿度范围是 30%～80%,工作环境应保持相当的清洁度,打印机应远离电磁场源和噪音。

(2)打印机必须在干净、无尘的环境中使用,用后盖好罩布。工作台要平稳,不要有震动。要经常用在稀释的中性洗涤剂(尽量不要使用酒精等有机溶剂)中浸泡过的软布擦拭打印机机壳,以保证良好的清洁度;定期用真空吸尘器清除机内的纸屑、灰尘等脏物,用软布擦拭打印头字车导轨并抹适量的润滑油(如缝纫机油、钟表油等),以减少打印头字车的摩擦阻力,防止字车导轨变形,减缓字车电机线圈老化造成电机输出功率下降,同时要注意,在打印机开机过程中,不能用手拨动打印头字车,不要让打印机长时间地连续工作。

(3)注意电源的使用。针式打印机的电源要用 AC220±10%、50 Hz 的双相三线制中性电,尤其要保证良好的接地(接地电阻≤0.1 欧姆),以防止静电积累和雷击烧坏打印通信口等,并注意插拔信号电缆时,要关掉打印机和主机的电源,避免带电插拔。

(4)不要用手指触摸打印针表面。在打印机使用了一段时间后,用无水酒精将打印头擦洗一下,以保证导向孔畅通无阻。

(5)定期用小刷和吸尘器清理机内的灰尘和纸屑,再用酒精擦洗干净。

(6)打印头的位置要根据纸张的厚薄进行调整,不要离得太近。

(7)如果发现色带有破损,一定要立即更换新的色带。不要使用破旧色带,否则有可能将打印针挂断。

(8) 若发现走纸和针头小车运行困难时，不要用手强行移动，要及时查出原因并处理，否则易损坏机械部件和电路。

(9) 定期清洗打印头。一般说来，打印头每打印5万字或使用3个月以上就清洗一次，方法是拆下打印头的固定螺钉，取下打印头，将打印头前端1~2 cm处在95%无水酒精中浸泡5分钟后，再用小毛刷清洗针孔，洗净后取出晾干，重新装上即可。

(10) 要应尽量减少打印机空转。许多用户常常打开主机即打开打印机，这既费电又损害打印机的寿命，最好在需要打印时再打开打印机。

(11) 要尽量避免打印蜡纸。因为蜡纸上的石蜡会与打印胶辊上的橡胶发生化学反应，使橡胶膨胀变形。另外石蜡也会进入打印针导孔，易造成断针。同时要注意定期用沾有中性洗涤剂的软布擦洗打印胶辊，以保证胶辊的平滑，延长胶辊和打印头的寿命。

(二) 喷墨打印机的日常维护

喷墨打印机与针式打印机在结构上存在着根本的不同，它们的日常维护也不一样。喷墨打印机日常维护主要有以下几点。

(1) 内部除尘如前所述，打印机必须定期内部除尘。先将喷墨打印机盖板打开，再用柔软的湿布清除打印机内部灰尘、污迹、墨水渍和碎纸屑。如果发现灰尘太多而导致字车导轴润滑不好，可用干脱脂棉签擦除导轴上的灰尘油污，并补充流动性较好的润滑油，如缝纫机油。

在为喷墨打印机内部除尘时要注意以下几个问题：① 不要擦拭齿轮，不要擦拭打印头和墨盒附近的区域。② 一般情况不要移动打印头，特别是打印头处于机械锁定状态，用手强行移动打印头，将造成打印机机械部分损坏。③ 不能用纸制品（如面巾纸）清洁打印机内部，以免机内残留纸屑。④ 不能使用挥发性液体（如稀释剂、汽油、化学清洁剂）清洁打印机，以免损坏打印机表面。

(2) 校准打印喷头。喷墨打印机使用一段时间后喷头会发生偏移，应定时校准打印喷头。

(3) 更换墨盒。目前喷墨打印机上的墨水盒规格大致分为两种：一种是墨水盒与打印喷头是一体的，更换时打印喷头可随墨水盒一起丢弃，但是墨水盒的成本稍高一些。如佳能与惠普品牌的打印机。另一种墨水盒与打印喷头是分离的，喷头在打印机上，这种类型的墨水盒价格较低，但喷头存在故障隐患。如EPSON品牌的打印机。因此，喷墨打印机型号不同，使用的墨盒型号以及更换墨盒的方法也不相同。更换墨盒请注意以下几点：① 更换墨盒时，尽量不要更换非相同品牌的墨盒，否则会引起喷头堵塞。② 不能用手触摸墨水盒出口处，以防杂质混入墨水盒。③ 不要摔撞墨水盒，以防泄漏墨水。④ 墨水具有导电性，若漏洒在电路板上应使用无水乙醇擦净，晾干后再通电，否则有可能损坏电路元器件。⑤ 墨水盒应避光保存在无尘处，保存温度应在－10 ℃~＋35 ℃之间。

(4) 清洗打印头。大多数喷墨打印机开机即会自动清洗打印头，并设有按钮对打印头进行清洗，如佳能品牌的喷墨打印机就设有快速清洗、常规清洗和彻底清洗三档清洗功能。如果自动清洗功能无效，可以进行手工清洗。手工清洗应按操作手册中的步骤拆卸打印头。

三、激光打印机使用与维护

激光打印机的维护需要用户做到以下几点。

(1) 保持良好的使用环境。目前的电脑设备对使用环境的要求已经大大降低，不过，如果使用环境过于恶劣，也会影响到设备的正常使用。激光打印机工作时最适宜的温度是15 ℃~

25 ℃,相对湿度是 40%~50%。要求电压保持稳定。

（2）掌握最佳维护时间。它们分别是:每次更换硒鼓时或每打印完 2 500 页时和出现打印质量问题时。

（3）保持激光打印机清洁。保持激光打印机清洁的关键在于除尘。粉尘来自外部和内部。激光打印机是依靠静电原理进行工作的,因此它自身吸附灰尘的能力非常的强。一般情况下,用户可以使用专用的清洁工具对激光打印机进行清洁,其使用方便,清洁效果也比较好。清洁纸是最为常用的清洁工具,使用时将它放入纸槽,选择打印一份空白文档,让清洁纸到打印机内部正常的运行一次,让它粘走滚轮和走纸道上的粉尘,3~5 次便能完成清洁工作。

当使用了较长时间以后,清洁仅仅依靠清洁纸是不够的,还应该打开打印机,动手对其内部进行清洁。先打开打印机的机盖,取出硒鼓,再用干净柔软的棉布轻轻地来回擦拭滚轴等一些相关的部位,擦去小纸屑和积累的灰尘。要注意的是,臭氧过滤器至少一年更换一次,以保持过滤器的清洁。

（4）注意硒鼓的安装与存放。硒鼓是激光打印机里重要的部件,直接影响打印的质量。对于硒鼓的安装,先要将硒鼓从包装袋中取出,抽出密封条,再以硒鼓的轴心为轴转动,使墨粉在硒鼓中分布均匀。保存时要将硒鼓放在原配的包装袋中,常温下保存即可。避免阳光,否则会影响硒鼓的使用寿命。

四、打印机储存保管

打印机也是比较精密的电子产品,其采用的原材料主要是塑料和金属。因此其储存保管要求也与计算机的储存保管要求类似。

（一）库房要求

储存打印机的库房要求是清洁、干燥、通风、阴凉、无腐蚀性气体影响。

（二）控制好温湿度

一般适宜的储存温度为-40 ℃~60 ℃之间,相对湿度在 20%~90%之间。

（三）注意防尘

灰尘对打印机的影响是很大的,因此要经常保持库房清洁干净。

任务三　识别保管复印机

复印机是从书写、绘制或印刷的原稿得到等倍、放大或缩小的复印品的设备。复印机复印的速度快,操作简便,与传统的铅字印刷、蜡纸油印、胶印等的主要区别是无须经过其他制版等中间手段,而能直接从原稿获得复印品。

知识链接

彩色复印机
原理动画视频

一、复印机的分类

（一）以复印机的工作原理划分

（1）模拟复印机。其原理就是通过曝光、扫描将原稿的光学模拟图像通过光学系统直接投射到已被充电的感光鼓上产生静电潜像,再经过显影、转印、定影等步骤来完成复印。

（2）数码复印机。数码复印机比起模拟复印机是一次质的进步。其实数码复印机就是一台扫描仪和一台激光打印机的组合体,首先通过CCD(电荷耦合器件)传感器对通过曝光、扫描产生的原稿的光学模拟图像信号进行光电转换,然后将经过数字技术处理的图像信号输入到激光调制器,调制后的激光束对被充电的感光鼓进行扫描,在感光鼓上产生由点组成的静电潜像,再经过显影、转印、定影等步骤来完成复印过程。

(二) 以复印机的用途划分

(1) 家用型复印机。家用型复印机价格较为低廉,兼有扫描、打印机的功能,打印方式主要以喷墨打印为主。

(2) 办公型复印机。办公型复印机就是我们最常见的复印机,基本上是以A3幅面的产品为主。主要用途就是在正常的办公中复印各类文稿。

(3) 便携型复印机。便携型复印机的特点是小巧,它的最大幅面一般只有A4,重量较轻,产品主要以模拟复印机为主,多采用移动式稿台。

(4) 工程图纸复印机。工程图纸复印机,简单来说是指复印幅面比一般的办公复印机要大,达到了A0幅面,用以复印大型的工程图纸的复印机,同样根据技术原理也分为模拟工程图纸复印机和数字工程图纸复印机。

二、复印机的特点

(一) 模拟复印机的特点

模拟型产品由于诞生和应用的时间已经比较长了,因此技术上较为成熟,性能也比较稳定,并且在价格上占有一定的优势。

(二) 数码复印机的特点

同模拟式静电复印机相比,数码复印机有如下特点:

(1) 复印质量高。其灰色浓度、分辨率可以根据原稿的类型和内容特点进行调整,灰度级可达256级,分辨率高于400 dpi,复印副本清晰、整洁,对原稿要求不高。

(2) 具有扫描存储功能。对原稿进行扫描后能保存扫描信息,从而实现多次复印。

(3) 强大的图像编辑功能。利用数字技术,数码复印机能够实现自动缩放、单向缩放、自动启动、双面复印、组合复印、重叠复印、图像旋转、黑白反转、25%~400%缩放倍率等多种编辑效果。

(4) 易于实现电子分页。采用电子方法分页,无须选购分页器件,一次复印后的分页数量最多可达999份,远远高于模拟复印机份数。

(5) 系统采用环保设计。数码复印机具有无废粉、低臭氧、自动关机和节省能量等先进环保功能,而且能够实现图像自动旋转,减少了废纸的产生。

(6) 易于升级、联网和编辑。数码复印机可以通过增加选配件升级为高速激光传真机和高速激光打印机;可以直接与计算机连接,也可与电脑网络连接成为高速激光网络打印机;经扫描保存到内存的原稿信息,还能够由电脑编辑打印输出。

三、复印机的维护与保养

(一) 基本保养程序

复印机的基本保养应当经常进行,主要包括以下几个方面的内容:

(1) 查阅保养或维修档案,根据机器的复印数量和使用时间检查达到时限的易损零件。
(2) 记录计时器的读数。将复印品质量测试板或清晰的原稿放在稿台上,分别用等比、放大、缩小等功能复印数张,并检查复印品图像浓度、清晰度、定影情况,有无污染、底灰等毛病。运转同时注意机器有无杂音。
(3) 复印机的清洁。用浸过中性家用清洁剂(或清水)的稍潮软布擦净外壳表面和原稿压板,用干软布清洁稿台玻璃表面、操控面板和前门内侧,用清洁剂小心清洁充电组件。
(4) 检查并修复有故障的部分,更换性能不良的零件。
(5) 安装好机器,复印数张复印品,留一张存档。同时填写维修或保养卡片存档备查。

(二) 定期保养程序

一般来讲,复印 3 000 张后,要对废粉盒、显影器底部、导纸板和稿台玻璃进行清洁;复印 1 万张后,要对显影辊和定影器进行清洁;复印 5 万张后,除清洁主要部件外,还要检查易损零部件的工作状况,有损坏的需及时更换;复印 10 万张后,还应检查驱动部件的工作状况,是否需清洁、加油或更换。

(三) 保养时应注意的问题

在保养过程中,为了不使机器产生人为故障或损坏机器零部件,必须注意以下几点:
(1) 保养应在断电情况下进行。
(2) 一定要用中性清洁剂清洁。若清洁某些部件时需使用酒精,应注意防火。
(3) 使用润滑剂一定要适量。塑料和橡胶零件不可加油,否则会促其老化。
(4) 拆卸部件时,应注意次序,必要时要做记录,以免安装时漏掉或颠倒次序。
(5) 拆下的不同螺钉要记好位置,以免上错,损坏机器。

四、复印机的储存保管

复印机是电子与机械相结合的产品,其构成部件主要是金属部件。由于其复印系统的原理作用,对储存保管提出了一定的要求。

(一) 适宜的温湿度

复印机储存的温度宜保持在 15 ℃～27.5 ℃,湿度保持在 25%～75%。储存复印机的专用库房地面一定要十分干燥,且室内不能有散发水气的箱桶存在。

(二) 重点防尘

灰尘对复印机的影响比对其他产品更加明显。存储库房一定要做好除尘防尘工作。

任务四 识别保管手机

手机又被称作移动电话、手提电话、携带电话或"大哥大",是便携式的个人电子通信终端。通过广泛设立的基站网络,手机的持有者能在一定地域内享受移动中通话和无线数据传输的服务。作为语音服务的补充,如今的手机已能提供许多附加功能和辅助服务,比如短信服务(Short Message Service,SMS)、多媒体信息服务(Multimedia Messaging Service,MMS,中国移动称为"彩信")、电子邮件、无线上网、手机游戏、蓝牙、红外、拍照、摄相等,真正成了用于工作、商务、生活、休闲等的电子个人终端。也有少数卫星电话是通过通信卫星连接。

一、手机的分类

(1) 按信号性质划分,手机可分为模拟系统手机和数字系统手机。
(2) 按多址连接方式分,可分为频分多址(FDMA)、时分多址(TDMA)和码分多址(CDMA)。
(3) 按照网络类型划分,可分为 GSM、CDMA 和 3G、4G、5G 手机。
(4) 按照品牌划分,目前主流手机有欧美品牌、日韩品牌和国内品牌。
(5) 按照手机屏幕划分,有单屏、双屏、彩屏、灰度屏、单色屏等。
(6) 按照手机外观样式划分,有直板、滑盖、旋转、翻盖、折叠、超薄等。
(7) 按照功能档次划分,可分为智能手机、功能手机。

智能手机,是指像个人电脑一样,具有独立的操作系统,独立的运行空间,可以由用户自行安装软件、游戏、导航等第三方服务商提供的程序,并可以通过移动通信网络来实现无线网络接入手机类型的总称。

智能手机具有六大特点:

① 具备无线接入互联网的能力。即需要支持 GSM 网络下的 GPRS 或者 CDMA 网络的 CDMA1X 或 3G(WCDMA、CDMA-2000、TD-CDMA)网络,甚至 4G(HSPA+、FDD-LTE、TDD-LTE)。

② 具有 PDA 的功能。包括 PIM(个人信息管理)、日程记事、任务安排、多媒体应用、浏览网页。

③ 具有开放性的操作系统。拥有独立的核心处理器(CPU)和内存,可以安装更多的应用程序,使智能手机的功能可以得到无限扩展。

④ 人性化。可以根据个人需要扩展机器功能。根据个人需要,实时扩展机器内置功能,以及软件升级,智能识别软件兼容性,实现了软件市场同步的人性化功能。

⑤ 功能强大。扩展性能强,第三方软件支持多。

⑥ 运行速度快。随着半导体业的发展,核心处理器(CPU)发展迅速,使智能手机在运行方面越来越极速。

功能手机(Feature phone),是一种较低级的手机,它的运算能力与功能远不如智能手机,但是功能比较纯粹,操作简便,是主要用来打电话的手机(dumb phone),其音频、视频、文本等信息的处理能力很低,主要适合老人和儿童使用。现在也有些功能手机加入了一些简单的智能化设计,使得其适用性增强。

功能机的主要特点是:用一种事先开发好的系统管理控制所有手机功能;有外显的固定输入键盘;通常显示屏幕较小,一般在 3 英寸以下;功能简单,操作简便。

(8) 按照是否配备摄像头分,可分为无摄像头手机和有摄像头手机。

二、手机的维护和保养

为了保持手机良好的工作状态和延长手机的使用寿命,需要注意对手机的维护和保养。

(1) 保持手机干燥。雨水、潮气和其他液体可能含有矿物质,会腐蚀手机电路板。若手机长期闲置不用,则需作防潮处理。尤其是在南方多雨潮湿的季节,手机内一旦聚集潮气将会对零部件造成损伤。适当地开机使用,让手机内部产生一定的热量,驱赶累积的潮气。

（2）不要在多灰尘的地方使用，可能会破坏其可拆卸的部件。

（3）不要在温度过高的地方使用。高温会缩短电子器件寿命，毁坏电池，使塑料部件变形。

（4）从低温区进入高温区，手机内会结露，影响通讯，甚至损坏电路板。等温度平衡后再使用。

（5）不要试图拆开手机。非专业人员对手机的处理会损坏手机。

（6）不要扔放、敲打或振动手机。粗暴地对待手机会毁坏内部电路板。

（7）不要用烈性化学制品、清洗剂或强洗涤剂清洗手机。

（8）若手机泡水或被雨淋，则尽快擦干外壳。手机一旦进水应立即取下电池，切不可为了了解手机状况马上开机，以免烧坏内部零件，而应尽快送维修部门处理或维修。

三、手机的储存保管

手机的结构与电脑相似，其储存保管要求可参考电脑的储存保管条件与要求。

（一）库房要求

储存手机的仓库要求清洁、干燥、通风、阴凉、无腐蚀性气体影响，避免热源影响，周围不能有危险品存放。

（二）控制好温湿度

温度过低会影响电池，温度过高也会影响电池温度，适宜温度在 15 ℃～35 ℃。湿度过高会致使内部电路板或部件锈蚀，适宜相对湿度在 35%～75%之间。

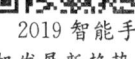

2019 智能手机发展新趋势

（三）防尘防外力作用

经常保持库房清洁，避免灰尘进入手机。合理堆码、搬运，避免重压、碰撞、跌落现象。

学习检测

一、填空题

1. 计算机按其功能分有（　　　　）、（　　　　）两类。
2. 打印机按其打印方式可以分为（　　　）、（　　　）和（　　　）三种。
3. 目前市场上的传真机可以分为（　　　）、（　　　）、（　　　）和（　　　）四大类。
4. 复印机按工作原理可以划分为（　　　　）和（　　　　）。
5. 手机按其功能特点不同可以分为（　　　）、（　　　）两大类。

二、判断题（判断对或错）

1. 计算机维护与保养中清理垃圾文件就是用杀毒软件进行杀毒。　　　　（　　）
2. 不要在温度过高或过低的地方使用手机。　　　　（　　）
3. 强磁场干扰会造成传真机传送的图像失真。　　　　（　　）
4. 清洁除尘是复印机保养中的一个程序。　　　　（　　）
5. 激光打印机是目前市场上应用最广泛的打印机。　　　　（　　）

三、思考讨论题

1. 信息技术商品的共同特点是什么?
2. 储存保管信息技术商品时应重点注意哪些情况?

 技能训练

1. 任务设计

任务项目:调查本地市场上的信息技术商品

执行要求:分小组进行,设计出一份表格式的分析报告书,详细记录各种信息技术商品的品名、品牌、规格、形式、价格、生产厂家等信息,识别其外形特征,了解其销售情况,填写好分析报告书。

执行条件:明确任务要求,小组人员适当分工,商场或专业市场实地调查。

2. 能力评价

评价内容:信息技术商品的信息,外形特征与销售情况,报告书设计合理性。

评价标准:记录10种以上信息技术商品的详细信息得50分,描述出各种信息技术商品外表特征及销售情况得30分,报告书设计能反映主题且绘制美观得20分。

评价方法:各小组自我评价,教师集中评价修正。

 知行拓展

1. 识别保管传真机
2. 人工智能

项目十七　识别保管医药商品

学习目标

知识目标　熟悉市场医药商品的种类,掌握医药商品的质量与标准要求,掌握医药商品保管方法。

能力目标　能区分医药商品种类,并针对具体医药商品拟定出合适的运输、储存、保管条件方法。

素质目标　充分认识到医药商品的特殊性及对人们健康的重要性,高度重视医药商品的经营管理,培养细致认真的作风和高度的责任心。

情境导入

我国医药零售市场规模快速扩张

我国零售药店虽然发展时间较短,但成长速度快,零售药店网络已在全国铺开。2017年我国零售药店数量为45.4万家,相较于2013年增加2.1万家。2017年连锁药店数量首次超过单体药店,连锁药店数量为22.9万家,连锁化率由2016年的49.4%升至50.4%。药店行业整体销售规模(包括非药品)2017年约为3 700亿元,2010—2017年8年来基本维持两位数年增长。(腾讯网,2019年1月4日)

任务引导:　1. 我国医药市场快速扩张说明了什么?
　　　　　　　2. 医药商品主要是指哪些商品?
　　　　　　　3. 医药商品在经营中应如何储存保管?

任务一　区分医药商品类别

医药商品是商品中的一个比较特殊的类别,是为满足人们的健康需要而生产并交换的劳动产品。医药商品的特殊性就在于它的使用价值是维护人类的健康。从广义的角度而言,其包括的范围比较广泛,主要有以下一些类别。

一、药品

药品是指用于预防、治疗、诊断人的疾病,有目的地调节人的生理机能并规定有适应症或者功能主治、用法和用量的物质。药品具有三种功能,即预防、治疗人的疾病,诊断人的疾病,调节人的生理机能等。药品必须具备三个条件,即具有法定标准规定的适应症或者功能主治、用法、用量,它不同于保健品和化妆品。

药品根据其来源和制造不同可分为中药(天然药物)、化学药品(包括原料及中间体、制剂)、生物制剂等。其中中药又可分为中药材、中药提取、中成药。

二、保健食品

保健食品是指标明具有特定保健功能的食品,即适合特定人群食用,可调节机体功能,不以治疗疾病为目的的食品。保健食品首先应该是食品,无毒无害,并具有一定的营养价值。保健食品又不同于一般的食品,必须具有特定的保健功能使之与普通的食品相区别。保健食品总是只能适合某些人群,而不是所有的人群。保健食品的医药商品形式可以是传统的食品形式,也可以是胶囊、片剂等新的形式。保健食品在日本被称为"功能食品"。

为了规范我国保健(功能)食品市场,国家质量技术监督局于1997年发布了《保健(功能)食品通用标准》(GB 16740—1997),同年5月1日起实施。标准规定了保健(功能)食品定义、产品分类、基本原则、技术要求、试验方法和标签要求。保健(功能)食品有三种作用:一是提供营养;二是提供增加人体食欲的色、香、味、形;三是调节人体机能。

标准规定,保健(功能)食品应有与功能作用相对应的功效成分及其最低含量。功效成分是指能通过激活酶的活性或其他途径,调节人体机能的物质,目前主要包括如下几种:

(1) 多糖类,如膳食纤维、香菇多醣等。
(2) 功能性甜味料(剂),如单糖、低聚糖、多元醇糖等。
(3) 功能性油脂(脂肪酸)类,如多不饱和脂肪酸、磷脂、胆碱等。
(4) 自由基清除剂类,如超氧化物歧化酶(SOD)、谷光甘酞过氧化酶等。
(5) 维生素类,如维生素A、维生素C、维生素E等。
(6) 肽与蛋白质类,如谷胱甘肽、免疫球蛋白等。
(7) 活性菌类,如聚乳酸菌、双歧杆菌等。
(8) 微量元素类,如硒、锌等。
(9) 其他类,二十八醇、植物甾醇、皂苷等。

我国卫生部于2000年通过了22项保健食品的保健功能,其名称如下:

免疫调节功能、延缓衰老功能、改善记忆功能、调节血脂功能、调节血糖功能、调节血压功能、改善视力功能、改善睡眠功能、促进排铅功能、减肥功能、美容功能、抗疲劳功能、抗辐射功能、抗突变功能、耐缺氧功能、清咽润喉功能、改善胃肠道功能、改善骨质疏松功能、促进生长发育功能、改善营养性贫血功能、对化学性肝损伤的保护功能、促进泌乳功能。

三、医疗器械

医疗器械是指单独或者组合使用于人体的仪器、设备、器具、材料或者其他物品,包括所需的软件。它不是通过药理学、免疫学或者代谢原理对人体发挥作用,而是通过物理学等原理对人体体表和体内等发挥作用。使用医疗器械可以对疾病进行预防、诊断、治疗、监护、缓解;对损伤或者残疾的诊断、治疗、监护、缓解;对解剖或者生理过程的研究、替代、调节;对妊娠的控制等。

我国对医疗器械实行分类管理,分为三类,不同类别的管理与审批要求不同。

第一类,通过常规管理足以保证其安全性、有效性的医疗器械,如外科用刀、剪、钳、镊夹等。

第二类,对其安全性、有效性应当加以控制的医疗器械,如医用缝合针、神经脑内用刀、剪、钳,二氧化碳眼科冷冻治疗仪、白内障超声乳化系统用负压导管等。

第三类,植入人体,用于支持、维持生命;对人体具有潜在危险,对其安全性和有效性必须严格控制的医疗器械。如一次性使用无菌注射器及其胶塞、一次性使用无菌注射针、一次性静脉输液针、静脉采血针、一次性使用光纤针、静脉留置针、一次性配药用注射针、穿刺针、穿刺包、一次性使用活检针、心血管吻合器、植入式心脏起搏器、体外心脏起搏器、心脏除颤器、心脏调搏器、主动脉内囊反搏器、心脏除颤起搏仪、内窥镜、超声波类仪器等。

四、保健化妆品

保健化妆品是指以涂擦、喷洒或者其他方法,散布在人体表面任何部位(脸、肌肤、毛发、指甲、口唇等),以达到清洁、消除不良气味、护肤、美容和修饰目的的日用化学品。

任务二 识别药品类型与品种

一、理解药品的定义

(一) 药物与药品

药物是指能够防治疾病、诊断疾病的物质。这些物质可以来源于植物、动物、矿物或人工合成品。广义的药物还包括人们日常生活中的多种食物,如米、面、糖、茶等。药品则是指由各国政府药政部门认可的药物商品。这些药物商品符合法律规定,而且在使用上更科学、更严格、更有效、更安全。《中华人民共和国药品管理法》对药品的含义做了法定的解释:"药品是指用于预防、治疗、诊断人的疾病及有目的地调节人的生理功能并规定有适应症、用法和用量的物质,包括中药材、抗生素、生化药品、放射性药品、血清疫苗、血液制品和诊断药品等。"

(二) 新药

根据我国《药品管理法》以及 2007 年 10 月 1 日开始执行的新《药品注册管理办法》,新药(New Drugs)系指未曾在中国境内上市销售的药品。对已上市药品改变剂型、改变给药途径、增加新适应症的药品注册按照新药申请的程序申报,但改变剂型而不改变给药途径,以及增加新适应症的注册申请获得批准后不发给新药证书(靶向制剂、缓释、控释制剂等特殊剂型除外)。新药经申请、检验、审评、生产现场检查合格后,由国家食品药品监督管理局(SFDA)审核发给新药证书,申请人已持有《药品生产许可证》并具备生产条件的,同时发给药品批准文号。

根据我国药物应用实际和新药管理要求,将新药分为中药、化学药品和生物制品三大类。

(三) 特药与普药

特药(特殊药品),系指国家实行特殊管理的药品,包括麻醉药品、精神药品、毒性药品、放射性药品等。普药(普通药品)系指国家实行特殊管理以外的药品,其范围广泛,除国家实行特殊管理的药品外,都属普药。

(四)假药与劣药

按照《中华人民共和国药品管理法》规定,有下列情形之一的,为假药:

(1)药品所含成分与国家药品标准规定的成分不符的。

(2)以非药品冒充药品或者以他种药品冒充此种药品的。

有下列情形之一的药品,按假药论处:

(1)国务院药品监督管理部门规定禁止使用的。

(2)依照本法必须批准而未经批准生产、进口,或者依照本法必须检验而未经检验即销售的。

(3)变质的。

(4)被污染的。

(5)使用依照本法必须取得批准文号而未取得批准文号的原料药生产的。

(6)所标明的适应症或者功能主治超出规定范围的。

我国《药品管理法》规定,药品成分的含量不符合国家药品标准的,为劣药。

有下列情形之一的药品,按劣药论处:

(1)未标明有效期或者更改有效期的。

(2)不注明或者更改生产批号的。

(3)超过有效期的。

(4)直接接触药品的包装材料和容器未经批准的。

(5)擅自添加着色剂、防腐剂、香料、矫味剂及辅料的。

(6)其他不符合药品标准规定的。

二、区分药品的类型

药品的种类繁多,分类方法也很多,但很难找到一个为医药经营、生产、临床、患者使用所接受的统一的分类方法。为了研究药品的质量和性质,方便药品的流通、选购和使用,本书仅介绍一些与药品流通紧密相关的分类方法。

(一)按剂型综合分类

药物剂型是指原料药经过生产加工后制成适合于病人应用的药品形式,如片剂、胶囊、软膏、注射剂等。药物制剂的种类很多,我国目前生产的约有40种。为了更好地反映出药物商品的形态、用途、制备方法及储存养护要求,以适合药品的经营管理需要,在这里重点介绍以剂型为基础的分类类型。

(1)片剂。片剂是药物与赋形剂混合压制成片状的固体剂型,是目前使用最广泛的剂型,也是药品中销量最大的类别。片剂按制备方法的不同又可分为单压片(素片)、多层片(层压片、包心片)、包衣片、纸型片(薄型片)。

(2)注射剂。注射剂是由药物制成的供人体内灭菌溶液、乳状液或混悬液,以及供临用前配成溶液或混悬液的无菌粉末,是目前临床应用最广泛的剂型之一。

该类药品一般盛装于 1 mL、2 mL、5 mL、10 mL、20 mL 的曲颈安瓿或具有药用丁基橡胶塞的玻璃瓶中,销量仅次于片剂类。

注射剂按形态可分为:小容量注射剂、注射用无菌粉末(固体注射剂)与输液剂。

(3) 丸剂和滴丸剂。丸剂系中药传统制剂,是由一种或一种以上的药物与赋形剂混合制成的圆球形或椭圆形的固体制剂。滴丸是在丸剂的基础上发展起来的新剂型,是指固体或液体药物与基质加热溶化(或熔化)成溶液或混悬液后滴入不相混溶的冷凝液中,由于界面张力的作用,冷凝收缩而制成球形、扁球形或圆片形的丸剂,可以内服,也可外用,如氯霉素耳用滴丸、复方丹参滴丸等。

(4) 膜剂。膜剂是指药物溶解或均匀地分散在多聚物中制成的薄膜状固体制剂,具有工艺简单、体积小、重量轻的特点,便于携带与运输。按给药途径可分为含膜、口腔贴膜、口服膜、眼用膜、阴道用膜等。

(5) 胶囊剂。胶囊剂是指药品装于空胶囊中制成的制剂。胶囊的原料为明胶,也有以甲基纤维素、海藻酸钙或钠盐为原料的。这种剂型不仅外表美观、整洁,还可掩盖药品不适的苦味、异味,生物利用度较高,供口服应用。但在胃中溶解后局部浓度较高,对胃黏膜有一定刺激作用,不太适合儿童和消化道溃疡患者服用。胶囊剂可分为硬胶囊剂、软胶囊剂(胶丸)、肠溶胶囊剂,也可根据释药速度的不同分为速释、缓释、控释胶囊剂。

(6) 液体制剂。液体制剂的给药途径广泛,药物分散度大,吸收快,使用方便,但稳定性较差,易生霉、易破碎,给经营、保管、运输、携带带来困难。

① 内服的液体制剂。包括芳香水剂(如薄荷水)、露剂(如金银花露)、合剂(氯化铵合剂)、糖浆剂(如葡萄糖酸亚铁糖浆)、醑剂(如樟脑醑)、滴剂(如鱼肝油滴剂)、部分溶液剂(如氯化铵)、凝胶剂(氢氧化铝凝胶)、乳剂(如乳白鱼肝油)。

② 外用的液体制剂。包括洗剂、搽剂、滴眼剂、滴耳剂、含漱剂、滴鼻剂、部分液体剂(如过氧化氢溶液)、某些酊剂(碘酊)、灌肠剂等。

从广义上说,注射液、输液也属于液体制剂。不过它们的工艺独特、质量要求特殊。

(7) 半固体制剂。半固体制剂是将药物加入适宜的基质中制成的具有适当稠度的外用制剂。包括乳膏剂(如醋酸氟轻松软膏、氧化锌软膏)、糊剂(如复方锌糊)。

(8) 栓剂。栓剂是将药物和基质均匀地混合制成的专门供人体不同腔道使用的固体制剂,其形状大小因用途不同而异。有局部用栓(如洗必泰栓)、全身用栓(如消炎痛栓)。

(9) 气雾剂和喷雾剂。气雾剂是指药物经过特殊的装置作用而生成气雾状态进入到人体呼吸道深处、腔道黏膜或皮肤上从而对局部或全部起医疗作用的一种药剂,可分为吸入气雾剂、非吸入气雾剂和外用气雾剂。喷雾剂则是借助手动泵的压力作用将内容物以雾状形态释放出的制剂。

(10) 粉剂。包括粉状原料药(如葡萄糖粉、硼酸)、冲剂(如板蓝根冲剂)、散剂等。

(二) 按我国药品管理制度分类

1. 处方药和非处方药

(1) 处方药(Rx)定义与特征。

处方药是指必须凭执业医师或执业助理医师处方才能调配、购买和使用的药品,简称 Rx。

处方药的特征:刚上市的新药,对其活性或副作用还有待进一步观察;可产生依赖性的某些药物,如麻醉药品及精神药品;本身毒性较大的药物,如医疗用毒性药品和抗癌药品等;某些疾病必须由医生和实验室进行诊断,使用药物需医生处方,并在医生指导下使用,如治疗心脑血管疾病的药品、抗感染药品或使用方法有规定的药品(如注射剂)等。

国际规定的管制药品(麻醉药品、精神药品、放射药品)均列入处方药的范围。非肠道给药的全身用制剂均列为处方药。抗微生物药、心血管系统用药等大都属于处方药。

(2) 非处方药(OTC)定义与特征。

非处方药(Over The Counter,OTC)是指不需要执业医师或执业助理医师处方即可自行判断、购买和使用的药品。

非处方药的特征:疗效确切,适应症或功能主治明确;使用平和,安全性高,不良反应极低,即使连用多日也不易积累中毒,不会产生依赖性、成瘾性;治疗常见轻症,大多是对症治疗而非对因治疗的药品;性质稳定,在室温下能保存 2 年以上,也不需特殊保存条件;使用方便,剂型、规格便于自行使用携带;说明书翔实、通俗易懂,价格便宜;包装上标有"OTC"字样。

非处方药品按其安全程度可分为甲、乙两类。原则上将安全性更高的划为乙类。乙类非处方药品可在药店出售,也可在经药品监督管理部门批准的超市、宾馆、百货店等处销售。

2. 国家基本药物和非国家基本药物

国家基本药物是指由国家政府制定的《国家基本药物目录》中的药品。制定该目录的目的是要在国家有限的资金资源下获得最大的合理的全民保健效益。基本药物是公认的医疗中的基本药物,也是对公众健康产生最大影响的药物。基本药物不是最便宜的药品,但可以说是最好的药品,好在基本药物是经过综合考虑,能满足临床基本和必要的需求。由于疗效好,使得治疗总成本最低,是既具有临床最大治疗效益又兼顾保证大多数人民整体保健的最佳选择。国家基本药物目录,是医疗机构配备使用药品的依据,包括两部分:基层医疗卫生机构配备使用部分和其他医疗机构配备使用部分。

非国家基本药物是指未列入《国家基本药物目录》的药品品种,但仍允许生产和使用,如土霉素、依托红霉素等。

(三) 按药品的特殊性分类

1. 特殊药品

特殊药品指需要特殊管理的药品,包括麻醉药品、精神药品、医用毒性药品、放射性药品。

(1) 麻醉药品,指连续使用后易产生生理依赖性、能成瘾癖的药品,如阿片、吗啡。

(2) 精神药品,指作用于中枢神经系统,使之兴奋或抑制,连续使用可产生精神依赖性的药品。精神药品与治疗精神障碍药或神经系统用药是两个不同的概念,不可混淆。根据其对人产生的依赖性及危害人体健康程度,精神药品可分为第一类和第二类,共计 130 种。

(3) 医疗用毒性药品,指毒性剧烈,治疗剂量与中毒剂量相近,使用不当可使人中毒或死亡的药品。但与常说的吸毒的"毒品"没有必然联系。如毒性中药:砒霜、水银、生川乌、生附子等;毒性西药:阿托品、洋地黄毒苷、三氧化二砷、亚砷酸钾等。

(4) 放射性药品,指用于临床诊断或者治疗的放射性核素制剂或者标记化合物。放射性药品与其他药品的不同之处在于,放射性药品含有的放射性核素能放射出射线。因此,凡在分子内或制剂内含有放射性核素的药品都称为放射性药品。

国家药品标准收载的 36 种放射性药品全都是由 14 种放射性核素制备的。因此,可按核素的不同分为 14 类。这 14 种放射核素是:32 磷、51 铬、67 镓、123 碘、125 碘、131 碘、132 碘、

131 铈、133 氙、169 镱、198 金、203 汞、99m 锝、133m 铟。

2. 普通药品(普药)

普通药品是指临床上已经广泛使用或使用多年的常规药品,如阿司匹林、普萘洛尔、阿莫西林等。它们一般毒性较小、不良反应较少、安全范围较大、技术含量也不高,市场上有多家企业生产或销售,价格较低,临床已形成固定的用药习惯。

(四) 其他分类方法

(1) 按药品的来源分类。动物药、植物药、矿物药、生物制品、人工合成药。

(2) 按医学理论体系和中国传统习惯分。

① 西药。习惯上把由外国研制与生产的药品称为西药,主要指化学药品和生物制剂。

② 中药。我国把传统使用的药物称为中药,又称为国药。中药最本质的特点是在中医理论指导下应用。通常把从自然界中采集、未经加工炮制的原药称为中药材;中药材经过加工泡制而成的片、段、丝、块等称为中药饮片;中药经过加工制成一定的剂型后称为中成药。

(3) 按医药的继承性分类。

① 传统药。又称民族药,是指按照传统医学理论指导用于预防和治疗疾病的物质,包括中药、藏药、蒙药、维药、壮药等。

② 现代药。指 19 世纪以来发展起来的化学药品、抗生素、生化药品、放射性药品、血清疫苗、血液制品等,是用现代医学理论和方法筛选确定药效、指导防治疾病的,通过合成、分离提取、化学修饰、生物技术等手段制取,结构基本清楚,有控制质量的标准和方法。

三、识别西药品种

(一) 抗感染药品

感染是病原体(包括病原微生物及寄生虫)对人体的寄生过程。凡是用以治疗病原体所致感染的药品统称抗感染药品。

1. 抗生素

(1) β-内酰胺类:青霉素、普鲁卡因青霉素、苄星青霉素、青霉素 V、苯唑西林钠、阿莫西林、哌拉西林钠、氯唑西林钠、氨苄西林钠、头孢拉定、头孢唑啉钠、头孢呋辛钠、头孢他啶、头孢曲松钠、头孢氨苄、头孢克洛、头孢噻肟钠、头孢哌酮钠、头孢地尼、头孢匹罗、美洛培南、亚胺培南西司他丁钠、氨曲南、阿莫西林克拉维酸钾、氨苄西林钠舒巴坦钠、哌拉西林他唑巴坦、头孢米诺钠、拉氧头孢钠等。

(2) 氨基苷类:庆大霉素、阿米卡星、奈替米星、妥布霉素、大观霉素、依替米星等。

(3) 四环素类:多西环素、四环素、米诺环素等。

(4) 酰胺醇类:氯霉素等。

(5) 大环内酯类:红霉素、罗红霉素、阿奇霉素、克拉霉素、乙酰螺旋霉素等。

(6) 其他类抗生素:去甲万古霉素、克林霉素等。

(7) 抗真菌抗生素:两性霉素 B、制霉菌素、灰黄霉素等。

(8) 抗肿瘤抗生素:丝裂霉素、放线菌素 D、博来霉素、阿霉素等。

(9) 具有免疫抑制作用的抗生素:环孢菌素等。

2. 化学合成抗菌药

(1) 磺胺类及甲氧苄啶:磺胺嘧啶、磺胺甲恶唑、甲氧苄啶、磺胺醋酰钠、磺胺嘧啶银。

(2) 硅诺酮类:诺氟沙星、氧氟沙星、环丙沙星、依诺沙星、莫西沙星、加替沙星、左氧氟沙星等。

(3) 硝基呋喃及其他合成抗菌药:呋喃妥因、呋喃唑酮、小檗碱等。

3. 抗结核病药及抗麻风病药

(1) 抗结核病药:异烟肼、利福平、利福定、乙胺丁醇、吡嗪酰胺、链霉素、对氨基水杨酸钠、丙硫异烟胺等。

(2) 抗麻风病药:氨苯砜、醋氨苯砜、氯法齐明、利福平、利福定、长效磺胺等。

4. 抗真菌药

氟康唑、两性霉素 B、氟胞嘧啶、特比萘芬、制霉菌素、依曲康唑、咪康唑、克霉唑、酮康唑等。

5. 抗病毒药

阿昔洛韦、利巴韦林、拉米夫定、茚地那韦、泛昔洛韦、更昔洛韦、伐昔洛韦、干扰素、齐多夫定等。

6. 抗寄生虫病药

(1) 抗疟疾病药:青蒿素、氯喹、伯氨喹、乙胺嘧啶、咯萘啶等。

(2) 抗阿米巴虫病药及抗滴虫病药:甲硝唑、替硝唑、依米丁(吐根碱)等。

(3) 抗肠道蠕虫病药:驱肠线虫病药有阿苯哒唑、甲苯咪唑、噻嘧啶等;驱绦虫病药有氯硝柳胺(灭绦灵,血防-67)等。

(4) 其他抗寄生虫病药:抗血吸虫病药:吡喹酮。抗丝虫病药:乙胺嗪。抗肺吸虫病药:硫氯酚。

(二) 呼吸系统用药

呼吸系统疾病如感冒、支气管炎、支气管哮喘等是常见病、多发病。咯痰、咳嗽和喘息是呼吸系统疾病常见的症状。祛痰药、镇咳药、平喘药是治疗呼吸系统疾病的常用药。

(1) 祛痰药。氯化胺、溴己新、乙酰半胱氨酸、羧甲司坦、愈创木酚甘油醚、阿桔片。

(2) 镇咳药。喷托维林、可待因、右美沙芬、苯丙哌林、二氧丙嗪、福尔可定、复方甘草片等。

(3) 平喘药。克仑特罗、麻黄碱、氨茶碱、沙丁胺醇、特布他林、氯丙那林、丙卡特罗、异丙托溴铵、二羟丙茶碱等。

(三) 消化系统用药

(1) 抗酸药、治疗胃炎及消化性溃疡药。① 中和胃酸药(制酸药):氢氧化铝、铝碳酸镁、碳酸氢钠等。② 胃酸分泌抑制剂:H_2-受体阻断药:雷尼替丁、法莫替丁、西米替丁、乙溴替丁。质子泵抑制剂:奥美拉唑、兰索拉唑、泮托拉唑、雷贝拉唑、埃索美拉唑。M受体阻断剂:哌仑西平。胃泌素受体阻断剂:丙谷胺。③ 黏膜保护药:硫糖铝、枸橼酸铋钾、胶体果胶铋、美沙拉嗪、替普瑞酮。④ 抗幽门螺旋杆菌药:枸橼酸铋钾、阿莫西林、四环素、庆大霉素、红霉素、氟喹诺酮、甲硝唑等。

(2) 助消化药。胃蛋白酶、胰酶、乳酶生、干酵母、多酶片、复方阿嗪米特。

(3) 胃肠解痉药及胃动力药。① 胃肠解痉药:阿托品、丁溴东莨菪碱、颠茄、丙胺太林、曲美布汀。② 胃动力药:甲氧氯普胺、多潘立酮、莫沙必利。

(4) 泻药与止泻药。① 泻药:硫酸镁、酚酞、甘油、蓖麻油。② 止泻药:洛哌丁胺、地酚诺酯、复方樟脑酊、药用炭、次碳酸铋。

(5) 微生态制剂。地衣芽孢杆菌制剂、酪酸菌制剂、双歧三联活菌制剂、嗜酸乳杆菌制剂、双歧杆菌活菌制剂。

(6) 肝胆疾病辅助用药。① 治疗肝昏迷药:谷氨酸、乳果酸等。② 治疗肝炎辅助药:联苯双酯、硫普罗宁、促肝细胞生长素、拉米夫定。③ 利胆药:熊去氧胆酸、去氢胆酸、苯丙醇等。

(四) 心血管系统用药

以高血压、冠心病为代表的心血管系统疾病是严重危害人类健康的常见病、多发病,其发病率和死亡率已超过恶性肿瘤性疾病而跃居第一位。用于治疗这些疾病的药品的销售额也一直占据第一位。

(1) 抗心律失常药。美西律、普罗帕酮、普萘洛尔、胺碘酮、维拉帕米、普鲁卡因胺、阿普林定、纳多洛尔、索他洛尔、阿替洛尔、美托洛尔、丙吡胺等。

(2) 抗心绞痛药。硝酸甘油、硝苯地平、地尔硫卓、戊四硝酯粉、异山梨酯、单硝酸异山梨酯。

(3) 抗高血压药。利舍平、硝普钠、卡托普利、依那普利、氯沙坦、可乐定、甲基多巴、哌唑嗪、尼群地平、氨氯地平、酚苄明、酚妥拉明、拉贝洛尔、乌拉地尔、二氮嗪、米诺地尔、培哚普利、贝拉普利、缬沙坦、吲达帕胺等。

(4) 抗心力衰竭药。地高辛、氨力农、洋地黄毒苷、甲地高辛、去乙酰毛花苷、毒毛花苷K等。

(5) 调节血脂药。非诺贝特、洛伐他汀、阿昔莫司、吉非贝齐、普伐他汀、阿托伐汀。

(6) 抗休克的血管活性药。肾上腺素、多巴胺、多巴酚丁胺、去氧肾上腺素、山莨菪碱、异丙肾上腺素、去甲肾上腺素、甲氧明、间羟胺等。

(五) 泌尿系统用药

(1) 利尿药及利尿抗炎药。① 利尿药:呋塞米、氢氯噻嗪、螺内酯、布美他尼、氨苯蝶啶、氯噻酮、环戊噻嗪、苄氟噻嗪、依他尼酯等。② 利尿抗炎药:黄酮哌酯。

(2) 脱水药及尿崩症用药。① 脱水药:甘露醇、山梨醇、尿素、阿米洛利。② 尿崩症用药:垂体后叶素、鞣酸加压素。

(六) 血液及造血系统用药

(1) 抗凝血药。肝素钠、华法林钠、尿激酶、枸橼酸钠、低分子肝素钠、肝素钙、双嘧达莫、链激酶、组织性纤维蛋白溶酶原激活剂。

(2) 促凝血药。氨甲苯酸、维生素 K_1、鱼精蛋白、氨甲环酸、抑肽酶、抗血友病球蛋白、卡巴克洛、东菱精纯抗栓酶、血凝酶、凝血酶原复合物。

(3) 抗贫血药。硫酸亚铁、叶酸、维生素 B_{12} 红细胞生成素、丙酸睾酮、抗淋巴细胞球蛋白、亚叶酸钙、山梨醇铁、腺苷钴胺。

(4) 生白细胞药。鲨肝醇、利血生、白血生、沙格司亭、非格司亭、肌苷。

(5) 血浆代有品。右旋糖酐40、右旋糖酐70、羟乙基淀粉、低分子羟乙基淀粉、琥珀酰明胶。

(七)神经系统用药

(1) 中枢兴奋药。甲氯酚酯、咖啡因、多沙普仑、尼可刹米、氨乙异硫脲、氨酪酸。

(2) 镇静催眠药。苯巴比妥、咪达唑仑、佐匹克隆、司可巴比妥钠、异戊巴比妥、替马西泮、唑吡坦、卤恶唑仑、溴替唑仑、水合氯醛。

(3) 镇痛药。吗啡、美沙酮、苯噻啶、奈福泮、二氢埃托啡、喷他佐辛、芬太尼、美普他酚、哌替啶、麦角胺、布桂嗪。

(4) 抗癫痫药。苯妥英钠、卡马西平、丙戊酸钠、扑米酮、奥卡西平、加巴喷汀、拉莫三嗪。

(5) 抗震颤麻痹药。卡比多巴、溴隐亭、左旋多巴、多巴丝肼、苯海索、金刚烷胺、培高利特、罗匹尼罗、普拉克索、苯扎托品、司来吉兰。

(6) 植物神经用药。毒扁豆碱、甲基硫酸新斯的明、毛果芸香碱、依酚氯铵。

(7) 影响脑血管、脑代谢及促智药。桂利嗪、阿米三嗪-罗巴新、氟桂利嗪、奥拉西坦、脑活素、吡硫醇、醋谷胺、依达拉奉、弥可保、单唾液酸四己糖、神经节苷脂。

(八)精神类药品

(1) 抗精神病药品。氯丙嗪、利培酮、氟哌啶醇、氯普噻吨、喹硫平、氯氮平、舒必利、奥氮平。

(2) 长效抗精神病药。五氟利多、氟奋乃静癸酸酯、哌泊塞嗪棕榈酸酯、氟哌啶醇癸酸酯。

(3) 抗焦虑药。地西泮、三唑仑、氟西泮、劳拉西泮、氯硝西泮、夸西泮、硝西泮、艾司唑仑、阿普唑仑、羟嗪。

(4) 抗情感障碍药。① 抗躁狂药:碳酸锂。② 抗抑郁症药:氯米帕明、马普替林、氟西汀、阿米替林、多塞平、帕罗西汀、西酞普兰、舍曲林、文拉法辛、米塔扎平、米安色林、匹莫林、哌甲酯。

(九)麻醉药品及麻醉辅助药品

普鲁卡因、硫喷妥钠、恩氟烷、氧化亚氮、氯胺酮、依托咪酯、羟丁酸钠、利多卡因、泮库溴铵、氟哌利多、纳洛酮。

(十)解热镇痛抗炎药

(1) 解热镇痛药。阿司匹林、对乙酰氨基酚、阿司匹林钙脲、赖氨匹林、贝诺酯、水杨酸镁、氨酚待因、安乃近。

(2) 非甾体抗炎药。布洛芬、萘普生、吡罗昔康、芬布芬、双氯酚酸、吡酮洛芬、萘丁美酮、吲哚美辛、奥沙普秦、美洛昔康、金诺芬。

(十一)抗恶性肿瘤药品

环磷酰胺、氟脲嘧啶、甲氨蝶呤、表柔比星、紫杉醇、顺铂、氮芥、苯丁酸氮芥、塞替派、去氧氟尿苷、阿糖胞苷、放线菌素、阿霉素、吡柔比星、长春碱、依托泊苷、高三尖杉酯碱、羟喜树碱、他莫昔芬、氨鲁米特、卡培他滨、吉西他滨、拓扑替康、多西他赛、卡铂、奥沙利铂。

(十二)激素及内分泌类药品

(1) 肾上腺皮质激素类药。① 糖皮质激素类:氢化可的松、地塞米松、泼尼松龙、甲基氢化泼尼松、曲安奈德、倍氯米松、氯倍他索、丁氯倍他松、氟轻松、哈西奈德、莫米松、氟米龙。② 盐皮质激素类:9α-氟可的松、去氧皮质酮、促皮质素。

(2) 甲状腺激素及抗甲状腺药。丙硫氧嘧啶、甲状腺粉、复方碘溶液、碘赛罗宁、卡比马唑、甲巯咪唑、降钙素。

(3) 胰岛素及口服降糖药。① 胰岛素：胰岛素、低精蛋白锌胰岛素注射液、精蛋白锌胰岛素、单组分猪胰岛素、单组分人胰岛素。② 口服降糖药：格列吡嗪、二甲双胍、阿卡波糖、罗格列酮、格列本脲、格列齐特、格列美脲、格列喹酮、伏格列波糖、瑞格列奈、那格列奈、吡格列酮。

(4) 脑垂体激素及有关药品。基因重组人生长激素（健高灵）。

（十三）抗过敏药

苯海拉明、氯苯那敏、异丙嗪、阿司咪唑、色苷酸钠、酮替芬、曲吡那敏、去氯羟嗪、塞康啶、氯雷他啶、特非那定、西替利嗪、粉尘螨注射液。

（十四）维生素类药

(1) 脂溶性维生素。维生素 A、维生素 D、维生素 E、骨化三醇（钙三醇）。

(2) 水溶性维生素。维生素 C、维生素 B_1、维生素 B_2、维生素 B_4、维生素 B_6、烟酰胺（维生素 PP）。

（十五）子宫兴奋药及引产药

缩宫素、麦角新碱、前列腺素 E_2、天花蛋白粉、依沙丫啶。

（十六）性激素与计划生育用药

(1) 性激素。① 雄激素及蛋白同化激素类：甲睾酮、苯丙酸诺龙、达那唑、司坦唑酮、去氢甲睾酮、羟甲烯龙。② 雌激素：雌二醇、己烯雌酚、炔雌醚、尼尔雌醇、炔雌醇、氯烯雌醚。③ 孕激素：黄体酮、炔孕酮、普美孕酮、甲羟孕酮。④ 促性腺激素：绒促性素、氯米酚、尿促性素。

(2) 计划生育药。① 短效避孕药：炔诺酮、甲在孕酮、左炔诺孕酮。② 长效避孕药：复方己酸孕酮注射液、复方长效甲基炔诺酮片、复方庚炔诺酮注射液、左旋甲基炔诺酮。③ 抗早孕药：米非司酮、卡前列甲酯、米索前列醇。

（十七）生物制品与生化药品

生物制品是以微生物、细胞、动物或人源组织和体液等为原料，应用传统技术或现代生物技术制成的制品。人用生物制品包括：细菌类疫苗（含类毒素）、病毒类疫苗、抗毒素及抗血清、血液制品、细胞因子、酶、体内及体外诊断制品，以及其他生物合成制剂与单克隆抗体、抗原抗体复合物，免疫调节剂及微生物制剂等。

生化药品是指运用生物化学的理论、方法和技术，利用生物资源制取的生物活性物质，包括一些生命基本物质，如蛋白质、多肽、氨基酸、核酸及其降解产物、酶与辅酶、维生素与激素、糖与脂类及其复合物等。

(1) 生物制品。重组乙型肝炎疫苗、人用狂犬病疫苗、乙型脑炎灭活疫苗、乙型脑炎减毒活疫苗、麻疹减毒活疫苗、脊髓灰质炎减毒活疫苗糖丸、甲型肝炎减毒活疫苗、破伤风抗毒素、人免疫球蛋白、人血白蛋白。

(2) 生化药品。环孢素、细胞色素 C 溶液、超氧化物歧化酶、玻璃酸酶、转移因子、免疫核糖核酸、三磷酸腺苷二钠、溶菌酶、糜蛋白酶。

（十八）调节水、电解质代谢、酸碱平衡用药及其他营养补液

(1) 水、电解质平衡调节药。氯化钠、氯化钾、口服补盐液、葡萄糖、腹膜透析液、葡萄糖酸钙、硫酸锌、复方电解质葡萄糖 MG3 注射液。

(2) 调节酸碱平衡用药。乳酸钠林格注射液、氨基丁三醇。

(3) 其他营养补液。安达美注射液、英脱利匹特注射液、维他利匹特注射液、安素、左旋肉碱、水解蛋白。

（十九）诊断药品

(1) X 线造影剂。硫酸钡、碘番酸、胆影葡胺注射液、碘化钠、碘化油、碘苯酯、碘酞葡胺、泛影酸、泛影葡胺注射液。

(2) 器官功能检查用药。酚磺酞、磺溴酞钠、荧光素钠。

（二十）解毒药品

二巯基丙醇、二巯丁二酸钠、依地酸二钠钙、五醋三胺钙钠、碘解磷定、氯磷定、亚甲蓝、亚硝酸钠、硫代硫酸钠、蝮蛇抗毒血清。

（二十一）消毒防腐药品

乙醇、硼酸、甲醛、戊二醛、洗必泰、含氯石灰、碘酊、聚维酮碘、过氧乙酸、过氧化氢、苯扎溴胺、高锰酸钾。

四、识别中药品种

中药是中医防治疾病的物质基础之一，它有独特的理论和使用经验，对我国人民的保健事业具有重大的贡献。

我国分布着种类繁多、产量丰富的中药资源，据典籍记载，已达数千种。这些药物一般可分为植物、动物、矿物三大类。其中植物占绝大多数，运用也最普遍，故历代将药物称为"本草"。由于这些药物的运用有着完整的理论体系和独特的应用形式，且充分体现了中华的医学特色，故我国人民把它称为"中药"，而"本草学"也相应地称为"中药学"。以下按照中药材主要的医药功能分类列名。

（一）解表药

凡以发散表邪、解除表证为主要作用的药物，称之为解表药。

(1) 辛温解表药。麻黄、桂枝、羌活、紫苏、荆芥、防风、藁本、白芷、香薷、细辛、辛夷、苍耳子、生姜、葱白。

(2) 辛凉解表药。薄荷、桑叶、菊花、牛蒡子、葛根、柴胡、升麻、蝉蜕、蔓荆子、淡豆豉、浮萍。

（二）清热药

凡以清解里热为主要作用的药物，称之为清热药。

(1) 清热泻火药。① 清气分实热药：石膏、知母、栀子、天花粉、淡竹叶、芦根。② 清热燥湿药：黄芩、黄连、黄柏、苦参、龙胆草。

(2) 清热凉血药。犀角、生地黄、玄参、牡丹皮、赤芍、紫草。

(3) 清虚热药。地骨皮、银柴胡、胡黄连、白薇。

(4) 清热解毒药。① 主要用于温热病药：银花（附：忍冬花藤）、连翘、大青叶（附：板蓝根）、青黛、蚤休。② 主要用于疮痈肿毒药：紫花地丁、蒲公英、野菊花、土茯苓、鱼腥草、红藤、败酱、白鲜皮。③ 主要用于痢疾药：马齿苋、白头翁、鸦胆子、秦皮。④ 主要用于咽喉肿痛药：山豆根、射干、马勃。

(5) 清热明目药。决明子、夏枯草、青葙子、密蒙花、木贼。

（三）化痰、止咳、平喘药

凡以宣肺降气、祛痰止咳为主要作用的药物，称之为化痰止咳平喘药。

(1) 温化寒痰药。半夏、天南星（附：胆南星）、白附子、白芥子、白前、旋覆花。

(2) 清化热痰药。桔梗、前胡、瓜蒌、贝母、竹茹（附：竹沥）、枇杷叶、海藻、昆布、胖大海、海浮石、礞石。

(3) 止咳平喘药。杏仁、款冬花、桑白皮、紫苏子、葶苈子、百部、紫菀、马兜铃。

（四）芳香化湿药

凡气芳香、以化湿除浊辟秽为主要作用的药物，称之为芳香化湿药。

藿香、佩兰、苍术、砂仁、白豆蔻、草豆蔻、草果。

（五）消导药

凡以消食导滞、解除饮食停滞为主要作用的药物，称之为消导药。

鸡内金、山楂、神曲、麦芽、谷芽、莱菔子。

（六）理气药

凡以疏通气机、消除气滞为主要作用的药物，称之为理气药。

枳实（附：枳壳）、青皮、厚朴、橘皮（附：橘络）、木香、乌药、香附、佛手、薤白、川楝子、橘核、荔枝核、大腹皮。

（七）泻下药

凡能促进排便、引起腹泻，解除里实症为主要作用的药物，称之为泻下药。

(1) 攻下药。大黄、芒硝、芦荟、番泻叶。

(2) 润下药。炎麻仁、郁李仁、蜂蜜。

(3) 峻下逐水药。甘遂、大戟、芫花、牵牛子、商陆、续随子、巴豆。

（八）驱虫药

凡以驱除或杀灭人体诸虫为主要作用的药物，称之为驱虫药。

使君子、苦楝根皮、南瓜子、雷丸、鹤虱、槟榔、榧子。

（九）开窍药

凡以通关开窍、醒脑回苏为主要作用的药物，称之为开窍药。

麝香、冰片、蟾酥、石菖蒲、苏合香、安息香。

（十）温里药

凡以温里祛寒、解除里寒症为主要作用的药物，称之为温里药。

附子、干姜、肉桂、花椒、胡椒、小茴香、丁香、荜茇、吴茱萸、毕澄茄、高良姜。

（十一）平肝药

凡以平肝熄风或平肝潜阳为主要作用的药物，称之为平肝药。

(1) 平肝熄风药。羚羊角、牛黄(附:人工牛黄)、钩藤、天麻、地龙、僵蚕、蜈蚣、全蝎。
(2) 平肝潜阳药。石决明、珍珠母、代赭石、龙骨(附:龙齿)、牡蛎、磁石、刺蒺藜、罗布麻。

(十二) 安神药

凡以安神定惊为主要作用的药物,称之为安神药。

朱砂、琥珀、酸枣仁、柏子仁、夜交藤、远志、合欢花(附:合欢皮)。

(十三) 利水渗湿药

凡以通利水道、渗除水湿为主要作用的药物,称之为利水渗湿药。

(1) 利水退肿药。茯苓(茯苓皮、茯神)、猪苓、泽泻、冬瓜皮(冬瓜仁)、赤小豆。
(2) 利尿通淋药。车前子(附:车前草)、木通、滑石、扁蓄、瞿麦、石苇、海金沙、地肤子、冬葵子、萆薢。
(3) 利湿退黄药。茵陈、虎杖、金钱草、地耳草。

(十四) 祛风湿药

凡以祛除肌肉、经络、筋骨间风湿,解除风湿痹痛为主要功效的药物,称为祛风湿药。

(1) 祛风湿止痛药。独活、威灵仙、防己、秦艽、寻骨风、蚕沙、松节、海桐皮。
(2) 祛风湿活络药。木瓜、伸筋草、桑枝、海风藤、丝瓜络、老鹳草、豨莶草、白花蛇、乌梢蛇。
(3) 祛风湿强筋骨药。虎骨(附:豹骨、猴骨、狗骨)、狗脊、五加皮、骨碎补、桑寄生、续断。

(十五) 止血药

凡以修复血络、制止人体内外出血为主要作用的药物,称之为止血药。

(1) 收敛止血药。仙鹤草(附:鹤草芽)、白及、血余炭、棕榈炭、藕节。
(2) 凉血止血药。大蓟、小蓟、地榆、槐花(附:槐角)、侧柏叶、白茅根、旱莲草。
(3) 化瘀止血药。三七、蒲黄、茜草根、降真香、花蕊石。
(4) 温经止血药。艾叶、炮姜、伏龙肝。

(十六) 活血祛瘀药

凡以通行血脉、改善血行、消散瘀血凝滞为主要作用的药物,称之为活血祛瘀药。

川芎、丹参、月季花、泽兰、益母草、五灵脂、王不留行、牛膝(附:川牛膝)、红花、桃仁、血竭、苏木、姜黄、郁金、延胡索、乳香、没药、穿山甲、三棱、莪术、水蛭、虻虫。

(十七) 补益药

凡以补益正气、扶助虚弱、强身祛邪为主要功效的药物,称之为补益药。

(1) 补气药。人参、党参、黄芪、白术、山药、扁豆、大枣、甘草。
(2) 补血药。当归、白芍、熟地、枸杞子、龙眼肉、阿胶、何首乌、鸡血藤、桑葚。
(3) 补阴药。北沙参、麦门冬(附:天门冬)、石斛、玉竹、百合、女贞子、黄精、五味子、山茱萸、龟板(附:龟胶)、鳖甲(附:鳖甲胶)。
(4) 补阳药。鹿茸(附:鹿角、鹿角胶、鹿角霜)、锁阳、巴戟天、淫羊藿、紫河车、蛤蚧、杜仲、补骨脂、蛇床子、菟丝子、肉苁蓉、胡桃仁、海狗肾(附:黄狗肾)、冬虫夏草。

(十八) 收涩药

凡以收涩固涩为主要作用的药物,称之为收涩药。

(1) 止汗药。麻黄根、浮小麦、糯稻根须。

(2) 止泻药。肉豆蔻、诃子、乌梅、五倍子、罂粟壳。

(3) 涩精、缩尿、止带药。金樱子、桑螵蛸、益智仁、乌贼骨。

(十九) 外用药

凡能消除毒邪、修复伤损,以外用为主的药物,称之为外用药。

硫黄、轻粉、雄黄、炉甘石、铅丹、露蜂房、明矾。

此外,中成药也是常见的中药品种。中成药(Traditional Chinese Medicine Patent Prescription)是以中草药为原料,包括用中药传统制作方法制作的各种蜜丸、水丸、冲剂、糖浆、膏药等中成药,用现代制药方法制作的中药片剂、针剂、胶囊、口服液等,用饮料酒浸泡专作的药酒等,是我国历代医药学家经过千百年医疗实践创造、总结的有效方剂的精华。相比中药材,其最大特点是功效稳定、使用方便、储存保管方便、携带方便。

任务三 熟悉药品的特性、质量及标准

一、药品的特殊性

药品具有一般商品的两个基本要素,即使用价值和价值,但又不同于一般商品,是因为它的用途特殊,专门用于防治疾病、康复保健、计划生育和抢险救灾,这种特殊性被国际公认。认识到药品的特殊性对于搞好生产和经营非常重要。

(一) 药品质量的特殊性

首先表现为质量与使用价值的高度一致性,药品的质量不能划分不同的等级,而要达到百分百的符合;药品质量的好坏取决于生产工艺过程;药品必须在经过审批符合要求的单位或场所使用或经营;药品具有一定副作用或本身就是毒药。

(二) 药品消费的特殊性

第一是药品消费的低选择性,由于消费者缺少医学和药学知识,不能自行判断疾病和用药的种类,必须依靠执业医师和执业药师,因而消费者不可能去选择药品,而是所患疾病决定了药品。第二是药品消费的被动性,消费者用药由医师决定,药品质量状况由生产企业、经营企业及政府有关监督管理部门决定,消费只能被动接受药品质量现状。

(三) 药品使用的特殊性

第一是药品使用的针对性,药品治病的功能往往是非常典型的,使用时只能"对症下药",不允许随意替换。第二是药品使用方法的规定性,药品使用在时间、用量、饮食配合等方面必须严格按规定操作,有些药品的使用必须在医生的监护下进行。

(四) 药品的时限性

药品的时限性具有两个方面的含义,第一是药品供应和使用上的及时性,疾病一旦发生就必须及时用药,这就要求药品供应要随用随有;另一方面要求治病时随用随到。第二是药品质量的有效期,药品必须在规定的期限内使用,过期将失效,属于劣药,只能报废销毁。

（五）药品生产及经营的特殊性

第一是药品消费明显缺乏需求价格弹性。药品生产经营的计划性,企业必须通过对市场进行周密细致的调查研究,科学预测,有计划地生产经营药品,既要保证医疗需要,又要防止资源浪费。药品生产经营的严格准入性,国家或政府对于生产经营企业进行严格的审查和评估合格方可准入,对从事医疗职业的人员进行严格的资格考试达标方能从业。

二、药品质量

药品质量是对形成药品使用价值的各种客观属性和使用药品的主观满意程度的综合评价。一般可从药品的物质性与社会性两个方面进行评价。

（一）药品质量的物质性

药品质量的物质性可以概括为安全性、有效性、可控性、稳定性和经济性。有效性与安全性是构成药品最基本的效用特性。

(1) 有效性。有效性是药品质量的重要基础,表现为药品治疗某种疾病的明显效果。

(2) 安全性。安全性是药品质量存在的重要前提,表现在治疗疾病过程中不能对人造成危害。

(3) 均一性。均一性是指药品的成分含量、液体浓度、单位剂量在同一批次中和不同批次中都要保持一致,不能有任何变化。这就保证了使用的可控性。

(4) 稳定性。稳定性是指药品在规定的条件下保持其有效性和安全性的能力。规定的条件包括有效期以及生产、储存、运输、使用条件。

(5) 经济性。经济性主要指药品在生产、流通过程中形成的价格水平。

（二）药品质量的社会性

药品质量的社会性主要表现在时间性、区域性、个体性等方面。

(1) 时间性。时间性是指一种药品诞生到被另一种新药取代,其发挥治病功能作用的时间总是有限度的,不是永恒的。

(2) 区域性。区域性是指有些药品的使用受到区域的限制。例如,抗血吸虫药只适合在血吸虫病流行的区域使用,而对其他区域则没有什么使用价值。

(3) 个体性。个体性是指药品对于不同的年龄、性别、生理体质、经济条件等的适用性。

三、药品标准

（一）药品标准的概念

国家药品标准,是指国家食品药品监督管理局颁布的《中华人民共和国药典》、药品注册标准和其他药品标准,其内容包括质量指标、检验方法以及生产工艺等技术要求,是药品生产、经营、使用、检验、监督管理各部门共同遵守的依据,属强制性标准。

（二）药品标准的内容

药品标准的内容主要包括药品名称、成分或处方组成、含量及检验、检验方法、制剂的辅料、允许的杂质及限量或限度、技术要求、用途、用量、包装、贮藏方法等。

（三）我国现行药品标准

(1)《中国药典》1953 年版(351 种),1963 年、1977 年、1985 年、1990 年、1995 年、2000 年、2005 年分别出版标准版本,所涉及品种逐步增加。2010 年版涉及药品 4 567 种。

(2) 药品注册标准是指国家食品药品监督管理局批准给申请人特定药品的标准,生产该药品的药品生产企业必须执行该注册标准。

(3) 其他标准,主要是卫生部颁布的一些标准,如《中药材标准》《藏药标准》《进口药材标准》《蒙药标准》《维药标准》《中药成方制剂标准》《化学药品标准》《生化药品标准》《抗生素标准》,还有《进口药品标准》《新药转正标准》《地标升国标标准》等。

(四) 国外药品标准

目前世界上已有数十个国家编订了国家药典。在药物分析中可参考的国外药典主要有如下几种:

(1)《日本药局方》(The Japanese Pharmacopoeia, JP),由日本药局方编辑委员会编纂,由厚生省颁布执行。分两部出版,第一部收载原料药及其基础制剂,第二部主要收载生药、家庭药制剂和制剂原料。

(2)《英国药典》(British Pharmacopoeia, BP),不仅在英国使用,加拿大、澳大利亚、新西兰、印度、斯里兰卡等英联邦国家也采用。

(3)《美国药典》(The United States Pharmacopoeia, USP),由美国政府所属美国药典委员会编辑发行。

(4)《欧洲药典》(European Pharmacopoeia, EP),最初于1969年由英国、法国、意大利、联邦德国、荷兰、比利时、卢森堡七国协议编著,1981年又有奥地利、塞浦路斯、冰岛、爱尔兰、挪威、瑞典、瑞士、丹麦参与编著,于同年出版了第2版。

四、中药材质量标准内容

中药材质量标准由质量标准草案及起草说明组成。质量标准草案主要是指各种质量控制项目,起草说明是指说明各种项目制定的理由、依据、技术条件、注意事项等。

(1) 名称、汉语拼音、药材拉丁名,按中药命名原则要求制定。

(2) 来源,包括原植(动、矿)物的科名、中文名、拉丁学名、用药部位、采收季节、产地加工等。矿物药包括矿物的类、族、矿石名或岩石名、主要成分及产地加工。

(3) 性状,系指药材的外形、颜色、表面特征、质地、断面、气味等的描述。除必须鲜用的按鲜品描述外,一般以完整的干药材为描述体。易碎的还要描述破碎的部分。

(4) 鉴别,选用方法要求专属、灵敏,包括经验鉴别、显微鉴别、一般理化鉴别、色谱或光谱鉴别、其他方法鉴别等。

(5) 检查,包括各种杂质、水分、灰分、酸不溶性灰分、重金属、砷盐、农药残留量、有关的毒性成分及其他必要的检查项目。

(6) 浸出物测定,可参照《中国药典》附录浸出物测定要求,结合用药的习惯、药材质地及已知的化学成分类别等选定适宜的溶剂,测定浸出物量。以药材干品计算。

(7) 含量测定,应建立有效成分测定项目,操作步骤叙述应准确,术语和计量单位规范。

(8) 炮制,根据需要炮制的品种,制定合理炮制的工艺,明确辅料用量和炮制质量要求。

(9) 性味及归经、功能与主治、用法与用量、注意及贮藏等,根据药材研究结果制定。

五、中成药质量标准内容

(1) 名称、汉语拼音,应避免混乱,力求明确、简短、科学,不得暗示疗效。

(2) 处方中药味应符合法定标准,需保密的应履行保密申请,药味列序一般按君、臣、佐、使顺序排列。药材中的生品与炮制要写清。

（3）制法。根据制备工艺试验研究结果进行简要总结。要求写明制剂工艺全过程，药味种类，对质量有影响的工艺的技术条件，半成品的标准。

（4）性状。通常根据样品除去包装后的实际情况进行描述。

（5）鉴别。鉴别要能确定处方中的药材的存在、真伪、纯度，或某一成分的有无。

（6）检查。常规物检查，有毒物检查。

（7）含量测定。一般要明确主药的有效成分的含量，不清楚的要测定特征成分含量。

（8）功能与主治、用法与用量、禁忌、注意、规格、贮藏等。

六、中药提取物质量标准内容

中药提取物质量标准内容与中成药非常类似，与中成药相比较，主要区别如下：

（1）多一个英文名。

（2）无处方项。但有一个提取物使用原料说明。

（3）无剂型通则检查内容，常有水分检查、重金属检查、砷盐检查等。

（4）如果提取物是某些制剂的原料，则有［制剂］项。如银杏叶提取物：［制剂］银杏叶片。

七、化学药品质量标准内容

（一）化学制剂质量标准内容

① 名称。包括中文名、汉语拼音名和英文名。② 含量的限（幅）度。一般为标示量的90％～110％。③ 性状。根据多批样品的性状描述。④ 鉴别。对所含成分功能的鉴别，常采用一般理化鉴别方法。对所含成分的鉴别，常以化学对照品为对照，采用薄层色谱法鉴别。⑤ 检查。按《中国药典》制剂通则规定进行检查，进行溶出度、含量均匀度、pH 值等检查。⑥ 含量测定。常采用高效液相色谱法、分光光度法等方法测定成分含量。⑦ 类别、规格、贮藏。

（二）化学原料药质量标准内容

化学原料药质量标准与制剂很类似，但也有区别，主要区别如下：

① 含量的限（幅）度。还要有成分的结构式、分子量、分子式等的描述。② 性状。还要有溶解性、熔点、比旋度等描述。③ 检查。无制剂通则检查项，无溶出度检查，有杂质检查、有害物质检查、干燥失重等项目。④ 多［制剂］项。

八、生物制品质量标准内容

① 品名。包括中文通用名、英文名、汉语拼音名。② 定义、组成及用途。③ 基本要求。④ 制造。⑤ 检定。包括原液的检定、半成品的检定和成品的检定。⑥ 保存、运输及有效期。⑦ 使用说明。仅预防类生物制品含此项。⑧ 附录项。有的生物制品含此项。

任务四　识别药品的标签和说明书

药品的标签与说明书是药品包装的重要内容之一，是向大众宣传药品特性、指导合理用药和普及医药知识的主要媒介，也是药品情报的重要来源之一。药品标签和说明书是药品生产企业报请审批药品生产的必备资料之一。国家食品药品监督管理局颁布了新修订的《药品说明书和标签管理规定》，自 2006 年 6 月 1 日起施行。

一、识别药品标签

药品标签是指药品包装上标明药品有关内容的文字、图案或色彩。一般用纸张印刷粘贴在容器上或直接记载在容器上。药品标签分内包装标签和外包装标签。未经注册的含文字商标,以及其他未经国家食品药品监督管理局批准的药品名称,均不得在药品标签和说明书上使用。

(1)内包装标签。内包装标签可根据其尺寸的大小,尽可包含药品名称、适应症或者功能主治、用法用量、规格、贮藏、生产日期、生产批号、有效期、生产企业、条形码等标示内容,但必须标注药品名称、规格及生产批号。

(2)外包装标签。外包装标签包括中包装标签和大包装标签。中包装标签应注明药品名称、主要成分、性状、适应症或者功能主治、用法用量、不良反应、禁忌症、规格、贮藏、生产日期、生产批号、有效期、批准文号、生产企业等内容。大包装标签应注明药品名称、规格、贮藏、生产日期、生产批号、有效期、批准文号、生产企业及使用说明书规定以外的必要内容,包括包装数量、运输注意事项或其他标记等。

二、识别药品说明书

药品说明书是随药品一起装入盒内或箱内的有关该药的资料,也是药品包装内容之一。其应包括的内容有:药品名称、性状、药理毒性、药代动力学、适应症、用法用量、不良反应、禁忌症、注意事项、孕妇及哺乳期妇女用药、儿童用药、老年患者用药、药物相互作用、药物过量(包括性状、急救措施、解毒药)、规格、贮藏、包装、有效期、批准文号、生产企业(企业名称、地址、邮政编码、电话号码、传真号码、网址)。简介如下:

(1)药品名称,包括通用名、商品名、英文名、汉语拼音、化学名称、别名。

(2)有效期,是指被批准的使用期限,即在一定储存条件下保证药品质量的期限。表示形式统一规定为:有效期至×年×月。

(3)药品批准文号,是国家食品药品监督管理局发给生产企业批准药品生产的证明文件编号,它是药品生产合法性的标志。每种药品和每一规格发给一个批准文号。现行批准文号格式:国药准字 1 位字母 8 位数字;质量标准试行期的药品生产批准文号格式:国药试字 1 位字母 8 位数字。药品分类字母代表意思:化学药品 H,中药 Z,保健品 B,生物制品 S,体外化学诊断试剂 T,药用辅料 F,进口分包装药品 J。例如,国药准字 Z20063866。

(4)药品批号。在规定限度内具有同一性质和质量,并在同一连续生产周期中生产出来的一定数量的药品为一批。每批药品均应编制生产批号,并将其印在药品包装上。一般用 6 位数字表示,前 2 位表示年份,中间 2 位表示月份,后两位表示产品在当月的批次。如 091216。也可用 8 位数字表示,如 20091216。

(5)药品商标。企业可在商品、商品包装、说明书或者其他附着物上标明"注册商标"或者注册标记。注册标记用 ® 表示,一般标记在商标的右上角或右下角。

任务五　医药商品的储存与保管

一、医药商品储存

在药品的储存和养护中,要按照《药品养护管理制度》和《药品在库养护检查操作程序》中的规定要求实施储存和养护。

(一) 医药商品仓库设施配备配置标准

(1) 具有使药品与地面之间相隔一定距离的设备,如垫板、货架。
(2) 具有避光、通风、排水设备,如窗帘、排风扇等。
(3) 具有检测和调节温湿度的设备,如温度计、空调等。
(4) 具有防尘、防潮、防霉、防污染、防虫、防鸟设备,如鼠夹、灭蚊灯、金属网罩。
(5) 具有符合安全用电的照明设备,如防爆灯等。
(6) 具有手推车及适宜于拆零或拆箱发货的工具设备。
(7) 具有消防安全设备,如消防栓、灭火器等。

(二) 医药商品的分类储存

(1) 应根据其理化性质及剂型特点,分类分库(区)储存。
(2) 对储存条件要求不同的药品,要分库储存。
(3) 通用名称相同,同一企业生产的不同制剂规格或不同包装规格的药品,应分区储存。
(4) 通用名称相同,不同企业生产的同一制剂规格或同一包装规格的药品,应分区储存。
(5) 贵重药品、危险药品、易串味的药品,则须另设符合有关规定的专库储存。
(6) 不合格药品与退货待处理药品则应分别存放于不合格区(库)与退货区(库)。

(三) 医药商品的堆码

药品除分类储存处理外,还要妥善堆码。要根据药品种类、特征、包装、体积、重量、库房高度、设备条件、地面负荷、操作安全、易于清点、易于识别标志标记等条件因素,选择堆码形式、堆码技术、确定堆码高度。要留有适当墙距、垛距、顶距、灯距、底距。要做到堆码合理、整齐、牢固、无倒置现象。为了防止地面潮气浸湿药品,特别是底层库房,应用枕木、石块、垫板、支架等垫底,使药品与地面保持有 30~50 cm 的间距,以利通风散潮。

二、医药商品的保管

药品商品由于自身的理化性质及生物性质特点,在外界因素(如空气、温度、湿度、光线、微生物、昆虫、时间等)的影响下,其质量会发生各种各样的变化,使药品质量降低甚至完全丧失。因此做好医药商品的养护工作非常重要。

(一) 加强温湿度管理

要根据医药商品,对温湿度的不同要求,加强温湿度管理与调节,使其适宜保管。
(1) 常温库温度为 0 ℃~30 ℃:适宜存放理化性质比较稳定的药品,如诺氟沙星。
(2) 阴凉库温度为 0 ℃~20 ℃:适宜存放理化性质不稳定的药品,如洛莫司汀。
(3) 冷库温度为 2 ℃~10 ℃:适宜存放生物制品、疫苗等。
各库房相对湿度应保持在 45%~75% 之间。

(二) 医药商品在库管理

(1) 入库管理。药品入库时,应按凭证核对品名、规格、数量和质量验收人员的签章(外地产品入库时,还应查对药厂化验报告),并对质量进行抽查,发现问题及时与质量检验部门或业务部门联系解决。

(2) 在库检查。药品存放在库房后,应定期或不定期地对所存药品商品进行检查,检查药品的包装、数量、堆垛稳固性、库房设备等,若发现问题要及时处理。

(3) 出库管理。要根据提货单内容认真核对,检查手续是否齐备,遵循"先进先出""近期先出""易变先出"、按批号出库的原则严格出库操作。

（三）几种剂型的保管方法

(1) 注射剂。遮光,防热或冷藏,防潮,加强澄明度检查。

(2) 片剂。防潮,避光。

(3) 胶囊剂。防热,防潮,避光。

(4) 水剂。一般水剂应密封于阴暗处保存,冬季应考虑防冻。糖浆剂,防止霉败,主要措施是防热、防污染,应保存于凉暗处,库房温度一般不超过 25 ℃。

(5) 软膏剂。防热、防冻、防"串味"、防重压。

(6) 栓剂。防热、防潮、防干燥。

（四）麻醉药品、精神药品、放射性药品保管

(1) 严格执行专库(柜)存放,双人、双锁保管,专人、专账管理制度。

(2) 放射性药品的储存应具备与放射剂量相适应的防护装置,放置放射性药品的铅容器应避免拖拉和撞击。

(3) 入库、出库均应执行双人验收、双人复核制度。

(4) 由于破损、变质、过期失效而不可再使用的药品,应清点登记,列表上报当地药品监督管理部门。

（五）医疗用毒性药品的仓储保管

(1) 必须存放在设有安全设施的单独仓库内(如窗加铁栅、加铁门),或专柜加锁并由专人保管、专账记录。

(2) 毒性药品的验收、收发货,均应由第二人复核并共同在单据上签字盖章。

(3) 对不能供药用的毒性药品,经单位领导审核,报当地有关主管部门批准后,按其性质采用相应方法,由专业人员指导销毁,并建立销毁档案。

（六）易燃、易爆等危险药品保管

对易燃、易爆、强腐蚀等药品,应设立专用仓库,分类保管,单独存放,并采用坚固、耐压、耐火、耐腐蚀的严密包装和堆码方式。

（七）近效期药品保管

多数的抗生素、生物制品等药品,很容易受到外界环境因素的影响而降低药效或失效,应加强温度、湿度的管理,同时做到"先进先出,先产先出,近期先出,近期先用"。

 学习检测

一、填空题

1. 广义上的医药商品主要包括(　　　)、(　　　)、(　　　)、(　　　)等。

2. 药品商品按其来源和制造不同可分为(　　　)、(　　　)、(　　　)等。

3. 中药按其按生产加工的不同可分(　　　)、(　　　)、(　　　)等。

4. 药品的剂型主要有（　　　）、（　　　）、（　　　）、（　　　）、（　　　）等多种。

5. 特殊性药品主要是指（　　　）、（　　　）、（　　　）、（　　　）等。

二、选择题

1. 我国药品执行的国家标准是（　　）。
   A. 国家标准　　　　B. 中国药典　　　　C. 部颁标准　　　　D. 局颁标准

2. 下列药品属于特药的是（　　）。
   A. 吗啡　　　　　　B. 阿莫西林　　　　C. 感冒胶囊　　　　D. 六味地黄丸

3. 医药商品储存的一个最基本的要求是（　　）。
   A. 集中储存　　　　B. 分散储存　　　　C. 分类储存　　　　D. 分层储存

4. 药品名称可以不标示的地方是（　　）。
   A. 内包装　　　　　B. 外包装　　　　　C. 说明书　　　　　D. 药品体

5. 疫苗药品保管的温度范围是（　　）。
   A. 0 ℃～30 ℃　　 B. 0 ℃～20 ℃　　 C. 2 ℃～10 ℃　　 D. －10 ℃～0 ℃

三、思考讨论题

1. 药品的消费与日用品的消费有什么不同？
2. 作为一个消费者该怎样判断药品商品的质量？

 **技能训练**

1. 任务设计

任务项目：医药商品调查

执行要求：设计一份表格式调查表，自由选择本地一家药品超市或专业药店进行调查，观察药品分类陈列情况，分析分类的合理性。

执行条件：分小组进行，选择药品商场不能重复，不要影响经营活动，查阅参考资料。

2. 能力评价

评价内容：药品类别品种记录，具体药品信息记录，调查表填写工整情况，发现问题。

评价标准：药品类别6个以上，每类品种10个以上得40分。每个药品信息包括名称、商标、规格、价格等得40分。填写工整得10分。发现问题得10分。

评价方法：小组互评，教师集中评价修正。

 **知行拓展**

1. 国家药品监督管理局主要职责
2. 药品经营许可证管理办法

项目十八　识别保管化工商品

学习目标

知识目标　熟悉市场中主要的化工商品种类,掌握主要化工商品的性质特点、质量要求、基本用途,掌握主要化工商品的储存保管条件与方法。

能力目标　能区分市场中的主要化工商品,能根据化工商品的性质特点采取合适的储存保管方法。

素质目标　认识到化工商品性质和用途的独特性,养成严谨、细致、认真、规范操作的习惯,增强安全意识。

情境导入

关于2019年春节假期期间京津冀地区高速公路禁止危险物品运输车辆通行的通告

为确保2019年春节假期期间高速公路通行安全,根据《中华人民共和国道路交通安全法》和《危险化学品安全管理条例》,北京市公安局公安交通管理局、天津市公安交通管理局、河北省公安厅交通管理局决定,自2019年2月4日0时至2月10日24时,采取危险物品运输车辆禁行措施,现就有关事项通告如下:

一、禁止危险物品运输车辆(包括持有危险化学品道路运输专线通行证及剧毒化学品公路运输通行证的危险物品运输车辆)在北京市行政区域内高速公路行驶。

二、禁止危险物品运输车辆(包括持有载运危险化学品时间路线速度报告凭证及剧毒化学品公路运输通行证的危险物品运输车辆)在天津市行政区域内高速公路行驶。

三、除液化天然气和压缩天然气运输车辆每日7时至19时可以通行河北省行政区域内高速公路外,禁止其他危险物品运输车辆(包括持有剧毒化学品公路运输通行证的危险物品运输车辆)在河北省行政区域内高速公路行驶。

特此通告!

北京市公安局　　天津市公安局　　河北省公安厅
公安交通管理局　　交通管理局　　交通管理局
2019年2月1日

任务引导：1. 为什么在节日期间要限行危险货物车辆?
　　　　　 2. 化工商品属于危险性商品吗?
　　　　　 3. 化工商品主要有哪些种类,各有什么特点?
　　　　　 4. 化工商品应怎样妥善运输、储存和保管?

任务一　识别化工商品的类别

化学工业是国民经济的一个重要组成部分,它是原材料工业,又是加工工业,通过化工产品加工和深加工可以得到精细化工商品。化学工业、石油化学工业为农业、轻重工业和国防工业提供大量的原材料,为人民生活提供丰富多彩的日用化工商品。随着生产发展和人民生活水平的提高,化学工业、石油化学工业在国民经济中的地位越来越重要。化工商品涉及的范围广,据不完全统计化工商品约有 37 000 多个品种,而新的化工、石化商品还在不断增加。

化工商品从不同的角度有不同的分类方法。

一、按结构性质分类

可分为无机物和有机物两大类。如三酸两碱就是无机物化工商品,醇、醛、酮、苯、酚等就是有机物化工商品。

二、按行业用途分类

可分为基本化工原料、油品、化肥、高分子材料、精细化工商品等。现在我国的《化工手册》基本就是按行业用途来进行分类的。

三、按仓储运输的稳定性分类

可分为危险品和非危险品。

四、《中国化工商品大全》分类

为了适应化工商品的生产和流通,便于国内外厂商进行化工商品的开发、生产、经营、进出口业务和市场咨询,1988 年中国物资出版社出版了《中国化工商品大全》上下册,将化工商品划分为 24 大类,分别是:化学矿物原料、基本化工原料、林产化学工业产品、油脂及油脂化学品、中间体、染料、纺织助剂、香料、食品添加剂、化肥、化肥催化剂、化学农药、合成树脂和塑料、塑料助剂、橡胶、橡胶助剂、橡胶制品、涂料、涂料助剂、颜料、合成胶黏剂、感光材料及磁记录材料、民用爆炸器材、电镀化学品。

五、《中国商品大全》增补分类

1993 年中国物资出版社在《中国化工商品大全》上下册的基础上又续编了《中国商品大全》增补本,对化工商品 24 大类中的 19 大类做了补充。这 19 大类是:基本化工原料、染料、纺织助剂、香料、食品添加剂、化肥、农药、石化催化剂、合成树脂和塑料、塑料助剂、橡胶、橡胶助剂、橡胶制品、涂料、涂料助剂、颜料、合成胶黏剂、感光材料和磁记录材料、电镀化学品。新增加了饲料添加剂、造纸化学助剂、电子工业用化学品及高纯试剂、表面活性剂、工业防霉剂、皮革化学品 6 个大类。

任务二 识别化工原材料商品

化工原料商品主要有两类。一类是无机化工原料,是以"三酸"(硫酸、硝酸、盐酸)、"两碱"(烧碱、纯碱)以及无机盐为主的一类无机原料。另一类是有机化工原料,是指三苯(苯、甲苯、二甲苯)、萘为主的基本有机化工原料和醇、醛、酮、苯酚等重要的有机化工原料。

一、无机酸、碱类化工原料

基本无机化工原料商品约 3 000 多种,按其性质、来源和用途可分为无机酸类、无机碱类、无机盐类、氧化剂、还原剂、气体、单质和其他无机化工原料商品。

(一) 硫酸、硝酸、盐酸

硫酸、硝酸、盐酸三大无机强酸在市场流通中被称为"三酸"。

酸在水溶液中能电离出氢离子。首先,酸类能和指示剂起反应,使橙色的 pH 试纸和无色石蕊试纸变红,用此性质可鉴别物质的酸、碱性;其次,酸能和金属氧化物反应生成盐和水,在冶炼、轧钢和电镀工业中可以去除铁锈;最后,酸还能与碱起中和反应,与盐起置换反应,与活泼金属反应生成氢气等。

1. 硫酸(Sulphuric Acid)

分子式:H_2SO_4;学名、商品名:硫酸;别名:磺镪水、硫镪水、绿矾油;无机酸性腐蚀品;危险品编号 81007。

(1) 硫酸的识别。

物理方法:纯硫酸是无色透明黏稠液体,工业硫酸因含有杂质,颜色从无色、黄色至棕色或浅褐色,不易挥发。纯硫酸在 20 ℃的相对密度为 1.830 5。

试纸方法:稀硫酸能使蓝色石蕊试纸变红,使无色酚酞不变色,使甲基橙变橙红色。

化学方法:硫酸与氯化钡溶液反应,立刻产生硫酸钡白色沉淀,且不溶于盐酸。其化学反应式是:

$$H_2SO_4 + BaCl_2 \longrightarrow BaSO_4 \downarrow + 2HCl$$

(2) 硫酸的品种、规格。

硫酸的品种按用途可分为工业硫酸、蓄电池硫酸、试剂硫酸三种。

工业硫酸可分为:稀硫酸(浓度在 75% 左右)、浓硫酸(常用浓度为 98.0% 和 92.5% 两种)、发烟硫酸(主要规格有 20%、40%、65%,含游离三氧化硫)三种。目前市场上对硫酸浓度的表示方法有以下几种:一是以质量百分数表示,如 98.0%、92.5%;二是以波美度(Bé)表示,如 98% 硫酸其波美度为 66 Bé;三是以相对密度表示,如 98.0% 硫酸的相对密度为 1.836 1,浓度很低的硫酸常用每升所含的硫酸的克数(g/L)来表示。此外,习惯上把 90.0%~99.0% 浓度范围内的称为浓硫酸,把 78% 以下的称为稀硫酸。在实际中常把浓度为 98.0% 的硫酸简称为"98 酸"(是指 100 kg 硫酸中含有纯硫酸 98 kg,含水 2 kg)。同理 92.5% 称为"92.5 酸",75% 的硫酸称为"75 酸"。另有一种是蓄电池硫酸,浓度为 92%,杂质含量少,纯度比工业硫酸高,常用于国防、电镀等。再就是试剂硫酸,一般用于化学试验,为高浓度硫酸。

(3) 硫酸的质量标准。

硫酸质量标准执行的是国家标准,标准代号为 GB/T 534—2002,见表 18-1。

表 18-1 硫酸质量标准

指标名称	浓硫酸			发烟硫酸		
	优等品	一等品	合格品	优等品	一等品	合格品
硫酸(H_2SO_4)质量分数(%) ≥	92.5 或 98.0	92.5 或 98.0	92.5 或 98.0	—	—	—
游离三氧化硫(SO_3)质量分数(%) ≤	—	—	—	20.0 或 25.0	20.0 或 25.0	20.0 或 25.0
灰分的质量分数(%) ≤	0.02	0.03	0.10	0.02	0.03	0.10
铁(Fe)质量分数(%) ≤	0.005	0.010	—	0.005	0.010	0.030
砷(As)质量分数(%) ≤	0.000 1	0.005	—	0.000 1	0.000 1	—
铅(Pb)质量分数(%) ≤	0.005	0.02	—	0.005	—	—
汞(Hg)质量分数(%) ≤	0.001	0.01	—	—	—	—
透明度(mm) ≥	80	50	—	—	—	—
色度(ml) ≤	2.0	2.0	—	—	—	—

注:指标中的"—"表示该类别产品的技术要求中没有此项目。

(4) 硫酸的特性。

硫酸是一种强酸,具有酸类的一般通性。由于浓度的不同,浓硫酸与稀硫酸在化学性质上存在差异。稀硫酸以一般酸性为主,浓硫酸除具有一般酸性以外,还具有强氧化性、吸水性、脱水性、磺化性。

浓硫酸是一种强氧化剂,能与金属活泼顺序表中位于氢后面的金属(如铜、汞、银等)起反应。这类金属溶解于热浓硫酸中,被浓硫酸氧化为金属氧化物,浓硫酸被还原成二氧化硫。它在常温下与铁、铝两种金属接触时,立刻在金属表面生成一种非常致密的氧化膜,保护内层金属不再受酸的侵蚀。因此,浓硫酸的包装容器应用铁制品。

浓硫酸能与水任意混合成不同浓度的溶液,并发出强热。故在稀释浓硫酸时要把浓硫酸缓慢倒入水中,并不停搅拌。另外,在储存时要注意包装的严密。

浓硫酸具有很强的脱水性,能与有机物(如棉、麻、木材、纸张、动物体等)发生剧烈的作用,能夺取有机物中的氢氧元素,使有机物脱水而炭化,从而使动、植物组织被腐蚀,被破坏。因此,要严防浓硫酸与动、植物体接触,操作时要戴防护眼镜,穿工作服,围橡胶围裙,穿长筒橡皮靴,戴橡皮手套等。若不慎接触到,应立即用大量水冲洗,然后用碳酸氢钠水涂抹或冲洗,最后再用水冲洗,严重者应立即送医院。

(5) 硫酸的应用。

硫酸是重要的基本化工原料,应用范围广,数量大,其主要应用在化肥行业生产硫酸铵、过磷酸钙、磷酸铵等;在轻纺工业,用于生产化学纤维、洗涤剂、合成脂肪酸等;在冶金工业,用于钢材酸洗和金属冶炼等;在化学工业,用于涂料、颜料、染料、农药、医药、塑料以及无机和有机化工产品的生产。

2. 硝酸（Nitric Acid）

分子式：HNO_3。学名、商品名：硝酸。别名：硝镪水。危险化学品中属于无机酸性腐蚀品。危险品编号：81002。

（1）硝酸的识别。

物理方法：纯硝酸是无色发烟液体，烟具有刺激性，能损伤黏膜和呼吸道，在常温下遇光或热易分解出二氧化硫，二氧化硫呈棕红色，所以工业硝酸为微黄色液体。

化学方法：在硝酸中放入铜片或铜条均可，生成红棕色的二氧化硫气体，眼睛可看到。反应式为：

$$Cu+4HNO_3(浓) \longrightarrow Cu(NO_3)_2+2NO_2\uparrow+2H_2O$$

（2）硝酸的特性。

硝酸具有不稳定性，见光或受热容易分解成氮的氧化物、水和氧气。反应式为

$$4HNO_3 \longrightarrow 2H_2O+4NO_2\uparrow+O_2\uparrow$$

据此特性，在储存是应将容器置于阴暗处，实验室中应用棕色瓶子存放硝酸。

浓硝酸具有强氧化性，除金、铂以外，几乎能与所有金属反应，生成硝酸盐。但硝酸与铝反应会钝化，生成一层致密的氧化膜，阻止铝进一步氧化，故可用铝制容器装运硝酸。

浓硝酸具有强烈的腐蚀性，会灼伤皮肤，遇蛋白质生成一种鲜明的黄蛋白酸黄色物质，难以治愈，触及衣物即被腐蚀。因此，工作人员应穿戴好防护服装、橡皮围裙、橡皮长筒靴、橡皮手套、防护眼镜、口罩。

硝酸具有硝化作用，对许多有机物具有硝化作用。所谓硝化，就是在有机化合物分子中引入硝基（—NO_2）而生成硝基化合物的反应。硝化是生产染料、炸药、药物的重要过程。

（3）硝酸的质量标准。

硝酸质量执行国家标准，标准代号为 GB 337.2—2002，见表 18-2。

表 18-2 硝酸质量标准（GB 337.2—2002） 单位：%

指标名称	指标			
	68 酸	62 酸	50 酸	40 酸
硝酸（HNO_3）质量分数 ≥	68.0	62.0	50.0	40.0
亚硝酸（HNO_2）质量分数 ≤	0.20	0.20	0.20	0.20
灼烧残渣质量分数 ≤	0.02	0.02	0.02	0.02

（4）硝酸的应用。

硝酸是一种用途很广的化工基本原料，主要用于生产硝酸铵炸药、染料和染料中间体、高科技火箭燃料的氧化剂。此外还广泛用于化纤工业、冶金工业、医药工业、照相软片、油漆、有机合成等。

3. 盐酸（Hydrochloric Acid）

分子式：HCl；学名：氢氯酸；商品名：盐酸；别名：盐镪水、焊锡药水；属于无机酸性腐蚀品；危险品编号为 81013。

(1) 盐酸的识别。

物理方法：盐酸是氯化氢的水溶液，纯盐酸无色，工业用常含杂质呈黄色发烟液体。烟雾有刺激性氯化氢气味。

试纸方法：能使蓝色的石蕊试纸变红，使甲基橙变红。

化学方法：盐酸中加入硝酸银，即有白色氯化银沉淀生成。这种沉淀能溶于氨水，化学反应式为

$$HCl + AgNO_3 \rightarrow AgCl \downarrow + HNO_3$$

(2) 盐酸的性能。

盐酸是发烟酸，是强酸，具有很强的腐蚀性，具有氯化氢的特殊气味。盐酸挥发出氯化氢气体与空气中的水分形成酸雾，能腐蚀金属、纤维、皮肤、农作物和建筑物。氯化氢有刺激性、有毒，中毒浓度为0.004%，对人的黏膜、气管、眼、鼻有强烈刺激和毒害作用。因此，储运盐酸要包装完好，并用耐酸材料密封盖口。工作人员应穿工作服、橡胶围裙、戴橡胶手套、口罩、风镜。

盐酸具有一般无机酸的通性，除了和铂、金之类的贵重金属不发生作用外，一般金属都能被它溶解。盐酸与硝酸配成的王水，可以使金、铂溶解。盐酸也能与碱性氧化物、碱、盐等反应，生成盐酸盐。

(3) 盐酸的规格。

工业用盐酸含氯化氢32%，浓盐酸含氯化氢38%。

(4) 盐酸的质量标准。

盐酸的质量要求执行国家标准，代号为GB 320—2006，见表18-3。

表18-3 盐酸质量标准（GB 320—2006） 单位：%

指标名称	指标		
	优级品	一级品	二级品
总酸度（以HCl计）质量分数 ≥	31.0		
硫酸盐（以SO_4^{2-}计）质量分数 ≤	0.005	0.03	
砷的质量分数 ≤	0.000 1	0.000 1	0.000 1
铁的质量分数 ≤	0.002	0.008	0.01
灼烧残渣的质量分数 ≤	0.05	0.10	0.15
游离氯（以Cl计）的质量分数 ≤	0.005	0.008	0.010

(5) 盐酸的应用。

盐酸具有一般典型无机酸的一切通性，且制法简单，价格便宜被广泛用于冶金、皮革、印染、食品、化学等行业，例如用于钢材酸洗、阳离子交换树脂的再生、盐酸盐的生产（六水氯化铝、氯化镉、氯化钴、氯化镍等）、冶金中作浸取剂、食品行业水解淀粉生产葡萄糖及生产味精和酱油等、制革中用作鞣革和染色助剂、医药中制药、打扫卫生中去除污垢等。

(二) 烧碱、纯碱

1. 烧碱(Sodium Hydroxide)

分子式:NaOH;学名:氢氧化钠;商品名:烧碱;别名:苛性钠、火碱、苛性碱;在危险化学品分类中属于碱性腐蚀品;危险品编号为82001。

(1) 识别方法。

物理方法:纯净的氢氧化钠是无色透明的晶体。工业用烧碱因含有少量的氯化钠和碳酸钠呈现白色不透明体,状态有粒、片、棒、块等形状,易溶于水,并放出大量热,水溶液有滑腻的感觉,呈强碱性。市场上烧碱有两种状态,一是固体烧碱(简称固碱),二是液体烧碱(简称液碱)。

试纸方法:它能使红色石蕊试纸变蓝,使无色粉酞变红,甲基橙变橙黄色。

燃烧方法:用铂丝蘸少许烧碱于火焰中燃烧,有黄色火焰产生,说明含钠。

化学方法:烧碱水溶液加入硝酸银,生成棕色的氧化银沉淀。化学反应式为:

$$2AgNO_3 + 2NaOH \longrightarrow Ag_2O\downarrow + 2NaNO_3 + H_2O$$

(2) 烧碱的品种、规格。

烧碱的品种按状态分为液碱和固碱两种,常见的工业液碱浓度为30%左右和45%。工业固碱一般浓度在95%以上,按生产方法可分为隔膜碱、水银碱、苛化碱(化学碱)、离子膜碱四种。工业用固体氢氧化钠主体为白色、有光泽、允许微带颜色。

(3) 烧碱的质量标准。

烧碱的质量标准见表18-4和表18-5。

表18-4 工业用固体氢氧化钠质量标准(GB 210.1—2004) 单位:%

质量指标	Ⅰ			Ⅱ		
	优等品	一等品	合格品	优等品	一等品	合格品
氢氧化钠的质量分数 ≥	99.0	98.5	98.0	72.0±2.0		
碳酸钠的质量分数 ≤	0.5	0.8	1.0	0.3	0.5	0.8
氯化钠的质量分数 ≤	0.03	0.05	0.08	0.02	0.05	0.08
三氧化二铁的质量分数 ≤	0.005	0.008	0.01	0.005	0.008	0.01

表18-5 工业用液体氢氧化钠质量标准(GB 209—2006) 单位:%

质量指标	Ⅰ			Ⅱ		
	优等品	一等品	合格品	优等品	一等品	合格品
氢氧化钠的质量分数 ≥	45.0			30.0		
碳酸钠的质量分数 ≤	0.2	0.4	0.6	0.1	0.2	0.4
氯化钠的质量分数 ≤	0.2	0.03	0.05	0.005	0.008	0.01
三氧化二铁的质量分数 ≤	0.002	0.003	0.005	0.006	0.000 8	0.001

(4) 烧碱的特性。

烧碱是一种无机强碱,具有强烈腐蚀性,对皮肤及有机物有强烈腐蚀作用,浓度越高,灼伤腐蚀作用越强。

固体烧碱的溶解和液体烧碱的稀释都会放出大量的热,烧碱越浓放出的热量越多,所以储运烧碱时要避免与水接触。固碱吸收潮湿空气会"发汗"(潮解),同时产生热量。

烧碱易与非金属氧化物反应,生成盐和水;与铵盐反应产生氨气,既污染空气又降低了铵盐质量。因此铵盐与碱不能一起储运。

烧碱与两性或半金属单质反应生成含氧酸的盐和氢气,但金属铁、镍、银具有较强的抗碱性,尤其是铁在常温下不与烧碱反应,但在高温下(400 ℃)发生强烈反应。所以常用铁作为烧碱的包装容器,与非金属单质发生歧化反应。

(5) 烧碱的应用。

烧碱用于造纸工业做蒸煮剂去除木质素和杂质,用于纺织印染工业,用于肥皂和合成洗涤剂的生产,用于生产无机化工原料和有机化工原料,还用于医药、农药、染料、石油、冶金等多种行业。

2. 纯碱(Sodium Carbonate)

分子式:Na_2CO_3;学名:碳酸钠;商品名:纯碱;别名:苏打、面碱;属于非危险品;纯碱是由金属离子(Na^+)和酸根(CO_3^{2-})组成的盐;由于它的水溶液具有较强的碱性,加之它的工业品纯度很高(含碳酸钠98%以上),所以习惯上称它为纯碱。

(1) 纯碱的识别。

物理方法:纯碱是白色粉末或细粒结晶,无臭;味苦发涩;易吸收水分结块;易溶于水;溶液呈碱性。

燃烧方法:同烧碱。

试纸方法:水溶液能使橙色PH试纸呈蓝色,使红色石蕊试纸变蓝,使无色粉酞变红,使甲基橙变黄。

化学方法:纯碱与盐酸反应,有二氧化碳气体生成,将这种气体通入澄清的石灰水中,产生白色沉淀,证实为纯碱。化学反应式为:

$$Na_2CO_3 + 2HCl \longrightarrow 2NaCl + CO_2\uparrow + H_2O$$
$$CO_2 + Ca(OH)_2 \longrightarrow CaCO_3\downarrow + H_2O$$

(2) 纯碱的品种。

纯碱按其生产时的密度大小不同分为轻质纯碱(密度为0.5~0.8 t/m³)和重质纯碱两种。我国主要是轻质纯碱,已开始投入重质纯碱生产近万吨。发达国家重质纯碱是主要品种,如美国重质纯碱占80%以上。重质纯碱是我国发展的方向,其密度大,碱粉不易飞扬,不易结块,使用安全方便。

(3) 纯碱的质量标准。

纯碱质量标准执行GB 210—1992规定,见表18-6。

表 18-6 纯碱的质量标准(GB 210—1992)

质量项目	指标						
	一类	二类			三类		
	优等品	优等品	一等品	合格品	优等品	一等品	二等品
总碱量(以 Na_2CO_3)分数(%) ≥	99.2	99.2	98.8	98.0	99.1	98.8	98.0
氯化物(以 NaCl)分数(%) ≤	0.50	0.70	0.90	1.20	0.70	0.90	1.20
硫酸盐(以 SO_4)分数(%) ≤	0.03	0.03					
铁的分数(%) ≤	0.004	0.004	0.006	0.010	0.004	0.006	0.010
水不溶物含量(%) ≤	0.04	0.04	0.10	0.15	0.04	0.10	0.15
烧失量(%) ≤	0.8	0.8	1.0	1.3	0.8	1.0	1.3
堆积密度(g/L) ≥	0.85	0.9	0.90	0.90	0.90	0.90	0.90

(4) 纯碱的特性。

纯碱是强碱弱酸的盐。纯碱易溶于水,产生一定热量,同时可以水解,溶液呈碱性。纯碱虽不是危险品,但其水溶液的强碱性可以灼伤皮肤,腐蚀织物、物品等。所以纯碱遇水仍是危险的。

纯碱极易吸收空气中的二氧化碳和水分,生成碳酸氢钠,长期储存在潮湿的库房里容易结块,发生质变。因此纯碱不宜长期储存,一般在 6~12 个月为宜。

纯碱易与酸反应,生成新的盐和碳酸,而碳酸易分解为二氧化碳和水。

纯碱易与铵盐反应,生成两种新的盐,并分解出氨气、二氧化碳和水。

(5) 纯碱的应用。

纯碱是基本化工原料之一,广泛用于化工、冶金、轻工、建材、农业、纺织、国防、食品等行业,其耗量较大,属于大宗化工商品。例如,用于生产玻璃、冶金中的电解铝和氟化盐的生产、化学工业中的各种钠盐的生产(如硝酸钠、亚硝酸钠、碳酸氢钠、氰化钠、磷酸三钠等)、轻纺业生产合成洗涤剂和肥皂、生活中的去污及食品加工、制革脱毛、石油精制、军事中的提取分离浓缩铀等。

二、基本有机化工原料

在化学组成中含有碳元素的化合物,称为有机化合物,如甲烷(CH_4)、苯(C_6H_6)、甲醇(CH_3OH)、氯甲烷(CH_3Cl)、苯胺($C_6H_6-NH_2$)等。绝大多数有机化合物中都含有氢,有机化合物中除了碳和氢外,常见的元素还有氧、氮、磷、硫和卤素。有些简单的含碳化合物(如二氧化碳、一氧化碳、碳酸盐等)因其性质同典型的无机化合物相近,所以仍归为无机化合物。有机化合物与无机化合物在性质上存在明显的差异。

有机化合物一般都易燃烧,燃烧最终生成二氧化碳和水,而大多数无机化合物却不易燃烧。有机化合物通常不易溶解于水,多数为非极性分子,易溶于有机溶剂;无机化合物则易溶于水。

有机化合物挥发性大,熔点沸点较低,通常是以气体、液体或低熔点的固体形态存在,且多数固体有机化合物的熔点在室温到 400 ℃之间,反应速度慢,需要很长时间才能达到平衡,且比较复杂。一般需要加热或催化剂来加速反应,并且常有副反应发生,所以需要控制反应条件来促使主产物的生成。无机化合物的反应则可在瞬间完成。一般不导电,如有机高分子化合物、塑料、橡胶是良好的绝缘材料。存在同分异构现象,经常是同一个分子式可以代表几种性质不同的化合物。乙醇和甲醚的分子式都是 C_2H_6O,而结构不同则性质相差很大,所以有机化合物一般使用结构式表示。

以上有机化合物与无机化合物在性质上的区别,主要是由于它们内部原子之间结合的化学键不同造成的,一般有机化合物是以共价键结合起来的,而典型的无机化合物是以离子键结合起来的。

有机化合物种类很多,下面只介绍基本的有机化工原料中应用较广的"三苯一萘"。

(一)"三苯"

1. "三苯"的识别

"三苯"(纯苯 Benzene Pure、甲苯 Toluene、二甲苯 Xylene)均属于单环芳烃(即分子中只有一个苯环)。因此,它们既有共性又因苯环上所含—CH_3(甲基)数目和位置的不同,而有差异性。前者可以用来识别"三苯"与其他液体有机化合物(如乙醇、乙醚、丙酮等);后者用于"三苯"之间的识别。

2. "三苯"的共性

"三苯"从外观上看都是无色液体,具有特殊芳香味,蒸气有毒。

相对密度均小于1,一般均在 0.86～0.90 之间,比水轻,均不溶于水,因此可看见试管中水与"三苯"分为两层。用火点燃时,在燃烧过程中发出黄色亮光及黑浓烟。这是由于"三苯"都具有苯环、碳含量比较高的缘故。在化学性质上"三苯"易起取代反应,这是由于苯环的特殊结构具有较牢的稳定性,只在一定的条件下才能起加成反应和氧化反应。

3. "三苯"的差异性

"三苯"由于碳原子数或结构的不同,在性质上有一定的差异。首先在熔点、沸点、密度上不同。苯的熔点为 5.5 ℃,甲苯为 −94.5 ℃,邻二甲苯为 −25.8 ℃,间二甲苯为 −47.9 ℃,对二甲苯为 13.2 ℃;苯的沸点为 80.1 ℃,甲苯为 110.6 ℃,邻二甲苯为 144.4 ℃,间二甲苯为 139.1 ℃,对二甲苯为 138.4 ℃;它们的密度(g/cm^3)也稍有不同。其次它们的闪点、爆炸极限、中毒浓度也不相同。苯的闪点为 −11 ℃,甲苯为 4.5 ℃,二甲苯为 25 ℃;爆炸极限(体积分数)苯为 1.5%～8%,甲苯为 1.2%～7%,二甲苯为 1.0%～5.3%;中毒浓度苯为 0.0025%,甲苯为 0.020%,二甲苯为 0.010%。

4. "三苯"的来源

第一个途径是从煤的炼焦中获得,第二个途径是从石油的催化重整、裂解中取得。

5. "三苯"的性能

(1) 燃烧性。三苯是易燃液体,且不易扑救。因此严禁接触火源、热源,禁止使用发火工具,严禁在日光下暴晒。

(2) 麻醉性和毒性。苯渗入皮肤或苯蒸气通过呼吸道进入体内能引起中毒。急性中毒能产生头痛、头晕、嗜睡、无力、抽搐、昏迷、死亡,慢性中毒能对神经系统和造血器官造成损害。如在生产、使用、储运苯的过程中发生上述症状,应迅速离开工作环境至空气新鲜处,重症者用含二氧化碳5%的氧气帮助呼吸,并送医院救助。甲苯、二甲苯的麻醉性和毒性比苯小。但值得注意的是很多含有苯环的化合物都是致癌物质,能在体内诱发病变,所以使用中应注意空气畅通,并采用相应的安全措施。

(3) 挥发性。"三苯"极易挥发,其蒸气与空气混合能发生爆炸。

(4) 溶解性。"三苯"不溶于水,易溶于乙醚、乙醇等有机溶剂,并能溶解很多有机物。

6. "三苯"的应用

纯苯主要用于有机合成工业,生产氯苯、硝基苯、苯磺酸、苯胺、苯酚等,广泛用于医药、染料、农药、炸药等中间体的生产;用于高分子化合物的合成;用作溶剂等。甲苯用作燃料,大量用来提高汽油的辛烷值,以提高汽油的质量;用作溶剂,用于油漆、涂料、农药的生产;用作医药、染料、炸药的中间体生产等。

二甲苯主要用于聚酯纤维的生产,增塑剂的生产,作为溶剂等。

(二) 萘(Naphthalene)

萘是基本有机化工原料中又一重要的稠环芳烃化工原料。稠环芳烃是指分子中含有两个或两个以上的苯环,且各个苯环彼此间至少共用两个碳原子的芳烃。萘的分子式为 $C_{10}H_8$。学名、商品名:萘。别名:骈苯、洋樟脑、煤焦油脂。危险化学品中属二级易燃固体。

1. 萘的识别

外观特征:纯品为白色结晶或白色片状,粗萘因含有不纯物呈灰棕色,有极强樟脑味。

理化特征:萘易升华,能点燃,火焰呈黄色,光弱烟多。萘的相对密度为 1.145,熔点为 80.2 ℃,沸点为 217.9 ℃,不溶于水,能溶于苯、乙醇、乙醚等有机溶剂。

2. 萘的性能

具有挥发性,由于极易升华、挥发,在流通过程中极易发生损耗。

具有麻醉性和刺激性,萘有樟脑味,通过呼吸道进入体内有麻醉性,接触皮肤有刺激性痛痒。萘在空气中的允许含量为 10×10^{-6} ppm,吸入过多萘蒸气会引起头昏、恶心等症状,此时应将患者移至空气新鲜处。

3. 萘的应用

萘的用途很广,主要用于制造萘的衍生物及生产染料、塑料、医药、农药、香料、橡胶防老剂的中间体,还可压成樟脑丸(卫生球)用来驱虫,保护纺织物等。

三、重要有机化工原料

有机化合物有着结构复杂、品种繁多的特点,除前面介绍的"三苯"和萘外,在这里需要对其进行系统的分类,以便更好地掌握其性质。有机化合物按其所含的官能团来划分,有醇类、醛酮类、羧酸类、氰基类、硝基类、磺酸类等有机化工原料。限于篇幅,下面只介绍重要有机化工原料中应用较广的甲醇、甲醛、醋酸、苯酚。

(一) 甲醇(Methyl Alcohol)

醇是比较常见的、重要的化工原料。醇类广泛地用作溶剂、抗冻溶液、化学中间体等。醇的通式为 R—OH,其中羟基(—OH)是醇的官能团,故各种醇类具有相似的性质。

1. 醇的识别

① 从分子结构上看,凡是有机醇都含有羟基官能团,但羟基与苯环连接的除外。② 从碳原子个数看,11 个碳原子以下的直链饱和一元醇都为无色透明液体,三个碳原子以下具有醇香味(酒味),4 个以上具有不愉快味,12 个以上饱和一元醇为蜡状固体。③ 从燃烧性看,低级

醇都能着火燃烧,含碳少的呈现蓝色火焰,含碳多的呈现黄色火焰。④ 从溶解性看,低级醇易溶于水,高级醇难溶于水,所有脂肪族的一元醇的相对密度都小于1,芳香醇的密度大于1。⑤ 从熔点、沸点看,都随着碳原子数的增大而呈现逐步提高的有规律的变化。⑥ 从化学反应看,醇易与酸(如醋酸)发生酯化反应,生成具有酯香味的酯类物质。

2. 甲醇的识别、性能及应用

甲醇分子式:CH_3OH;学名:甲醇;别名:木精、木酒精、甲烷醇。

(1) 甲醇的识别。外观:无色澄清易流动的液体,有酒精味。燃烧状态:易燃,生成无光淡蓝色火焰。与水溶解性:任意混溶。

(2) 甲醇的性能。甲醇的毒性:甲醇有剧毒,能伤害视神经,眼睛接触可导致失明。误食6～10 mL 可引起急性中毒,饮入30 mL 则中毒死亡。其蒸汽也有同样的危害性,空气中允许浓度为0.5 mL。甲醇的挥发性:沸点较低,为64.5 ℃,常温下极易挥发。甲醇的燃烧性:甲醇的闪点为16 ℃,极易着火燃烧,其与空气混合的爆炸极限为6%～36.5%(体积分数)。因此,应用过程中要隔绝火种热源,不得使用发火工具,进入库区不能穿带钉子的鞋。

(3) 甲醇的应用。甲醇广泛用于生产甲醛,有机磷农药的中间体,替代汽油新能源,与汽油混合作抗冻剂,制造聚乙烯、聚酯树脂、有机玻璃等高分子材料,生产医药产品,作为有机溶剂,还常用于油漆、涂料行业。

(二) 甲醛(Formaldehyde)

甲醛分子式:CH_2O;结构简式:$HCHO$;别名:蚁醛。市售甲醛为37%～40%的甲醛水溶液,又称福尔马林、福尔美林,危险化学品中属有机腐蚀品。

(1) 醛与酮的区别。醛和酮都含有羰基官能团,故其在性质上有很多相似的地方,但又因其羰基官能团键上所连接碳原子不同,在性质上又有所差异。羰基至少同一个氢原子相连的化合物叫醛,其结构简式为 RCHO。羰基同两个烃基相连的化合物叫酮,其结构简式为 RCOR′,如丙酮:CH_3COCH_3。

(2) 甲醛的识别。外观:无色透明澄清液体,15 ℃以下有白色浑浊沉淀,存放时间过长时易出现白色沉淀。嗅味:有刺激性窒息气味。火焰:不燃。变色反应:在硝酸银氨溶液浸湿的滤纸中呈现黑色反应。试剂反应:加多伦试剂有银镜反应,加裴林试剂有红色氧化铜(Cu_2O)沉淀。相对密度为 1.075～1.085。

(3) 甲醛的性能。腐蚀性:甲醛蒸汽能刺激眼睛和呼吸道黏膜,引起鼻炎、支气管炎、皮炎等。聚合性:在15 ℃以下甲醛极易聚合成三聚甲醛、多聚甲醛而使溶液浑浊,最后形成白色薄浆。为防止聚合,适当加入甲醇。在储运过程中要避免低温或高温环境,以控制聚合。

(4) 甲醛的应用。甲醛性质活泼,易发生聚合反应、氧化反应、缩聚反应、加成反应、卤化反应等,因而用途广泛。在塑料工业中生产多种合成树脂,化学工业中生产多种化工原料,医药中用于消毒、杀菌等。

(三) 醋酸(Acetic Acid)

醋酸分子式:$C_2H_4O_2$;结构简式:CH_3COOH;学名:乙酸;别名:冰醋酸;属有机腐蚀品。

1. 有机羧酸类的识别

醋酸属于有机羧酸类化工原料。凡是分子结构中含有羧基(—COOH)官能团的有机化合物叫作羧酸,如醋酸、苯甲酸等。羧酸通式为 RCOOH(除甲酸 HCOOH 外)。羧基可看成是羰基和羟基组成的,它们之间不是简单的相加,而是相互联系和制约的。羧酸随着碳原子数的递增,显示不同的状态和气味。3 个碳原子以下是具有醋酸味的无色液体,4 到 9 个具有腐败味的油状液体,10 个以上为无气味的蜡状固体。脂肪二元羧酸和芳香羧酸均为固体。羧酸具有酸性,可用 PH 试纸测试。羧酸能和醇进行酯化反应,生成具有一定气味或颜色的酯。羧酸的水溶性随碳原子个数的不同而不同。3 个以下(甲酸、乙酸、丙酸)能溶于水;4 至 9 个则微溶于水;10 个以上的羧酸则不溶于水。芳香族羧酸(如苯甲酸、苯乙酸)大都难溶于水。

2. 醋酸的识别

外观:醋酸为无色透明、具有强烈刺激性醋味的液体,其蒸汽易燃烧。溶解性:能与水按任意比例混溶,也溶于部分有机溶剂(如乙醇、丙酮等)。结晶:醋酸在 16.75 ℃以下能结冰,形成醋酸晶体。酯化反应:醋酸稀释成 50% 的溶液后加入几滴硫酸,加少许醇,加热后即生成乙酸乙酯,具有芳香味,区别于其他羧酸。颜色反应:醋酸稀释后加氯化铁试液少许,即呈深红色反应,加热后成红棕色沉淀物,加盐酸溶解,呈黄色溶液。

3. 醋酸的应用

醋酸是重要的有机化工原料,主要应用于生产合成纤维,化学工业生产各种醋酸酯、醋酸酐、醋酸盐及香料、染料、医药的原料。

(四)苯酚(Phynol)

苯酚分子式:C_6H_5OH;学名:苯酚;别名:石碳酸、工业酚;属毒害品。苯酚属酚类化工原料。酚是芳烃中苯环上的氢原子被羟基(—OH)取代生成的化合物。酚的种类很多,由于羟基取代氢原子数目不同而分为一元酚、二元酚、三元酚或多元酚。最常见的是苯酚。

1. 苯酚的识别

纯苯酚为无色或白色结晶,有特殊的酚臭气味,有毒,暴露于空气中遇光即变成淡红色,甚至红色,同时能吸收空气中的水分而自行溶化,散发出强烈的特殊性臭味。

2. 苯酚的性能

溶解性:苯酚在室温下稍溶于水,在 65 ℃以上时能与水混溶,水溶液呈酸性,易溶于乙醇、乙醚、氯仿、甘油、二硫化碳、挥发油、碱类等,不溶于石油醚。

腐蚀性和毒性:苯酚有较强的腐蚀性,能破坏动植物机体。苯酚有毒,常通过皮肤接触中毒,酚蒸汽和酚粉尘由呼吸道进入体内引起中毒。颜色反应:在 1∶100 的苯酚溶液中滴加氯化铁试液少许,就会产生紫色配合物,使溶液呈紫色。在苯酚水溶液中加入溴试液,即产生瞬时即失的白色沉淀,但当溴试液加入过量时,则生成持久的 2,4,6 - 三溴苯酚白色沉淀。

3. 苯酚的应用

苯酚广泛用于塑料、染料、医药、炸药等的生产,也常用作消毒、杀菌、防腐剂。

任务三 识别危险化工商品

化工类商品在给人类生产和生活带来好处的同时,也给我们人类和环境带来了极大的威胁。化工商品种类繁多,在世界存在的60余万种化学物品中,大约3万余种具有明显或潜在的危险性。其中一部分商品具有不同程度的爆炸、助燃、易燃、毒害、腐蚀和放射性等危险性质,因其大多数是通过化学合成得到,故把这部分商品称为危险化学品。这些危险化学品在一定的条件下是安全的。但当其受到某种因素的影响时,就可能发生燃烧、爆炸、中毒等严重事故,给人们生命财产造成重大危害。因而人们要很好地认识这些危险化学品,识别其类别,掌握其性质特点及危害性,运用相应的科学方法和手段进行有效的防范管理。

危险化学品根据其主要危险性质和引起危险的外界因素不同(如摩擦、撞击、震动、受热、日晒、雨淋、遇水受潮等),分为爆炸性物品、氧化剂、压缩气体和液化气体、自燃物品、遇湿易燃物品、易燃液体、易燃固体、毒害性物品、腐蚀性物品、放射性物品十大类。同类中的不同品种,又可按照它的可能发生的危险的程度及伴随发生的其他危险的性质不同,分为若干等级或若干项。

一、自燃与易燃性物品

自燃与易燃化学品的共同特点是化学性质活泼,还原性都较强,在一定温度、火星、或明火点燃的条件下,很容易与氧发生剧烈的氧化还原反应,引起燃烧或爆炸现象。燃烧必须具备的三个条件是可燃物、助燃物、温度。属于这类的危险品较多,包括自燃物品、遇水燃烧物品、易燃液体、易燃固体四大类。

(一)自燃物品

自燃物品是不经与明火接触,通过本身的化学变化或受外界温度、湿度的影响而发生自行燃烧的一类物品。

自燃物品根据它的自燃点高低、燃烧的速度及燃烧的危险程度不同,分为一级和二级。

一级自燃物品的自燃点低,燃速快,而且燃烧时温度高,危险性大。主要有黄磷、硝酸纤维素胶片、三乙基铝、硝化纤维素、铝铁溶剂等。

二级自燃物品的氧化速率较慢,自燃点稍高,发生的危险性较小。主要有桐油布、桐油纸及其制品。

(二)遇水易燃物品

遇水易燃物品是指遇水或受潮时发生剧烈的化学反应,释放出大量的易燃气体和热量的物品。有些不需明火即能着火爆炸。

遇水易燃物品根据它与水反应的剧烈程度和危险性的大小,分为一、二两级。

一级遇水易燃物品遇水或潮湿后立即发生剧烈的化学反应,产生大量的可燃性气体和热量,引起燃烧或爆炸。属于这一类的有碱金属(钾、钠、铷、铯、钫等)、碳化钙、氢化钠、钠汞齐等。

二级遇水易燃物品与水反应的速率不如一级,同时产生的易燃性气体一般需遇上火星才能燃烧,有时反应剧烈也会引起自燃。属于这一类的主要有保险粉(连二亚硫酸钠)、磷化锌、金属钙、氢化钙等。

(三)易燃液体

易燃液体,是指在常温下为液体,闪点在45 ℃或以下的易燃液体、液体混合物、含有固体物质的液体,但不包括由于其危险特性已列入其他类别的液体。易燃液体具有高度的易燃性、强烈的挥发性、高度流动的扩散性、爆炸性,与氧化剂和强酸反应剧烈的特点。

易燃液体是一类品种繁多、生产量大、使用广泛的危险品。根据它们的闪点分为两级。凡闪点在28 ℃或以下的品种为一级;闪点在28 ℃以上至45 ℃之间的为二级。主要品类如下:

烃类:烷烃中的戊烷、异戊烷、新戊烷、汽油等,烯烃中的辛烯、庚烯,芳香烃中的苯乙烯、苯、甲苯、二甲苯、乙苯等。

卤代烃:三氯甲烷、四氯化碳、1,2-二氯丙烷、1,3-二氯丙烷等。

醇类:甲醇、乙醇、丁醇、叔丁醇、正丙醇、异丙醇、乙硫醇、丙硫醇、异丙硫醇等。

烃的衍生物类:醚类、醛类、酮类、酯类、胺类、腈类、烃的硫化物、元素有机化合物(硅烷、清漆、硝基漆等)。

(四)易燃固体

易燃固体是指燃点低于400 ℃,对热、撞击、摩擦敏感,易被外部火源点燃,燃烧迅速,并可散发出有毒烟雾或有毒气体的固体。易燃固体具有燃烧性、爆炸性、毒害性。

根据易燃固体的燃点高低、燃烧速度快慢、爆炸性和放出气体毒性大小分为两级。

一级易燃固体,燃点低,易于燃烧和爆炸,燃烧速率快,燃烧产物的毒性较大,主要有赤磷及其磷化物,如赤磷、三硫化磷、五硫化二磷等。硝基化合物,如H-发孔剂、二硝基苯、二硝基萘、含量为12.5%以下的硝酸纤维素、赛璐珞等,此外还有闪光粉、氨基化钠、重氮基苯等。

二级易燃固体,燃烧速率较慢,燃烧产物毒性较小,包括硝基化合物,易燃性金属粉(如镁粉、铝粉等),萘及其衍生物(如萘、甲基萘等),还有安全火柴、硫黄、生松香、火补剂等。

二、氧化剂、压缩气体与液化气体

(一)氧化剂

氧化剂是指处于高氧化态,具有强氧化性,易分解并放出氧和热量,能导致可燃物燃烧的物质。根据它们的氧化性强弱和化学成分的不同,分为以下二级四类。

(1)一级无机氧化剂。一级无机氧化剂分子因含有不稳定的过氧化键(—O—O—),或由于活泼金属盐中的氧化性原子处于高价态,因此氧化性极强,接触还原物质,在受热或受摩擦撞击作用下,容易引起燃烧或爆炸。主要有以下四类:① 过氧化物,主要包括金属、碱土金属和铵的过氧化物。② 氯的含氧酸盐,常见的有氯酸钾、高氯酸钾、次氯酸钾等。③ 活泼金属的硝酸盐,常见的有硝酸钾、硝酸钠、硝酸铵等。④ 活泼金属的高锰酸盐,常见的有高锰酸钾、高锰酸锌等。此外还有铝银催化剂、漂粉精等。

(2)二级无机氧化剂。这一类氧化剂的氧化性元素的原子处于高价态,但所结合的金属活动性差,有的是较不活泼的过氧化物,有的是非金属性较强的单质商品,主要有四类:① 硝酸盐和亚硝酸盐,如硝酸铅、硝酸铜、亚硝酸钠等。② 过氧化物,如过硫酸钠、过硼酸钠等。③ 高价态金属酸及其盐类,铬酐、重铬酸钾、重铬酸钠、高锰酸银等。④ 较不活泼卤素的含氧酸及其盐类,如溴酸钠、碘酸等。

(3)一级有机氧化物。一级有机氧化物数量较少,主要是一些有机过氧化物和有机硝酸盐类。常见的有过氧化二苯甲酰、过蚁酸、过草酸、过苯甲酸等。

（4）二级有机氧化剂。二级有机氧化剂主要是一些氧化性较弱的有机过氧化物，如过氧化环己酮、过氧乙酸等。

（二）压缩气体和液化气体

在密封环境中通过施压降温而成密度大、体积小的气体称为压缩气体；压缩气体继续加压降温成为液态，则称为液化气体。气体经过压缩储存入钢瓶中就成为压缩气体或液化气体，如氢气、氧气、氮气为压缩气体，液氯、液氨、液化石油气为液化气体。钢瓶受热膨胀易发生爆炸，爆炸后有的表现出剧毒性，有些易燃，有些助燃，有些引起人窒息等。

压缩气体和液化气体分以下三类：

（1）易燃气体。在常温常压下遇明火、高温即会发生着火或爆炸，燃烧时其蒸汽对人畜具有一定刺激毒害作用的气体。如氢气、乙炔、石油气等。

（2）不燃气体。无毒、不燃气体（包括助燃气体），但高浓度有窒息作用的气体。如氧气、氮气、惰性气体等。

（3）有毒气体。对人畜有强烈的毒害、窒息、灼伤、刺激作用，其中有些还具有易燃、氧化、腐蚀等性质。如氰化氢、液氯、光气、溴甲烷、二氧化硫、液氨等气体。

三、爆炸性物品

（一）概述

（1）爆炸品。物质在极短的时间内完成氧化还原反应，同时产生大量的气体和热能，并随着气体的急剧膨胀而发出巨响和冲击波，使周围环境受到破坏的现象，称为爆炸。具有爆炸性的物品称为爆炸品。

（2）爆炸类型。① 物理爆炸，是由物理原因引起的爆炸，如锅炉或受压容器的爆炸，它是由于设备内部物质的压力超过了设备所承受的强度，内部物质急剧冲击而引起的。② 化学爆炸，是物质因化学变化而引起的变化。化学爆炸是物质在瞬间内完成化学反应，同时产生大量的能量和气体，随着气体的急剧膨胀而发出声响和冲击力，以致周围环境受到破坏的一类现象。③ 核爆炸，是物质因核聚变或核裂变所引起的爆炸，如原子弹或核装置的爆炸。

（二）爆炸性物品的特性

爆炸性是一切爆炸性物品的主要特性，这种特性与爆炸物的组成与分子结构有关。爆炸性化合物一般都含有过氧基（—O—O—）、（—NO$_2$）、（—N=N—N）、（=N≡N）等不稳定的基团。爆炸品的爆炸性能与爆炸品的感度与爆炸能力有关。

（1）爆炸品的感度。爆炸品在外界能量（热、电、机械、光、冲击波、辐射等）的作用下，发生爆炸变化的难易程度。主要有热感度、机械感度（对撞击、摩擦、针刺、枪击等机械作用的敏感度）。

（2）爆炸品的爆炸能力与殉爆。爆炸品的爆炸能力可由爆速、爆热、爆温、比容、爆力、猛度、殉爆距离来表示，见表18－7。

表 18-7 常见爆炸品的爆炸能力

爆炸品名称	爆速(m/s)	爆热(kcal/kg)	爆温(℃)	生成气量(L/kg)	爆力(mL)	猛度(cm)	殉爆距离(cm)
雷汞	5 505	370	4 180	311			
梯恩梯	7 000	1 000	2 950	700	985～305	10～18	15
硝铵炸药	2 000		2 200				
狄钠莫	2 200	700～900	2 800	700～990	280	10	2～3
黑火药	400	580	2 600	280	65	极小	

注:1 kcal=4.187 kJ。

爆速是指爆炸波在 1 s 内所能达到的距离。爆热是指 1 kg 爆炸品发生爆炸时所放出的热能。爆温指在爆炸的瞬间理论上所达到的最高温度。比容是指 1 kg 爆炸品在标准状况下爆炸所生成的气体体积。爆力又称爆炸威力,是指爆炸品所具有的总能量。猛度是指爆炸品生成直接固体物质的破碎程度。殉爆是指在爆炸时引起相邻但不直接接触的其他爆炸品发生爆炸的现象。殉爆距离可作为爆炸品安全存放保管的重要依据。

(三) 影响爆炸物爆炸的外界因素

其外界影响因素有以下几个:温度、机械作用力、金属作用、强酸作用。此外,爆炸物中附加物的硬度、熔点、颗粒形态及其含量等,也能影响爆炸物的机械感度。

(四) 爆炸性物品的分类

爆炸性物品可按多种标志进行分类。

1. 按成分特点分类

有硝基芳香类炸药,如苦味酸;硝酸酯类炸药,如季戊四醇四硝酸酯;硝化甘油类混合炸药(胶质);硝酸铵类混合炸药;氯酸类混合炸药;过氯酸盐混合炸药;液氧炸药(液体);黑色火药(固体)共八类。

2. 按物理状态分类

有固体爆炸品、胶质爆炸品、液体爆炸品三类。

3. 按照性质和用途分类

① 点火器材,是用来引爆雷管或黑火药的,如导火索、拉火管等。② 起爆器材,是用来引爆炸药一类物品的。如导爆索和雷管等。③ 炸药和爆炸性药品,这是用途不同的商类物品。炸药通常指在工农业生产或军事上利用化学能的物品。按它们的灵敏度和爆炸威力又可分为三类,即起爆药、爆破药、火药。④ 其他爆炸物品,是指含有火(炸)药的制品,如娱乐用的爆竹、烟花等。

(五) 民用爆破炸药

1. 民用爆破炸药分类

① 猛性炸药。这类炸药爆炸反应迅速猛烈,具有很大的破坏作用,一般爆炸速度在 2 000～8 000 m/s。如 TNT、硝化甘油、雷管等。② 缓性炸药。爆炸反应比较缓慢,爆速一般不超过 1 200 m/s。如黑火药、无烟火药等。

2. 常用民用爆破炸药

① 梯恩梯炸药(Trinitrotoluene,TNT)。它的化学名称是 2,4,6-三硝基甲苯。② 铵梯

炸药(Ammonium Nitrate Explosives)，又称工业硝酸铵炸药。它是以硝酸铵为主要成分，加入梯恩梯炸药、木粉等组成的混合炸药。

四、毒害性、腐蚀性与放射性商品

(一) 毒害性商品

毒害性商品是一类进入人体肌体并累积达一定的量后，能与肌体和组织发生生物化学作用或生物物理变化，扰乱或破坏肌体的正常生理功能，引起暂时性或持久性的病变，甚至危及生命的商品。

毒害品毒性的大小常用半数致死量(又称致死中量)来衡量，用 LD_{50} 来表示。它的意思是能使一群试验小动物(小白鼠等)死亡 50％时所需毒物的最低用量(mg/kg 体重)。显然，致死中量越小，毒害品的毒性越大。毒害品分类如下：

根据毒性大小不同分为剧毒品和有毒品两大类。其中致死中量在 25 mg/kg 以下(包括 25 mg/kg)，气体在空气中的最大允许浓度低于 $3\ cm^3/m^3$(含 $3\ cm^3/m^3$)为剧毒品。致死中量和空气中最大允许浓度高于前面标准的是有毒品。毒害品根据其化学成分又可分为无机毒害品和有机毒害品两类，其中无机毒害品可分为无机剧毒品和无机有毒品，有机毒害品可分为有机剧毒品和有机有毒品。

(1) 无机剧毒品。氰化物：氰化钠、氰化钾、氰化铜等。砷及砷化物：砷、砒霜(As_2O_5)、亚砒霜(As_2O_3)及其钠盐等。硒及硒化物：硒、二氧化硒、溴化硒等。剧毒金属化合物：铅齐汞、氯化汞、氯化亚汞等。

(2) 有机剧毒品。有机剧毒农药：对硫磷(1605)、内吸磷(1059)、溴甲烷等。植物碱类：马钱子碱等。有机氰化物：丁腈、二氯乙腈等。

(3) 无机有毒品。钡盐：氯化钡、碳酸钡等。汞及汞化物：汞、氧化汞、碘化汞等。氟化物：氟化钠、氟硅酸钠等。铅及铅化物：铅、氧化铅、醋酸铅等。铍、铊及其化合物。

(4) 有机有毒品。有机农药：敌百虫、敌敌畏。烷、烯、醇、酮、酯、醚、苯的卤代物，如二氯苯、氯丙酮等。苯的硝基、氨基、烃基、羟基的取代物，如硝基胺类、苯胺、酚类等。

(二) 腐蚀性商品

腐蚀性商品是指那些接触人体或其他物品能发生灼伤、腐蚀和破坏作用，甚至会引起燃烧、爆炸和伤亡事件的一类商品。

1. 腐蚀性商品的特性

(1) 腐蚀性。腐蚀性商品多为酸、碱物质，其酸碱性越强，腐蚀性也越强。它能使人体皮肤灼伤或溃疡，如救助不及时会引起组织坏死。它能对各种有机物品，如天然纤维织品、纸张、动物皮革、竹木制品等产生较强的腐蚀作用。强酸能使有机物品脱水碳化，强碱能使动物商品中的蛋白质水解。大多数腐蚀性商品还是金属腐蚀的电解质，在潮湿的环境中会引起金属的电化腐蚀。

(2) 毒性。腐蚀性商品中有些具有毒性，如五溴化磷、偏磷酸、氢氟酸、硼酸等；有些挥发出有毒蒸汽，如发烟硝酸挥发出的二氧化氮、发烟硫酸挥发出的三氧化硫、氢氟酸挥发出的氟化氢气体等。

(3) 易燃性。腐蚀性商品中的冰醋酸、蚁酸、甲基丙烯酸、苯甲酰氯等接触火源容易引起燃烧事故。

（4）氧化性。腐蚀性商品中的浓硝酸、浓硫酸、浓度为72%以下的高氯酸、溴素等，接触到还原剂、易燃性还原性物质，容易发生燃烧。

（5）遇水分解性。腐蚀品中的四氯化硅、三溴化磷等卤化物，遇水分解出腐蚀性气体；而氯磺酸、五氧化磷、氢氧化钠、硫化碱等，遇水或潮湿空气能分解出大量的热，当接触可燃物时易引起燃烧。

2. 腐蚀性商品的分类

腐蚀性商品按其组成和性质不同，可分为无机酸性腐蚀性商品、有机酸性腐蚀性商品、碱性腐蚀性商品和其他腐蚀性商品四类。

（1）无机酸性腐蚀性商品。主要包括硝酸、硫酸、高氯酸（浓度72%以下）、氯磺酸、氢氟酸、盐酸等无机酸和溴素，以及溶于水能生成强酸物质的，如三氧化硫、五氧化二磷、五溴化磷、三氯化磷等。还有一些腐蚀性和氧化性较弱的无机酸，如磷酸、焦磷酸、亚硫酸等。

（2）有机酸性腐蚀性商品。主要有腐蚀性较强的蚁酸、冰醋酸、乙酰氯、碘乙酰、苯甲酰氯等，腐蚀性较弱的有苯的磺酸衍生物等。

（3）碱性腐蚀性商品。主要有无机碱和有机碱两类。常见的无机碱有氢氧化钠、氢氧化钾等氢氧化物和硫化钠、硫化钾等硫化物。常见的有机碱有烃基和氢氧化铵组成的化合物，如四甲基氢氧化铵；一元醇与钠、铵结合的化合物，如丙醇钠等；此外还有丙二胺、乙氧基钠等。其中铵和胺类化合物受热容易分解出氨气，因此在保管时要注意防护。

（4）其他腐蚀性商品。主要有碘、碘化物、漂白粉、酚、苯酚盐、焦油酸、煤焦油等。

（三）放射性商品

放射性商品是指能从原子核中有规律地放射出穿透力强、对组织细胞有杀伤能力的不可见射线的一类商品。

1. 放射性商品的特性

放射性商品的最重要的性质就是能从原子核中自行放射出射线。各种放射性商品的组成结构不同，放射出的射线种类也不一样，有的只放出一种，有的能同时放出两种或两种以上的射线，主要有 α、β、γ 三种射线及中子流等。

2. 放射线对人体的危害

放射线对人体的危害是一种长期而潜伏性的危害。如果人体经常受到过量的放射线照射，常会引起皮肤、淋巴结、生殖系统、造血器官、肌肉、神经、骨组织等的病变和生理机能的破坏。根据其对人体作用的部位不同，可分为外照射和内照射两种类型。

具有外照射危险的射线，主要是穿透能力很强的射线，如 β、γ 射线和中子流。这三种射线如果大剂量照射人体，可以透过人体皮肤，引起内部组织细胞的病变。

内照射一般是放射性物质通过呼吸道、消化道及皮肤伤口进入体内，而在体内局部器官中产生电离效应，使人体某种生理机能受到破坏的照射作用。

3. 放射性商品的分类

放射性商品按物理状态可分为固体、液体、气体、粉末或结晶状；按其毒性可分为极毒、高毒、中毒、低毒；按使用和管理要求可分为放射性同位素、放射性化学试剂和化工制品、放射性矿砂、矿石和涂有放射性发光剂或含有放射性物质的其他物品。

按照国务院《放射性物品运输安全管理条例》中第三条的规定,根据放射性物品的特性及其对人体健康和环境的潜在危害程度,将放射性物品分为一类、二类和三类。

一类放射性物品,是指Ⅰ类放射源、高水平放射性废物、乏燃料等释放到环境后对人体健康和环境产生重大辐射影响的放射性物品。如反应堆乏燃料、高水平放射性废物,反应堆新燃料,医用强钴源、工业辐照强钴源、锎-252 中子源原料等。

二类放射性物品,是指Ⅱ类和Ⅲ类放射源、中等水平放射性废物等释放到环境后对人体健康和环境产生一般辐射影响的放射性物品。如钼-锝发生器、铯-137 等密封放射源。

三类放射性物品,是指Ⅳ类和Ⅴ类放射源、低水平放射性废物、放射性药品等释放到环境后对人体健康和环境产生较小辐射影响的放射性物品。放射性活度小于 7×10^7 Bq 的碘-131 溶液、骨密度测量仪、含氚浓度小于 0.8 TBq/L 的水、黄饼、污染构件、铯-137(0.5mCi) 子母源罐等。

任务四　化工商品的运输、储存与保管

一、化工商品的运输

(一) 合理选择运输工具

(1) 液态化工商品,主要是指酸、碱、有机化学品等。一般选择专用的车、船整装运输。不可替换运输工具,不可混运。

(2) 主要危险化学品,包括化肥、农药、炸药和其他一些易燃、易爆、有毒、具腐蚀性和放射性的商品。要选择专用车船并认真检查,对曾装运过的车船要清洗干净,不能残存引起危险事故的物质。

(3) 其他一般化工商品,可选择各种合适的车船,或充分利用集装箱运输。在铁路运输中要提高整车运输比例。

(二) 严格消防管理

对装运易燃易爆商品的车船,在装运前要严格检查其消防设施,确认合格方能装货。机动车出入易燃易爆商品库区,必须在排气管上佩戴防火帽,使用货轮、货驳整装易燃易爆商品时,船舱要配制通风筒、防火星网板。易燃易爆商品装卸时要远离火源。

(三) 严格装运制度

(1) 严格操作规范。对于危险化学品而言,在装运过程中,人员的操作非常重要,要严禁撞击、摔丢、摩擦、翻滚、拖拉、溜滑、接近明火、接触高温等。车子的排油阀门要关严,罐车的铁链必须触地。装载商品时不能倒置、卧装,要衬垫稳固。

(2) 严禁拼装。危险品不准与一般商品拼装,更不准和性质与消防方法相抵触的商品拼装。

(3) 严禁无标志装运。凡装运危险品的车辆必须悬挂危险货物标志,要按照国家危险货物储运标志标准的要求,在车辆(船)上刷印或粘挂醒目的危险货物标志。

(4) 严控运行路线和速度。在市区行驶要向公安部门办理申请手续,按照公安机关指定的路线和时间行驶,不准高速度行驶、超车、抢道。停车时要远离建筑物、居民区、油库、有易燃

物的地方,押车人员不准离车。

(5) 严控化学品流失。对于液体化学品来说,在运输中要严防流失。装运时要严查包装情况,保持每件商品的正装方向,不能倒置。轻拿轻放,避免破坏包装。堆码层数不能太高,防止重压破坏包装。行驶途中要小心驾驶,避免翻车、撞车事故。

二、化工商品的储存

(一) 严格入库验收

商品入库验收主要包括数量验收、包装验收和商品质量验收三个方面。必须严格细致认真,以保证入库商品数量准确、质量完好、包装符合要求。商品入库验收程序,一是先查大数,后看包装,见异拆验;二是核对单、货,即按照送货单上所列品名、编号、货号、规格、数量等项目,逐项细心核对,保证单货相符;三是认真检验商品质量,质量完好方可入库,若发现质量或数量问题,应及时分清责任,认真妥善处理。

(二) 选择适当场所

化工商品储存场所主要包括货场、货棚、库房。要根据商品的性能和保管要求安排适当场所进行存放。

(1) 怕潮、易霉、易潮解的化工商品,应存放在干燥通风的库房内。

(2) 怕热和易挥发的化工商品,应存放在温度较低的阴凉处。

(3) 各种危险化学品应专库存放,符合防毒、防爆、防燃的要求。同时要做到分区分类科学存放,即品种分开、干湿分开、新陈分开、好次分开,尤其是对性质相抵和消防方法不同的商品,不可同库存放,以免互相影响,发生事故。

(三) 科学堆码

商品堆码是指商品的堆放形式和方法。堆码应符合安全、方便、多储的原则。堆码的形式要根据化工商品的种类、性能、数量、包装情况,以及库房的高度、设备条件、地面负荷、储存期限、储存季节等条件决定。如含水量高、易霉变、需通风的化工商品,在雨季应堆码通风垛;为防止潮湿影响商品,应用枕木、石块、垫板等垫底,用苇席、油毡纸铺垫;露天存放应选择地势高、四周排水好的地方。

化工商品堆码要分区分类,货位编号,分层标量,零整分存,便于盘点和出入库。同时留足"五距",即顶距 50 cm、灯距 50 cm、柱距 10~20 cm、内墙距 30 cm、外墙距 50 cm。垛距:中间走道 150~200 cm、货垛间走道一般不小于 100 cm。

(四) 做好在库检查

对在库储存的化工商品管理,要建立健全定期和不定期、定点和不定点、重点和一般相结合的检查制度。检查方法以感官方法为主,充分利用检测设备,必要时进行理化检验。除检查商品外,还要检查各种仪器设备运转情况,卫生情况等,做好防火、防雷等工作。

(五) 做好出库操作

出库操作是仓储业务的最后阶段,要求做到:

(1) 认真核查提货单据,手续齐备方能付货。

(2) 交付商品的品种、规格、数量要准确,质量要完好,复核要仔细,不错、不漏、单货同行。

(3) 商品包装要牢固,标志准确、清楚,符合运输要求。

(4) 对预约提货的商品,应及早备货。

(5) 对出库商品要遵循先进先出、易坏先出、接近失效期先出的原则,及时发货,但对已变质失效的商品不准出库。

三、化工商品的养护

(一) 加强仓库温湿度管理

许多化工商品的质量变化都与仓库温湿度有关。通过密封、通风、吸潮、加湿、升温或降温等技术措施,始终保持与相关化工商品相适宜的温湿度,以保持质量的稳定。

(二) 仓储化工商品养护措施

1. 化工商品防霉腐

化工商品在微生物的作用下,易发生霉变和腐败的变质现象。其防治措施主要有化学药剂防霉腐、气调防霉腐、低温冷藏防霉腐、干燥防霉腐等。

2. 危险化工商品的养护

(1) 易爆性化工商品的保管。库房应选择在人烟稀少的空旷地带,远离居民区;库房壁窗要防止太阳照射;库内注意通风,并配备安全照明系统;库房四周要设刺丝网或筑围墙;严格按照爆炸品的性能与类别分专库存放,堆放垛距为 1.3 m,垛长不大于 5 m,一般垛宽不超过两个药箱的长度,垛高不超过 1.8 m。脱脂硝化甘油、雷管等敏感性强的炸药垛高不得高于 1.5 m。严格控制单库存药量:硝铵炸药为 240 t,芳香族类为 120 t,硝化甘油为 40 t,导火索和雷管为 120 t,不可超过以上限量。

(2) 易燃性商品的保管。库房应具有阴凉、干燥、通风的条件,分类专库存放,严禁混存。严格库内温湿度管理,尤其是遇水易燃商品要控制好湿度。库房之间要保持一定的消防间距。库房要安装避雷设备和安全照明设备。库区内严禁烟火。杜绝各种外来火源,柴油车不准驶入,其他车要带防火帽。装卸、搬运时要轻拿轻放,避免震动和互相摩擦。

(3) 毒害性化工商品的保管。在保管中应做到:分门别类专库储存,房屋门窗和铁木结构的屋顶架要均应涂刷防护涂料;严格入库验收和在库商品检查;在库内检查时要戴好防护用具,发现问题及时救治;库内要清凉干燥,有良好的通风设施;放射性仓库要坚固严密;装卸搬运要轻拿轻放。

学习检测

一、填空题

1. 化工商品中的三酸是(　　　　)、(　　　　)、(　　　　)。
2. 化工商品中的两碱是(　　　　)、(　　　　)。
3. 化工商品中的高分子材料主要是指(　　　　)、(　　　　)、(　　　　)。
4. 化工商品按其成分的根本性质不同可分为(　　　　)、(　　　　)两大类。
5. 毒害性商品主要包括(　　　　)、(　　　　)、(　　　　)等商品。

二、判断题(判断对或错)

1. 所有化工商品都具有危险性。　　　　　　　　　　　　　　　　　　　(　　)
2. 有些化工商品它们互相能够发生化学反应。　　　　　　　　　　　　　(　　)

3. 化工商品的独特性质主要取决于其化学成分的结构状况。　　　　（　）
4. 爆炸品对于温度特别敏感。　　　　（　）
5. 分类存放是保管好化工类商品的一种有效方法。　　　　（　）

三、思考讨论题

1. 危险性化工商品的性质与一般日用品的性质比较有什么不同？
2. 化工商品的保管最注重的是哪些方面？

  技能训练

1. 任务设计

任务名称：编制化工商品品种特性与储存保管一览表

执行要求：将所学化工商品按类别和品种编汇在一起，并简要说明成分、性质、储存保管要求等。

执行条件：明确任务要求，个人独立进行，网络或图书馆查阅资料，同学间相互交流。

2. 能力评价

评价内容：表格设计绘制情况，表格项目设计情况，说明内容概括性、准确性情况。

评价标准：表格设计绘制较合理得20分，表格项目设置能反映任务要求得40分，相关说明简洁准确得40分。

评价方法：学生自我评价，教师集中评价修正。

 **知行拓展**

上海强力推进易燃易爆危险化学品场所消防安全治理

项目十九　识别保管农业生产资料

**学习目标**

知识目标　熟悉常用化肥、农药的主要品种及用途,熟悉常用农机具的种类及用途,熟悉常见种子,掌握储存保管方法。

能力目标　能识别化肥、农药、农机具、种子的主要品种及其质量状况,并针对具体的品种采取适宜的储存保管措施。

素养目标　认识滥施化肥及农药的危害性,树立安全正确的化肥农药使用观念,增强经营事故预防意识。

**情境导入**

2018年全国农业机械化再上新台阶

2018年,农业农村部"主要农作物生产全程机械化推进行动"进入第四个年头。在新时期实施乡村振兴战略方针指引下,各级农机化主管部门着力推进主要农作物生产全程机械化,推广先进适用农机装备与机械化技术,发展农机社会化服务,改善农机作业基础条件,开展并创新了农机化作业项目,绿色生态农机技术装备和农机智能化管理服务获得快速发展,各重点省份行动目标获得整体推进,全国农机化各项工作再上新台阶。

山西:"1+6"全程机械化重点推进。2018年主要农作物耕种收综合机械化率达到69.5%,同比提高1.4个百分点。

上海:主推蔬菜生产"机器换人"。到2018年,创建了17个市级蔬菜机械化示范点,推进了第二批17个示范点创建,蔬菜生产"机器换人"成效显著。

江苏:进一步强化全程全面示范引领作用。2018年该省粮食生产机械化水平达到79%。

新疆:着力突破特色农作物全程机械化"瓶颈"。2018年,新疆维吾尔自治区主要农作物综合机械化水平达到84.6%,其中,小麦98.2%、玉米88.5%、棉花80%以上。推广应用保护性耕作、节水灌溉、卫星导航、对行施肥施药技术、残膜机械化回收、小麦窄行匀播、玉米宽行密植等绿色农机化技术,推进农机标准化作业,促进农机农艺融合,提高农机作业质量。

江西:着力推进绿色农机化技术推广。开展水稻育插秧、侧深施肥、秸秆粉碎还田等绿色机械化技术,作业面积达100万亩以上。(《农机质量与监督》,2019年第1期)

任务引导:1. 农业机械属于哪一类别的商品?

2. 你还知道哪些商品是为农业生产服务的吗?

3. 化肥、农药、农机具有什么作用?

4. 如何储存保管化肥、农药、农机具和种子?

任务一　识别保管化学肥料

一、理解化学肥料的定义

化学肥料简称化肥,用化学和(或)物理方法人工制成的含有一种或几种农作物生长需要的营养元素的肥料。作物生长所需要的常量营养元素有碳、氢、氧、氮、磷、钾、钙、镁、硫。微量营养元素有硼、铜、铁、锰、钼、锌、氯等。

土壤中的常量营养元素氮、磷、钾通常不能满足作物生长的需求,需要施用含氮、磷、钾的化肥来补足。而微量营养元素中除氯在土壤中不缺外,另外几种营养元素则需施用微量元素肥料。化肥一般多是无机化合物,仅尿素[$CO(NH_2)_2$]是有机化合物。凡只含一种可标明含量的营养元素的化肥称为单元肥料,如氮肥、磷肥、钾肥等。凡含有氮、磷、钾三种营养元素中的两种或两种以上且可标明其含量的化肥称为复合肥料或混合肥料。磷肥、氮肥、钾肥是植物需求量较大的化学肥料。

化学肥料具有明显的改善土壤养分,促进增产增收的作用。

二、识别常用化肥的种类

(一)氮素化肥

氮是蛋白质构成的主要元素,蛋白质是细胞原生质组成中的基本物质。氮肥增施能促进蛋白质和叶绿素的形成,使叶色深绿,叶面积增大,促进碳的同化,有利于产量增加,品质改善。在生产上经常使用的氮素化肥有如下几种:

(1)硫酸铵(硫铵)。白色或淡褐色结晶体,含氮20%～21%,易溶于水,吸湿性小,便于贮存和使用。硫铵是一种酸性肥料,长期使用会增加土壤的酸性。最好做追肥使用,一般每亩施用量为15～20 kg。

(2)碳酸氢铵(碳铵)。白色细小结晶,含氮17%,有强烈的刺激性臭味,易溶于水,易被作物吸收,易分解挥发。可作基肥或追肥使用,追肥时要埋施,及时覆土,以免氨气挥发烧伤秧苗。

(3)尿素。白色圆粒状,含氮量为46%。尿素不如硫铵肥效发挥迅速,追肥时要比硫铵提前几天施用。尿素是固体氮肥中含氮量最高的一种,为中性肥料,不含副成分,连年施用也不致破坏土壤结构。

(二)磷肥

磷是形成细胞核蛋白、卵磷脂等不可缺少的元素。磷元素能加速细胞分裂,促使根系和地上部加快生长,促进花芽分化,提早成熟,提高果实品质。在生产上常用的磷肥有如下几种:

(1)过磷酸钙。灰白色或浅灰色粉末,也有颗粒状的,含 P_2O_5 12%～18%,具有吸湿性和腐蚀性,施入土壤后易被土壤固定而降低肥效,可作基肥和追肥使用,在施用时宜集中施用或和有机肥料混合施用,这样可以降低磷的固定,从而提高肥效,也可用作根外追肥,使作物直接吸收。

(2) 重过磷酸钙(重钙)。含 P_2O_5 约 45% 左右,是一种高效磷肥。施用重钙的有效方法和过磷酸钙相同。重钙有效成分含量高,用量要相对减少。

(三) 钾肥

钾元素的营养功效可以提高光合作用的强度,促进作物体内淀粉和糖的形成,增强作物的抗逆性和抗病能力,还能提高作物对氮的吸收利用。在生产上常用的钾肥有如下几种:

(1) 氯化钾。易溶于水的速效性钾肥,含 K_2O 60% 左右,呈白色、淡黄色或紫红色结晶。物理性状好,可作为基肥和追肥使用。在酸性土壤上施用应配合石灰和有机肥料。

(2) 硫酸钾。白色结晶,溶于水,含 K_2O 50%~52% 左右。除可作基肥和追肥外,也可作根外追肥使用,根外追肥浓度以 0.2% 为宜。

(四) 复合肥料

复合肥料是指在成分中同时含有氮、磷、钾三要素或只含其中任何两种元素的化学肥料。它具有养分含量高,副成分少,养分释放均匀,肥效稳而长,便于贮存和施用等优点。

(1) 磷酸铵。以磷为主的氮磷复合肥料,含氮 12%~18%,含 P_2O_5 46%~56%,适用于各种作物和多种土壤,条施作基肥每亩用量 7~10 kg,撒施作基肥每亩 25~30 kg。其中磷酸一铵呈酸性,磷酸二铵呈碱性,二者易溶于水,水溶液为中性,有一定的吸湿性。

(2) 氮磷钾复合肥。含氮磷钾各约 10%,淡褐色颗粒。氮钾均为水溶性,有一部分磷是水溶性的,主要用作基肥,每亩用量 25~30 kg。

(3) 磷酸二氢钾。含 P_2O_5 24%、K_2O 21%,白色易溶于水,一般用于黄瓜无土育苗及无土栽培生产。因价格较高,在大面积生产中多用于根外追肥。

(五) 微肥

微肥即微量元素肥料。微量元素肥料如含有硼、锌、铁、钼、锰、铜等微量元素的肥料。

(六) 专用肥

对某些作物有利的专用肥料,如水稻上施用的钢渣硅肥,豆科作物上施用的钴肥,以及甘蔗、水果上施用的农用稀土肥,用于玉米的玉米专用肥等。

表 19-1 所示为常见化肥的种类与用途。

表 19-1 常见化肥的种类与用途

种类	物质(有效成分)	在植物生活中的作用	缺乏时的表现
氮肥	尿素:$CO(NH_2)_2$ 氨水:$NH_3 \cdot H_2O$ 铵盐:NH_4HCO_3、NH_4Cl 硝酸盐:NH_4NO_3、$NaNO_3$	氮是植物体内蛋白质、核酸和叶绿素的组成元素。氮肥能促进作物的茎叶生长茂盛,叶色浓绿	植株矮小瘦弱,叶片发黄,严重时叶脉呈淡棕色
磷肥	磷矿粉:$Ca_3(PO_4)_2$ 钙镁磷肥(钙镁的磷酸盐) 过磷酸钙:$Ca(H_2PO_4)_2$ 和 $CaSO_4$	磷肥能促进作物根系发达,增强抗寒抗旱能力,还能促进作物提早成熟,穗粒增多,籽粒饱满	植株特别矮小,叶片呈暗绿色,并出现紫色

续　表

种类	物质(有效成分)	在植物生活中的作用	缺乏时的表现
钾肥	硫酸钾：K_2SO_4 氯化钾：KCl	能保证各种代谢过程的顺利进行、促进植物生长、增强抗病虫害和抗倒伏能力	茎秆软弱，容易倒伏，叶片的边缘和尖端呈褐色，并逐渐焦枯
复合肥料	磷酸二氢铵：$NH_4H_2PO_4$ 磷酸氢二铵：$(NH_4)_2HPO_4$ 硝酸钾：KNO_3	含有两种或两种以上的营养元素，能同时均匀地供给作物几种养分，充分发挥营养元素间的相互作用，有效成分高	

三、常用化肥的简易鉴别法

化学肥料种类繁多，贮藏存放一段时间后，其包装上的标志会变得不清晰甚至无法辨认，给使用造成不便，这里给您介绍几种常用化肥的简易鉴别方法。

（一）外观鉴别

氮肥除石灰氮略呈浅褐色外，其他均为白色结晶状。钾肥为白色结晶，但加拿大钾肥为红褐色；磷肥一般呈粉状，多为灰白色或灰色。

（二）溶解度鉴别法

一般氮肥和钾肥都可溶于水，而磷肥仅部分溶于水或不溶于水，其中过磷酸钙部分溶于水且有酸味，而钙镁磷肥与磷矿粉不溶于水。

（三）与碱性物反应

取少许肥料与等量的生、熟石灰一起混合，加大研磨，能嗅到刺鼻的氨味，则为含氮的氮肥或复混肥。否则为不含氮的肥料。

（四）燃烧法

将肥料放在一块铁板上，在火上灼烧观察：大量冒白烟，有氨臭，无残渣，为磷酸氢铵；不熔融，直接升华或分解，有酸味的为氯化铵；可熔融成液体或半液体，大量冒白烟，有氨味和刺鼻的二氧化硫味，残留物冒黄泡，为硫酸铵；灼烧时肥料没有明显变化，但有爆裂声，干炸跳动，撒在火中，火焰呈紫色的为钾肥；其中跳动剧烈而在水中溶解很慢的为硫酸钾；反之为氯化钾；撒在烧红的木炭上有助燃作用的为硝酸钾。

四、熟悉施肥方法

合理的施肥方法是提高肥效的重要方面。完整的施肥应包括施肥时间、施用位置及施用方法三个方面。

（一）施肥时间

化肥施肥的最适时间一般应由作物需要来定，即应保持养分持续有效地供应或是在作物需要期间有效地供应，同时又要使有效养分从土壤中的损失程度减少到最少。

（二）施用位置

肥料的正确施用位置需根据作物根系的特点、肥料本身的性质、气候情况等来考虑。一般播种作物或大田作物,通常是将肥料施在种子两旁或下方4~5 cm处,如氨水要施到种子下方10 cm处;固体肥料在用量少的情况下,尤其是磷肥,可施于紧靠种子的地方或与种子拌和一起播施。在追肥中,肥料必须施于根系生长最多的根区。

(三)施用方法

(1) 基肥,是指播种或移植前施到土壤中的肥料,其目的是供应作物整个生长期所需的养分。有改良土壤性质、提高土壤供肥能力的作用。难溶的、移动性小的磷肥宜用作基肥。

(2) 种肥,是指播种或移植时施用的肥料,其目的是使幼苗一生长便可以吸收到养分。用作种肥的肥料,应当是容易被幼苗吸收的速效肥料。

(3) 追肥,是指作物生长期间,根据作物对养分的要求,补充因基肥不足而施的肥料。追肥大多使用速效肥料,主要是化学氮肥或人畜粪尿。

追肥的方式多种多样,如撒施、行施、沟施、喷灌或滴灌施。

(4) 根外追肥法(叶面喷施),可用喷施方式在叶面上供给植物所需的营养物质,称为根外追肥,也称叶面喷施。氮、磷、钾及微量元素等化肥都可以用作根外追肥。

五、选购化肥

当前,农资市场上化肥品种繁多,如何才能购买到货真价实、价廉物美、质优适用的化肥,我们应该了解一些肥料的基本知识,学会一些鉴别化肥的方法,做到"七要八看"。

(一)七要

一要了解市场上化肥的种类和特点。

现在的化肥不再是过去的老三样(尿素、二铵、钾肥)了,增加了许多复合肥、专用肥和配方肥。先要了解各种肥料的氮磷钾及微量元素的含量和作用功能,然后再根据农作的实际需要选购化肥的品种和数量。

二要根据土壤肥力状况选购化肥。

提倡测土化验配方施肥。先要掌握土地的土壤种类、氮磷钾含量、有机质含量等情况,因地制宜,缺啥补啥,缺多少补多少,合理使用化肥。

三要根据不同作物需肥规律选购化肥。

玉米、大豆、水稻、蔬菜、瓜果等在生长发育中需要肥料的种类和数量各不相同,不能千篇一律。

四要到正规的厂家和经销单位购肥。

购买化肥时,要到信誉好、证照齐全的厂家和经销单位去购买。要留下购买化肥时的收据和相关票证,一旦出现问题时可以凭证索赔。

五要购买产品标志和三证俱全的化肥。

购肥时要看清产品标志,查看"三证"(生产许可证、生产标准证和肥料推广证)是否齐全,购买后要索要购买凭证和信誉卡。

六要防止虚假广告宣传误导购肥。

部分复合肥、复混肥、有机无机肥、多元素复合肥、有机生物肥等,其广告宣传往往夸大作用和效果。在购买和使用过程中,要慎防上当。

七要多向农业技术人员咨询后再购肥。

遇到难题时,向农业技术员和肥料专家咨询。

(二)八看

一看外包装。外包装为编织袋,内包装为塑料袋,包装袋为机器缝合,缝口应整齐一致。

二看标志。国家规定包装袋上应标示商标、肥料名称、生产厂家、肥料成分含量、产品净重及标准代号。

三看颜色。化肥颗粒光泽好,色泽一致,颜色鲜艳为优,灰暗无光为劣。

四看形状。粒型均匀,无粉状物,松散干爽,不黏手,无结块为好。

五看硬度。手心放肥,相对拧搓两遍,搓不破为优,搓破为劣。

六看水溶性。取少量氮肥和钾肥放入水中搅拌,5 min 内,能完全溶解为优,不能完全溶解为劣。磷酸二铵用水能溶化,但溶化时间较长。

七看燃烧性。优质氮肥、磷肥可以用火烧,熔化时间越长,剩余杂质越少越好。尿素用火能烧化,温度高时冒白烟。

八看味道。不同的化肥带有不同的气味。如尿素是无味的;碳酸氢铵带有氨味;复合肥应略带酸味;钾肥用舌头尝,辣味大为优。

六、储存保管化肥

(一)防潮湿

碳酸氢铵易吸湿,造成氮挥发损失;硝酸铵吸湿性很强,易结块、潮解;石灰氮和过磷酸钙吸湿后易结块,影响施用效果。因此应存放在干燥、阴凉处。

(二)防挥发

氨水、碳酸氢铵极易挥发,储存时要密封。氮素化肥、过磷酸钙严禁与碱性物质(石灰、草木灰等)混合堆放,以防氮素化肥挥发损失和降低磷肥的肥效。

(三)防受热

温度愈高,化肥的潮解挥发和结块愈严重(稳定性愈差),因此贮存房屋的温度应保持在30 ℃以下,农村最好不放在有热源的厨房内。

(四)防火灾

硝酸铵、硝酸钾等有助燃性,贮存时不能和易燃物(如煤油、汽油、秸秆、木屑等)堆放在一起,以免引起火灾。

(五)防爆炸

硝酸铵、硝酸钾等容易爆炸,若与铜、铁等金属粉末混在一起,一旦摩擦撞击,就会引起爆炸事故。所以这些化肥结块硬化后,不要用金属物猛击,要用重物碾碎。

(六)防腐蚀

过磷酸钙有腐蚀性,应防止与皮肤、金属器具接触。氨水对铜、铁有强烈的腐蚀性,宜储存于陶瓷、塑料、木制容器中。

(七)防混放

化肥有酸性和碱性,应分门别类,按产地、种类、性质分别放置和保管。

（八）防误用

肥料不能和农药、人畜药品、食用物品（如白糖、食盐）等混放，以免误用。特别要防止小孩误食。

任务二　识别保管化学农药

一、理解化学农药的定义

化学农药简称农药，是指在农业生产中，为保障、促进植物和农作物的成长，所施用的一类药物的统称，特指在农业上用于防治病虫以及调节植物生长、除草等药剂。按《中国农业百科全书·农药卷》的定义，农药主要是指用来防治危害农林牧业生产的有害生物（害虫、害螨、线虫、病原菌、杂草及鼠类）和调节植物生长的化学药品。

我国农药工业的发展，农药产量的增加，农药产品质量的提高，对保证农业丰收起到了重要的作用。据农业部门统计，2014年全国农作物病虫草鼠害发生面积69.8亿亩次，比上年减少3.1亿亩次，减少4.25%。

二、区分农药的类型

（1）根据原料来源可分为有机农药、无机农药、植物性农药、微生物农药，还有昆虫激素。

（2）根据加工剂型可分为粉剂、可湿性粉剂、可溶性粉剂、乳剂、乳油、乳膏、糊剂、胶体剂、熏烟剂、熏蒸剂、烟雾剂、油剂、颗粒剂、微粒剂等。多是液体或固体，少数是气体。

（3）根据防治对象，可分为杀虫剂、杀菌剂、杀螨剂、杀线虫剂、杀鼠剂、除草剂、脱叶剂、植物生长调节剂等。

三、明确农药质量标准

制剂的质量标准如下：

（1）有效成分含量。有效成分含量是农药制剂中最重要的指标，以质量百分数克/千克或克/升表示。有效成分是指农药产品中具有生物活性的特定化学结构成分。生物活性系指对昆虫、螨、病菌、鼠、杂草等有害生物的行为、生长、发育和生理生化机制的干扰、破坏、杀伤作用，还包括对动、植物生长发育的调节作用。我国的标准要求为应不低于标明含量。

（2）粉粒细度。粉剂类农药制剂质量指标之一，以能通过一定筛目的百分率表示。我国目前对大多数粉剂只要求95%通过75微米筛（200目筛）。粉剂的药效和细度有密切的关系。在一定范围内，药效与粒径成反比。

（3）容重。容重是粉剂的质量指标之一，即每单位容积内粉体的质量（g/mL）；按填充紧密程度的不同，容重又分为疏松容重和紧密容重两种。前者是粉体自然装满容器时的容重。后者是粉体装入容器后，经规定的机械震动，使粉体装填比较紧密时的容重。

（4）润湿性。可湿性粉剂类农药制剂质量指标之一，以被测的可湿性粉剂从一定高度撒到水面致完全湿润的时间。我国制定的测定方法为将通过40目筛（约400 μm）的5 g样品，在距水面100 mm处，撒入盛有30 ℃标准硬水（342 mg/L，钙∶镁=80∶20）的烧杯中，记录从样品撒入致完全润湿的时间。我国规定一般不大于5 min。

（5）悬浮率。可湿性粉剂、悬浮剂、水分散粒剂、微囊剂等农药剂型质量指标之一。将其用水稀释成悬浮液，在特定温度下静置一定时间后，以仍处于悬浮状态的有效成分的量占原样品中有效成分量的百分率表示。我国对悬浮率的要求是在50%～70%之间，少数产品要求80%。

（6）乳液稳定性。乳油类农药制剂质量指标之一，用以衡量乳油加水稀释后形成的乳液中，农药液珠在水中分散状态的均匀性和稳定性。我国制订的乳液稳定性测定标准为：乳油经用342 mg/L标准硬水稀释一定倍数（200倍、500倍、1 000倍），搅匀后放入100 mL量筒中，在25 ℃～30 ℃静置1 h观察，应没有浮油、沉油或沉淀析出。

（7）成烟率。农药烟剂的质量指标之一。以烟剂燃烧时农药有效成分在烟雾中的含量与燃烧前烟剂中农药有效成分含量的百分比表示。成烟率要求＞80%，蚊香成烟率要求＞60%。

四、熟悉常用农药的使用方法

（1）粉剂，不易溶于水，一般不能加水喷雾。低浓度的粉剂供喷粉用，高浓度的粉剂用作配制毒土、毒饵、拌种和土壤处理等。粉剂使用方便，功效高，宜在早晚无风或风力微弱时使用。

（2）可湿性粉剂，加水后能分散或悬浮在水中，可作喷雾、毒饵和土壤处理等用。

（3）可溶性粉剂（水溶剂），可直接对水喷雾或泼浇。

（4）乳剂（乳油），加水后为乳化液，可用于喷雾、泼浇、拌种、浸种、毒土、涂茎等。

（5）超低容量制剂（油剂）是直接用来喷雾的药剂，是专门配套农药，使用时不能加水。

（6）颗粒剂和微粒剂不易产生药害，主要用于灌心叶、撒施、点施、拌种、沟施等。

（7）缓释剂，使用时农药缓慢释放，可有效地延长药效期，所以，残效期延长，并减轻污染和毒性，用法一般同颗粒剂。

（8）烟剂，烟剂是用农药原药、燃料、氧化剂、助燃剂等制成的细粉或锭状物。主要用来防治森林、设施农业病虫及仓库害虫。

五、辨别、选购农药

（一）粉剂

（1）外观。粉剂的外观应为疏松的细粉，无团块。

（2）吸湿性。在取药粉测吸湿性之前，先查看一下粉剂包装纸袋外面有没有潮湿的情况，如有，是吸湿性大的表现。然后从袋里取出一点药粉倒在一张白纸上，拿起白纸，用拇指和食指在纸外面捏一下，如果黏成一片就表明这种药粉已吸潮。

（二）可湿性粉剂

（1）外观。应为很细的疏松粉末，无团块。

（2）润湿性。用一只大口的玻璃瓶装上水，然后轻倒一勺粉剂在水面上，2 min以后，如果能够全部湿透并且逐渐沉下的，就是润湿性好；如果药粉还漂在水面上，就是润湿性差。

（3）悬浮性。把上面测过润湿性的玻璃瓶口堵好，来回振摇30次，然后放置10 min，如果药液仍然是浑浊的，瓶底沉下的药粉不多，就是悬浮性比较好；有一多半都已沉下则悬浮性能不好；若全部药粉都已沉到瓶底时，就是悬浮性很差。

（三）乳油

（1）外观。先看药瓶里的乳油是不是已经分层，再看是不是已经浑浊，有没有结晶析出来，凡是不分层、不浑浊又没有结晶的乳油都是好的。当然，如果乳油是放在很低的温度下，发现有结晶，待放到室温下又能溶解时，不能认为是变质。

（2）乳化性。把一份体积的乳油倒进19份体积的水里，混合以后摇30下，然后静置半个小时，看有没有油状物或膏状物浮在水面上，再看底部有没有沉淀物，如果都没有，就表明乳化力很好。如果放到水里的乳油能够自己很快地扩散开，变成白色，就是最好的乳油。

（四）悬浮剂

悬浮剂应为略带黏稠的、可流动的悬浮液，其黏度非常小，均匀。若因长时间存放出现分层，经手摇动可恢复均匀状态的，仍可视为合格产品。如果不能重新变成均匀的悬浮液，底部的沉淀物摇不起来，悬浮性能就不好。

六、农药的储存保管

存放农药应注意以下几点：

（1）密封。贮存农药要注意施行密封措施，保管时一定要把瓶盖拧紧，保证密封。

（2）保温。温度不能过高或过低。温度过高，农药就容易融化、分解、挥发，甚至燃烧爆炸。一些乳剂农药在遇到高温后容易破坏其乳化性能，降低药效，而有些瓶装液体农药当遇到低温后容易结冰，形成块状或使瓶子冻裂。保管这类农药时应保持室温1℃以上。

（3）避光。用棕色瓶子装着的农药一般需要避光保存。需避光保存的农药，若长期见光曝晒，就会引起农药分解变质和失效，所以在保管时必须避免日晒。

（4）防潮。粉剂农药和植物调节剂易吸潮结块，保管存放农药的场所应当保持干燥，严防潮湿。还要留有窗户，以便通风换气，相对湿度在75%以下。

（5）分类存放。农药从化学性质上可分为碱性、酸性和中性。不同化学性质的农药要隔开存放并保持一定距离，避免发生化学反应，导致药效降低、变质或失效。

（6）安全。存放农药要注意防止发生事故。从安全角度考虑应注意三点：一是在保管时最好存放在专柜或木箱中，并要在外面加锁。二是农药不能与粮油、豆类、种子、蔬菜、食物以及动物的饲料等同室存放。三是乳油剂和烟熏剂农药不能和易燃易爆物品（如火柴、汽油、机油、鞭炮等）放在一起，更不能存入室内或畜、禽舍内，特别注意不要放在小孩可接触的地方。

（7）环保。对已失效或剩余的少量农药不可在田间地头随地乱倒，更不能倒入池塘、小溪、河流，应采取深埋处理。

（8）妥善保管农药标签与使用说明书。农药标签或使用说明书上通常有以下内容：有效成分含量；防治对象、用量和使用方法；安全间隔期；注意事项等内容。这些内容是使用农药的重要参考依据，对标签已失落或标签模糊不清的，必须重新用纸写贴于瓶上或袋子上。

任务三　识别保管农机具

一、理解农机具的定义

农机具是指在作物种植业和畜牧业生产过程中，以及农、畜产品初加工和处理过程中所使用的各种农业机械用具。广义的农业机械还包括林业机械、渔业机械和蚕桑、养蜂、食用菌类培植等农村副业机械。

二、区分农机具类型

（一）农业机械一般按用途分类

其中大部分机械是根据农业的特点和各项作业的特殊要求而专门设计制造的。如土壤耕作机械、种植和施肥机械、植物保护机械、作物收获机械、畜牧业机械、农产品加工机械等。另一部分农业机械则与其他行业通用，可以根据农业的特点和需要直接选用。如农用动力机械、农业运输机械、农田排灌机械中的水泵等。

（二）农业机械还可按所用动力及其配套方式分类

农业机械应用的动力可分为两部分：一部分用于农业机械的行走或移动，据此可分为人力、畜力牵引，拖拉机牵引和动力自走式等类型；另一部分用于农业机械工作部件的驱动，据此可分为人力驱动、畜力驱动、机电动力驱动（利用内燃机、风力机、电动机等）和拖拉机驱动等类型。在同一台农业机械上，这两部分可以使用相同的或不同的动力。按农业机械与拖拉机的配套方式，可分为牵引、悬挂和半悬挂等类型。

（三）农业机械按照作业方式分类

农业机械按照作业方式分农业机械可分为行走作业和固定作业的两大类。

（四）农业机械按照作业地点分类

农业机械按照作业方式分农业机械分为野外作业（田间、牧场和果园等）、场院作业、室内作业（厂房、机房、库房、温室和禽畜舍等）、水中或水上作业、道路作业和航空作业等类型。

三、识别常见农机具

（一）农田建设机械

用于平整土地、修筑梯田和台田、开挖沟渠、敷设管道和开凿水井等施工机械。其中推土机、平地机、铲运机、挖掘机、凿岩机等土、石方机械，大多数（凿岩机除外）与农用拖拉机配套使用，挂接方便。其他农田建设机械主要有开沟机、鼠道犁、铲抛机、水井钻机等。

（二）土壤耕作机械

土壤耕作机械是指用以对土壤进行翻耕、松碎或深松、碎土所用机械，包括桦式犁、圆盘犁、凿式犁和旋耕机、圆盘耙、钉齿耙、水田耙、中耕机、联合耕作机械、果园专用耕作机械。

（三）种植施肥机械

按照种植对象和工艺过程的不同，可分为播种机、栽种机和秧苗栽植机、施肥机械等。

（四）植物保护机械

用于保护作物和农产品免受病、虫、鸟、兽和杂草等危害的机械，通常是指用化学方法防治植物病虫害的各种喷施农药的机械，也包括用化学或物理方法除草和用物理方法防治病虫害、驱赶鸟兽所用的机械和设备等。主要有喷雾机具、喷粉机具、喷烟机、喷粉机、多用植物保护机械等。

（五）农田排灌机械

农田排灌机械用于农田、果园和牧场等灌溉、排水作业的机械，包括水泵、水轮泵、喷灌设备和滴灌设备等。

（六）作物收获机械

作物收获机械包括用于收取各种农作物或农产品的各种机械。不同农作物的收获方式和所用的机械都不相同，主要有谷物联合收获机、采棉机等。

（七）农产加工机械

农产品加工机械包括对收获后的农产品或采集的禽、畜产品进行初步加工，以及某些以农产品为原料进行深度加工的机械设备。经加工后的产品便于储存、运输和销售，供直接消费或作为工业原料。使用较多的有谷物干燥设备、粮食加工机械、油料加工机械、棉花加工机械、麻类剥制机械、茶叶初制和精制机械、果品加工机械、乳品加工机械、种子加工处理设备和制淀粉设备等。

（八）畜牧业机械

畜牧业机械是在放牧和舍养禽、畜饲养业生产过程中使用的各种机械设备。主要有草场维护和改良机械、放牧场管理设备、牧草和青饲料收获机械、饲料加工机械、舍养禽、畜饲养管理机械。

四、农机具的日常养护

（一）防铁制件生锈

农业机械作业完毕后必须清除外部泥垢和内部的残留物。要清洗各润滑部位并重新进行润滑，对所有摩擦工作面最好贴纸以减少与空气接触的机会。对复杂精密的机具最好放在阴凉、干燥、通风的室内保管；对犁、耙、镇压器等简单机具可以露天保管但要放在地势较高、干燥、不受阳光直射的地方，最好能搭棚遮盖；凡与地面直接接触的零件，应用木板或砖支起；脱落的防护漆要重新涂好。

（二）防橡胶件老化

橡胶件受潮或沾上油类后便易老化产生裂纹，降低使用寿命。因此，收割机、拖拉机、抽水机等机械上的皮带应在入库保养时拆下来，存放在干燥通风处。

（三）防木制件腐烂

有的农机具零件用木料制成，木料受潮后易变形和霉烂。因此，木制件存放时要洗净、晾干，涂上桐油，放在通风干燥处。

（四）防变形

弹簧、传动带、长刀杆、轮胎等零件由于长期受力或放置不当会产生塑性变形，应在机架下面加以适当的支撑，使轮胎不承受负载；机械上所有弹簧必须放松；拆下传动带在室内妥善保管；有些易变形零件（如长刀杆）要放平或垂直挂起；轮胎、输种管等要防止挤压变形。

（五）防电动机受潮

以电动机作动力的农机具，电动机长时间不用时应放在干燥、通风、清洁的室内。如果把电动机同农药、化肥放在一起,或放在潮湿的泥地上及容易被水浸入的场所,时间一长,电动机就会受潮,内部绝缘性能下降,造成短路、漏电,甚至烧坏线圈。

在商业经营中,农机具的储存保管主要注意库房条件、温湿度管理等重点方面。库房要求清洁、干燥、通风、阴凉,无腐蚀性气体,无化学药品污染。温度一般控制在 10 ℃~35 ℃为宜,相对湿度控制在 70%以下为宜。

任务四　识别保管种子

一、理解种子的定义

种子,裸子植物和被子植物特有的繁殖体,它由胚珠经过传粉受精形成。种子一般由种皮、胚和胚乳三部分组成,有的植物成熟的种子只有种皮和胚两部分。种子的形成使幼小的孢子体胚珠得到母体的保护,并像哺乳动物的胎儿那样得到充足的养料。种子还有适于传播或抵抗不良条件的结构,为植物的种族延续创造了良好的条件。

二、认识种子的结构

(一)种皮

种皮由珠被发育而来,具保护胚与胚乳的功能。裸子植物的种皮由明显的三层组成。外层和内层为肉质层,中层为石质层。裸子植物种子外面没有果皮。

被子植物的种皮结构多种多样,如花生、桃、杏等种子外面有坚硬的果皮,因而种皮结构简单,薄如纸状;小麦、玉米、水稻、莴苣的种子,果皮与种皮愈合,种子成熟时种皮被挤压而紧贴于果皮的内层;有些豆科植物和棉花的种子具有坚硬的种皮,种皮的表皮下有栅栏状的厚壁组织细胞层,表皮上有厚的角质膜。有些豆类种子由于角质膜过厚形成"硬实",不易萌发。棉籽的表皮上有大量的表皮毛,就是棉纤维。番茄和石榴种子的种皮,外围组织或表皮细胞肉质化。荔枝、龙眼的种子可食部分与石榴不同,是由假种皮肉质化而成,假种皮是由珠柄组织凸起包围种子而形成。

种皮的结构与种子休眠密切相关。有的植物种皮中含有萌发抑制剂。

(二)胚

胚包括子叶、胚芽、胚轴和胚根,由受精卵发育形成。发育完全的胚由胚芽、胚轴、子叶和胚根组成。裸子植物的胚都是沿着种子的中央纵轴排列,不同种类种子的胚之间唯一不同的是子叶数目,变动在 1~18 个之间。但常见的子叶数目为两个,如苏铁、银杏、红豆杉、香榧、红杉、买麻藤和麻黄等。

被子植物胚的形状极为多样,椭圆形、长柱形或程度不同的弯曲形、马蹄形、螺旋形等。尽管胚的形状不同,但它在种子中的位置总是固定的,一般胚根都朝向珠孔。

胚将来发育成新的植物体,胚芽发育成植物的茎和叶,胚根发育成植物的根,胚轴发育成连接植物的根和茎的部分,子叶为种子的发育提供营养。

(三)胚乳

裸子植物胚乳是单倍体的雌配子体,一般都比较发达,多储藏淀粉或脂肪,也有的含有糊粉粒。胚乳一般为淡黄色,少数为白色,银杏成熟的种子中胚乳呈绿色。绝大多数的被子植物在种子发育过程中都有胚乳形成,但在成熟种子中有的种类不具或只具很少的胚乳,这是由于它们的胚乳在发育过程中被胚分解吸收了。一般常把成熟的种子分为有胚乳种子和无胚乳种子两大类。

在无胚乳种子中胚很大,胚体各部分,特别是在子叶中储有大量营养物质。在有胚乳种子中胚与胚乳的大小比例在各类植物中有着很大不同。

三、区分种子的类型

(一)有胚乳种子

这类种子由种皮、胚和胚乳组成。双子叶植物中蓖麻、烟草、西红柿、柿等植物的种子和单子叶植物中的小麦、水稻、玉米、高粱和洋葱等植物的种子,都属该类型。

(二)无胚乳种子

这类种子由种皮和胚两部分组成,缺乏胚乳。双子叶植物如大豆、落花生、蚕豆、棉、油菜、瓜类的种子和单子叶植物的慈姑、泽泻等的种子,都属于这一类型。

四、种子的储藏保管

种子的储藏是指种子收获后至播种前的保存过程。要求防止发热霉变和虫蛀,保持种子生活力、纯度和净度,为农业生产提供合格的播种材料。种子生活力的主要标志是其萌发性能以种子含水量和贮藏的温度、湿度等的影响显著。种子含水量应控制在安全含水量以下,稻、麦、玉米等粮食作物种子安全含水量为12%~13%;棉花、豆类、花生等高油量种子为5%~9%;蔬菜种子为7%~9%。温度和湿度显著影响种子生活力,应避免高温(>30 ℃)和高湿(相对湿度>75%或种子含水量>15%)的贮藏条件。气体影响种子呼吸,应保持10 ℃~20 ℃低温、干燥种子在密闭条件(减少含氧量)下贮藏。贮藏方法因种子用途而异。作物品系、育种材料种子用麻袋、多孔纸袋、玻璃瓶等包装;大田种子采用散装、围囤或袋装。储存库房要求清洁、干燥、通风、阴凉、无异味。种子入库前先行种子清洗干燥和库房消毒;入库后严密监控温度和湿度,注意通风换气和防潮、防虫、防鼠并定期检查和测定发芽率。

(一)玉米种贮藏法

玉米种子贮藏中容易出现以下几种情况:

(1) 发热。玉米是大粒大胚种子,胚占体积的30%,胚重10%~12%,呼吸旺盛,在同样的水分和温度下,比禾谷类种子的呼吸强度大,易发热,导致种子变质。

(2) 酸败。玉米种子的脂肪含量为4%~5%,而胚部占籽粒含脂肪量的77%~89%,因此,如高温、高湿就易产生游离脂肪酸,使酸度升高,影响种子的生活力。

(3) 霉变。玉米种子胚部含较多的可溶性糖,而种子皮又薄,因此易生霉。

(4) 受冻。有时霜冻来得早,种子含水量过高而受冻害,影响种子的质量。

针对以上情况,贮藏好玉米种子,必须做到以下几点:

(1) 降低水分。玉米种子含水量低,可防止冻害,不易生虫和霉变,还可延期保持种子的生活力。

(2) 巧贮藏。方法有两种:一是穗藏法,将囤囵穗贮藏起来,这有利于种子后熟和干燥,减少仓虫和微生物的危害;但仓容利用率低。二是粒藏法。对种子要求较严格,因粒藏易生虫、霉变。相对湿度80%以下。

(二) 小麦种贮藏法

(1) 防吸湿。小麦吸湿性强,含水量12%以下的麦种,应及时入仓,采取密闭贮藏法减少种子吸湿,可较长期保持种子生活力。水分在13%～14%时,须控制种温在25 ℃以下。水分在14%～14.5%时,温度须在20 ℃以下,才可防止吸湿。

(2) 保干热。小麦抗热性强,其含蛋白质和呼吸酶有高耐热性。含水量在17%以下的麦种,只要温度不超过54 ℃,进行干燥处理不会影响种子的发芽率。

(3) 需后熟。小麦种需要一定的后熟期,没有后熟的麦种,在贮藏期会出现"出汗"和"乱温"现象。根据这一情况,小麦种子需充分后熟,才能贮藏。

(4) 贮藏法。小麦种可采取袋装和散装贮藏,低温密闭,压盖贮藏,热进仓,都是行之有效的贮藏措施。农户对少量种子贮藏可用瓷缸和塑料袋。先在缸底放入一定量的干草木灰,用牛皮纸将种、灰隔开,将充分晒干的种子放入瓷缸内,表面压盖;用塑料袋存种时,种子含水量一定要降到安全含水量以下。

(三) 水稻种贮藏法

稻种有内、外稃,种堆疏松,孔隙大,易保管,但贮藏中常出现的问题是易发芽。稻种含水量23%～25%时便发芽,因此,其安全贮藏的关键是如何及时干燥稻种,使含水量降至14%以下。

(四) 棉花种贮藏法

棉花种壳硬,表面有层短绒,大堆贮藏,堆内郁闭,短绒吸湿。因不同期收获,成熟度、含水量不同。因此,要把霜前花和霜后花分开,轧后分别贮藏,最好用霜前花留种,种子充分干燥,含水12%以下入库,控制种堆高度,以装半仓为宜,以便通风换气,把测温仪埋入探头或每隔3 m埋入带孔的竹竿(打通),在竹竿内测量。

 学习检测

一、填空题

1. (　　　)、(　　　)、(　　　)是植物需求量较大的化学肥料。
2. 种子是由(　　　)、(　　　)、(　　　)构成的。
3. 种子的储藏是指种子收获后至播种前的保存过程。以种子(　　　)和贮藏的(　　　)、(　　　)等的影响显著。
4. 凡只含一种可标明含量的营养元素的化肥称为(　　　),如氮肥、磷肥、钾肥等。凡含有氮、磷、钾三种营养元素中的两种或两种以上且可标明其含量的化肥称为(　　　)。
5. (　　　)增施能促进蛋白质和叶绿素的形成,使叶色深绿,叶面积增大,促进碳的同化,有利于产量增加,品质改善。

二、判断题(判断对或错)

1. 磷是形成细胞核蛋白、卵磷脂等不可缺少的元素。　　　　　　　　　(　　)
2. 基肥是指播种或移植前施到土壤中去的肥料,供作物整个生长期所需的养分。(　　)

3. 农药都是有毒的,所以在农业生产中不能使用。　　　　　　（　）
4. 棉花种子需充分后熟,才能贮藏。　　　　　　　　　　　　（　）
5. 喷灌设备对于缓坡地、起伏不平地和水源较少的地区尤为适合。（　）
6. 纯度是原药质量的主要指标,有效成分含量百分率越高质量越好。（　）

三、思考题

1. 农业生产中可以长期大量使用化肥、农药商品吗？如果不能,你有什么办法？
2. 农机具与农业现代化有什么关系？

 **技能训练**

1. 任务设计

任务项目:调查识别化肥、农药、农机具、种子的主要品种。

执行要求:分小组进行,设计表格,详细记载品种名称、等级、规格、外观特征、生产地或厂家、价格等信息,汇编信息提交报告。

执行条件:明确任务要求,小组制订计划,人员分工协作,生产资料市场实地调查。

2. 能力评价

评价内容:表格设计,品种信息,信息真实性。

评价标准:表格设计合理得30分,品种信息完整得40分,信息真实可信得30分。

评价方法:各小组自我评价,教师集中评价修正。

 知行拓展

1. 化肥污染
2. 农药毒性划分

项目二十　识别保管交通运输工具

知识目标　了解常见交通运输工具的基本结构与技术参数；掌握汽车、轿车、货车和摩托车的基本使用保养和储存保管方法。

能力目标　能够识别汽车、轿车、货车和摩托车的基本类型；能够正确识别、区分常用交通运输工具的基本结构与部件；能够对处在不同环境条件下的交通工具采取合适的保养维护措施。

素质目标　养成严谨、细致、认真的观察、分析、研究习惯；增强空间结构感，增强交通运输工具的保养意识、安全操作意识。

2018年中国汽车产销量连续10年蝉联全球第一

中新社北京1月14日电（记者 闫晓虹）　中国汽车工业协会14日透露，2018年中国汽车工业总体运行平稳，受政策因素和宏观经济的影响，其产销量低于年初预期，全年汽车产销分别完成2 780.9万辆和2 808.1万辆，连续10年蝉联全球第一。

值得一提的是，中国新能源汽车继续保持高速增长。2018年中国新能源汽车产销分别完成127万辆和125.6万辆，比上年同期分别增长59.9%和61.7%。其中，插电式混合动力汽车的产销比上年同期分别增长122%和118%。

此外，中国汽车出口同比较快增长。2018年中国汽车出口104.1万辆，比上年同期增长16.8%，继续呈现较快增长态势。

中国汽车工业协会称，目前中国汽车产业仍处于普及期，有较大的增长空间。中国汽车产业已经迈入品牌向上、高质量发展的增长阶段。（中国新闻网，2019年1月14日）

任务引导：1. 上述资料告诉我们什么道理？
　　　　　　2. 交通运输工具主要包括哪些种类？
　　　　　　3. 汽车、摩托车的基本结构是怎样的？该如何保养？

交通运输工具是专门装运物体和人员的设备，按运输工具依赖的介质来分有航空运输设备、水面运输设备、陆地运输设备等。具体说有飞机、轮船、火车、汽车、摩托车等。以下主要介绍一下汽车和摩托车。

任务一　整体认识汽车

汽车是指有自身装备的动力装置驱动,一般具有四个或四个以上车轮,不依靠轨道或架线而在陆地行驶的车辆。汽车通常被用作载运客、货和牵引客、货挂车,也有为完成特定运输任务或作业任务而将其改装或经装配了专用设备成为专用车辆,但不包括专供农业使用的机械。全挂车和半挂车并无自带动力装置,他们与牵引汽车组成汽车列车时才属于汽车范畴。

一、识别汽车类型

(一)按用途分类

(1) 载货汽车:主要用于运送货物,有的也可牵引全挂车的汽车。根据最大总质量不同,可分为微型货车(1.8 t以下),轻型货车(1.8~6 t),中型货车(6~14 t),重型货车(14 t以上)。

(2) 自卸汽车:以运送货物为主且有可倾卸货箱的汽车,适于坏路或无路地区行驶,多用于国防、林区和矿山。

(3) 越野汽车:主要用于坏路或无路地区的全轮驱动的具有高通过性的汽车,多用于国防、林区和矿山。

(4) 轿车:用于载送人员及其随身物品且座位布置在两轴之间的四轮车辆。按发动机排量大小可分为微型轿车(1 L以下),普通级轿车(1~1.6 L),中级轿车(1.6~2.5 L),中高级轿车(2.5~4 L),高级轿车(4 L以上)。

(5) 客车:具有长方形车厢,主要用于载送人员及其随身行李物品的汽车。依车长可划分为:微型客车(车长不超过3.5 m)、轻型客车(车长3.5 m~7 m)、中型客车(车长7 m~10 m)、大型客车(车长大于10 m)、特大型客车。其中,大中型客车又可分为城市、长途、旅游及团体客车,特大型客车指铰接和双层客车。

(6) 牵引汽车及半挂牵引汽车:专门或主要用于牵引挂车或半挂车的汽车。根据牵引挂车的不同可分为半挂牵引汽车和全挂牵引汽车。

(7) 专用汽车:装置有专用设备,具备专用功能,用于承担专门运输任务或专项作业的汽车,用于完成特殊任务,如消防车、救护车。

(8) 电动汽车:一种新型的节能、环保交通工具,将逐渐成为未来汽车发展趋势。

(二)按照国家最新标准分类

国家标准(GB/T 3730.1—2001)将汽车主要分为乘用车和商用车。

(1) 乘用车:在其设计和技术特性上主要用于载运乘客及其随身行李和/或临时物品的汽车,包括驾驶员座位在内最多不超过9个座位。它也可牵引一辆挂车。分为普通乘用车、活顶乘用车、高级乘用车、小型乘用车、敞篷车、仓背乘用车、旅行车、多用途乘用车、短头乘用车、越野乘用车和专用乘用车等11类。

(2) 商用车:在设计和技术特性上用于运送人员和货物的汽车,并且可以牵引挂车。乘用车不包括在内。商用车分为客车、货车和半挂牵引车等3类。客车细分为小型客车、城市客车、长途客车、旅游客车、铰接客车、无轨客车、越野客车、专用客车。货车细分为普通货车、多用途货车、全挂牵引车、越野货车、专用作业车、专用货车。

（三）按总体结构分类

（1）单车。单车是基本形式，常用4×2、6×4、6×6等符号表示驱动特点。前一个数字代表车轮总数（双胎并装仍算一个车轮），后一数字表示驱动轮数。如所有车轮均为驱动轮即称为全轮驱动汽车。

（2）列车。列车是由牵引车或单车拖带挂车或半挂车组成。

二、认识汽车的基本构造

汽车一般由发动机、底盘、车身和电气设备等四个基本部分组成。

（一）发动机

发动机是汽车的动力装置。由两大机构五大系组成：曲柄连杆机构；配气机构；燃料供给系；冷却系；润滑系；点火系；起动系。

（1）冷却系：一般由水箱、水泵、散热器、风扇、节温器、水温表和放水开关组成。汽车发动机采用两种冷却方式，即空气冷却和水冷却。一般汽车发动机多采用水冷却。

（2）润滑系：发动机润滑系由机油泵、集滤器、机油滤清器、油道、限压阀、机油表、感压塞及油尺等组成。

（3）燃料：汽油机燃料系由汽油箱、汽油表、汽油管、汽油滤清器、汽油泵、化油器、空气滤清器、MPV进排气歧管等组成。

（4）启动系：起动机、点火开关、蓄电池。

（5）点火系：火花塞、高压线、高压线圈、分电器。

（6）曲柄连杆机构：连杆、曲轴、轴瓦、飞轮、活塞、活塞环、塞销、曲轴油封。

（7）配气机构：汽缸盖、气门室盖罩、凸轮轴、气门、进气歧管、排气歧管、空气滤、消音器、三元催化、增压器、中冷器等。

（二）底盘

底盘作用是支撑、安装汽车发动机及其各部件、总成，形成汽车的整体造型，并接受发动机的动力，使汽车产生运动，保证正常行驶，包括传动系、行驶系、转向系和制动系。

1. 传动系

汽车发动机所发出的动力靠传动系传递到驱动车轮。传动系具有减速、变速、倒车、中断动力、轮间差速和轴间差速等功能，与发动机配合工作，能保证汽车在各种工况条件下的正常行驶。主要是由离合器、变速器、万向节、传动轴和驱动桥等组成。

（1）离合器。其作用是使发动机的动力与传动装置平稳地接合或暂时地分离，以便于驾驶员进行汽车的起步、停车、换挡等操作。

（2）变速器。由变速器壳、变速器盖、第一轴、第二轴、中间轴、倒挡轴、齿轮、轴承、操纵机构等机件构成，用于汽车变速、变输出扭矩。

2. 行驶系

由车架、车桥、悬架和车轮等部分组成。行驶系的功用如下：

（1）接受传动系的动力，通过驱动轮与路面的作用产生牵引力，使汽车正常行驶；

（2）承受汽车的总重量和地面的反力；

知识链接

1. 新能源汽车
2. 汽车发动机原理视频

(3) 缓和不平路面对车身造成的冲击,衰减汽车行驶中的振动,保持行驶的平顺性;
(4) 与转向系配合,保证汽车操纵稳定性。

3. 转向系

转向系是汽车上用来改变或恢复其行驶方向的专设机构。转向系统的基本组成如下:

(1) 转向操纵机构:主要由转向盘、转向轴、转向管柱等组成。

(2) 转向器:将转向盘的转动变为转向摇臂的摆动或齿条轴的直线往复运动,并对转向操纵力进行放大的机构。

(3) 转向传动机构:将转向器输出的力和运动传给车轮(转向节),并使左右车轮按一定关系进行偏转的机构。

4. 制动系

汽车上用以使外界(主要是路面)在汽车某些部分(主要是车轮)施加一定的力,从而对其进行一定程度的强制制动的一系列专门装置统称为制动系统。其作用是:使行驶中的汽车按照驾驶员的要求进行强制减速甚至停车;使已停驶的汽车在各种道路条件下(包括在坡道上)稳定驻车;使下坡行驶的汽车速度保持稳定。

制动系按制动系统的作用可分为行车制动系统、驻车制动系统、应急制动系统及辅助制动系统等。按制动操纵能源可分为人力制动系统、动力制动系统和伺服制动系统等。按制动能量的传输方式可分为机械式、液压式、气压式、电磁式等。同时采用两种以上传能方式的制动系称为组合式制动系统。

(三) 车身

车身安装在底盘的车架上,用以驾驶员、旅客乘坐或装载货物。轿车、客车的车身一般是整体结构,货车车身一般是由驾驶室和货箱两部分组成。

汽车车身结构主要包括:车身壳体(白车身)、车门、车窗、车前钣制件、车身内外装饰件和车身附件、座椅以及通风、暖气、冷气、空气调节装置等等。在货车和专用汽车上还包括车厢和其他装备。

(四) 电气设备

电气设备由电源和用电设备两大部分组成。电源包括蓄电池和发电机,用电设备包括发动机的起动系、汽油机的点火系和其他用电装置。

(1) 蓄电池。蓄电池的作用是供给起动机用电,在发动机起动或低速运转时向发动机点火系统及其他用电设备供电。当发动机高速运转时发电机发电充足,蓄电池可以储存多余的电能。蓄电池上每个单电池都有正、负极柱。

(2) 起动机。其作用是将电能转变成机械能,带动曲轴旋转,起动发动机。使用时应注意每次起动时间不得超过 5 s,每次使用间隔不小于 10~15 s,连续使用不得超过 3 次。若连续起动时间过长,将造成蓄电池大量放电和起动机线圈过热冒烟,极易损坏机件。

(五) 发动机和驱动的布置形式

为满足不同的使用要求,汽车的传动系统布置可以分为五类:发动机前置后轮驱动(FR)、发动机前置前轮驱动(FF)、发动机中置后轮驱动(MR)、发动机后置后轮驱动(RR)和四轮驱动(4WD)。

(1) 前置后驱(FR)。最早期的汽车绝大部分采用 FR 布局,现在则主要应用在中、高级轿车中,以及货车上。FR 的优点是:轴荷分配均匀,即整车的前后重量比较平衡,操控稳定性较好。缺点是:传动部件多、系统质量大,贯穿乘坐舱的传动轴占据了舱内的底板空间。

(2) 前置前驱(FF)。FF 是现代小、中型轿车普遍采用的布置方案。FF 的优点是:结构紧凑,减少重量,降低了车厢底板,改善高速行驶时的操纵稳定性,另外其抗侧滑的能力也比 FR 强。缺点是:转向不足,上坡时驱动轮附着力会减小;前轮由于驱动兼转向,导致结构复杂、工作条件恶劣。

(3) 中置后驱(MR)。发动机放置在前、后轴之间,同时采用后轮驱动,类似 F1 赛车的布置形式。还有一种"前中置发动机",即发动机置于前轴之后、乘员之前,类似于 FR,但能达到与 MR 一样的理想轴荷分配,从而提高操控性。MR 的优点是:轴荷分配均匀,具有很中性的操控特性。缺点是:发动机占去了座舱的空间,降低了空间利用率和实用性,因此 MR 大都是追求操控表现的跑车。

(4) 后置后驱(RR)。早期广泛应用在微型车上,现在多应用在大客车上,轿车上已很少用。RR 的优点是:结构紧凑,降低室内噪声,利于车身内部布置,减少重量等。缺点是:后轴荷较大,在操控性方面会产生与 FF 相反的转向过度倾向。

(5) 四轮驱动(4WD)。无论上面的哪种布局,都可以采用四轮驱动,以前越野车上应用的最多,但随着限滑差速器技术的发展和应用,四驱系统已能精确地调配扭矩在各轮之间分配,所以高性能跑车、豪华轿车出于提高操控性考虑也越来越多地采用四轮驱动。4WD 的优点是:四个车轮均有动力,地面附着率最大,通过性和动力性好。

三、汽车的性能参数

(1) 整车装备质量(kg):汽车完全装备好的质量,包括润滑油、燃料、随车工具、备胎等所有装置的质量。

知识链接

汽车组装全过程视频

(2) 最大总质量(kg):汽车满载时的总质量。
(3) 最大装载质量(kg):汽车在道路上行驶时的最大装载质量。
(4) 最大轴载质量(kg):汽车单轴所承载的最大总质量。
(5) 车长(mm):汽车长度方向两极端点间的距离。
(6) 车宽(mm):汽车宽度方向两极端点间的距离。
(7) 车高(mm):汽车最高点至地面间的距离。
(8) 轴距(mm):汽车前轴中心至后轴中心的距离。
(9) 轮距(mm):同一车辆左右轮胎胎面中心线间的距离。
(10) 前悬(mm):汽车最前端至前轴中心的距离。
(11) 后悬(mm):汽车最后端至后轴中心的距离。
(12) 最小离地间隙(mm):汽车满载时,最低点至地面的距离。
(13) 接近角(°):汽车前端突出点向前轮引的切线与地面的夹角。
(14) 离去角(°):汽车后端突出点向后轮引的切线与地面的夹角。
(15) 转弯半径(mm):汽车转向时,汽车外侧转向轮的中心平面在车辆支承平面上的轨迹圆半径。转向盘转到极限位置时的转弯半径为最小转弯半径。
(16) 最高车速(km/h):汽车在平直道路上行驶时能达到的最大速度。
(17) 最大爬坡度(%):汽车满载时的最大爬坡能力。

(18) 平均燃料消耗量(L/100 km)：汽车在道路上行驶时每百公里平均燃料消耗量。

(19) 车轮数和驱动轮数($n \times m$)：车轮数以轮毂数为计量依据，n 代表汽车的车轮总数，m 代表驱动轮数。

四、汽车对环境的污染

汽车为人民提供了交通便利，但是传统的以石油为燃料的汽车也对环境造成了严重的污染。近年来，呼吸道疾病、癌症、头痛等发病率迅速增加，均与环境恶化有关。随着汽车进入家庭的增多，汽车排放的污染已成为城市大气污染的重要因素，越来越引起人们的广泛关注。减少汽车有害气体排放，营造绿色环保公共交通已经刻不容缓。

目前汽车的污染主要有以下几个方面：

(1) 汽车噪声，主要指汽车在行驶过程中发生的噪声，它主要由发动机工作噪声和汽车行驶时振动和传动产生的噪声。目前评价和检测的方式主要有车外噪声和车内噪声两种，对于轻型汽车而言，一般要求小于 85 dB(A) 以避免噪声污染。

(2) 汽车的排气污染，主要指从汽车发动机排气管排出的废气，汽车种类不同，其污染物的成分不同。汽车排气污染是汽车的主要污染源，也是汽车环保的一个最重要的项目。

(3) 燃油蒸发污染，主要指汽油车的汽油蒸发。汽油是一种挥发性极强的物质，其挥发物含有大量对人体有害的成分，所以在对汽车环保控制中，增加了燃油蒸发物的控制项目。

(4) 曲轴箱污染，指发动机曲轴箱内，从发动机活动塞环切口泄漏出来的未完全燃烧的可燃性气体，它含有 CO 等对人体有害的成分，不允许发动机曲箱内有废气排向大气环境。

五、汽车的储存保管

汽车以钢铁为主要原材料，属于大件机电产品，体积大，重量大且内部结构较为复杂，因此其储存保管一般以整个车体为最小储存单元，整齐规则地列放在储存库房或空旷场地内。主要注意以下几个方面。

(一) 库房场地要求

库房要求清洁、干燥、通风、阴凉，无腐蚀性气体，无化学品污染。要多设出入门，门要宽敞。要配备消防设施。地面坚固平整。空旷场地要求地面平坦不能积水，周围沟渠排水通畅，周围无烟尘影响。

(二) 陈列要求

根据现场情况要求，汽车应整齐排列，车组和车组之间距离不小于 4 m，车与车之间的距离不小于 1 m，以便于出车和消防。

(三) 控制好温湿度

库房温度应控制在 5 ℃～30 ℃之间，相对湿度应控制在 70% 以下。对于露天存放的汽车，要注意气候的变化情况，适时采取遮盖措施。

(四) 露天储存处理

汽车存放在露天场地时，要放掉冷却系统中的水，并应将蓄电池卸下单独存放于室内，发动机部分应用油布盖好，以免雨水侵入而使零件锈蚀。

任务二　识别保管轿车

轿车是指用于载送人员及其随身物品,且座位布置在两轴之间的汽车。包括驾驶者在内,座位数最多不超过九个。一般轿车强调的是舒适性,以乘员为中心,而且是从经济性考虑出发,选择马力适中、排量小、耗油量小的发动机。在中国内地的行驶证管理方面,轿车特指区别于货车、皮卡、SUV、大巴、中巴的小型汽车,俗称为"小轿车"。

一、识别轿车的车身构造

轿车车身结构主要包括:车身壳体、车门、车窗、车前钣制件、车身内外装饰件和车身附件、座椅以及通风、暖气、冷气、空气调节装置等等。车身壳体是一切车身部件的安装基础,通常是指纵、横梁和支柱等主要承力元件以及与它们相连接的钣件共同组成的刚性空间结构。车身壳体通常还包括在其上敷设的隔音、隔热、防振、防腐、密封等材料及涂层。车门通过铰链安装在车身壳体上,其结构较复杂,是保证车身的使用性能的重要部件。车前钣制件形成了容纳发动机、车轮等部件的空间。

车身外部装饰件主要是指装饰条、车轮装饰罩、标志、浮雕式文字等等。散热器面罩、保险杠、灯具以及后视镜等附件亦有明显的装饰性。车内部装饰件包括仪表板、顶篷、侧壁、座椅等表面覆饰物,以及窗帘和地毯。在轿车上广泛采用天然纤维或合成纤维的纺织品、人造革或多层复合材料、连皮泡沫塑料等表面覆饰材料;在客车上则大量采用纤维板、纸板、工程塑料板、铝板、花纹橡胶板以及复合装饰板等覆饰材料。

轿车车身附件有:门锁、门铰链、玻璃升降器、各种密封件、风窗刮水器、风窗洗涤器、遮阳板、后视镜、拉手、点烟器、烟灰盒等。在现代轿车上装有无线电收放音机和杆式天线,有的轿车车身上还装有无线电话机、电视机或加热食品的微小炉和小型电冰箱等附属设备。

轿车车身内部的通风、暖气、冷气以及空气调节装置是维持车内正常环境、保证驾驶员和乘客安全舒适的重要装置。座椅也是车身内部重要装置之一。座椅由骨架、坐垫、靠背和调节机构等组成。坐垫和靠背应具有一定的弹性。调节机构可使座位前后或上下移动以及调节坐垫和靠背的倾斜角度。

为保证行车安全,在现代轿车上广泛采用对乘员施加约束的安全带、头枕、气囊以及轿车碰撞时防止乘员受伤的各种缓冲和包垫装置。

二、区分轿车的类型

轿车的类型,如表 20-1 所示。

表 20-1　轿车的类型

中国轿车分类标准	根据 GB 9417—89 标准,中国轿车依发动机排量划分为微型轿车、普通轿车、中级轿车、中高级轿车和高级轿车。 微型轿车:排量小于 1 L 普通轿车:排量介于 1~1.6 L 之间 中级轿车:排量介于 1.6~2.5 L 之间 中高级轿车:排量介于 2.5~4 L 之间 高级轿车:排量大于 4 L

	续表
德系分类标准	德国车分为 A00、A0、A、B、C、D 等级别。其中 A 级（包括 A0、A00）车是指小型轿车；B 级车是中档轿车；C 级车是高档轿车；而 D 级车指的则是豪华轿车，其等级划分主要依据轴距、排气量、重量等参数。 A00 级轿车：轴距在 2～2.2 m 之间，发动机排量小于 1 L A0 级轿车：轴距为 2.2～2.3 m，排量为 1～1.3 L A 级车：轴距在 2.3～2.45 m 之间，排量约在 1.3～1.6 L B 级车：轴距约在 2.45～2.6 m 之间，排量从 1.6～2.4 L C 级轿车：轴距约在 2.6～2.8 m 之间，发动机排量为 2.3～3.0 L D 级豪华轿车：大多外形气派，车内空间极为宽敞，发动机动力也非常强劲，其轴距一般均大于 2.8 m，排量基本都在 3.0 L 以上
美系分类标准	以通用汽车公司的分类标准为例。通用公司一般将轿车分为 6 级，它是综合考虑了车型尺寸、排量、装备和售价之后得出的分类。 Mini 级：一般指 1 L 以下轿车 Small 级：一般是 1.0～1.3 L，处于中国普通轿车级别的低端 Lowmed 级：一般是 1.3～1.6 L 轿车 Interm 级：和德国的低端 B 级轿车基本吻合 Upp-med 级：涵盖 B 级轿车的高端和 C 级轿车的低端 Large/Lux 级：和国内的高级轿车向对应，涵盖 C 级车的高端和 D 级车

新的车型分类是参考于 GB/T 3730.1—2001 和 GB/T 15089—2001 两个国家标准，它大的分类基本与国际较为通行的称谓一致，分为乘用车和商用车两大类。由于各国在车型细分上没有统一的标准，因此对于乘用车和商用车之下的细分类是按照我国自身的特点进行划分的。中国汽车工业协会原本计划废止标准中"轿车"的分类，但考虑到"轿车"这个词在我国使用广泛，为了避免混乱，在现行分类时将过去人们认为属于轿车的车型归在"基本乘用车"的类别中。

三、判断轿车使用寿命

从年限看，非营运的 9 座以下轿车正常使用年限为 15 年，非营运 9 座以上汽车、旅游客车、货车的使用年限为 10 年。微型货车（含越野型）、带拖挂的汽车、矿山作业专用车、出租小轿车（排量 1.0 L 以上）的使用年限为 8 年。排气量小于 1 L 的出租小轿车使用年限为 6 年；轻型出租汽车、7 座（含 7 座）以下的旅行出租汽车使用年限为 5 年。

从行驶里程看，轿车累计行驶 50 万 km，其他车辆累计行驶 45 万 km，必须报废。重、中型载货汽车（含越野型）累计行驶 40 万 km，轻、微型货车（含越野型）、矿山作业专用车累计行驶 30 万 km，必须报废。

四、轿车的保养

（一）车体保养

车体保养又习惯称汽车美容。主要目的是清除车体外和车体内的各种氧化和腐蚀，然后加以保护，尽量突出车的"美"。它主要包括：车漆保养，坐垫地毯保养，保险杠、车裙保养，仪表台保养，电镀加工保养，皮革塑料保养，轮胎、轮毂保修，挡风玻璃保养，底盘保养，发动机外表保养等。

（二）车内保养

车体保养是为了使车永葆青春,车内保养则是让汽车行驶几十万公里无大修,保证汽车处在最佳的技术状态。它主要包括润滑系、燃油系、冷却系、制动系、化油器(喷油嘴)的保养等。

（三）车体翻新

如深划痕的诊断、治理,多材料保险杠修复,轮毂(盖)的硬伤修复,皮革、化纤的材料翻新,发动机的颜色翻新等。汽车保养分为定期保养和非定期保养两大类。定期保养有:日常保养、一级保养、二级保养;非定期保养有:磨合期保养和季节性保养。汽车保养的主要工作不外乎清洁、检查、紧定、调整和润滑等内容。

任务三　识别保管货车

载货汽车一般称作货车,又称作卡车,指主要用于运送货物的汽车,有时也指可以牵引其他车辆的汽车,属于商用车辆类别。一般可依照车的重量分为重型和轻型两种。绝大部分货车都以柴油引擎作为动力来源,但有部分轻型货车使用汽油、石油气或者天然气。

一、区分货车的类型

目前我国对卡车的分类很混乱,有按总质量分类的,有用发动机的排气量分类的,新的国家标准《汽车和挂车类型术语及定义》将货车归入商用车大类,并将货车细分为普通货车、多用途货车、全挂牵引车、越野货车、专用作业车、专用货车。

根据《机动车结构术语》货车归类为汽车并且分为八类。

(1) 普通货车:载货部位结构为栏板的汽车,不包括具有自动倾卸装置的载货汽车。

(2) 厢式货车:载货部位的结构为封闭厢体且与驾驶室各自独立的载货汽车。

(3) 封闭货车:载货部位的结构为封闭厢体且与驾驶室联成一体的厢式汽车。

(4) 罐式货车:载货部位的结构为封闭罐体的载货汽车。

(5) 平板货车:载货部位的地板为平板结构且无拦板的载货汽车。

(6) 集装箱车:载货部位为框架结构且无地板,专门运输集装箱的载货汽车。

(7) 自卸货车:载货部位具有自动倾卸装置的载货汽车。

(8) 特殊结构货车:载货部位为特殊结构,专门运输特定物品的载货汽车。例如,运输小轿车的双层结构载货汽车,运输活禽畜的多层结构载货汽车。

二、识别货车的结构

货车由发动机、底盘、车身和电器系统四部分组成。货车运行主要由发动机和底盘参加运动,其中底盘包括传动系、行驶系、转向系和制动系。

货车运行原理:当我们发动汽车以后,发动机会产生动力,并将动力传给变速箱,动力经过变速箱里的齿轮将高转速小力矩动力转化为低转速大力矩动力,再通过传动轴传到驱动后桥,驱动后桥带动驱动后轮转动,于是一辆车就运动起来了。

各部分功能及主要部件如下。

(一) 发动机

汽车动力来源,功能是使燃料燃烧产生动力,通过传动系驱动车轮带动汽车行驶。

(二) 底盘

分传动系、行驶系、转向系、制动系来介绍。

(1) 传动系。将发动机的动力传给驱动轮,包括离合器、变速箱、传动轴、驱动桥。

(2) 行驶系。将汽车各总成及部件连成一个整体并对全车起支撑作用,保证汽车正常行驶。主要包括车架、前轴、车轮、悬架。

(3) 转向系。保证汽车在行驶的过程中能按照驾驶员选择的方向行驶,主要包括转向操纵机构、转向器、转向传动装置。

(4) 制动系。使汽车减速、停车和保证汽车可靠的停驻。主要包括制动操纵机构、制动器、传动装置。

(三) 车身

驾驶员工作和装载货物的场所,包括驾驶室和车厢。

(四) 电气设备

辅助驾驶员驾驶汽车的电器系统,包括蓄电池、起动系、照明设备、仪表等。

货车的布置形式:

对于货车来说,根据驾驶室和发动机的相对位置不同,可以划分为四种不同的形式,主要有长头式、短头式、平头式、偏置式。我们所说的长头式的特点就是说发动机的部位在于驾驶室的前面,如果发动机的少部分在驾驶室内,那就是短头式,如果发动机的位置在驾驶室里面,我们可以称之为是平头式,发动机在驾驶室旁边的货车就可以称之为偏置式。

又可以根据发动机在整车位置的不同,分为发动机前置后桥驱动、发动机中置后桥驱动和发动机后置后桥驱动三种布置形式。

三、货车的保养维护

(一) 首保很关键

新车保养要做足。大部分车主在到了首保期,都会按照厂家的规定,去特约服务站去做保养。因为大多数汽车厂家对新车都实行了首保免费换机油的优惠。但也有为数较少的车主,既不咨询,也不看《保养手册》,所以也有错过首保的。由于是新车,错过首保,也只不过是机油变黑、变脏一些,不会造成什么严重的后果。但是,专家建议车主最好做首保,因为新车处于走合状态,机械部件的磨合,对润滑油需求会比较高,做首保的意义正在于此。

(二) 二保也重要

相对于4~6万km更换刹车片来说,二保显得非常重要。项目涉及发动机、自动变速箱、冷气系统、转向系统、制动系统、悬挂系统、车身部分、轮胎等八大部分多达63个项目的检测与维护,此外,还包括质检试车。经过如此繁多的检测与维护后,整个车况明显会进入最佳状态,行车的安全性能够得到了最好的保障。

(三)保养的关键项目

1. 刹车片

刹车片一般是车辆行驶至 4～6 万 km 就要更换,有不良驾驶习惯者,更换行程相应会缩短。如车主看到前方红灯,不收油反而加油,之后采取拖刹办法等待绿灯放行。如果不做保养,就不能及时发现刹车片变薄或者完全被磨损。如果磨损的刹车片没有及时更换,车辆制动力会渐渐下降,存在安全隐患,而且刹车盘也会被磨坏,车主的维修费用相应大增。

2. 轮胎换位与维护

注意轮胎磨损标志,二保的轮胎维护项目中,其中有一条便是轮胎换位。在紧急情况下使用备胎,但应尽快将其换成标准轮胎。正由于备胎的这种特殊性,所以别克车没有采用其他车型备胎与轮胎进行循环换位的方法,而是四个轮胎对角换位。目的是使轮胎的磨损比较平均,延长其使用寿命。另外,轮胎维护项目还包括调整气压。如胎压过高,容易磨损胎面的中部。值得提醒的是,测量胎压如果不凭借气压表,是很难目测准确的。轮胎日常使用还有一些细节问题。如注意胎纹与磨损标志之间距离,一般来说距离在 2～3 mm 以内就应换新胎。又如,轮胎被扎,如果是胎侧部位,车主千万不能听信快修店建议,进行补胎,而应立即换胎,否则后果将会很严重。因为胎侧很薄,修补后将无法承受车重压力,容易发生爆胎。

预防为主,防治结合,按照保养手册做到规范保养。这样货车才不会出现大问题。

四、货车的储存保管

货车是汽车的一个典型类型,参见前面汽车的储存保管要求。

任务四 识别保管摩托车

摩托车,由汽油机驱动,靠手把操纵前轮转向的两轮或三轮车,轻便灵活、行驶迅速,广泛用于巡逻、客货运输等,也用作体育运动器械。

一、区分摩托车的类型

国际标准(ISO 3833—1977)按速度和重量将摩托车分为两类:两用摩托车和摩托车。我国摩托车的分类方法,大致上有两种:一种是按排量和最高设计时速,分为轻便摩托车和摩托车。轻便摩托车发动机工作容积不超过 50 mL,最高设计时速不大于 50 km。摩托车指发动机工作容积大于 50 mL,最高设计时速超过 50 km 的两轮或三轮摩托车。另一种是按车轮的数量和位置,分为两轮车、边三轮车和正三轮车三类。

二、识别摩托车的基本结构

摩托车由发动机、传动系统、行走系统、转向、制动系统和电气仪表设备五部分组成。

(一)发动机

(1)摩托车发动机的特点。

① 发动机为二冲程或四冲程汽油机。

② 采用风冷冷却,有自然风冷与强制风冷两种。

③ 发动机的转速高,一般在 5 000 r/min 以上。

④ 发动机曲轴箱与离合器、变速箱设计一体,结构紧凑。

(2) 机体。机体由气缸盖、气缸体和曲轴箱三部分组成,缸盖由铝合金铸造有散热片,新型的四冲程摩托车发动机均采用顶置气门、链条传动、顶置凸轮轴结构方式。气缸体材料以双金属(耐磨铸铁缸套外浇铸铝散热片)为多,以得到较好的散热效果。曲轴箱由铝合金压铸由左右两箱体组合而成。

(3) 曲柄连杆。摩托车发动机的曲轴采用组合式,由左半曲轴、右半曲轴和曲柄销压合而成。左右两半轴的主轴颈上装有滚珠轴承,用以将曲轴支承在曲轴箱上。曲轴的两端分别装有飞轮、磁电机及离合器主动齿轮。连杆为整体式结构,大头为圆环状,内装有滚针轴承与曲柄销组合成曲柄连杆组。

(4) 化油器。化油器是摩托车燃料供给系统中的一个重要部件,位于空气滤清器与发动机进气口之间。一般摩托车发动机均采用进气气流方向为平吸式,节气阀为柱塞式,浮子室式化油器。化油器结构主要由浮子室和混合室两大部分组成。浮子室位于化油器的下方,有油管经油门开关通油箱,通过浮子上的针阀,保持浮子室内油面一定的高度,使供油压力稳定。混合室的作用是将汽油蒸发雾化与空气混合,使发动机在各种负荷和转速下能得到所需的混合气。它由节艺阀、喷油针、喷油管和气、油道等组成。

通过摩托车油门手柄的转动带动油门钢丝系索操纵节气阀与喷油针的上下移动,改变进气喉管截面与供油量,以适应不同转速、负荷下对混合气的需要。

(5) 润滑系统。四冲程发动机采用飞溅润滑与压力润滑相结合的润滑方式。二冲程发动机一般多采用在汽油内混入一定比例的 QB 级汽油机机油的混合润滑方式。但这种润滑方式的混合油不论发动机工况如何,均按已定的比例供给润滑油,增加了润滑油的消耗,燃烧不完全,积炭较多,有排气污染。新一代的二冲程发动机都采用分离润滑方式,装置了单独的润滑油箱和机油泵。机油泵采用往复柱塞式可变供油量油泵,由曲轴齿轮通过蜗轮、蜗杆驱动。供油量通过油门手把、操纵钢索与化油器节气阀联动,使机油供给量随发动机转速的变化而改变,高速时供油多,低速时供油少,与混合滑润方式相比可节省较多的机油。

(6) 起动。摩托车的起动以脚蹬起动方式为主。起动机构有以幸福 XF250 摩托车为代表的扇形齿轮起动机构。脚蹬起动变速杆带动扇形齿轮、起动棘轮、离合器总成链轮、前链条、曲轴链轮驱动曲轴旋转,起动发动机。当发动机起动后,靠起动棘轮的单向作用及回位弹簧的作用使起动机构恢复原始位置。

另一种为一些引进机型所采用的起动蹬杆式起动机构。与前者不同,起动时首先要捏紧离合器手把,使离合器分离,变速杆可放在任何档次位置,不必一定要放在空挡,起动后松开离合器,加大油门即可起步。

在排量较大的摩托车如长江牌 750D、山叶二缸摩托车、铃木 GT750 三缸摩托车、本田 CL1000 四缸摩托车等都采用起动电机起动。

(二) 传动系统

摩托车的传动系统包括初级减速、离合器、变速箱、次级减速等几部分组成。

(三) 行走系统

行走系统的作用是支撑全车及装载的重量,保证操纵的稳定和乘坐的舒适。行走系统主要包括车架、前叉、前减震器、后减震器、车轮等。

(1) 车架。它是整个摩托车的骨架,由钢管、钢板焊接而成。它将发动机、变速箱、前叉、后悬挂等互相连接起来并有较高的强度与刚度。

（2）前叉。前叉是摩托车的导向机构,把车架与前轮有机地连接起来,前叉由前减震器、上下联板、方向柱等组成。方向柱与下联板焊接在一起,方向柱套装在车架的前套管内,为了使方向柱车动灵活,在其上下轴颈部位装有轴向推力球轴承,通过上下联板将左右两个前减震器联成前叉。

（3）前后减震器。前减震器用以衰减由于前轮冲击载荷引起的震动,保持摩托车行驶平稳。后减震器与车架的后摇臂组成摩托车的后悬挂装置。后悬挂装置是减弱负载、路面不平而传给后转的冲击和震动。

（4）车轮。摩托车的前轮为导向轮,后轮为驱动轮,均为辐条式车轮。车轮由轮胎(内、外胎)、轮辋、辐条、轮毂、刹车制动钢圈、轴承、前后轴组合而成。轮毂内装有制动器,前轮还装有速度表的蜗轮、蜗杆,后轮装有驱动机构。

（四）转向、制动系统

（1）转向。前轮与车把配合控制着摩托车的行驶方向。车把右端装有控制化油器节气阀开度大小的油门把柄和控制前轮制动器的闸把;左端装有控制离合器的握把和手柄。在车把左右两端还装有后视镜和各种电器开关。手把、闸把通过钢索控制前轮制动器、离合器及化油器。

（2）制动。一般前轮制动由手捏闸把来控制,后轮制动由脚踩制动踏板来完成。摩托车的制动装置有机械鼓式制动器和液压盘式制动器两种。

（五）电器仪表

摩托车的电器线路与汽车基本相似,分为电源、点火、照明、仪表及音响几个部分。

电源部分一般均为交流发电机(或由磁电机充电线圈供电)、整流器、蓄电池组成。一般有飞轮式磁电机和磁钢转子式磁电机两种形式。

摩托车的点火方式,有蓄电池点火系统、磁电机点火系统和晶体管点火系统三种。在点火系统中又分有触点电容放电式点火与无触点电容放电式点火两类。

三、摩托车的检查与调整

（一）摩托车的整车检查

首先进行外观检查,车辆的零部件应完好,没有缺件,油漆层、镀铬层、镀锌件应光泽明亮,没有划伤脱落。车辆应有产品合格证、产品使用说明书,并按装箱单验收随车备件及工具。然后进行起动检查,常温下,冷车起动不超过三次,热车应一次脚踏起动成功。发动机运转时应无异常及敲击声响,怠速运转稳定,无渗漏汽油、机油现象。

（二）部件的检查与调整

（1）前轮制动。前轮制动由右手操纵,首先检查其自由行程。所谓自由行程,就是指从手把开始动作到制动开始起作用为止的这段行程。行程过小前制动蹄块与前轮制动鼓未能全部脱离,影响行车速度;行程过大,影响制动效率不能及时刹车。

（2）后轮制动。后轮制动由脚踏操纵,首先要检查制动踏板的自由行程。

（3）离合器。离合器一般由左手操作,调整时检查其自由行程。

（4）后传动。主要是检查传动链(传动皮带)的松紧度,检查部位在前后链轮(皮带轮)之间的中间位置,用手指上下拨动链条,看上下移动的距离,一般为 10～20 mm。

(5)化油器怠速。怠速是发动机空载时的最低稳定转速,当油门手把放在最小位置时,发动机能够保持连续运转。调整时,检查油门手把的自由行程,一般定为 2~6 mm。

四、摩托车各部件的保养

(一)火花塞保养

火花塞是摩托车发动机的关键部件。首先,每种发动机所用的火花塞的型号有所不同,主要是热值、螺纹尺寸等不同,所以一定要使用规定型号火花塞。发动机正常燃烧,拧下火花塞观察,电极正常应该是赭红色,如果发黑,即有积碳,说明混合气过浓,燃烧不充分,应该清理积碳。若发现火花塞易潮湿或烧得灰白,说明火花塞热值不匹配,则应该到指定维修店更换相适应的火花塞。

(二)空滤器的保养

空滤器是摩托车的呼吸系统。如果空滤器被灰尘阻塞,进气阻力将变大,会使发动机输出动力下降,油耗增大,更能使发动机难以启动,易熄火,严重的是灰尘进入缸体内部,会加剧发动机部件的磨损。

清洁空滤器要按以下步骤进行:从车上拆下空滤器滤芯,如果滤芯是海绵泡沫,可用中性洗涤液仔细清洗,切勿用力拧,清洗完毕晾干水分,滴 2~3 滴机油(为了吸附空气中的极细小灰尘),用手握匀,按原状装回;如果是纸质滤芯,切不可用液体清洗,可用力磕打内部灰尘,有条件用压缩气体按进气反方向吹。装回滤芯时要注意安装方向和进气方向。

(三)机油滤芯的保养

按时更换机油,要掌握一个原则:

更换了新机油,滤芯不更换是不行的。发动机在润滑过程中,机油泵把机油从底槽中吸出,首先压入机油滤芯过滤,滤完的干净机油再运输到缸头、曲轴和传动各部分。如果滤芯过脏,机油的过滤效果较差,输出的机油量降低,各部分得不到良好的润滑,就会造成过度磨损,所以只重换机油是不行的,还必须同时更换机油滤芯。

五、摩托车的储存保管

摩托车比起汽车来其体积和重量都要小得多,但由于其自身结构部件大都外露的特点,储存保管要特别加以注意。

(一)库房要求

储存摩托车的库房要求清洁、干燥、通风、阴凉,无腐蚀性气体,无化学品污染。库房要配备消防设施。摩托车不宜露天存放。

(二)保持适宜温湿度

一般温度控制在 5 ℃~30 ℃之间,相对湿度控在 70% 以下。

(三)储存的特别处理

油箱中的汽油放干净另存。将蓄电池从车上取下来擦干净,补充足电放在干燥的地方,并每月补充电一次。前、后轮保持标准气压,以免重压损坏橡胶轮胎。

项目二十　识别保管交通运输工具

 **学习检测**

一、填空题
1. 汽车一般由（　　　）、（　　　）、（　　　）、（　　　）等四个基本部分组成。
2. 汽车污染主要有（　　　）、（　　　）、（　　　）、（　　　）、（　　　）。
3. 我国轿车按排量可分为（　　　）、（　　　）、（　　　）、（　　　）、（　　　）五类。
4. 载货汽车按载重量可分为（　　　）、（　　　）、（　　　）、（　　　）。
5. 摩托车由（　　　）、（　　　）、（　　　）、（　　　）、（　　　）五部分组成。

二、判断题（判断对或错）
1. 一般汽车发动机多采用水冷却。　　　　　　　　　　　　　　　　　（　　）
2. 万向节是汽车启动系中的一个部件。　　　　　　　　　　　　　　　（　　）
3. 汽车的布置形式是指发动机与驱动机构在汽车中的设计结构状态。　　（　　）
4. 摩托车的起动以脚蹬起动方式为主。　　　　　　　　　　　　　　　（　　）
5. 摩托车更换了新机油后滤芯可以不更换。　　　　　　　　　　　　　（　　）

三、思考题
1. 机动车辆根据季节的不同，其保养有何不同？
2. 交通运输工具的使用环境不同，其质量要求有何不同？

 **技能训练**

1. 任务设计

任务项目：汽车整车识别或零部件识别

执行要求：分小组进行，先自由选定项目，识别记录整车或零部件的品名、商标、规格、作用，明确识别地点。

执行条件：明确任务要求，小组人员分工，参观汽车市场或汽车配件市场。

2. 能力评价

评价内容：记录表格设计，信息记录，资料整理。

评价标准：记录表格设计合理适用得20分，汽车商品信息记录全面清楚得60分，资料整理工整完备得20分。

评价方法：各小组自评或互评，教师总评。

 知行拓展

1. 智能驾驶
2. 汽车性能评价指标

参考文献

[1] 万融.商品学概论[M].北京:中国人民大学出版社,2010.
[2] 张世海.商品学实务项目化教程[M].南京:南京大学出版社,2015.
[3] 张智清.商品学基础[M].北京:电子工业出版社 2010.
[4] 汤云,瞿玉强.商品学实务[M].大连:大连理工大学出版社,2008.
[5] 谢瑞玲.商品学基础[M].北京:高等教育出版社,2008.
[6] 刘亚琴.医药商品学[M].北京:中国医药出版社,2009.
[7] 周小江,窦建卫.医药商品学[M].北京:中国医药出版社,2009.
[8] 张耀荔,魏国辰.机电商品学[M].北京:中国物资出版社,2010.
[9] 陈红丽.非金属材料商品学[M].北京:中国物资出版社,2004.
[10] 童孟良.化工商品学[M].北京:化学工业出版社,2010.
[11] 宋杨.电子电器商品学[M].北京:中国物资出版社,2006.
[12] 窦志铭.商品学基础[M].北京:高等教育出版社,2008.
[13] 王树凤.汽车构造[M].北京:国防工业出版社,2009.
[14] 彭真万,刘清宪,徐名.矿物学基础[M].北京:地质出版社,2008.
[15] 王川,陈传军.电子仪器与测量技术[M].北京:邮电大学出版社,2008.
[16] 胡东帆.商品学概论[M].长春:东北财经大学出版社,2008.
[17] 张玉斌.采购与仓储管理[M].北京:对外经济贸易大学出版社,2008.
[18] 熊金福.仓管员岗位职业技能培训教程[M].广州:广东经济出版社,2007.
[19] 杨登想.商品养护技术[M].北京:化学工业出版社,2009.
[20] 张三省.仓储与运输物流学[M].广州:中山大学出版社,2007.
[21] 李筱康.电子电器应用维修概论[M].北京:北京理工大学出版社,2009.
[22] 张亮峰,柳青.机电产品学[M].北京:北京大学出版社,2009.
[23] 王安福.家用电器[M].武汉:湖北科学技术出版社,2007.
[24] 汪永太,李萍.商品学概论[M].大连:东北财经大学出版社,2009.
[25] 安立国.电视摄像技艺[M].大连:东北林业大学出版社,2009.
[26] 王府梅.纺织服装商品学[M].北京:中国纺织出版社,2008.
[27] 刘军,潘洪军,冯相忠.计算机基础[M].北京:清华大学出版社,2010.
[28] 窦振中.常用信息技术设备教程[M].北京:高等教育出版社,2003.
[29] 刘苏醒.漫话3G手机[M].北京:机械工业出版社,2010.
[30] 林通国.中药学[M].长沙:湖南科学技术出版社,1999.